Wiesner · Öffentliche Finanzwirtschaft I – Haushaltsrecht –

R. v. Decker's FACHBÜCHEREI
Öffentliche Verwaltung

Begründet von Dr. Herbert Vogt und
Professor Dr. Manfred Lepper

Herausgegeben von

Dr. Hubert Minz
Präsident der Fachhochschule
des Bundes für öffentliche Verwaltung

Michael Streffer
Ministerialrat im Bundesministerium
der Verteidigung

Öffentliche Finanzwirtschaft I

–Haushaltsrecht–

von

Prof. Herbert Wiesner
Fachhochschule des Bundes
für öffentliche Verwaltung

9., völlig neubearbeitete Auflage

R. v. Decker's Verlag, G. Schenck
Heidelberg

Bildnachweis:
Globus Kartendienst: S. 34

ISBN 3-7685-0492-1

Geleitwort

Die Fachbücherei "Öffentliche Verwaltung" hat sich zum Ziel gesetzt, den Nachwuchskräften des gehobenen Dienstes aller Verwaltungen geeignete Ausbildungsliteratur anzubieten. Dabei soll insbesondere den erhöhten Anforderungen – bedingt durch die ab 01.01.1980 verbindlich vorgeschriebene Fachhochschulausbildung für den gehobenen nichttechnischen Verwaltungsdienst – Rechnung getragen werden. Inhalt und Gestaltung der Fachbücherei sind deshalb zunächst ausbildungsorientiert. Jedoch findet auch der Praktiker in den Schriften der Fachbücherei Hinweise und Antworten aus Fragen des Verwaltungsalltags.

Auch in der 9. Auflage seines Buches hat Wiesner dem Anliegen der Fachbücherei in gelungener Weise entsprochen. Bereits äußerlich deutet der Titel "Öffentliche Finanzwirtschaft I – Haushaltsrecht – darauf hin, daß der Band in erster Linie für die Studierenden der Fachhochschulen bestimmt ist. Bestätigt wird der Eindruck insbesondere durch die Ausführungen zum Stabilitätsgesetz, denen Wiesner einen breiten Raum widmet. Zudem trägt der Verfasser dem Lehrbuchcharakter seines Buches besonders Rechnung, indem er den Kapiteln Kurzfassungen folgen läßt, die dem Lernenden das Repetieren des Stoffes erleichtern.

Die Herausgeber wünschen dem Verfasser, daß auch die 9. Auflage seines erfolgreichen und bewährten Buches in Lehre und Praxis das gleiche gute Echo wie die vorausgegangenen Auflagen findet.

Bonn, im Januar 1992

Dr. Hubert Minz
Michael Streffer

Vorwort

“Öffentliche Finanzwirtschaft” ist die tragende Säule öffentlicher Aufgabenerfüllung mit gesamtstaatlicher Querschnittsfunktion und ein Wesenselement des staatlichen Verwaltungshandelns in der gesamten öffentlichen Verwaltung. Sie ist die Domäne des gehobenen Verwaltungsdienstes!

Auch in der 9. Auflage dieses Buches war ich bemüht, die außerordentlich umfangreiche Wirtschafts-, Finanz-, Verwaltungs-, Staats- und Verfassungsrechtsmaterie des staatlichen Haushaltsrechts im Rahmen der “Öffentlichen Finanzwirtschaft” so klar und verständlich zu gestalten, daß das Lehrbuch dem Studenten und dem interessierten Leser einen geschlossenen Überblick über dieses Gebiet innerhalb des staatlichen Sektors der Volkswirtschaft bietet. Die Studenten will ich an dieser Stelle darauf aufmerksam machen, daß die einzelnen Themen über die Öffentliche Finanzwirtschaft bei Bund und Ländern auf der Grundlage der Studienpläne für Laufbahnbewerber des gehobenen Dienstes an der “Fachhochschule des Bundes/Landes für öffentliche Verwaltung” bearbeitet wurden.

Besonders weise ich darauf hin, daß die den einzelnen Abhandlungen jeweils nachgestellten “Kurzfassungen” und “Skizzen” die schwierige und äußerst umfangreiche Materie der staatlichen Finanzwirtschaft (= Staatswirtschaft) in kurzer und zusammengefaßter Form wiedergegeben und somit für den Lernenden in besonderem Maße zum Studium geeignet sind. Der in Kernsätzen zusammengefaßte Gesamtstoff stellt die fundamentalen Grundsätze der einzelnen Themen im geordneten, fachlichen Zusammenhang auf und dient dem Lernenden darüber hinaus zur einprägsamen Kurzwiederholung.

In der jetzt vorliegenden 9. Auflage des Bandes wurden die inzwischen ergangenen Änderungen und Neuerungen berücksichtigt; darüber hinaus wurden alle Themen neu überarbeitet, so daß die Ausführungen dem neuesten fachlichen Stand der finanzwirtschaftlichen und haushaltsrechtlichen Bestimmungen in Bund, Ländern und Gemeinden entsprechen.

Möge dieses Lehrbuch, das auf einer 28jährigen Lehrerfahrung auf dem Gebiet der “Öffentlichen Finanzwirtschaft” beruht, im Zusammenwirken mit dem in der gleichen Schriftenreihe veröffentlichten Buch “Öffentliche Finanzwirtschaft II, Kassenrecht” weiterhin seinen Zweck erfüllen, allgemein Verständnis für die Materie wecken, dem großen Kreis der mit haushaltsrechtlichen Aufgaben betrauten Bediensteten als nützliches Nachschlagewerk in der Praxis zu dienen sowie hilfreiches Lehrbuch für die Studenten der “Fachhochschulen für öffentliche Verwaltung” bei Bund und Ländern sein.

Mannheim, im Januar 1992 *Prof. Herbert Wiesner*

Inhaltsübersicht

Inhaltsverzeichnis

Verzeichnis der Abkürzungen

a.a.O.	am angeführten Ort
AnnAO	Annahmeanordnung
AO	Abgabenordnung
Art	Artikel
AuszAO	Auszahlungsanordnung
Baden-Württ.	Baden-Württemberg
BAT	Bundesangestelltentarif
BBankG	Gesetz über die Deutsche Bundesbank
BBesG	Bundesbesoldungsgesetz
BBG	Bundesbeamtengesetz
Begr	Begründung
BesGr	Besoldungsgruppe
BGB	Bürgerliches Gesetzbuch
BGBl	Bundesgesetzblatt
BHO	Bundeshaushaltsordnung
BKa	Bundeskasse
BM	Bundesminister(ium)
BMF	Bundesminister(ium der Finanzen
BMWF	Bundesminister(ium) für Wirtschaft und Finanzen
BMI	Bundesminister(ium) des Innern
BR	Bundesrat
BReg	Bundesregierung
BRH	Bundesrechnungshof
BRKG	Bundesreisekostengesetz
BT	Bundestag
BUKG	Bundesumzugskostengesetz
BVerfG	Bundesverfassungsgericht
BVerfGE	Entscheidung des Bundesverfassungsgerichts
DA-Beleg	Beleg zur Daueranordnung
DBBk	Deutsche Bundesbank
D-Beleg	Dauerbeleg
DB zu den Vorl. VV-BH	Durchführungsbestimmungen zu den Vorläufigen Verwaltungsvorschriften zur Bundeshaushaltsordnung
EDV	elektronische Datenverarbeitung
ErstG	Erstattungsgesetz
Fn	Fußnote
FPL	Funktionenplan
GG	Grundgesetz

GGO	Gemeinsame Geschäftsordnung der Bundesministerien
GO	Geschäftsordnung
GO-BT	Geschäftsordnung des Bundestages
GPL	Gruppierungsplan
GVBl	Gesetz- und Verordnungsblatt
HG	Haushaltsgesetz
HGE	Entwurf des Haushaltsgesetzes
HGrG	Gesetz über die Grundsätze des Haushaltsrechts des Bundes und der Länder (Haushaltsgrundsätzegesetz)
Hj	Haushaltsjahr
Hpl	Haushaltsplan
HRB	Haushaltstechnische Richtlinien des Bundes
HÜL	Haushaltsüberwachungsliste
i.e.S.	im engeren Sinne
i.w.S.	im weiteren Sinne
Kap	Kapitel
ku	künftig umzuwandeln
kw	künftig wegfallend
LHO	Landeshaushaltsordnung
LRH	Landesrechnungshof
LMF	Landesminister(ium) der Finanzen
LV	Landesverfassung
LZB	Landeszentralbank des Bundes
MinBlFin	Ministerialblatt des Bundesministers der Finanzen
MTB	Manteltarifvertrag des Bundes
NJW	Neue Juristische Wochenschrift
Nordrh.-Westf.	Nordrhein-Westfalen
NZSt	Nebenzahlstelle
RB Bau	Richtlinien des Bundes für die Durchführung von Bauaufgaben
Rdschr	Rundschreiben
RegEntwBegr	Regierungsentwurfsbegründung
RHO	Reichshaushaltsordnung
Rj	Rechnungsjahr
RKO	Reichskassenordnung
RMinBl	Reichsministerialblatt
Rn	Randnummer
RRO	Reichsrechnungslegungsordnung
RWB	Wirtschaftsbestimmungen für die Reichsbehörden
S.	Seite
S-Beleg	Sammelbeleg
S-Konto	Selbstbewirtschaftungsmittel-Konto

S-Mittel	Selbstbewirtschaftungsmittel
StWG	Gesetz zur Förderung der Stabilität u. des Wachstums der Wirtschaft
Tit	Titel
Tz	Textziffer
V	Vorschüsse
VBRO	Buchführungs- und Rechnungslegungsordnung für das Vermögen des Bundes
VB-RRO	Vollzugsbestimmungen zur Rechnungslegungsordnung
Vgl.	Vergleiche
VMBl	Verwaltungsmitteilungen des Bundesministers der Verteidigung
VOB	Verdingungsordnung für Bauleistungen
VOL	Verdingungsordnung für Leistungen (ausgen. Bauleistungen)
Vorl. VV-BHO	Vorläufige Verwaltungsvorschriften zur Bundeshaushaltsordnung
VPOB	Vorprüfungsordnung des Bundes
Vw	Verwahrungen
VwKostG	Verwaltungskostengesetz
VwVG	Verwaltungsvollstreckungsgesetz
ZSt	Zahlstelle

"Der Staatshaushalt muß ausgeglichen sein. Die öffentlichen Schulden müssen verringert werden. Die Arroganz der Behörden muß gemäßigt und kontrolliert werden. Die Zahlungen an ausländische Regierungen müssen verringert werden, wenn der Staat nicht bankrott gehen soll. Die Leute sollen wieder lernen zu arbeiten, statt auf öffentliche Rechnung zu leben."

Marcus Tullius Cicero, 55 vor Christus

I. Rechtsgrundlagen der Öffentlichen Finanzwirtschaft

A. Gesetzliche Vorschriften

1. Das Grundgesetz für die Bundesrepublik (GG) vom 23.5.1949[1] sowie die jeweiligen Landesverfassungen (LV)

Im Abschnitt X GG (Das Finanzwesen) sind die grundlegenden Bestimmungen
- des Finanzverfassungsrechts in den Art. 104 a bis 108 (geändert durch das 21. Gesetz zur Änderung des GG – Finanzreformgesetz) und
- des Haushaltsverfassungsrechts in den Art. 109 bis 115 (geändert durch das 20. Gesetz zur Änderung des GG – Haushaltsreformgesetz)

festgelegt.

2. Das Gesetz zur Förderung der Stabilität und des Wachstums der Wirtschaft (Stabilitäts- und Wachstumsgesetz – StWG) vom 8.6.1967[2]

Im StWG sind für den Bund und die Länder (und auch für die Gemeinden) gemeinsam geltende Grundsätze für eine konjunkturgerechte, antizyklische Haushalts- und Wirtschaftsführung und eine mehrjährige Finanzplanung aufgestellt.

Das StWG verpflichtet die Träger der Öffentlichen Finanzwirtschaft, bei ihren wirtschaftspolitischen und finanzpolitischen Maßnahmen den Erfordernissen des "*Gesamtwirtschaftlichen Gleichgewichts*" Rechnung zu tragen. Es beinhaltet somit die Darstellung der zu verfolgenden vier wirtschaftspolitischen Ziele (= Preisniveaustabilität, angemessenes Wirtschaftswachstum, hoher Beschäftigungsstand und außenwirtschaftliches Gleichgewicht).

Darüber hinaus beinhaltet es ein umfangreiches Eingriffsinstrumentarium in den jeweiligen Konjunkturablauf zur Verfolgung dieser wirtschaftspolitischen Ziele auf der Grundlage einer modernen Stabilitätspolitik im Rahmen der Öffentlichen Finanzwirtschaft.

---

1 Grundgesetz für die Bundesrepublik Deutschland (GG) vom 23.5.1949 (BGBl I, S. 1), zuletzt geändert durch verfassungsändemdes Gesetz vom 23. September 1990 (BGBl. II, S. 885, 890.)

2 BGBl I, S. 582, zuletzt geändert durch Art. 25 Zuständigkeitsanpassungsgesetz vom 18.3.1975 (BGBl I, S. 705).

3. Das Gesetz über die Grundsätze des Haushaltsrechts des Bundes und der Länder (Haushaltsgrundsätzegesetz – HGrG) vom 19.9.1969[3]

Das HGrG ist die rechtliche Grundlage für die Reform der Haushaltsordnungen in Bund und Ländern. Das auf der Grundlage des Art. 109 (3) GG durch Bundesgesetz aufgestellte HGrG legt einheitliche Grundsätze für das Haushaltsrecht des Bundes und der Länder fest, so daß Rechtseinheitlichkeit auf dem Gebiet des Haushaltsrechts und somit auch die Vergleichbarkeit der öffentlichen Haushalte gesichert ist.

Bei diesen für Bund und Länder einheitlichen Rechtsgrundsätzen handelt es sich um allgemeine Vorschriften zum Haushaltsplan, die Aufstellung und Ausführung des Haushaltsplans sowie das Kassen-, Rechnungs- und Prüfungswesen. Durch § 1 HGrG werden Bund und Länder *verpflichtet*, ihr Haushaltsrecht nach diesen im Haushaltsgrundsätzegesetz festgelegten einheitlichen Rechtsgrundsätze bis zum 1.1.1972 durch Aufstellen der Bundeshaushaltsordnung[4] und der Landeshaushaltsordnungen[5] zu regeln.

Die Länder folgen in der Paragraphenfolge und in der materiellen Ausgestaltung ihrer Haushaltsordnungen weitgehend der Bundeshaushaltsordnung.

4. Die Bundeshaushaltsordnung (BHO) vom 19.8. 1969[6] sowie die jeweiligen Landeshaushaltsordnungen (LHO)

Die aufgrund der Verpflichtungen durch § 1 HGrG aufgestellte BHO/LHO ist nach den allgemeinen Grundsätzen des HGrG ausgerichtet und trifft hierzu weiter-

---

3 BGBl I, S. 1273, zuletzt geändert durch Anlage I, Kapitel IV, Sachgebiet B des Einigungsvertrages vom 31. August 1990 (BGBl. II, S. 889) und durch Gesetz vom 18. Juli 1990 (BGBl. I, S. 1146).

4 BHO v. 19.8.1969 (BGBl I, S. 1284), geändert durch das zweite Gesetz zur Änderung der BHO vom 14. Juli 1980 (BGBl. I, S. 955) und das Gesetz über den Bundesrechnungshof (Bundesrechnungshofgesetz – BRHG) vom 11. Juli 1985 (BGBl. I, S. 1445), das Bilanzrichtliniengesetz vom 19. Dezember 1985 (BGBl. I, S. 2355) sowie das dritte Gesetz zur Änderung der BHO vom 6.8.1986 (BGBl. I, S. 1275) und das Gesetz vom 18.7.1990 (BGBl. I, S. 1447).

5 LHO Baden-Württemberg v. 19.10.1971 (GBl. S. 428),
LHO Bayern v. 8.12.1971 (GVBl. S. 433), geändert durch Gesetz vom 24.7.1974 (GVBl. S. 371),
LHO Berlin v. 5.10.1980 (GVBl. S. 1961),
LHO Bremen v. 25.5.1971 (Ges.Bl. S. 143), geändert durch Gesetz vom 15.12.1971 (Ges.Bl. S. 261), vom 24.6.1975 (Ges.Bl. S. 298) und vom 9.4.1979 (Ges.Bl. S. 113),
LHO Hamburg v. 23.12.1971 (GVBl. S. 261),
LHO Hessen v. 8.10.1970 (GVBl. S. 645),
LHO Niedersachsen v. 7.4.1972 (GVBl. S. 181), geändert durch Gesetz vom 21.7.1980 (GVBl. S. 261),
LHO Nordrhein-Westfalen v. 14.12.1971 (GVBl. S. 297),
LHO Rheinland-Pfalz v. 20.12.1971 (GVBl. 1972 S. 2),
LHO Saarland v. 3.11.1971 (Amtsbl. S. 733),
LHO Schleswig-Holstein v. 22.4.1971 (GVBl. S. 162).

6 Siehe Fußn. 4.

gehende Bestimmungen für das Haushaltsrecht des Bundes (Landes). Die BHO enthält die grundlegenden Vorschriften über die Aufstellung und Ausführung des Haushaltsplans, die Kassen- und Buchführung, die Rechnungslegung und Rechnungsprüfung, die Prüfung der bundesunmittelbaren juristischen Personen des öffentlichen Rechts sowie der Sondervermögen.

Die haushaltsrechtlichen Vorschriften sind nicht darauf angelegt, eine bestimmte Finanz- und Wirtschaftspolitik gesetzlich vorzuschreiben. Die Haushaltsordnung ist auch kein in Gesetzesform gekleidetes finanzwissenschaftliches Lehrbuch, das Regierung und Parlament auf die Verwirklichung einer ganz bestimmten Theorie verpflichten würde. Das Haushaltsrecht ist vielmehr darauf angelegt, eine wirkungsvolle Planung, Verwaltung und Kontrolle der Staatsfinanzen zu ermöglichen, somit eine geordnete Haushaltswirtschaft zu sichern und hierbei insgesamt die erforderliche Vergleichbarkeit der öffentlichen Finanz- und Wirtschaftspolitiken des Bundes und der Länder zu gewährleisten.

5. Das Haushaltsgesetz (HG)

Der Haushaltsplan (Hpl) wird gem. Art. 110 (2) GG für ein oder mehrere Jahre[7] durch das Haushaltsgesetz *festgestellt*. Das Haushaltsgesetz ist ein staatstragender Hoheitsakt der Legislative ohne Außenwirkung, wohl aber mit Rechtswirkungen auf die Exekutive.

Das Haushaltsgesetz beinhaltet die *Feststellung* des in Einnahme und Ausgabe ausgeglichenen Haushaltsplans (§ 1 HG), die *Kreditermächtigung* des BMF gem. Art. 115 GG[8], die Kassenverstärkungskredite für den BMF gem. § 13 HGrG, die kurzfristigen, nur für die Gültigkeitsdauer dieses Haushaltsgesetzes bestimmten Änderungen gegenüber anderen gesetzlichen Bestimmungen, Ermächtigungen für den BMF zur Übernahme von Bürgschaften, Garantien oder sonstigen Gewährleistungen[9], allgemeingültige Haushaltsvermerke, Bestimmungen, die über die Gültigkeitsdauer des Haushaltsgesetzes hinaus bis zum Tage der Verkündung des Haushaltsgesetzes des folgenden Haushaltsjahres weitergelten[10] sowie den Zeitpunkt des Inkrafttretens (1.1.) des Haushaltsgesetzes.

Mit der parlamentarischen Verabschiedung des Haushaltsgesetzes wird der dem Haushaltsgesetz als Anlage beigefügte Haushaltsplan – in Einnahme und Ausgabe ausgeglichen – auf eine bestimmte Summe *festgestellt*.

7 Vgl. aber auch § 1 BHO/LHO.
8 Deckungskredite (auch: Haushaltskredite, Finanzkredite, Finanzierungskredite).
9 Vgl. Art. 115 (1) GG/LV.
10 Vgl. Art. 110 (4) GG/LV.

6. Die Rechnungslegungsordnung für das Reich (RRO) vom 3.7.1929

Sie trifft als Rechtsverordnung nähere Bestimmungen, wie die Haushaltseinnahmen und -ausgaben nachzuweisen sind, wie die Rechnungsbelege beschaffen, festgestellt und geordnet sein müssen, sowie Vorschriften über die Gesamtrechnungslegung.

Diese Bestimmungen gelten nur noch, soweit sie nicht durch einzelne neue Sondervorschriften ersetzt worden sind (z.B. neue Bestimmungen über die Feststellungsbescheinigungen und die Anordnungsbefugnis[11]).

7. Die Buchführungs- und Rechnungslegungsordnung für das Vermögen des Bundes (VBRO) vom 16.3.1953

Die Vorschriften über die Buchführung und die Rechnungslegung über das Vermögen und die Schulden des Bundes sind eine Rechtsverordnung; sie haben den Zweck, den Bestand des Vermögens und der Schulden zu Beginn des Haushaltsjahres, die Veränderungen während und den Stand am Ende des Haushaltsjahres gem. Art. 114 GG nachzuweisen.

Die Vermögensrechnung soll ferner darlegen, in welcher Höhe die Haushaltseinnahmen und -ausgaben zur Vermehrung oder Verminderung des Vermögens oder der Schulden im Laufe des Haushaltsjahres geführt haben. Die Vermögensrechnung schließt nicht den Wert des beweglichen Vermögens ein, das gem. § 28 VBRO nach besonderen Vorschriften durch Bestandsverzeichnisse nachgewiesen wird.

Die Buchführung über das Vermögen und die Schulden soll jedoch mit der Buchführung über die Einnahmen und Ausgaben verbunden werden[12].

8. Wirtschaftsbestimmungen für die Reichsbehörden (RWB) vom 11.2.1929

Die RWB gelten mit ihren §§ 28, 29 Abs. 1 bis 3, 31 bis 38, 53, 54, 69 bis 73 vorläufig weiter, solange Verwaltungsvorschriften zu den Bestimmungen der Bundeshaushaltsordnung noch nicht ergangen sind.

9. Die Reichskassenordnung (RKO) vom 6.8.1927

Die RKO – in der Fassung vom 8.1.1931 – enthält als Rechtsverordnung für die Kassen im Geschäftsbereich des Bundesministers der Verteidigung einheitliche Vorschriften über die Einrichtung der Kassen, über die Zahlungen und die Buchführung in den Kassen sowie über Kassenprüfungen.

---

11 S. Vorl. VV Anlage 2 zu § 34 BHO/LHO.
12 Vgl. § 73 (2) BHO/LHO.

B. Allgemeine Verwaltungsvorschriften

Darüber hinaus gelten – soweit in den vorgenannten Gesetzen nichts anderes bestimmt ist – *als Ausführungsbestimmungen* dazu:

1. Die Verwaltungsvorschriften zur Haushaltssystematik des Bundes (VV-HB) vom 21.10.1968

Die VV-HB regeln die Ordnung in der Darstellung der Haushaltseinnahmen und -ausgaben des Haushaltsplans nach makroökonomischen Gesichtspunkten auf der Grundlage der Volkswirtschaftlichen Gesamtrechnung. Jeder Haushaltsansatz ist einer bestimmten ökonomischen Kategorie (Gruppe) zugeordnet, die Teil der Titelnummer ist. Die einzelnen Gruppen (Gruppierungsnummern) sind in dem für den Bund, die Länder und die Gemeinden gemeinsam geltenden Gruppierungsplan, der Teil der VV-HB ist, festgelegt. Die Darstellungsform der Haushaltseinnahmen und -ausgaben (Systematik) ermöglicht die Transparenz und Vergleichbarkeit der Haushalte und weist darüber hinaus den ökonomischen Gehalt des Haushalts und die Auswirkungen der finanzpolitischen Entscheidungen auf die gesamtwirtschaftliche Entwicklung und den Konjunkturablauf aus.

2. Die Verwaltungsvorschriften über die vorläufige Haushaltsführung

Das Haushaltsgesetz soll gem. Art. 110 (2) GG vor Beginn des Haushaltsjahres, für das es bestimmt ist, verabschiedet sein. Sollte das nicht möglich sein, so ist gem. Art. 111 GG die Bundesregierung im Rahmen des Nothaushaltsrechts zur **vorläufigen** Haushaltsführung ermächtigt[13]. Wenn sich gegen Ende des Haushaltsjahres bei der Aufstellung des Haushaltsgesetzes und des Haushaltsplans abzeichnet, daß die Entwürfe nicht, wie Art. 110 (2) GG vorschreibt – rechtzeitig, d.h. vorzeitig verabschiedet sein werden, so erläßt der Bundesminister der Finanzen die Verwaltungsvorschriften über die "Vorläufige Haushaltsführung der Bundesverwaltung im Haushaltsjahr 19..".

3. Die Verwaltungsvorschriften über die Haushalts- und Wirtschaftsführung

Wenn das Haushaltsgesetz nicht wie Art. 110 (2) GG vorschreibt, **vor** Beginn des Haushaltsjahres, sondern erst im laufenden Haushaltsjahr verabschiedet werden sollte, so erläßt der BMF nach Verkündung des Haushaltsgesetzes die – endgülti-

---

13 Die "Bundesregierung" ist hier – allgemeinverständlich – als Exekutive gemeint. Die nicht zur Bundesregierung gehörenden Obersten Bundesbehörden (Bundespräsidialamt, Deutscher Bundestag, Bundesrat, Bundesverfassungsgericht und Bundesrechnungshof) nehmen selbstverständlich auch an der vorläufigen Haushaltsführung teil. Umfassend wäre hier besser statt Bundesregierung "Oberste Bundesbehörden" genannt.

gen – Verwaltungsvorschriften über die Haushalts- und Wirtschaftsführung der Bundesverwaltung; die Verwaltungsvorschriften über die vorläufige Haushaltsführung werden damit zugleich aufgehoben.

4. Die vorläufigen Verwaltungsvorschriften zur Bundeshaushaltsordnung (Vorl. VV-BHO) und zu den Landeshaushaltsordnungen

Die Bundeshaushaltsordnung enthält insbesondere solche Vorschriften, die ihrer fundamentalen Bedeutung wegen einer gesetzlichen Normierung bedürfen, während in den Vorl. VV-BHO die näheren technisch-organisatorischen Bestimmungen zur Durchführung dieses Gesetzes aufgeführt sind.

Der Inhalt des Gesetzes "Bundeshaushaltsordnung" beschränkt sich auf Grundsätze. Die BHO bedarf deshalb zu ihrer praktischen Anwendung zusätzlicher Verwaltungsvorschriften. Die Bekanntgabe endgültiger Verwaltungsvorschriften wird noch längere Zeit in Anspruch nehmen, weil der BMF aus Gründen der Rechtseinheitlichkeit in Bund und Ländern diese Verwaltungsvorschriften mit den Ländern abstimmen will. Die Aufstellung der Verwaltungsvorschriften zur BHO ist Aufgabe des Bundesministers der Finanzen.

Die obersten Bundesbehörden können gem. §§ 102 und 103 BHO/LHO im Einvernehmen mit dem Bundesminister der Finanzen und dem Bundesrechnungshof ressortinterne Verwaltungsvorschriften erlassen, die die Bewirtschaftung der Haushaltsmittel sowie das Kassen- und Rechnungswesen betreffen. Diese Verwaltungsvorschriften stellen ressortbezogene Durchführungsbestimmungen (DB) zur BHO usw. als spezielle Dienstanweisung für den jeweiligen Geschäftsbereich dar.

C. Rechtsgrundlagen der Öffentlichen Finanzwirtschaft

– Kurzfassung –

1. Gesetzliche Vorschriften

1) Das Grundgesetz für die Bundesrepublik Deutschland (GG) sowie die jeweiligen Landesverfassungen (LV)
2) Das Gesetz zur Förderung der Stabilität und des Wachstums der Wirtschaft (Stabilitäts- und Wachstumsgesetz – StWG)
3) Das Gesetz über die Grundsätze des Haushaltsrechts des Bundes und der Länder (Haushaltsgrundsätzegesetz – HGrG)
4) Die Bundeshaushaltsordnung (BHO) sowie die Landeshaushaltsordnungen (LHO) (Gemeindehaushaltsverordnungen – GemHVO)
5) Das Haushaltsgesetz – Bund/Land (HG) (Haushaltssatzung – Gemeinde)

6) Die Rechnungslegungsordnung für das Reich (RRO)
7) Die Buchführungs- und Rechnungslegungsordnung für das Vermögen des Bundes (VBRO)
8) Die Wirtschaftsbestimmungen für die Reichsbehörden (RWB)
9) Die Reichskassenordnung (RKO)

2. Allgemeine Verwaltungsvorschriften

1) Die Verwaltungsvorschriften zur Haushaltssystematik des Bundes (VV-HB)
2) Die Verwaltungsvorschriften über die vorläufige Haushaltsführung
3) Die Verwaltungsvorschriften über die Haushalts- und Wirtschaftsführung
4) Die vorläufigen Verwaltungsvorschriften zur Bundeshaushaltsordnung (Vorl. VV-BHO).

II. Grundlagen, Bedeutung und Träger der Öffentlichen Finanzwirtschaft

A. Grundlagen der Öffentlichen Finanzwirtschaft

Grundlagen der Öffentlichen Finanzwirtschaft sind
- Staatshoheit und die Kompetenzverteilung im föderativen Leistungsstaat
- Finanzhoheit
- Budgethoheit
- Finanzverfassung
- Finanzpolitik.

1. Staatshoheit und Kompetenzverteilung im föderativen Leistungsstaat

> **Art. 20 (1) GG:**
> "Die Bundesrepublik Deutschland ist ein demokratischer und sozialer **Bundesstaat**".

Hiermit ist für die Bundesrepublik Deutschland der föderative Staatsaufbau nach dem *bundes*staatlichen Prinzip verfassungsrechtlich festgelegt. Unter dem Begriff "Bundesstaat" ist eine durch die Verfassung geformte staatsrechtliche Verbindung von einzelnen Staaten zu verstehen, die als "Gliedstaaten" (= 16 Bundesländer) mit allen Merkmalen der Staatsqualität ausgestattet sind und zugleich Teile des "Gesamtstaates" (= Bund) sind, der ebenfalls die Qualität eines Staates besitzt.

Das Grundgesetz der Bundesrepublik Deutschland (GG) regelt
- die Aufgabenkompetenz
- die Ausgabenkompetenz
- die Einnahmenkompetenz

zwischen dem Bund, den Ländern und den Gemeinden (GV).

Die Aufgabenkompetenz liegt gem. Art. 30 GG grundsätzlich bei den Ländern, soweit das Grundgesetz keine andere Regelung trifft oder zuläßt:

> **Art. 30 GG:**
> "Die Ausübung der staatlichen Befugnisse und die Erfüllung der staatlichen Aufgaben ist Sache der Länder, soweit dieses Grundgesetz keine andere Regelung trifft oder zuläßt".

Diese Aufgabenverteilung stellt eine Generalklausel für die Zuständigkeitsverteilung zwischen dem Bund und den Ländern dar, wobei die Zuständigkeits*vermutung* eindeutig bei den Ländern liegt.

Art. 28 (2) GG:
"Den Gemeinden muß das Recht gewährleistet sein, alle Angelegenheiten der örtlichen Gemeinschaft im Rahmen der Gesetze in eigener Verantwortung zu regeln. Auch die Gemeindeverbände haben im Rahmen ihres gesetzlichen Aufgabenbereichs nach Maßgabe der Gesetze das Recht der Selbstverwaltung".

Die Gemeinden sind landesunmittelbare juristische Personen des öffentlichen Rechts. Sie sind öffentlich-rechtliche Gebietskörperschaften, die kraft ihrer vom Staat *abgeleiteten* Herrschaftsgewalt die Angelegenheiten der *örtlichen Versorgung und Entsorgung* im Wege der Selbstverwaltung regeln (verfassungsgesetzliche Selbstverwaltungsgarantie).

*Die **Ausgabenkompetenz*** ist nach Art. 104 a GG grundsätzlich an die Aufgabenkompetenz geknüpft:

Art. 104 a (1) GG:
"Der Bund und die Länder tragen gesondert die Ausgaben, die sich aus der Wahrnehmung ihrer Aufgaben ergeben, soweit dieses Grundgesetz nichts anderes bestimmt".

*Die **Einnahmenkompetenz*** der Steuerquellen ist in Art. 106 GG geregelt. Hier sind die auf den Bund, die Länder, auf Bund und Länder sowie die auf die Gemeinden entfallenden Steuern aufgeführt; *s. Abb. S. 11*.

2. Finanzhoheit

Die "Finanzhoheit" ist die aus der allgemeinen Staatshoheit sich ergebende Befugnis der Gebietskörperschaften zur Ordnung und Gestaltung des *eigenen* Finanz*rechts*; die Finanzhoheit ist somit Teil der Staatshoheit.

Die Finanzhoheit besteht aus:

a) Steuergesetzgebungshoheit gem. Art. 105 GG

Der Bund hat die ausschließliche Gesetzgebungskompetenz über die Zölle und die Finanzmonopole. Zu den Finanzmonopolen zählen z.B. das Branntweinmonopol. Das Finanzmonopol ist das Recht des Staates auf alleinige Herstellung und Vertrieb bestimmter Güter unter Ausschluß des Wettbewerbs, um Einnahmen zu erzielen.

Darüber hinaus ist für den Bund die konkurrierende Gesetzgebungshoheit von Bedeutung:

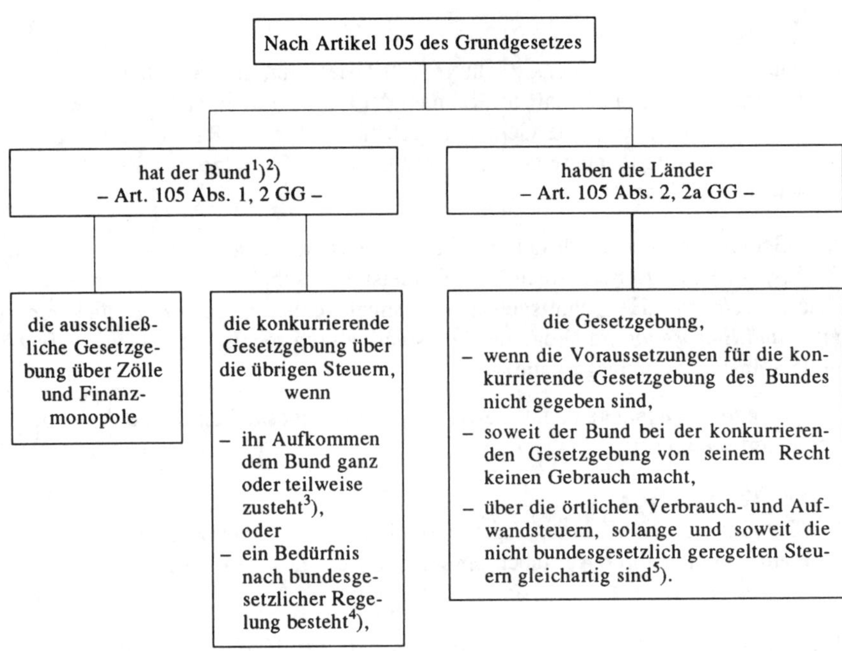

Nach Artikel 105 des Grundgesetzes
hat der Bund[1])[2])
– Art. 105 Abs. 1, 2 GG –
haben die Länder
– Art. 105 Abs. 2, 2a GG –
die ausschließliche Gesetzgebung über Zölle und Finanzmonopole
die konkurrierende Gesetzgebung über die übrigen Steuern, wenn
– ihr Aufkommen dem Bund ganz oder teilweise zusteht[3]), oder
– ein Bedürfnis nach bundesgesetzlicher Regelung besteht[4]),
die Gesetzgebung,
– wenn die Voraussetzungen für die konkurrierende Gesetzgebung des Bundes nicht gegeben sind,
– soweit der Bund bei der konkurrierenden Gesetzgebung von seinem Recht keinen Gebrauch macht,
– über die örtlichen Verbrauch- und Aufwandsteuern, solange und soweit die nicht bundesgesetzlich geregelten Steuern gleichartig sind[5]).

Anmerkungen:

1) Gesetzgebungskompetenz des Bundes für Steuerverteilung, Finanzausgleich und Finanzverwaltung:
   - über die Verteilung der Umsatzsteuer zwischen Bund und Ländern (Art. 106 Abs. 4 GG)
   - über den Gemeindeanteil an der Einkommensteuer und die Einführung eines Hebesatzrechts der Gemeinden für diesen Anteil (Art. 106 Abs. 5 GG)
   - über die Beteiligung von Bund und Ländern an dem Gewerbesteueraufkommen durch eine Umlage (Art. 106 Abs. 6 GG)
   - über die Abgrenzung und Zerlegung des örtlichen Steueraufkommens sowie über den Finanzausgleich (Art. 107 GG)
   - über den Aufbau der Landesfinanzbehörden und die Ausbildung der Steuerbeamten (Art. 108 Abs. 2 GG)
   - über das Zusammenwirken von Bundes- und Landesfinanzverwaltungen und die Übertragung von Verwaltungszuständigkeiten (Art. 108 Abs. 4 GG)
   - über das bei den Landesfinanzbehörden anzuwendende Verfahren (Art. 108 Abs. 5 GG)
   - über die Finanzgerichtsbarkeit (Art. 108 Abs. 6 GG)
2) Bundesgesetze über Steuern, deren Aufkommen den Ländern oder den Gemeinden (Gemeindeverbänden) ganz oder zum Teil zufließt, bedürfen der Zustimmung des Bundesrates (Art. 105 Abs. 3 GG).
3) Siehe dazu die Darstellung "Steuerertragshoheit", und zwar: "Bundessteuern" und "Gemeinschaftssteuern".
4) Voraussetzungen hierfür siehe in Art. 72 Abs. 2 GG.
5) Die Länder haben außerdem die Gesetzgebungskompetenz für die Kirchensteuer (Art. 140 GG i.V.m. Art. 137 der Weimarer Verfassung).

Quelle: BMF.

b) *Steuerertragshoheit gem. Art. 106 GG*

Die Steuerertragshoheit ist das Recht der Gebietskörperschaften, bestimmte Steuereinnahmen für sich zu beanspruchen, um ihre staatlichen Aufgaben erfüllen zu können. Eine Verbaldefinition des Begriffes "*Steuern*" enthält § 3 (1) AO: Steuern sind Geldleistungen, die nicht eine Gegenleistung für eine besondere Leistung darstellen und von einem öffentlich-rechtlichen Gemeinwesen zur Erzielung von Einnahmen allen auferlegt werden, bei denen der Tatbestand zutrifft, an den das Gesetz die Leistungspflicht knüpft; die Erzielung von Einnahmen kann Nebenzweck sein. Zölle und Abschöpfungen sind Steuern im Sinne dieses Gesetzes.

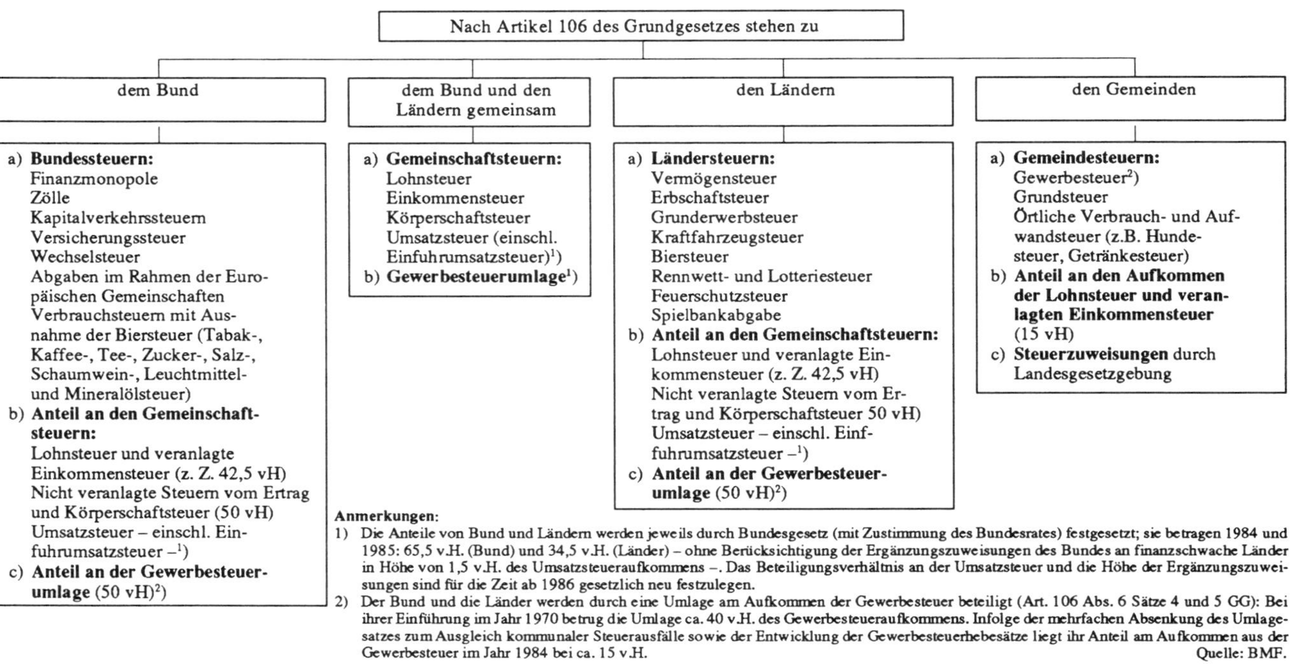

Nach Artikel 106 des Grundgesetzes stehen zu
dem Bund
dem Bund und den Ländern gemeinsam
den Ländern
den Gemeinden
a) Bundessteuern: Finanzmonopole, Zölle, Kapitalverkehrssteuern, Versicherungssteuer, Wechselsteuer, Abgaben im Rahmen der Europäischen Gemeinschaften, Verbrauchsteuern mit Ausnahme der Biersteuer (Tabak-, Kaffee-, Tee-, Zucker-, Salz-, Schaumwein-, Leuchtmittel- und Mineralölsteuer)
b) Anteil an den Gemeinschaftsteuern: Lohnsteuer und veranlagte Einkommensteuer (z. Z. 42,5 vH), Nicht veranlagte Steuern vom Ertrag und Körperschaftsteuer (50 vH), Umsatzsteuer – einschl. Einfuhrumsatzsteuer –[1])
c) Anteil an der Gewerbesteuerumlage (50 vH)[2])
a) Gemeinschaftsteuern: Lohnsteuer, Einkommensteuer, Körperschaftsteuer, Umsatzsteuer (einschl. Einfuhrumsatzsteuer)[1])
b) Gewerbesteuerumlage[1])
a) Ländersteuern: Vermögensteuer, Erbschaftsteuer, Grunderwerbsteuer, Kraftfahrzeugsteuer, Biersteuer, Rennwett- und Lotteriesteuer, Feuerschutzsteuer, Spielbankabgabe
b) Anteil an den Gemeinschaftsteuern: Lohnsteuer und veranlagte Einkommensteuer (z. Z. 42,5 vH), Nicht veranlagte Steuern vom Ertrag und Körperschaftsteuer 50 vH), Umsatzsteuer – einschl. Einfuhrumsatzsteuer –[1])
c) Anteil an der Gewerbesteuerumlage (50 vH)[2])
a) Gemeindesteuern: Gewerbesteuer[2]), Grundsteuer, Örtliche Verbrauch- und Aufwandsteuer (z.B. Hundesteuer, Getränkesteuer)
b) Anteil an den Aufkommen der Lohnsteuer und veranlagten Einkommensteuer (15 vH)
c) Steuerzuweisungen durch Landesgesetzgebung

Anmerkungen:

1) Die Anteile von Bund und Ländern werden jeweils durch Bundesgesetz (mit Zustimmung des Bundesrates) festgesetzt; sie betragen 1984 und 1985: 65,5 v.H. (Bund) und 34,5 v.H. (Länder) – ohne Berücksichtigung der Ergänzungszuweisungen des Bundes an finanzschwache Länder in Höhe von 1,5 v.H. des Umsatzsteueraufkommens –. Das Beteiligungsverhältnis an der Umsatzsteuer und die Höhe der Ergänzungszuweisungen sind für die Zeit ab 1986 gesetzlich neu festzulegen.
2) Der Bund und die Länder werden durch eine Umlage am Aufkommen der Gewerbesteuer beteiligt (Art. 106 Abs. 6 Sätze 4 und 5 GG): Bei ihrer Einführung im Jahr 1970 betrug die Umlage ca. 40 v.H. des Gewerbesteueraufkommens. Infolge der mehrfachen Absenkung des Umlagesatzes zum Ausgleich kommunaler Steuerausfälle sowie der Entwicklung der Gewerbesteuerhebesätze liegt ihr Anteil am Aufkommen aus der Gewerbesteuer im Jahr 1984 bei ca. 15 v.H.

Quelle: BMF.

– *S. auch: Abschnitt II. B, Ziffer 4 (S. 20).*

c) *Steuerverwaltungshoheit gem. Art. 108 GG*

Durch die Steuerverwaltungshoheit ist festgelegt, welche Steuern von der Bundesfinanzverwaltung und welche von der Länderfinanzverwaltung einzunehmen und zu verwalten sind. Als Mittelinstanz sind Oberfinanzdirektionen eingerichtet, die jeweils in Bundes- und Landesabteilungen eingeteilt sind. Die Bundesabteilungen sind mit Bundesbediensteten, die Landesabteilungen sind mit Landesbediensteten besetzt. Der Präsident der Oberfinanzdirektion ist zugleich Bundes- und Landesbeamter.

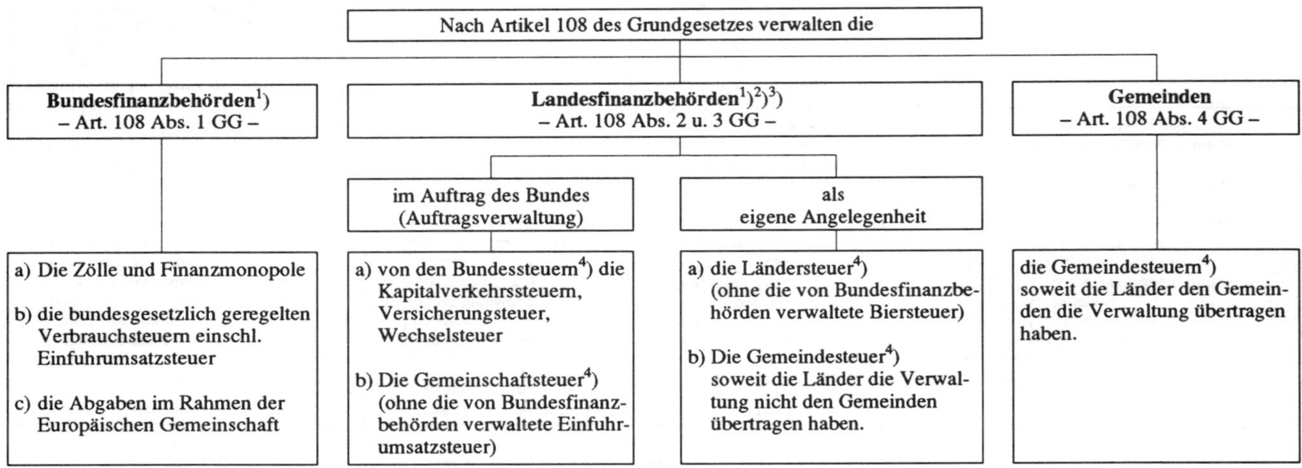
Nach Artikel 108 des Grundgesetzes verwalten die
Bundesfinanzbehörden[1]) – Art. 108 Abs. 1 GG –
Landesfinanzbehörden[1])[2])[3]) – Art. 108 Abs. 2 u. 3 GG –
Gemeinden – Art. 108 Abs. 4 GG –
im Auftrag des Bundes (Auftragsverwaltung)
als eigene Angelegenheit
a) Die Zölle und Finanzmonopole
b) die bundesgesetzlich geregelten Verbrauchsteuern einschl. Einfuhrumsatzsteuer
c) die Abgaben im Rahmen der Europäischen Gemeinschaft
a) von den Bundessteuern[4]) die Kapitalverkehrssteuern, Versicherungsteuer, Wechselsteuer
b) Die Gemeinschaftsteuer[4]) (ohne die von Bundesfinanzbehörden verwaltete Einfuhrumsatzsteuer)
a) die Ländersteuer[4]) (ohne die von Bundesfinanzbehörden verwaltete Biersteuer)
b) Die Gemeindesteuer[4]) soweit die Länder die Verwaltung nicht den Gemeinden übertragen haben.
die Gemeindesteuern[4]) soweit die Länder den Gemeinden die Verwaltung übertragen haben.

Anmerkungen:

1) Unter der Voraussetzung, daß dadurch der Vollzug der Steuergesetze wesentlich verbessert oder erleichtert wird, kann durch Bundesgesetz vorgesehen werden (Art. 108 Abs. 4 Satz 1 GG):
   – ein Zusammenwirken von Bundes- und Landesfinanzbehörden (Beispiel: Mitwirkung der Bundeszollverwaltung bei der Umsatzsteuer und Kraftfahrzeugsteuer)
   – für die von den Bundesfinanzbehörden verwalteten Steuern die Verwaltung durch Landesfinanzbehörden
   – für die von den Landesfinanzbehörden verwalteten Steuern die Verwaltung durch Bundesfinanzbehörden (Beispiel: Erstattung von Kapitalertragsteuer und Umsatzsteuer in bestimmten Fällen durch das Bundesamt für Finanzen).
2) Die Finanzämter verwalten nicht nur Steuern, sie sind u.a. auch zuständig für die Gewährung der Prämien nach dem Sparprämien- und dem Wohnungsbauprämiengesetz und der Zulagen nach dem Investitionszulagengesetz.
3) Nach Maßgabe der Landesgesetzgebung verwalten die Finanzämter auch die Kirchensteuer.
4) Siehe dazu die Darstellung “Steuerertragshoheit”.

Quelle: BMF.

3. Budgethoheit

Die "Budgethoheit" ist die aus der Finanzhoheit sich ergebende Befugnis für den Bund und die Länder zur Gestaltung des *eigenen Haushaltsrechts*.

> **Art. 109 (1) GG:**
> "Bund und Länder sind in ihrer Haushaltswirtschaft selbständig und voneinander unabhängig".

Diese Verfassungsnorm bedeutet eine Konkretisierung des bundesstaatlichen Prinzips für die staatliche Haushaltswirtschaft. *Dies ist die Haushalts*autonomie je Gebietskörperschaft *als das* Recht, ihre Haushaltswirtschaft nach eigenen Rechtsregeln *selbst* zu normieren und zu gestalten. Diese Selbständigkeit ist an eine Reihe rechtlicher und politischer Vorgaben (Haushaltsgrundsätzegesetz, Finanzplanungsrat usw.) gebunden. Die Gebietskörperschaften haben hiernach

- *eigene* Haushaltsordnungen
  - 1 BHO
  - 16 LHO
  - 13 GemHVO

  } als Ständiggesetze
- *eigene* Einnahmen aufgrund ihrer Finanzhoheit
  - Bundessteuern (z.B. Zölle)
  - Landessteuern (z.B. Biersteuer)
  - Gemeindesteuern (z.B. Gewerbesteuer)
  - Gemeinschaftssteuern (z.B. Einkommensteuer)
- *eigene* Ausgaben zum Zwecke staatlicher und kommunaler Aufgabenerfüllung
- *eigene* Haushalte (HG und Hpl)
  - 1 Bundeshaushalt
  - 16 Landeshaushalte
  - 11.500 Gemeindehaushalte

  } als Zeitgesetze (= jährlich)

Die Gebietskörperschaften besitzen somit
- *eigenes Budget-Bewilligungsrecht*!

Die verfassungsgesetzlich garantierte *Budgethoheit des Parlaments* ist in seiner politischen Lenkungs- und Kontrollfunktion das Kernstück jeder demokratischen Verfassung!

4. Finanzverfassung

Die "Finanzverfassung" ist die auf der Grundlage der Finanzhoheit gegebene Ordnung der Öffentlichen Finanzwirtschaft durch Rechtssätze – Finanzrecht –. Die Finanzverfassung i.w.S. beinhaltet die Gesamtheit aller Rechtsnormen auf dem Gebiet der gesamt-staatlichen öffentlichen Finanzwirtschaft; die Finanzverfassung i.e.S. umfaßt dagegen die finanzrelevanten Rechtsvorschriften, die sich *unmittelbar* aus dem Grundgesetz/LV ergeben. Die Finanzverfassung ist der Kern jeder bundesstaatlichen Verfassungsordnung! Im Abschnitt X GG (– Das Finanzwesen –) sind in den Artikeln 104 a bis 115 die verfassungsmäßigen Grundnormen enthalten, die durch besondere Gesetze (BHO, HGrG, StWG usw.) ausgestaltet sind.

Art. 104 a GG	=	Ausgabenverteilung
Art. 105	=	Steuergesetzgebungshoheit
Art. 106	=	Steuerertragshoheit
Art. 107	=	Finanzausgleich
Art. 108	=	Steuerverwaltungshoheit
Art. 109	=	Budgethoheit, Haushaltswirtschaft in Bund und Ländern
Art. 110	=	Haushaltsplan des Bundes
Art. 111	=	Nothaushaltsrecht
Art. 112	=	Überplanmäßige und außerplanmäßige Ausgaben
Art. 113	=	Ausgabenerhöhungen und Einnahmeminderungen
Art. 114	=	Rechnungslegung
Art. 115	=	Kreditbeschaffung.

Eine weitere Eingrenzung der Finanzverfassung i.e.S. bedeutet die Unterteilung des Abschnitts X GG in

a) das bundesstaatliche *Finanz*verfassungsrecht (Art. 104 a bis 108 GG)
b) das *Haushalts*verfassungsrecht (Art. 109 bis 115).

Die einzelnen Artikel des Grundgesetzes haben – wie auch die Paragraphen der übrigen Gesetze – in ihrer Originalfassung keine Überschriften. Die Überschriften sind später redaktionell nach freiem Ermessen nachgetragen und durch eckige Klammern als nichtamtlicher Gesetzestext gekennzeichnet worden.

Die Finanzverfassung – das Finanzrecht – umfaßt

- das Steuerrecht
- das Recht der Finanzverwaltung
- das Haushaltsrecht.

Das ***Haushaltsrecht*** ist die auf der Grundlage der Budgethoheit gegebene Ordnung der Haushaltswirtschaft durch Rechtssätze. Es umfaßt die Gesamtheit aller Rechtsregeln, die sich auf die staatliche Einnahmenwirtschaft und Ausgabenwirtschaft, die Rechnungslegung und Rechnungsprüfung sowie die Finanzkontrolle erstreckt. Die grundlegenden haushaltsrechtlichen Bestimmungen sind:

- das Haushaltsverfassungsrecht (Art. 109 bis 115 GG)
- das Stabilitäts- und Wachstumsgesetz vom 8.6.67 (StWG)
- das Haushaltsgrundsätzegesetz vom 19.8.69 (HGrG)
- die Bundeshaushaltsordnung vom 19.8.69 (BHO)
- die Verwaltungsvorschriften zur Bundeshaushaltsordnung (VV-BHO)
- die ressortinternen Durchführungsbestimmungen zu den VV-BHO (DB)
- das jährliche Haushaltsgesetz (HG).

5. Finanzpolitik

Die "Finanzpolitik" ist der Teil der allgemeinen Wirtschafts- und Gesellschaftspolitik, der über die öffentlichen Haushalte vollzogen wird. Sie verfolgt konjunkturpolitische, wachstumspolitische, strukturpolitische und verteilungspolitische Ziele und bildet mit der Geldpolitik die Grundlagen der Stabilitätspolitik. Die *Aufgabe der Finanzpolitik* ist die Beschaffung, Verwaltung und Verwendung der Dekkungsmittel, die für Ausgaben zum Zwecke staatlicher Aufgabenerfüllung erforderlich sind; dabei übt die Finanzpolitik eine Allokationsfunktion, Distributionsfunktion und Stabilisierungsfunktion aus. Die Finanzpolitik ist somit die Summe aller politischen Entscheidungen zur Gestaltung und Lenkung der staatlichen Einnahmenwirtschaft und Ausgabenwirtschaft zum Zwecke staatlicher Aufgabenerfüllung.

B. Wirtschafts- und finanzpolitische Bedeutung der Öffentlichen Finanzwirtschaft

1. Öffentliche Finanzwirtschaft als Teil der Volkswirtschaft

Die Finanzwissenschaft befaßt sich mit der wirtschaftlichen Tätigkeit des Staates und der übrigen öffentlichen Verbände. Aufgabe der "Öffentlichen Finanzwirtschaft" – als Staatswirtschaft – ist es, den für die Erfüllung der öffentlichen Aufgaben (= staatliche Aufgabenerfüllung) notwendigen Bedarf an *öffentlichen Gütern und Dienstleistungen* zu befriedigen und die hierfür erforderlichen Finanzmittel zu beschaffen, zu verwalten und zu verwenden[1].

Die Finanzwissenschaft analysiert theoretisch systematisierend die kausalen Zusammenhänge der Phänomene der "Öffentlichen Finanzwirtschaft", wobei die Untersuchung von finanzwirtschaftlichen Ursachen und Wirkungen, die die Voraussetzung für eine rationale Finanzpolitik ist, im Vordergrund steht[2].

Im Zentrum moderner finanzwissenschaftlicher Überlegungen steht daher der zielorientierte finanzpolitische Einsatz der Einnahmen und Ausgaben der "Öffentlichen Finanzwirtschaft".

"*Wirtschaften*" heißt, bestimmte vorgegebene Ziele unter dem Diktat knapper Mittel zu erreichen versuchen und dabei eine optimale Ziel-Mittel-Relation anzustreben.

Hierbei ist ökonomisch gefordert, daß bei gegebenem Ziel ein Minimum an Mittelaufwand (*Minimalprinzip*) oder bei gegebenen Mitteln ein Maximum an Ziel

---

1 S. *Weichsel*, a.a.O., S. 9.
2 Vgl. *Andreae/Mauser*, a.a.O., S. 11.

(Zweck-)Erreichung (*Maximalprinzip*) angestrebt wird. Wenn Ziele und Mittel (= Nutzen und Kosten) in gewissen Grenzen als manipulierbar angenommen werden können und eindeutig bewertbar sind, so mag es eine Kombination von Zwekken (= Nutzen) und Mitteln (= Kosten) geben, bei der die Differenz zwischen Nutzen und Kosten ein Maximum wird. Diese Kombination wird als "*ökonomisches Optimum*" ("ökonomisches Prinzip") bezeichnet[3].

Grundtatbestand allen Wirtschaftens ist: *Die Mittel sind knapp und die Bedürfnisse sind unbegrenzt*!

Da Wirtschaften, d.h. privates und öffentliches wirtschaftliches Handeln, stets planvolles Handeln ist, muß es sich an bestimmten vorgegebenen Zielen orientieren. Entscheidungen privater Wirtschaftssubjekte sind an *betriebswirtschaftlichen* Zielen der Gewinnmaximierung ausgerichet; die "Öffentliche Finanzwirtschaft" orientiert sich dagegen an Zielen, die im Prozeß der *politischen Willensbildung* fixiert werden.

Die politische, wirtschaftliche und soziale Entwicklung der letzten Jahrzehnte vom reinen Verwaltungsstaat, mit seiner innerverwaltungsmäßigen Betrachtungsweise der lediglich allgemein-staatlichen Aufgabenerfüllung im Sinne eines vorgegebenen öffentlich-finanziellen Eigenbedarfs (= klassische Bedarfsdeckungsfunktion) – *zum Wirtschafts- und Sozialstaat* des 20. Jahrhunderts, haben die Budgets sowohl strukturell als auch volumenmäßig in innovativer Weise gewandelt und erweitert.

Damit wuchs die Anzahl der vom Staat wahrzunehmenden Aufgaben und somit auch das Volumen der Staatsausgaben.

Die *Wirtschaft des Staates*, d.h. die "Öffentliche Finanzwirtschaft" (Staatswirtschaft), hat heute mit ihren 11500 Haushalten in der Bundesrepublik Deutschland jährlich (schwankend +/- 2 %) mit derzeit 52 % Anteil der staatlichen Gesamtausgaben am Bruttosozialprodukt (= Staatsquote) ein solches Ausmaß angenommen, daß diese Aufgabenstellungen und Finanzmassen nicht mehr nur unter dem Aspekt der monetären Planansätze zur Erfüllung lediglich allgemeinstaatlicher Aufgabenerfüllung gesehen werden dürfen. Vielmehr war zu erkennen, daß die Haushalte, die auf der verfassungsgesetzlich normierten Finanzhoheit[4] und der daraus gegebenen *Finanz- und Haushalts**autonomie*** beruhen, durch ihre Einnahmen und Ausgaben in immer mehr zunehmendem Maße am allgemeinen Wirtschaftsleben teilnehmen[5,6].

---

3 Vgl. *Kolms*: Finanzwissenschaft, Bd. I, Berlin-New York 1974, S. 9.

4 S. *Nöll von der Nahmer*, a.a.O., S. 6.

5 Wagnersches Gesetz der wachsenden Staatstätigkeit: s. *Rürup/Körner*, a.a.O., S. 121.

6 Beachte hierbei auch: Popitzsches Gesetz von der stetigen Zunahme des Aufgaben- und Finanzvolumens des Gesamtstaates innerhalb eines föderativ gegliederten (Bundes-)Staates gegenüber den übrigen Gliedstaaten; s. *Rürup/Körner*, a.a.O., S. 126.

Die Haushalte der "Öffentlichen Finanzwirtschaft" übernahmen *zusätzlich* zur allgemeinen staatlichen Aufgabenerfüllung (zur klassischen Bedarfsdeckungsfunktion) eine *spezielle, gesamtwirtschaftliche Lenkungsfunktion* (die moderne gesamtwirtschaftliche Budgetfunktion), um somit die Finanzpolitik mit den Zielen der Wirtschafts- und Sozialpolitik in Einklang zu bringen.

Die öffentlichen Haushalte bilden in diesem Sinne einen einheitlichen budgetären Komplex und sind deshalb Mitträger und Mitgestalter und somit ein "*Steuerungsfaktor der Volkswirtschaft*" geworden[7].

Die *Wirtschaft* der öffentlichen Gemeinwesen ist "Öffentliche Finanzwirtschaft", die – als *staatlicher Sektor der Volkswirtschaft*, d.h. als Wirtschaftssubjekt "Staat" und somit als *autonome Wirtschaftseinheit* – im volkswirtschaftlichen Kreislauf ihren eigenständigen Platz hat. Innerhalb des Wirtschaftssektors "Staat" vollzieht sich die gesamte "Öffentliche Finanzwirtschaft". Die Öffentliche Finanzwirtschaft ist somit *Teil und gestaltender Faktor der Volkswirtschaft.*

2. Begriff und Aufgaben der Öffentlichen Finanzwirtschaft

Die Beschaffung, Verwaltung und Verwendung der erforderlichen Finanzmittel für Maßnahmen zur staatlichen Aufgabenerfüllung ist Regelungsgegenstand der Öffentlichen Finanzwirtschaft. Die finanzwirtschaftliche Seite der staatlichen Aufgabenerfüllung ist neben der Zweckerfüllung eine umfassende Querschnittsaufgabe, da jegliche staatliche Maßnahme finanzielle Vorgaben (Gebäude, Personal usw.) und finanzielle Auswirkungen (Kosten der einzelnen Aufgabenerfüllung) zwangsläufig mit sich bringt.

"Öffentliche Finanzwirtschaft" ist daher die finanzielle Grundlage des staatlichen Verwaltungshandelns in der gesamten öffentlichen Verwaltung; sie ist somit das finanzpolitische Grundlagenfach öffentlicher Aufgabenerfüllung mit gesamtstaatlicher Querschnittsfunktion.

"Öffentliche Finanzwirtschaft" ist in den Ländern mit freiheitlich-demokratischer Grundordnung der selbständige, verfassungsrechtliche oder gesetzlich geregelte Funktionsbereich des Staates und der ihm eingegliederten Träger öffentlicher Verwaltung, der unter Beachtung gesamtwirtschaftlicher Zwecke auf die Erzielung von Einnahmen zur Deckung des durch die Erfüllung öffentlicher Aufgaben entstehenden Finanzbedarfs gerichtet ist und diese Ausgabenwirtschaft einschließlich der Prüfung aller relevanten Finanzvorgänge hinsichtlich ihrer Rechtmäßigkeit und Zweckmäßigkeit umfaßt[8].

---

7 Vgl. *Hirsch*, a.a.O., S. 97.
8 *Görg*: Finanzwirtschaft, öffentliche, in: Evangelisches Staatslexikon, 2. Aufl., Stuttgart-Berlin 1975.

Begriff und Wesenselemente der Öffentlichen Finanzwirtschaft werden durch ihre Aufgaben (Funktionen) dargestellt:

> "**Öffentliche Finanzwirtschaft**" umfaßt die Gesamtheit aller staatlich-ökonomischen Aktivitäten der öffentlich-rechtlichen Gemeinwesen im Rahmen der
> ● **Beschaffung, Verwaltung** und **Verwendung** öffentlicher Mittel
> - zum Zwecke staatlicher Aufgabenerfüllung in Form der Bereitstellung öffentlicher Güter und Dienstleistungen (= klassische finanzwirtschaftliche Bedarfsdeckungsfunktion)
> - zur Erreichung wirtschaftspolitischer und sozialpolitischer Ziele (= moderne gesamtwirtschaftliche Lenkungsfunktion)
> - zur Gestaltung internationaler und supranationaler entwicklungspolitischer, wehrpolitischer sowie wirtschafts- und währungspolitischer Finanzbeziehungen (= übernationale finanzpolitische Funktion).

Die "Öffentliche Finanzwirtschaft" ist als Wissenschaftsgegenstand der Finanzwissenschaft darüber hinaus *zusätzlich* durch verschiedene wissenschaftliche Disziplinen geprägt:

Die Volkswirtschaftslehre ordnet die Öffentliche Finanzwirtschaft als *gestaltenden Faktor der Gesamtwirtschaft* ein. Die Öffentliche Finanzwirtschaft beeinflußt das gesamtwirtschaftliche Geschehen in erheblichem Maße (= Staatsquote: z.Zt. 52 %). Die Öffentliche Finanzwirtschaft ist somit *Teil der Volkswirtschaft.*

Die Finanzwissenschaft stellt empirische finanzwirtschaftliche Untersuchungen an. Die aus der Betrachtung abgelaufener Wirtschaftszeiträume der Öffentlichen Finanzwirtschaft gewonnenen Erkenntnisse sind Grundlagen für theoretische Modelle (= Finanztheorie) zur Gestaltungsmöglichkeit der Finanzpolitik, d.h. zur möglichen Gestaltung der Öffentlichen Finanzwirtschaft. Darüber hinaus untersucht sie die Wirkungen der Öffentlichen Finanzwirtschaft auf die anderen Wirtschaftssubjekte im Wirtschaftskreislauf.

Die Finanztheorie beschäftigt sich mit der Klärung des Wesens der Öffentlichen Finanzwirtschaft als einer besonderen Wirtschaftsform im Gegensatz zu den privaten Wirtschaften der Haushalte und Unternehmen und mit den Auswirkungen finanzwirtschaftlicher Maßnahmen auf die Volkswirtschaft[9].

Das Staats- und Verfassungsrecht behandelt die Organisation des Staates und regelt die umfangreiche Einbindung der Öffentlichen Finanzwirtschaft in die gesamtstaatliche Ordnung (= Staats- und Finanzhoheit, Finanzverfassungsrecht etc.).

9 Vgl. *Nöll von der Nahmer*, a.a.O., S. 17.

Das Verwaltungsrecht regelt die Einbindung der Öffentlichen Finanzwirtschaft mit ihrer Vielfalt von Rechtsnormen in die Verwaltungsrechtsordnung.

Die Politikwissenschaft stellt die politischen Entscheidungsabläufe auf dem Gebiet der Öffentlichen Finanzwirtschaft dar und betrachtet das Gefüge der Staatsgewalten und somit die Stellung der öffentlichen Verwaltung im *politischen Willensbildungsprozeß*. Die Finanzpolitik verfolgt die Ziele der *Konjunkturpolitik*, der *Wachstumspolitik*, der *Strukturpolitik* sowie *Verteilungspolitik*.

Die Organisationslehre stellt die Verwaltungsabläufe im Rahmen der Maßnahmen der Öffentlichen Finanzwirtschaft dar (= Finanzplanung, Haushaltsaufstellung, Mittelbewirtschaftung etc.) und zeigt auf, wie die Öffentliche Finanzwirtschaft *als staatliche Querschnittsaufgabe* im gesamten öffentlichen Dienst Organisations*strukturen* im Behördenaufbau beeinflußt.

Die "Öffentliche Finanzwirtschaft" besitzt als zentrales Wissenschaftsobjekt aufgrund ihrer klassischen finanzwirtschaftlichen Bedarfsdeckungsfunktion und ihrer modernen gesamtwirtschaftlichen Lenkungsfunktion sowie ihrer Einbindung in verschiedene wissenschaftliche Disziplinen einen unbestrittenen Selbständigkeitsanspruch und als Wissenschaftsgegenstand somit einen eigenständigen Platz in der Wissenschaft[10].

3. Die besonderen Merkmale der Öffentlichen Finanzwirtschaft

Die Öffentliche Finanzwirtschaft ist – wie alle Einzelwirtschaften – *Teil der Volkswirtschaft*. Ihre "besonderen Merkmale" sind durch die Finanzwissenschaft geprägt:

– Die Öffentliche Finanzwirtschaft liefert im wesentlichen immaterielle Güter zum Nutzen der Bürger (z.B. innere und äußere Sicherheit, Bildung);

– Die Leistungen der Öffentlichen Finanzwirtschaft sind im allgemeinen nicht meßbar. Der Nutzen der Errichtung und Unterhaltung von Universitäten, Schulen, Krankenhäusern, der Kosten für die innere und äußere Sicherheit ist im Sinne kaufmännischer Bilanz (Gewinnberechnung) nicht zahlenmäßig erfaßbar. Gewinnberechnungen – wie sie für Einzelwirtschaften nach den Kriterien der kaufmännischen Buchführung (Gewinn- und Verlustrechnung) unerläßlich sind – sind in der nach kameralistischer Buchführung (*Verlaufs*buchführung ohne Gewinn- und Verlustnachweis) vollzogenen Öffentlichen Finanzwirtschaft im allgemeinen nicht üblich. Nach § 7 (2) BHO jedoch sind für geeignete Maßnahmen von erheblicher finanzieller Bedeutung "Nutzen-Kosten-Untersuchungen" anzustellen.

---

10 Vgl. *Kamp/Schönbeck/Smolinski/Weiler*, a.a.O., S. 30.

– Die Öffentliche Finanzwirtschaft – nicht dagegen die Einzelwirtschaften – kann ihren Finanzbedarf kraft ihrer verfassungsgesetzlich normierten *Finanzhoheit im Wege der Abgabenwirtschaft* (Erhebung von Steuern usw.) *selbst decken.*

– Die Öffentliche Finanzwirtschaft erstrebt keinen Gewinn. Sie erhebt Einnahmen (einschl. der gesamtwirtschaftlich vertretbaren Nettokreditaufnahmen) ausschließlich zum Zwecke der Deckung der durch den Umfang der öffentlichen *Aufgaben* bestimmten *Ausgabenhöhe.*

4. Einnahmen und Ausgaben der Öffentlichen Finanzwirtschaft

a) Die öffentlichen Einnahmen

Alle für ein Haushaltsjahr zu erwartenden Haushaltseinnahmen sind im Haushaltsplan zu veranschlagen und bei Fälligkeit rechtzeitig und vollständig zu erheben. Der Haushaltsplan erzeugt hinsichtlich der in ihm veranschlagten Einnahmen keine konstitutive, sondern lediglich eine deklaratorische Wirkung, da die Erhebungsnorm öffentlicher Einnahmen nicht der Haushaltsplan ist, sondern außerbudgetäre Gesetze (z.B. Steuergesetze), Verträge oder sonstige Rechtstitel sind.

Die im Haushaltsplan veranschlagten Einnahmen erzeugen im Gegensatz zu den dort veranschlagten Ausgaben keine Rechtswirkungen; d.b., daß Einnahmen aufgrund bestehender Erhebungsnormen von der Verwaltung auch dann rechtzeitig und vollständig zu erheben sind, wenn sie im Haushaltsplan gar nicht oder nicht hinreichend veranschlagt sind.

Der Begriff "Öffentliche *Haushalts*wirtschaft" ist geprägt durch die Erfüllung öffentlicher Aufgaben (Ausgabenwirtschaft) und die Beschaffung der hiermit im Zusammenhang stehenden Einnahmenmittel (Einnahmenwirtschaft).

"Einnahmenwirtschaft" ist jene finanzwirtschaftliche Tätigkeit bei Bund, Ländern und Gemeinden, die das *Beschaffen* der erforderlichen Mittel zur Deckung des Finanzbedarfs im Rahmen der Aufgaben – und somit der Ausgaben – der Gebietskörperschaft zum Inhalt hat.

Gegenstand der Einnahmenwirtschaft – ihre Einnahmequellen – sind insbesondere Einnahmen aus:

- Steuern
- Gebühren
- Beiträgen
- Erwerbseinkünften
- Finanzausgleichen
- Kreditaufnahmen
- Münzeinnahmen
- Rücklagen
- kassenmäßigen Überschüssen.

Einnahmen aus Steuern: "Steuern" sind nach § 3 (1) AO "Geldleistungen, die *nicht* eine Gegenleistung für eine besondere Leistung darstellen und von einem öffentlich-rechtlichen Gemeinwesen zur Erzielung von Einnahmen allen auferlegt werden, bei denen der Tatbestand zutrifft, an den das Gesetz die Leistungspflicht knüpft ...".

Wesensmerkmal der Steuern ist, daß sie "Zwangsabgaben ohne Gegenleistung zur Deckung des staatlichen Finanzbedarfs" sind.

"Steuern" sind somit hoheitlich erhobene Zwangsabgaben *ohne* Anspruch auf Gegenleistung. Steuern haben fiskalischen Charakter (Bedarfsdeckungsfunktion), dienen der Erfüllung sozialpolitischer Ziele (Wohlfahrtsfunktion) und sind darüber hinaus ein Instrument der Wirtschaftssteuerung (gesamtwirtschaftliche Lenkungsfunktion). – *Mehr: S. Abschnitt II. A, Ziffer 2 b) (S. 9).*

Einnahmen aus Gebühren: "Gebühren" sind Abgaben, die als Entgelt für bestimmte, tatsächlich in Anspruch genommene öffentliche Dienstleistungen erhoben werden. Die Leistungen werden nur von einzelnen in Anspruch genommen; die Zahlungspflicht (= Gebühr) entsteht mit der Inanspruchnahme der öffentlichen Dienstleistung.

Man unterscheidet
- Benutzungsgebühren
  Sie stellen das Entgelt für die Inanspruchnahme einer öffentlichen Einrichtung dar (z.B. städtisches Freibad)
- Verwaltungsgebühren
  Sie sind das Entgelt für öffentliches, personenbezogenes Verwaltungshandeln (z.B. Grundbucheintragung)
- Verleihungsgebühren
  Sie sind das Entgelt für die individuelle Zuerkennung von bestimmten Rechten (z.B. Konzessionsgebühr).

Einnahmen aus Beiträgen: Beiträge sind Abgaben, die zur Deckung der Kosten öffentlicher Einrichtungen von den wirtschaftlich Begünstigten *ohne Rücksicht* auf die tatsächliche Inanspruchnahme erhoben werden (z.B. Anliegerbeiträge).

Einnahmen aus Erwerbseinkünften: Erwerbseinkünfte sind Einnahmen aus Beteiligungen des Staates an privaten Unternehmen oder in hoheitlicher Form. Es sind Einnahmen, die der Staat nicht aufgrund seiner Finanzhoheit durch Zwangsabgaben erzielt, sondern durch Beteiligungen an Privatfirmen (z.B. der Bund ist an über 200 Unternehmen mit mindestens 25 % Eigenkapital beteiligt) oder in hoheitlicher Form (z.B. Post, Bahn, Wasserstraßen).

Einnahmen aus Finanzausgleichen: "*Finanzausgleiche*" sind grundsätzlich die Gesamtheit der finanziellen Beziehungen zwischen finanzstarken und finanzschwachen Trägern öffentlicher Finanzwirtschaft. Der *bundesstaatliche* Finanzausgleich umfaßt dabei den

– *passiven Finanzausgleich*, d.h. die Verteilung der öffentlichen Aufgaben (Art. 30 GG) und Ausgaben (Art. 104 a GG), ferner den

– *aktiven Finanzausgleich*, d.h. die Verteilung des öffentlichen Gesamtaufkommens aller Steuereinnahmen (Art. 106 GG). Diese Form des Finanzausgleichs hat das Ziel, die einzelnen Gebietskörperschaften aus dem gesamten zur Verfügung stehenden Steueraufkommen möglichst so auszustatten, daß sie die ihnen nach dem Grundgesetz zugewiesenen staatlichen und kommunalen Aufgaben grundlegend erfüllen können. Darüber hinaus gibt es im föderativen Bundesstaat auch spezielle Steuerzuweisungen als

– *vertikalen Finanzausgleich*, d.h. der Finanzausgleich wird zwischen Gebietskörperschaften unterschiedlicher Ebenen durchgeführt;
- Bund - Länder
- Bund - Gemeinden
- Länder - Gemeinden.

Sofern durch die originäre Steuerverteilung eine ausgewogene Finanzmittelversorgung der jeweiligen Gebietskörperschaft zur Erfüllung der ihr durch das Grundgesetz zugeordneten Aufgaben *nicht gegeben ist*, muß eine entsprechende Korrektur durch vertikalen Finanzausgleich vorgenommen werden.

Beim *vertikalen Finanzausgleich* hilft die übergeordnete Körperschaft mit Finanzmitteln, um eine möglichst einheitliche Lebensqualität im Bundesgebiet herzustellen, so etwa im Gesundheitswesen, in der inneren Sicherheit, im Bildungswesen. Darüber hinaus gibt es den

– *horizontalen Finanzausgleich*, d.h. der Finanzausgleich findet zwischen Gebietskörperschaften gleicher Ebene statt. Im Verhältnis der Länder zueinander handelt es sich um den “Länderfinanzausgleich”, der zwischen finanzstarken und finanzschwachen Ländern durchgeführt wird. Beim *horizontalen* Finanzausgleich ist zwischen ausgleichspflichtigen und ausgleichsberechtigten Bundesländern zu unterscheiden, um regionale und strukturelle Benachteiligungen eines Bundeslandes auf diese Weise auszugleichen.

Der vertikale und der horizontale Finanzausgleich wird in Form von “Zuweisungen” bereitgestellt und stellt über die originäre Steuerverteilung hinaus einen “finanziellen Feinschliff” der Finanzmittelversorgung zum Zwecke der gesamtstaatlichen Aufgabenerfüllung für die jeweiligen Gebietskörperschaften dar.

Die Kriterien zur Berechnung des Finanzausgleichs enthält das “Gesetz über den Finanzausgleich zwischen Bund und Ländern (FinAusglG)”.

Einnahmen aus Kreditaufnahmen: Der öffentliche Kredit dient – über die originäre und spezielle Steuerverteilung hinaus – der Beschaffung von Deckungsmitteln zur Schließung einer Finanzlücke in den öffentlichen Haushalten. Er erfüllt

- eine fiskalische Funktion und
- eine wirtschaftspolitische Funktion.

Fiskalische Funktion: Die nach Art. 115 (1) GG bis zur Höhe der im Bundeshaushaltsplan veranschlagten Ausgaben für Investitionen begrenzte Neuverschuldung entspricht der fiskalischen Kreditaufnahme im Rahmen der klassischen Bedarfsdeckungsfunktion.

Wirtschaftspolitische Funktion: Die über die klassische Bedarfsdeckungsfunktion zur Abwehr einer Störung des gesamtwirtschaftlichen Gleichgewichts hinausgehende – konjunkturbedingte – Kreditaufnahme wird im Rahmen des "deficit spending" (*Keynes*) vorgenommen.(*Mehr: S. Abschnitt VI A, Ziffer 2.a) [S. 100]; S. Abschnitt VII G, Ziffer 3 [S. 148]*).

Einnahmen aus Münzeinnahmen: "Münzeinnahmen" sind Bundeseinnahmen aus der Ausprägung von Scheidemünzen. (*Mehr: S. Abschnitt VI A, Ziffer 2.d) [S. 106]*.)

Einnahmen aus Rücklagen: "*Rücklagen*" dienen zum einen der Aufrechterhaltung einer ordnungsgemäßen Kassenwirtschaft (= Kassenverstärkungsrücklage) zum anderen als Maßnahme mit kontraktiver oder expansiver Wirkung zur Beeinflussung von konjunkturellen Schwankungen (= Konjunkturausgleichsrücklage).

Einnahmen aus kassenmäßigen Überschüssen: "*Kassenmäßige Überschüsse*" sind Einnahmen, die bei der haushaltsmäßigen Abwicklung positiver kassenmäßiger Jahresergebnisse vorheriger Jahre im Haushaltsplan veranschlagt sind.

b) Die öffentlichen Ausgaben:

Die im Haushaltsplan veranschlagten Haushaltsausgaben wirken konstitutiv. Damit ist unmittelbar die parlamentarische *Ermächtigung* (nicht: Verpflichtung!) ausgesprochen, diese einzelnen Ausgaben (Ausgabetitel) leisten zu dürfen, sofern dies erforderlich ist (= parlamentarische Einzelbewilligung bei Ausgabetiteln). – (*Mehr: S. Abschnitt III. E [S. 44]*).

> "Ausgabenwirtschaft" bedeutet die *Verwendung* der Einnahmen der Öffentlichen Finanzwirtschaft zur Durchführung – und somit zur Finanzierung – der Staatsaufgaben (z.B. für Bildung, Gesundheitswesen, innere und äußere Sicherheit).

Somit ist die Ausgabenwirtschaft geprägt durch den planmäßigen Vollzug der Haushaltspläne, durch die Bildung überplanmäßiger und außerplanmäßiger Haushaltsausgaben i.S.d. Art. 112 GG/LV (Notermächtigungsrecht des Finanzministers), ferner durch die Inanspruchnahme der im jeweiligen Haushaltsgesetz festgelegten Sonderermächtigung des Finanzministers (Bund, Länder) sowie durch die in § 6 StWG bezeichneten zusätzlichen Ausgaben, die – zur Abwehr einer Störung des gesamtwirtschaftlichen Gleichgewichts – der Konjunkturausgleichsrücklage entnommen oder auf dem Kreditmarkt (Kapitalmarkt) aufgenommen, im Eventualhaushalt festgelegt und für konjunkturbedingte Sonderausgaben (Sonderprogramme) bestimmt sind.

Die budgetären Ausgaben*arten* sind:
- Personalausgaben
- Sächliche Verwaltungsausgaben
- Zinsausgaben
- Ausgaben für laufende Zuschüsse
- Ausgaben für Investitionen.

C. Träger der Öffentlichen Finanzwirtschaft

Als Träger der Öffentlichen Finanzwirtschaft kommen zahlreiche Körperschaften, Anstalten und Stiftungen des öffentlichen Rechts in Betracht. Sie alle erfüllen gesamt-staatliche, öffentliche Aufgaben. Die Vielzahl dieser Institutionen hängt von der jeweiligen Wirtschaftsordnung ab. In einer Zentralverwaltungswirtschaft ist der Staat Träger der gesamten Volkswirtschaft. In Wirtschaftsordnungen, deren Wirtschaftsverfassungen sich am System der freien Marktwirtschaft orientieren, ist die Zahl der Öffentlichen Finanzwirtschaften abhängig von dem Grad des staatlichen Einflusses auf die marktwirtschaftlichen Vorgänge.

Träger der "Öffentlichen Finanzwirtschaft" sind alle Institutionen, die eine *eigene* oder eine *abgeleitete Finanzhoheit* (= Finanzgewalt) besitzen. Bund und Länder besitzen demzufolge eine *eigene Finanzhoheit*; die übrigen Körperschaften und sonstigen öffentlichen Rechtsgebilde besitzen dagegen eine *abgeleitete Finanzhoheit*.

Als Träger der Öffentlichen Finanzwirtschaft gelten in der Bundesrepublik Deutschland neben internationalen und supranationalen Organisationen sowie den Gebietskörperschaften auch hilfsfiskalische Gebilde als parafiskalische, intermediäre Finanzgewalten (Parafisci).

1. Internationale und supranationale Organisationen

Internationale Organisationen werden von autonomen Staaten geschaffen. Diese zwischenstaatlichen Organisationen handeln im festgelegten Rahmen für die in ihnen vertretenen Staaten (z.B. NATO, Weltbank).

Die Finanzierung dieser internationalen zwischenstaatlichen Organisationen wird durch Beiträge ihrer Mitglieder gesichert.

Supranationale Organisationen sind Zusammenschlüsse souveräner Staaten. Teile der nationalen staatlichen Hoheitsgewalt sind überdeckt durch Entscheidungen dieser supranationalen, überstaatlichen Organisationen. Souveräne **über**nationale Organe üben die ihnen übertragene supranationale Organisationsgewalt als *übernationales Recht* unmittelbar aus (z.B. Europäische Gemeinschaften – EG).

Supranationales Recht bricht nationales Recht.

Die Finanzierung dieser supranationalen Organisationen wird durch direkte Erhebung einer supranationalen Steuer gesichert[11]. Die Europäischen Gemeinschaften (EG) erlassen

- Verordnungen, die als unmittelbares übergeordnetes Recht im gesamten EG-Gebiet gelten
- Richtlinien, die ein bestimmtes Ergebnis vorschreiben, das durch nationales Recht zu erreichen ist.

2. Der Bund

Der Bundeshaushaltsplan ist eine Zusammenstellung aller veranschlagten Haushaltseinnahmen, Haushaltsausgaben, Planstellen, Stellen sowie Verpflichtungsermächtigungen von allen Bundesbehörden für ein Jahr.

Die durch die parlamentarische Verabschiedung des Haushaltsgesetzes bewirkte Feststellung des Haushaltsplans bedeutet für die Bundesverwaltung die Ermächtigung, Ausgaben – sofern erforderlich – zu leisten und Verpflichtungen einzugehen. Die Einnahmeseite des Haushaltsplans ist hierbei lediglich geschätzt.

Der Lastenausgleichsfonds hat als Sondervermögen des Bundes den Auftrag, durch Vertreibung und Kriegszerstörung entstandene Schäden und Verluste teilweise auszugleichen.

Das ERP-Sondervermögen des Bundes (ERP = European Recovery Program = Europäisches Wiederaufbauprogramm) sind Finanzmittel, die revolvierend zur Förderung der Wirtschaft in der Bundesrepublik Deutschland und für Entwicklungsländer eingesetzt werden. Die Mittel stammen aus Nachkriegs-US-Hilfe aufgrund des vom damaligen Außenminister der USA George C. MARSHALL im Juni 1947 entwickelten ERP-Sondervermögens (= MARSHALL-Plan).

Öffentliche Unternehmen sind Verwaltungsbetriebe (Regiebetriebe, wie: Domänen [= Staatsgüter], Forsten, Bundesdruckerei usw.) und öffentliche Betriebe als juristische Personen des öffentlichen oder privaten Rechts. Der Bund ist z.Z. an über 200 Unternehmen mit mindestens 25 % Eigenkapital beteiligt.

---

11 Vgl. *Penning*: Optische Finanzwissenschaft, Herne-Berlin 1978, Nr. 5.

3. Die Länder

Die Ausübung der staatlichen Befugnisse und die Erfüllung der staatlichen Aufgaben ist Sache der Länder, soweit das Grundgesetz keine andere Regelung trifft oder zuläßt.

Bund und Länder sind in ihrer Haushaltswirtschaft selbständig und voneinander unabhängig.

Die finanzwirtschaftliche Darstellung der Landeshaushalte und der öffentlichen Unternehmen der Länder ist wie beim Bund in sinngemäß vergleichbarer Weise zu verstehen.

4. Die Gemeinden und Gemeindeverbände

Die Gemeinden und Gemeindeverbände stellen nach dem Grundgesetz keine dritte Ebene der Gebietskörperschaften im Staatsaufbau dar, sondern sind der inneren Gliederung der Länder zuzurechnen.

Die Gemeinden sind landesunmittelbare juristische Personen des öffentlichen Rechts, die den Ländern unmittelbar eingeordnet sind.

Die verfassungsrechtlich in Art. 28 GG normierte Selbstverwaltungsgarantie bedeutet, daß die Gemeinden in Verfolg der gemeindlichen Hoheitsverwaltung jährlich jeweils einen Gemeindehaushalt aufzustellen haben, der vom Parlament (= Gemeinderat) beraten und durch die Verabschiedung der Haushaltssatzung festgestellt wird.

Die örtliche *Ver*sorgung und *Ent*sorgung wird von der kommunalen Wirtschaftsverwaltung (z.B. Verkehrsunternehmen, Sparkassen, Kreditanstalten) und von kommunalen Zweckverbänden (z.B. Wasserversorgung, Abfallbeseitigung) vorgenommen.

5. Hilfsfiskalische Gebilde (Parafisci)

"Parafisci" sind intermediäre Finanzgewalten, die selbst nicht Gebietskörperschaften sind, wohl aber öffentliche Aufgaben erfüllen, sich selbst verwalten, einer Staatsaufsicht unterliegen sowie teilweise mit Hoheitsrechten ausgestattet sind[12].

Solche Parafisci sind z.B.:
- *Berufsfisci*, wie Innungen, Handwerkskammern, Handelskammern
- *Sozialfisci*, wie gesetzliche Renten-, Kranken-, Unfall-, Arbeitslosenversicherung
- *Kirchenfisci*, wie öffentlich-rechtliche Religionsgemeinschaften
- *Sonstige Fisci*, wie öffentlich-rechtliche Rundfunk- und Fernsehanstalten[13].

---

12 Vgl. *Smekal*: Finanzen intermediärer Gewalten (Parafisci), in: Handwörterbuch der Wirtschaftswissenschaften, Bd. 3, Stuttgart 1981, S. 1 - 16.

13 Vgl. *Andreae/Mauser*, a.a.O., S. 24.

D. Grundlagen, Bedeutung und Träger der Öffentlichen Finanzwirtschaft

– Kurzfassung –

Grundlagen der Öffentlichen Finanzwirtschaft sind
- die Staatshoheit und die Kompetenzverteilung im föderativen Leistungsstaat
- die Finanzhoheit
- die Budgethoheit
- die Finanzverfassung
- die Finanzpolitik.

Die Bedeutung der Öffentlichen Finanzwirtschaft wird durch ihre Aufgaben (Funktionen) dargestellt: "Öffentliche Finanzwirtschaft" ist die Tätigkeit des Staates, durch welche dieser die Mittel zur Erfüllung seiner Aufgaben aufbringt, verwaltet und verwendet.

Hierbei hat die Öffentliche Finanzwirtschaft
- öffentliche Güter und Dienstleistungen bereitzustellen (= klassische Bedarfsdeckungsfunktion)
- wirtschaftspolitische und sozialpolitische Ziele anzustreben (= moderne gesamtwirtschaftliche Lenkungsfunktion)
- übernationale finanzpolitische Funktionen zu erfüllen.

Die "Öffentliche Finanzwirtschaft"
- ist Teil der Volkswirtschaft (Staatsquote: 52 %)
- liefert im wesentlichen immaterielle Güter
- erzeugt im allgemeinen nicht meßbare Leistungen
- deckt ihren Finanzbedarf durch Steuern usw. selbst
- erstrebt keinen Gewinn.

"*Einnahmenwirtschaft*" ist die finanzwirtschaftliche Tätigkeit der Gebietskörperschaften der *Beschaffung* der Deckungsmittel zur Aufgabenerfüllung (s. S. 28/29):

"*Ausgabenwirtschaft*" bedeutet die *Verwendung* der Einnahmen zur Durchführung der Aufgaben beim Vollzug des Haushaltsplans.

Träger der Öffentlichen Finanzwirtschaft sind die Träger öffentlicher Aufgaben (Art. 30 GG/LV). Diese sind:
- internationale (z.B. NATO) und supranationale (z.B. EG) Organisationen
- der Bund
- die Länder
- die Gemeinden und Gemeindeverbände
- hilfsfiskalische, intermediäre Finanzgewalten (= Parafisci, z.B. öffentlich-rechtliche Rundfunk- und Fernsehanstalten).

Staatliche Einnahmequellen

Laufende Einnahmen

Hierzu zählen alle Einnahmen, die sich aus der Existenz und der Tätigkeit eines öffentlichen Verbandes im Rahmen der staatlichen Aufgabenerfüllung ergeben und ihrem Wesen nach regelmäßige Einnahmen darstellen.

Erwerbseinkünfte

Beteiligungen an Unternehmen oder in hoheitlicher Form (Post, Bahn, Land- u. Wasserstraßen usw.); der Bund ist an über 200 Unternehmen mit mindestens 25 % Eigenanteil beteiligt.

Abgaben

Die Wahrnehmung staatlicher Aufgabenerfüllung bedeutet, Ausgaben zu leisten, zu deren Deckung die notwendigen Einnahmen insbesondere durch Abgaben hoheitlich erhoben werden.

Finanzausgleiche

Hierunter sind alle Einnahmen zu verstehen, die eine öffentliche Körperschaft im Wege der Zuweisungen erhält.

Passiver FA = Aufgabenverteilung.

Aktiver FA =
- vertikal
- horizontal

Steuern und Zölle

Steuern sind hoheitlich erhobene Zwangsabgaben ohne Anspruch auf Gegenleistung. Steuern haben fiskalischen Charakter (Bedarfsdeckungsfunktion) und sind darüber hinaus ein Instrument der Wirtschaftssteuerung (gesamtwirtschaftliche Funktion).

Gebühren

Gebühren sind Abgaben, die als Entgelt für bestimmte – tatsächlich in Anspruch genommene – öffentliche Dienstleistungen erhoben werden:

a) Benutzungsgebühr (z.B. Müllabfuhrgebühr)
b) Verwaltungsgebühr (z.B. beim Standesamt)
c) Verleihungsgebühr (z.B. Konzessionsgebühr)

Beiträge

Beiträge sind Abgaben, die zur Deckung der Kosten öffentlicher Einrichtungen von den wirtschaftlich Begünstigten ohne Rücksicht auf die tatsächliche Inanspruchnahme erhoben werden (z.B. Anliegerbeiträge).

Einmalige Einnahmen

Hierzu zählen alle sonstigen Einnahmen, die sich nicht aus laufenden Einnahmen zur Deckung der Ausgaben im Rahmen der Aufgabenerfüllung ergeben und ihrem Wesen nach einmalig sind, – unabhängig von ihrer Häufigkeit.

öffentliche Kreditaufnahme

Hierunter sind alle im Hpl veranschlagten Einnahmen aus Krediten (§ 18 BHO) zu verstehen, soweit sie dem Kapitalmarkt (= Geschäftsbanken, Kapitalsammelstellen, Privat, Ausland) entstammen.

Rücklagen

Da Rücklagen (z.B. Konjunkturausgleichsrücklagen) bei der DBBk unterhalten werden, handelt es sich bei diesen Einnahmen um Notenbankgeld, das dem Geldkreislauf entzogen ist.

kassenmäßige Überschüsse

Hierunter fallen alle Einnahmen, die bei der haushaltsmäßigen Abwicklung positiver kassenmäßiger Jahresergebnisse vorheriger Jahre im Hpl veranschlagt sind.

Münzeinnahmen

Der Bund besitzt die uneingeschränkte Münzhoheit. Die aus der Differenz zwischen Nominalwert und Realwert entstehende Summe muß die DBBk, die über vier Münzprügeanstalten verfügt, dem Bund erstatten.

sonstige

Sonderabgaben sind Geldleistungen, die nicht der Einnahmeerzielung, sondern nichtfiskalischen Zwecken dienen (z.B. Ausgleichsabgaben).

III. Die Staatshaushalte im System der Öffentlichen Finanzwirtschaft*

A. Allgemeines

Die “Budgethoheit” ist die auf der Grundlage der *Staats- und Finanzhoheit* nach dem Finanzverfassungsrecht gegebene *Selbständigkeit* und *Unabhängigkeit* der bundesstaatlichen Haushaltswirtschaft (= Haushaltsautonomie):

> **Art. 109 Abs. 1 GG:**
> “Bund und Länder sind in ihrer Haushaltswirtschaft selbständig und voneinander unabhängig.”

“Haushaltsrecht” ist die auf der Budgethoheit beruhende Ordnung der Haushaltswirtschaft durch Rechtssätze.

“Haushaltswirtschaft” ist der Teil der Volkswirtschaft, der – im Rahmen der Öffentlichen Finanzwirtschaft – über die öffentlichen Haushalte vollzogen wird. Haushaltswirtschaft ist die auf dem Haushaltsrecht beruhende finanzwirtschaftliche Tätigkeit aller Träger öffentlicher Finanzwirtschaft zum Zwecke staatlicher Aufgabenerfüllung.

Hierunter sind alle finanzpolitischen Vorgänge zu verstehen, die auf die Planung, Beschaffung, Verwaltung, Verwendung und Kontrolle der öffentlichen Mittel gerichtet sind (Aufstellung und Ausführung des Haushaltsplans).

Zum Begriff der Haushaltswirtschaft gehört ebenso das budgetrechtliche Eingriffsintrumentarium zur Beeinflussung des gesamtwirtschaftlichen Gleichgewichts sowie der Nachtragshaushalt, der Eventualhaushalt, steuerliche Maßnahmen nach Maßgabe des Stabilitäts- und Wachstumsgesetzes und die Aufnahme von Krediten sowie die Übernahme von Bürgschaften, Garantien oder sonstigen Gewährleistungen, die zu Ausgaben in künftigen Haushaltsjahren führen können.

Die staatliche Haushaltswirtschaft besteht aus der
- “*Einnahmenwirtschaft*” besonders aus Steuern, Gebühren, Beiträgen, Erwerbseinkünften, Kreditaufnahmen usw.
  und der
- “*Ausgabenwirtschaft*” für Maßnahmen im Rahmen der *staatlichen Aufgabenerfüllung*.

---

* S. Anhang

Grundlage der Haushalts- und Wirtschaftsführung der einzelnen Träger der Öffentlichen Finanzwirtschaft ist der jeweilige Haushalt.

Der "*Haushalt*" setzt sich zusammen aus dem Haushalts*gesetz* und dem Haushalts*plan*.

Das "*Haushaltsgesetz*" ist ein auf der Grundlage des Verfassungsrechts im förmlichen Gesetzgebungsverfahren zustande gekommenes Zeitgesetz, das – zusätzlich zu ständig-gesetzlichen Rechtsvorschriften (BHO etc.) – obligatorische und fakultative Rechtsnormen für die Haushalts- und Wirtschaftsführung der Haushaltsträger speziell für ein Haushaltsjahr enthält.

Der "*Haushaltsplan*" ist die *spezielle* rechtliche Grundlage für die Haushalts- und Wirtschaftsführung des Bundes (Land, Gemeinde) für ein Haushaltsjahr.

Es gibt jährlich einen Bundeshaushaltsplan, 16 Landeshaushaltspläne und ca. 11500 Gemeindehaushaltspläne.

Die "*Haushaltsführung*" umfaßt alle Maßnahmen im Rahmen der *Ausführung* des Haushaltsgesetzes und des Haushaltsplans.

Der Begriff "*Wirtschaftsführung*" bezieht sich darüber hinaus auf jene finanzwirtschaftliche Betätigung des Bundes (Land, Gemeinde), die über das Haushaltsgesetz und den Haushaltsplan hinausgehen – wie z.B. bei den Sondervermögen.

"*Haushalten*" umfaßt das Planen, Veranschlagen, Bewirtschaften und Nachweisen von Haushaltsmitteln, die erforderlich sind, um die einer Dienststelle obliegenden Aufgaben innerhalb eines bestimmten Zeitraumes erfüllen zu können.

"*Haushaltsmittel*" sind Beträge, die im Haushaltsplan (Etat, Budget) mit Titelnummer und Zweckbestimmung *als Ansatz* ausgebracht sind. Haushaltsmittel werden den mittelbewirtschaftenden Dienststellen zugewiesen und stehen diesen damit *zur Bewirtschaftung* zur Verfügung[1].

B. Rechtscharakter und Begriff des Haushalts

Das Haushaltsgesetz und der Haushaltsplan bilden eine Einheit[2], den Haushalt! Der Haushalt ist ein politisches Dokument.

Über den *Rechtscharakter des Haushaltsgesetzes* gibt es weder eine verfassungsrechtliche noch eine sonstige gesetzliche Definition; auch in der Fachliteratur herrscht keine übereinstimmende Meinung über die Frage, ob das Haushaltsge-

1 Vgl. Vorl. VV Nr. 1.9 zu § 34 BHO/LHO.
2 BVerfGE 20, 93.

setz ein formelles oder materielles Gesetz ist, ob es ein in die Form eines formellen Gesetzes gekleideter Verwaltungsakt oder ein "staatsleitender Gesamtakt" von Regierung und Parlament ist.

Als gesichert ist anzusehen, daß das Haushaltsgesetz in seiner Rechtsnatur zwar kein materielles Gesetz im Sinne des Rechtssatzcharakters mit Außenwirkung ist, da es keine Rechtsbeziehung zwischen den Bürgern untereinander oder im Verhältnis zum Staat begründet oder verändert und keinen Eingriff in Freiheit oder Eigentum im Sinne des historisch-konventionellen Rechtssatzbegriffes darstellt, wohl aber ist der durch Regierungsvorlage im Parlament geschäftsordnungsmäßig beratene und auf der Grundlage des Verfassungsrechts im förmlichen Gesetzgebungsverfahren zustande gekommene Beschluß der Legislative *Gesetz im formellen Sinne*.

Wenn auch das Haushaltsgesetz grds. kein Gesetz im materiellen Sinne ist, da es keinen Rechtssatzcharakter mit Außenwirkung gegenüber dem Bürger hat, so hat es doch Rechtswirkungen im organschaftlichen Verhältnis zwischen Legislative und Exekutive.

Das Bundesverfassungsgericht (BVerfG) hat im Rechtsstreit um die Parteienfinanzierung[3] festgestellt, daß das Haushaltsgesetz nicht lediglich ein im Haushaltsplan enthaltenes Zahlenwerk feststellt, sondern zugleich die *Bewilligung* der im Haushaltsplan ausgeworfenen Mittel enthält, somit die *Ermächtigung an die Regierung* darstellt, diese Mittel für die in den einzelnen Titeln des Haushaltsplans festgelegten Zwecke auszugeben.

Das Bundesverfassungsgericht hat über dies festgestellt, daß das Haushaltsgesetz und auch der Haushaltsplan letztlich Recht im Sinne des Art. 93 Abs. 1 Nr. 2 GG ist und deshalb im Normenkontrollverfahren auf seine Vereinbarkeit mit dem Grundgesetz geprüft werden kann (BVerfGE 20, 90).

Das jährliche Haushaltsgesetz ist – nach seiner Rechtsnatur – ein in die Form eines nur formellen Gesetzes gekleideter staatsleitender Hoheitsakt der Legislative ohne Außenwirkung gegenüber dem Bürger, wohl aber mit Innenwirkung im organschaftlichen Verhältnis zwischen Legislative und Exekutive dergestalt, daß die Regierung und ihre Verwaltung an dieses Gesetz und seine Anlage – den Haushaltsplan – *gebunden* ist[4].

---

3 BVerfGE 20, 92 vom 19. Juli 1966 (NJW 1966, S. 1499 ff.).

4 Dies schließt jedoch nicht zwingend die Möglichkeit aus, daß das Haushalts*gesetz* in seiner Rechts*praxis* ggf. doch materielle Rechtsnormen enthalten kann, sofern diese den Zweck haben, der Verwaltung den Vollzug des Haushaltsplans zu ermöglichen (s. *Giese/Schunck/Winkler*, a.a.O., Nr. 4 zu Art. 110 GG).

Das jährlich vom Parlament zu verabschiedende Bundeshaushaltsgesetz ist aufgrund seiner verfassungsrechtlichen Besonderheiten und aufgrund der Sonderbestimmungen in der BHO/LHO daher als "lex sui generis" zu betrachten.

Der *Haushaltsplan* (Das Budget, der Etat) ist die durch das Haushaltsgesetz festgestellte, für die Haushaltsführung des Bundes maßgebende Zusammenstellung der für ein Haushaltsjahr veranschlagten Haushaltseinnahmen und -ausgaben, Planstellen, Stellen und Verpflichtungsermächtigungen aller Bundes-/Landesbehörden.

Der jährliche Haushaltsplan ist ein staatsleitender Hoheitsakt in Gesetzesform (BVerfGE 79, 328)!

Er ist die gesetzlich festgestellte *Grundlage* für die Haushalts- und Wirtschaftsführung (§ 2 BHO)!

Haushaltsgesetz und Haushaltsplan bilden eine Einheit (BVerfGE 20, 93)!

Der Haushaltsplan nimmt somit an den Rechtswirkungen des Haushaltsgesetzes teil und besitzt daher *Gesetzesqualität*, ohne jedoch selbständiges Gesetz zu sein!

Der Haushaltsplan ist eine verfassungsgesetzliche Einrichtung. Alle zu erwartenden Einnahmen und alle voraussichtlich zu leistenden Ausgaben des Bundes/Landes sind in den Haushaltsplan einzustellen (Art. 110 GG/LV). Der Haushaltsplan ist somit eine Zusammenstellung aller für ein Jahr veranschlagten Haushaltseinnahmen und Haushaltsausgaben sowie Verpflichtungsermächtigungen, Planstellen und Stellen aller Bundes-/Landesverwaltungen.

Der Haushaltsplan wird – in Einnahme und Ausgabe ausgeglichen – vom BMF/LMF aufgestellt, von der Bundes-/Landesregierung beschlossen und vom Parlament beraten und durch die parlamentarische Verabschiedung des Haushaltsgesetzes "festgestellt". Der Haushalts*plan wirkt nur* im Organbereich von Parlament und Regierung. Er entfaltet *keine Rechtswirkung außerhalb* dieses Organbereichs[5].

C. Inhalt des Haushalts

Das *Haushaltsgesetz* beinhaltet *obligatorisch*

- die Feststellung des auf eine zu nennende Summe in Einnahme und Ausgabe ausgeglichenen Haushaltsplans[6],

5 S. BVerfGE 38, 125.
6 Vgl. Art. 110 (2) GG/LV.

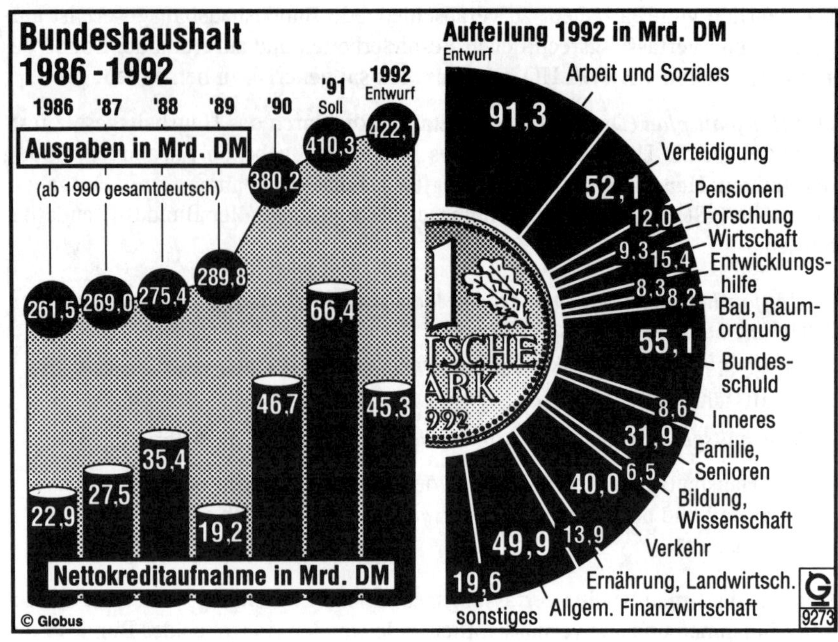

Ein Viertel für die neuen Länder

Auch der Bundeshaushalt 1992 ist geprägt von der deutschen Vereinigung. 422,1 Milliarden DM will der Bund im kommenden Jahr ausgeben; damit wachsen die Ausgaben gegenüber dem laufenden Jahr 1991 um knapp zwölf Milliarden DM. Rund ein Viertel im Bundeshaushalt 1992 ist für den wirtschaftlichen Auf- und Ausbau in den neuen Bundesländern gedacht, beispielsweise für die Sanierung der Verkehrswege oder für arbeitsmarktpolitische Maßnahmen. Andere Ausgaben betreffen die alten und die neuen Bundesländer gleichermaßen, so zum Beispiel die Mehrausgaben für den sozialen Wohnungsbau oder das neue Programm, mit dem der Bund die Folgen des Truppenabbaus für die Länder mindern will. – Trotz der Ausgabensteigerung um 2,9 Prozent kann der Bund im kommenden Jahr die Nettokreditaufnahme wie geplant deutlich unter die 50-Milliarden-Grenze drücken. Dies ist vor allem eine Folge der guten Konjunktur und der wachsenden Beschäftigung, die dem Staat mehr Steuereinnahmen als erwartet bringt. Diese positive Entwicklung ermöglicht es, daß schon im laufenden Jahr die Neuverschuldung statt der geplanten 66,4 Milliarden DM voraussichtlich weniger als 60 Milliarden DM betragen wird. *Globus*

Statistische Angaben: Finanzministerium

- die Ermächtigung für den BMF/LMF zur Aufnahme von Deckungskrediten und Kassenkrediten[7],
- die Ermächtigung für den BMF/LMF zur Übernahme von Bürgschaften, Garantien oder sonstigen Gewährleistungen[8],
- den Tag des Inkrafttretens des Haushaltsgesetzes (Art. 82 Abs. 2 GG).

Darüber hinaus *kann* das Haushaltsgesetz – fakultativ – beinhalten

- kurzfristige, nur für die Gültigkeitsdauer dieses Haushaltsgesetzes bestimmte Änderungen von haushaltswirksamen Vorschriften *bestehender anderer* nicht zustimmungsbedürftiger *Gesetze* (z.B. BHO), soweit dadurch nicht sogleich zustimmungsbedürftige Rechtsvorschriften berührt werden[9],
- allgemeingültige Haushaltsvermerke
- Bestimmungen, die über die allgemeine Gültigkeitsdauer des Haushaltsgesetzes (31.12.) *hinaus* bis zum Tage der Verkündung des Haushaltsgesetzes des folgenden Haushaltsjahres *weitergelten.*

Im übrigen dürfen in das Haushaltsgesetz nur Vorschriften aufgenommen werden, die sich auf die Einnahmen und Ausgaben des Bundes/Landes (*sachliches Bepackungsverbot*) und auf den Zeitraum beziehen, für den das Haushaltsgesetz beschlossen wird (*zeitliches Bepackungsverbot*)[10].

Der *Haushaltsplan* enthält alle *veranschlagten*, zu erwartenden Haushaltseinnahmen, voraussichtlich zu leistenden Haushaltsausgaben und voraussichtlich benötigten Verpflichtungsermächtigungen, Planstellen und andere Stellen von allen obersten Bundes-/Landesbehörden und bestimmte Gruppen von Einnahmen, Ausgaben, Planstellen, Stellen und Verpflichtungsermächtigungen für ein Haushaltsjahr.

Der Staatshaushalt (Haushaltsplan) ist das unbestritten bedeutendste Instrument zur Durchsetzung politischer Ziele.

Mit der Verabschiedung des Haushaltsgesetzes und der *damit gleichzeitigen* "Feststellung des Haushaltsplans" wird dieser nicht nur zur *speziellen* rechtlichen *Grundlage staatlicher Haushalts- und Wirtschaftsführung*, sondern hiermit wird vor allem *politisch entschieden*,

– mit Hilfe welcher Programme in welchem Umfang und zu welchen Kosten die verschiedenen politischen Ziele, wie z.B. Schutz nach innen und außen, Einkommensumverteilung usw., erreicht werden sollen und

---

7 S. Art. 115 GG/LV i.V.m. § 18 (2) BHO/LHO.

8 Die Kredit- und Gewährleistungsermächtigungen dürfen nicht durch den Haushaltsplan, sondern nur durch das Haushaltsgesetz erteilt werden, weil sie nach Art. 115 GG/LV einer gesetzlichen Ermächtigung bedürfen und der Haushaltsplan selbst nicht Gesetz, sondern nur die notwendige Anlage des Haushaltsgesetzes ist; vgl. auch § 18 (2) BHO/LHO.

9 Vgl. *Staender*, a.a.O., S. 136.

10 Vgl. Art. 110 (4) GG/LV.

– welche hemmenden, neutralen oder fördernden Wirkungen von diesen Programmen auf Konjunktur und Wirtschaftswachstum ausgehen und
– wie viele öffentliche Güter und Dienste der Staat zur Verfügung stellen wird, d.h. wie die volkswirtschaftlichen Ressourcen auf die Marktwirtschaft und auf die Staatswirtschaft (= Öffentliche Finanzwirtschaft) verteilt werden (Allokation der Ressourcen).

Die jährlichen Haushalte von Bund, Ländern und Gemeinden bilden insgesamt einen einheitlichen budgetären Komplex. *Sie nehmen eine zentrale Stellung als politisches Gestaltungs- und Kontrollinstrument ein und sind somit ein Steuerungsfaktor der Volkswirtschaft.*

D. Bedeutung (Funktionen) des Haushalts

Das Haushalts*gesetz* bedeutet für den jeweiligen Träger der Öffentlichen Finanzwirtschaft die konstitutive, parlamentarisch beschlossene Rechtsnorm, die – nur für ein Haushaltsjahr – als Ergänzung zu den ständig-gesetzlichen Rechtsvorschriften, spezielle gesetzliche Grundlage für die Haushalts- und Wirtschaftsführung ist.

Der Haushalts*plan* dient der Feststellung und Deckung des Finanzbedarfs, der zur Erfüllung der Aufgaben des Bundes/Landes im Bewilligungszeitraum voraussichtlich notwendig ist.

Hiermit ist die klassische Budgetfunktion – die *Bedarfsdeckungsfunktion* – angesprochen.

Der Haushalt ist die spezielle Ermächtigungs*grundlage für die Haushalts- und Wirtschaftsführung*. Bei seiner Aufstellung und Ausführung ist den Erfordernissen des gesamtwirtschaftlichen Gleichgewichts Rechnung zu tragen[11]. Hiermit ist der Haushalt (insbesondere der Haushaltsplan) in seiner verschiedenartigen Bedeutung angesprochen:

1. Rechtliche Bedeutung des Haushalts

Das Grund*gesetz*, die Verfassungen der Länder und die Kreis- und Gemeindeordnungen haben den Haushaltsplan als spezielle Grundlage für die haushaltsmäßige Betätigung finanzwirtschaftlicher Vorgänge des jeweiligen politischen Verbandes zum Inhalt.

11 Vgl. § 2 BHO/LHO.

Der Haushalts*plan* des Bundes und die der Länder werden durch "Gesetz", die der Gemeinden und der Gemeindeverbände durch "Satzung" festgestellt. Der Haushaltsplan ist *Anlage* des Haushaltsgesetzes (bzw. der Haushaltssatzung).

Der Haushaltsplan bedeutet für die betreffende Regierung und die Verwaltungsorgane parlamentarische *Vollmacht und Verpflichtung*, die veranschlagten Einnahmen bei ihrem Eingang anzunehmen, nach seinen Ansätzen und den sogenannten "Haushaltsvermerken" *zu wirtschaften* und *Ausgaben* – sofern erforderlich – im Rahmen der bewilligten Ansätze *leisten zu dürfen* sowie die bewilligten Verpflichtungsermächtigungen einzugehen. Das Bundesverfassungsgericht hat befunden, daß das Haushaltsgesetz nicht lediglich ein im Haushaltsplan enthaltenes Zahlenwerk feststellt, sondern zugleich auch die *Bewilligung* der im Haushaltsplan ausgeworfenen Mittel enthalte, d.h., die *Ermächtigung an die Regierung* darstellt, diese Mittel gemäß der im Haushaltsplan und den übrigen Rechtsgrundsätzen vorgeschriebenen Ordnung auszugeben[12].

Das verfassungsrechtliche Postulat, nach dem der Haushaltsplan durch das Haushaltsgesetz "festgestellt" wird, stellt das überragende politische Kontrollrecht des Parlaments gegenüber der Regierung als ein fundamentales Wesensmerkmal jeder parlamentarischen Demokratie dar!

Durch die Verabschiedung des Bundeshaushalts*gesetzes* und die damit bewirkte gleichzeitige gesetzliche Feststellung des Bundeshaushalts*plans* und die Verkündung des Haushaltsgesetzes und des Gesamtplans werden Rechtswirkungen im organschaftlichen Verhältnis zwischen Legislative und Exekutive erzeugt, die die Bindung der Exekutive an den gesetzlich festgestellten Haushaltsplan zum Inhalt hat. Somit wird der Haushaltsplan zur *speziellen rechtlichen Grundlage für die Haushalts- und Wirtschaftsführung* des Bundes. Dies gilt in sinngemäß gleicher Weise für die Länder.

Rosen[13] bezeichnet den Haushalts*plan* als ein formelles Gesetz. Diese Auffassung ist umstritten, da das Haushaltsgesetz – als verfassungsrechtliches Instrument – zum obligatorischen Inhalt zum einen die Feststellung der ausgeglichenen Endsumme des Haushaltsplans hat (§ 1 HG) sowie zum anderen aus den erforderlichen Kreditermächtigungen besteht, die nicht durch den Haushaltsplan, sondern allein durch das Haushaltsgesetz erteilt erden dürfen[14].

Da der Haushalt für die Exekutive rechtsverbindlich ist, kann man in diesem Zusammenhang auch von einer *juristischen Funktion* des Budgets sprechen, zumal

---

12 BVerfGE 20, 92 vom 19.7.1966 (NJW).
13 *Rosen*, a.a.O., S. 112, 137.
14 Vgl. Art. 115 GG/LV i.V.m. § 18 (2) BHO/LHO.

das Budgetrecht Sanktionsmechanismen für gesetzwidriges Verhalten vorsieht (z.B. Schadensersatzansprüche)[15].

2. Politische Bedeutung des Haushalts

Im Haushaltsplan sind die für die Erfüllung der einzelnen staatlichen Aufgaben erforderlichen Ausgabemittel festgelegt und parlamentarisch bewilligt. Ferner sind die zur Deckung dieses Finanzbedarfs erforderlichen Einnahmebeträge (Steuern usw.) geschätzt und aufgeführt. Aus dem Haushaltsplan ist zu erkennen, für welche Zwecke (z.B. Umweltschutz, Verteidigung, Wissenschaft und Forschung usw.) und in welchem Ausmaße die Regierung Haushaltsmittel für erforderlich hält. Der Haushaltsplan zeigt somit durch die Strukturierung und Gewichtung der veranschlagten Einnahmen und Ausgaben die *politische Zielsetzung der Regierung* auf und wird zum *Ausdruck des politischen Programms einer Regierung. Neumark* bezeichnet den Haushaltsplan deshalb als den "ziffernmäßig exakten Ausdruck des politischen Handlungsprogramms der Regierung[16].

Darüber hinaus haben die politischen Parteien bei der Beratung des Haushaltsplans im Parlament und im Haushaltsausschuß sowie bei der Verabschiedung des Haushaltsgesetzes durch Bewilligung oder Nichtbewilligung einzelner Ansätze die Möglichkeit, auf die Gestaltung des Haushaltsplans – somit auch auf seine politische Funktion – Einfluß zu nehmen.

Das parlamentarische Budget-Bewilligungsrecht stellt somit eine rechtlich bindende, *vorausschauende parlamentarische Kontrolle des künftigen Regierungshandelns dar!*

Das parlamentarische Budget-Bewilligungsrecht ist eines der ältesten und bedeutendsten Kontrollrechte des Parlaments gegenüber der Regierung!

3. Finanzwirtschaftliche Bedeutung des Haushalts

Der Haushaltsplan dient der Feststellung und der Deckung des Finanzbedarfs, der zur Erfüllung der Aufgaben der öffentlichen Körperschaften im Bewilligungszeitraum voraussichtlich notwendig ist[17].

Dieser erforderliche Finanzbedarf ist immer dann zu unterstellen, wenn die Leistung von Ausgaben aus politischen, wirtschaftlichen oder sozialen Gründen zwingend notwendig erscheint.

---

15 S. *Reding/Postlep*, a.a.O., S. 13.
16 *Neumark*, Theorie und Praxis der Budgetgestaltung, in: Handbuch der Finanzwissenschaft, Bd. 1, 2. Aufl., Tübingen 1952, S. 558.
17 Vgl. § 2 BHO/LHO.

Der Haushaltsplan bildet die Grundlage für die Ermittlung des Steuerbedarfs, der zum Ausgleich zwischen Einnahmen und Ausgaben erforderlich ist und somit der Sicherung der Aufgabenfinanzierung dient.

Die finanzwirtschaftliche Funktion des Haushaltsplans liegt im wesentlichen in der verfahrensmäßigen Erfassung der voraussichtlichen Einnahmen und Ausgaben der öffentlichen Körperschaft und übt – zum Zwecke des Ausgleichs zwischen Einnahmen und Ausgaben – eine *Bedarfsdeckungsfunktion* aus.

4. Gesamtwirtschaftliche Bedeutung des Haushalts

Das verfassungsrechtliche Postulat, nach dem der Bund und die Länder bei ihrer Haushaltsführung *den Erfordernissen des gesamtwirtschaftlichen Gleichgewichts Rechnung zu tragen haben*[18], bezieht sich in erster Linie auf die Grundlage der Haushalts- und Wirtschaftsführung der jeweiligen öffentlichen Körperschaft – den Haushaltsplan.

Die wirtschafts- und finanzpolitischen Maßnahmen sind hiernach so zu treffen, daß sie im Rahmen der marktwirtschaftlichen Ordnung gleichzeitig zur Stabilität des Preisniveaus, zu einem hohen Beschäftigungsstand und außenwirtschaftlichem Gleichgewicht bei stetigem und angemessenem Wirtschaftswachstum beitragen[19].

> *Der Haushaltsplan wird* – insbesondere auch aufgrund seiner Einbindung in die mehrjährige Finanzplanung – *als Eingriffsinstrument in den konjunkturellen und finanzwirtschaftlichen Ablauf und somit im Rahmen von Steuerungs- und Korrekturmaßnahmen der Öffentlichen Finanzwirtschaft eingesetzt.*

Bund und Länder legen ihrer Haushaltswirtschaft je für sich eine fünfjährige Finanzplanung zugrunde (= mittelfristige Finanzplanung).

Die "*Finanzpläne*" sind jährlich der wirtschaftlichen und finanziellen Entwicklung anzupassen und fortzuführen.

Die Aufgabe der – fünfjährigen – Finanzplanung besteht vor allem darin,
- die öffentlichen Ausgaben und Einnahmen mit den *volkswirtschaftlichen Gegebenheiten und Erfordernissen abzustimmen* und
- den *Ausgleich* zwischen Einnahmen und Ausgaben *mittelfristig* – somit auf fünf Jahre bezogen – zu sichern.

Die überragende Bedeutung der "*Öffentlichen Finanzwirtschaft*" und ihrer Staatshaushalte mit ihrer *gesamtwirtschaftlich* orientierten Aufgabenstellung erfordert

---

18 S. Art. 109 (2) GG/LV.
19 S. § 1 StWG.

eine Koordinierung der Haushaltsgestaltung aller Verwaltungsebenen. Es ist Aufgabe des *Finanzplanungsrates* – vertreten sind Bund, Länder und Gemeinden sowie die Deutsche Bundesbank als Gast –, *Empfehlungen für eine Koordinierung der finanzpolitischen Entscheidungen* zu geben.

Die *Haushaltsstruktur* von Bund, Ländern und Gemeinden wird durch die *Verteilung der Aufgaben* und der *Finanzmittel* bestimmt, wie sie im Grundgesetz unseres föderativ gegliederten Staates festgelegt ist. Das Grundgesetz sieht eine Aufgabentrennung zwischen den einzelnen Gebietskörperschaften vor:

Dem Bund fallen in erster Linie Aufgaben zu, die wegen ihres *gesamtstaatlichen Charakters* von der übergeordneten Gebietskörperschaft übernommen werden müssen. Das sind vor allem die auswärtigen Angelegenheiten, die soziale Sicherung einschließlich der inneren und äußeren Kriegsfolgelasten, die Verteidigung, der Ausbau und Unterhalt von Bundesautobahnen, Bundesstraßen und Bundeswasserstraßen, die Wirtschaftsförderung sowie die Entwicklungshilfe.

Die Länder und Gemeinden nehmen dagegen schwerpunktmäßig Aufgaben des Bildungswesens, der Rechtspflege, der inneren Sicherheit (Polizeidienst), der allgemeinen Sozialhilfe und des Gesundheitsdienstes wahr.

Bei grundsätzlicher Trennung der Aufgaben zwischen Bund, Ländern und Gemeinden gibt es seit der Finanzreform 1969 daneben auch *Gemeinschaftsaufgaben*, die von Bund und Ländern *gemeinsam geplant und finanziert* werden. Hierzu werden *gemeinsame mittelfristige Rahmenpläne* aufgestellt und die finanziellen Ansätze dieser Rahmenpläne in den jeweiligen Haushaltsplänen berücksichtigt. Diese in Artikel 91 a GG geregelten *Gemeinschaftsaufgaben* sind:

1) der Ausbau und der Neubau von Hochschulen einschließlich der Hochschulkliniken,
2) die Verbesserung der regionalen Wirtschaftsstruktur sowie
3) die Verbesserung der Agrarstruktur und des Küstenschutzes.

Zu den gemeinschaftlich zu lösenden Aufgaben gehört auch die Kooperation bei der Bildungsplanung und der Forschungsförderung (Art. 91 b GG). Darüber hinaus kann der Bund nach Artikel 104 a Abs. 4 GG den Ländern Finanzhilfen für besonders bedeutsame Investitionen der Länder und Gemeinden zur Abwehr einer Störung des gesamtwirtschaftlichen Gleichgewichts, zum Ausgleich unterschiedlicher Wirtschaftskraft im Bundesgebiet und zur Förderung des wirtschaftlichen Wachstums gewähren.

Die Aufteilung des Steueraufkommens auf die Gebietskörperschaften ist in Artikel 106 GG geregelt. Von größter Bedeutung für die Haushaltsfinanzierung sind die *Gemeinschaftssteuern*, das sind die Lohn-, Einkommen- und Körperschaftssteuer sowie die Steuern vom Umsatz; diese Steuern erbringen allein drei Viertel des gesamten Steueraufkommens. Die Einnahmen aus Lohn-, Einkommen- und

Körperschaftssteuer stehen *je zur Hälfte Bund und Ländern* zu, wobei vom Aufkommen an Lohnsteuer und veranlagter Einkommensteuer vorab 15 v.H. den Gemeinden zufließen. Die Bundesausgaben werden außerdem aus dem Aufkommen der reinen Bundessteuern finanziert. Hierzu gehören im wesentlichen die Verbrauchssteuern auf Mineralöl, Tabak, Kaffee sowie die Branntweinabgaben.

Die Einnahmen aus Zöllen erhält seit 1975 fast vollständig die Europäische Gemeinschaft als eigene Einnahme.

Die Aufteilung der Umsatzsteuern zwischen Bund und Ländern ist nach dem Grundgesetz (Art. 106) durch Bundesgesetz zu regeln. Bei der Festsetzung der Umsatzsteueranteile ist von dem Grundsatz auszugehen, daß Bund und Länder gleichmäßig Anspruch auf Deckung ihrer notwendigen Ausgaben haben. Bisher wurde das Aufteilungsverhältnis in der Regel jeweils für zwei Jahre festgelegt.

Die *Ergänzungszuweisungen*, die der Bund aus seinem Umsatzsteueranteil den *finanzschwachen* Ländern gewährt, betragen seit 1974 1,5 v.H. des Umsatzsteueraufkommens. Der Anteil des Bundes wird außerdem durch die Umsatzsteuereinnahmen geschmälert, die der EG zufließen.

Den Ländern steht neben dem Anteil an den Gemeinschaftssteuern und der Gewerbesteuerumlage das Aufkommen aus eigenen Landessteuern zu. Dazu zählen die Vermögensteuer, Erbschaftsteuer, Kraftfahrzeugsteuer, Biersteuer, die Abgabe von Spielbanken sowie die Verkehrssteuern, soweit letztere nicht dem Bund oder Bund und Ländern gemeinsam zustehen.

Die *Gemeinden und Gemeindeverbände* erhalten neben den bereits erwähnten Anteilen an der Einkommensteuer und der Gewerbesteuer die Einnahmen aus der Grundsteuer sowie die örtlichen Verbrauch- und Aufwandsteuern (z.B. Getränkesteuer, Vergnügungssteuer, Hundesteuer). Weitere Einnahmequellen der Gemeinden sind Gebühren und die Finanzzuweisungen der Länder.

5. Sozialpolitische Bedeutung des Haushalts

In der modernen Industriegesellschaft haben sich die Aufgaben der Öffentlichen Finanzwirtschaft grundlegend gewandelt.

Der Staat kann sich heute nicht mehr darauf beschränken, nur seine *klassischen* Aufgaben zu erfüllen (Bedarfsdeckungsfunktion). Vielmehr hat er in der heutigen modernen Industriewirtschaft über die Haushalte zu einer *Einkommensumverteilung*, und zwar sowohl in *personaler* als auch in *regionaler* Hinsicht, beizutragen.

Aus dem Sozialstaatsprinzip[20] ergibt sich für den Staat die Verpflichtung zur *sozialgestaltenden Ausrichtung* der "Öffentlichen Finanzwirtschaft". Insbesondere soll die *umverteilungspolitische Finanzwirtschaft* so gestaltet werden, daß soziale Gegensätze durch die Schaffung einer gerechten Verteilung wirtschaftlicher und sozialer Lebensinhalte ausgeglichen werden. Damit übernimmt die *moderne* Finanzpolitik über die Öffentliche Finanzwirtschaft und deren Haushalte auch *bedeutende gesellschaftspolitische Funktionen*, wobei sie sowohl die Steuerpolitik als auch die Einnahmen- und Ausgabenseite des Haushalts einsetzt.

Die sozial-staatliche *Umverteilungspolitik* wird insbesondere in Form von *Transferzahlungen* (Unterstützungszahlungen an private Haushalte, z.B. Kindergeld, Sparprämien usw.) und Subventionen (Unterstützungszahlungen an Unternehmen) vorgenommen.

Der Staatshaushalt stellt heute mit seiner immensen Umverteilungswirkung (= Sozialstaat) das Zentrum der Sozialpolitik dar[21].

Die Einkommensumverteilung (= Distributionsfunktion) des Haushalts ist somit eine *gesellschaftspolitische* Funktion des Haushalts zur sozialgestaltenden Ausrichtung der "Öffentlichen Finanzwirtschaft".

Damit übernimmt die Finanzpolitik jährlich über die staatlichen Haushalte bedeutende gesellschaftspolitische Funktionen. Sie bedient sich dazu sowohl der Steuer- als auch der Haushaltspolitik, setzt also die Einnahmen- und Ausgabenseite des Haushalts ein.

Auf der Einnahmenseite verfolgt die Steuerpolitik das Ziel, die Bürger mit höheren Einkünften entsprechend ihrer Leistungsfähigkeit stärker zu belasten als die unteren Einkommensschichten. Die progressive Lohn- und Einkommensteuer sind hier die wichtigsten Instrumente.

Auf der anderen Seite ist es notwendig, mit staatlichen Mitteln den Bürgern zu helfen, die in Not geraten sind, besondere Lasten zu tragen haben und auf die Hilfe der Gemeinschaft angewiesen sind.

Auch ökonomisch schwächere Branchen und Regionen werden vom Staat im Rahmen der sektoralen und regionalen Strukturpolitik unterstützt.

---

20 Vgl. Art. 20 u. 28 GG/LV.

21 Vgl. BMF: Erläuterungen zum Schaubild "Bundeshaushalt 1992":
Seit 1965 sind die Ausgaben für soziale Sicherung der größte Ausgabenposten im Bundeshaushalt. Die sozialpolitische Umverteilung der Einnahmen aus Steuern usw. in Form der an den Bürger *wieder ausgezahlten* Beträge *für soziale Zwecke* (z.B. Kindergeld, Sozialversicherung, Vermögensbildung usw.) beträgt z.Zt. 33,3 % der Gesamtausgaben *allein des Bundes*haushaltsplans; *insgesamt* betragen die Transferleistungen bei *allen* öffentlichen Ausgaben ca. 46 % des Ausgabevolumens aller Träger öffentlicher Finanzwirtschaft.

6. Ordnungsmäßige Bedeutung des Haushalts

Der Haushaltsplan ist die *spezielle* Ermächtigungsgrundlage für die Haushalts- und Wirtschaftsführung[22]. Seine systematische Gliederung wird zum Kontenrahmen der staatlichen Verwaltung und ist ein Mittel der formellen Ordnung aller finanzwirtschaftlichen Vorgänge bei Bund und Ländern[23].

Die Ordnung des Haushaltsplans zeigt nach den "Verwaltungsvorschriften zur Haushaltssystematik des Bundes (VV-HB)" nicht nur die verwaltungsmäßigen *Ordnungs*faktoren auf, sondern insbesondere auch den *makroökonomischen Gehalt* des Haushalts.

Die Gruppierung der Einnahmen und Ausgaben richtet sich nach einem für Bund und Länder gemeinsam geltenden "Gruppierungsplan", der für die Einteilung der Titel jeweils eine *einheitliche Gruppierungsnummer* enthält.

Durch die *ökonomische* Darstellungsform der Einnahmen und Ausgaben sind die Staatshaushalte miteinander vergleichbar.

7. Kontrollmäßige Bedeutung des Haushalts

Der Haushaltsplan wird *durch seine gesetzliche Feststellung* für die Bundes-/Landesregierung und somit für alle mittelbewirtschaftenden Verwaltungsdienststellen *verbindlich.*

Die "Finanzkontrolle" über die Ausführung des Haushaltsplans ist nur auf der Grundlage der gesetzlichen Bindungen an den Inhalt des Haushaltsplans möglich.

Der Bundesminister der Finanzen hat dem Bundestag und dem Bundesrat über alle Einnahmen und Ausgaben sowie über das Vermögen und die Schulden im Laufe des nächsten Haushaltsjahres zur Entlastung der Bundesregierung Rechnung zu legen.

Der Bundesrechnungshof (BRH), dessen Mitglieder richterliche Unabhängigkeit besitzen, prüft die Rechnung sowie die Wirtschaftlichkeit und Ordnungsmäßigkeit der Haushalts- und Wirtschaftsführung (= Verwaltungskontrolle)[24].

Während im Haushalts*plan* die geplanten, also voraussichtlichen Einnahmen und Ausgaben des Bundes *veranschlagt* sind und hier ein berechneter verfahrensmäßiger Ausgleich zwischen den veranschlagten Einnahmen und Ausgaben zwangsläufig herbeigeführt wurde, werden die tatsächlich eingenommenen Einnahmen

22 Vgl. § 2 BHO/LHO.
23 S. *Fuchs*, Haushaltsrecht und Haushaltswirtschaft in der staatlichen Verwaltung, Herford 1979, S. 28.
24 Vgl. Art. 114 GG/LV und § 114 BHO/LHO.

und geleisteten Ausgaben als "Ist-Ergebnis" der Haushalts- und Wirtschaftsführung in einer "Haushaltsrechnung" zusammengefaßt. In der Haushaltsrechnung wird darüber hinaus aufgezeigt, ob dieser Haushaltsausgleich erreicht oder vielmehr ein Überschuß bzw. ein Fehlbetrag erzielt wurde (ein natürlicher "Ausgleich" in der Haushaltsrechnung ist in der Praxis m.E. völlig ausgeschlossen).

Da die Bundes-(Landes-)Regierung mit der vom Parlament durch die Verabschiedung des Haushaltsgesetzes vorgenommenen gesetzlichen Feststellung des Haushaltsplans auch an den Inhalt dieses Haushaltsplans gebunden ist, kann – naturgemäß – auch nur die Legislative die Kontrolle (durch den BRH/LRH) – und die Entlastung über die dem Haushaltsplan zugrundeliegende Haushalts- und Wirtschaftsführung für diese Haushaltsperiode erteilen.

Das Parlament übt – durch den Rechnungsprüfungsausschuß, einen Unterausschuß des Haushaltsausschusses – auch die politische Kontrolle über die Durchführung des von ihm festgestellten Haushaltsplans aus (= Verfassungskontrolle).

Das parlamentarische Budget-Kontrollrecht (das Volk kontrolliert die Regierung) ist eines der bedeutendsten politischen Kontrollrechte des Parlaments gegenüber der Regierung; es ist ein durch die Verfassung geschütztes, fundamentales Wesensmerkmal jeder parlamentarischen Demokratie!

Nach vorangegangener Prüfung der Rechnung durch den Bundes-/Landesrechnungshof entscheidet das Parlament über die Entlastung der Bundes-/Landesregierung hinsichtlich der Haushalts- und Wirtschaftsführung des geprüften Haushaltsjahres durch einfachen Beschluß.

E. Wirkung des Haushalts

Mit der Verkündung des Haushaltsgesetzes und des Gesamtplans im Bundesgesetzblatt erhält der Haushalt (= Haushaltsgesetz und Haushaltsplan) Rechtswirkungen von dem im Haushaltsgesetz genannten Tage an.

Das Haushaltsgesetz entfaltet keine Außenwirkung gegenüber dem Bürger, wohl aber entfaltet es Innenwirkung im organschaftlichen Verhältnis zwischen Exekutive und Legislative dergestalt, daß die Regierung (Verwaltung) an dieses Gesetz gebunden ist.

Der Haushalts*plan* ermächtigt die Verwaltung, *Ausgaben* zu leisten und *Verpflichtungen* einzugehen (§ 3 BHO)[25].

25 Vgl. § 3 BHO/LHO.

§ 3 Abs. 1 BHO befaßt sich mit dem organschaftlichen Innenverhältnis zwischen Parlament und Regierung.

§ 3 Abs. 2 BHO regelt das Außenverhältnis zwischen dem Bund und Dritten.

Das Bundesverfassungsgericht hat festgestellt, daß sich die *Ermächtigung* des § 3 Abs. 1 BHO nur auf das organschaftliche Innenverhältnis zwischen Parlament und Regierung beschränkt und der Haushaltsplan darüber hinaus keine Rechtswirkungen (keine Außenwirkung) entfaltet (BVerfGE 20, 90).

Jegliches Verwaltungshandeln bedarf einer entsprechenden Rechtsnorm!

Nach dem in Art. 20 (3) GG normierten Verfassungspostulat der "Gesetzmäßigkeit der Verwaltung" bedarf die Erhebung von Einnahmen (Verbindlichkeiten Dritter) und die Leistung von Ausgaben (Ansprüche Dritter) jeweils einer *Verpflichtung durch Rechtsnorm.*

Diese grundsätzlichen *Verpflichtungsnormen* sind Erhebungsnormen (z.B. Steuergesetze, Gebührenordnungen, Verträge, sonstige Rechtstitel) und Leistungsnormen (z.B. Bundeskindergeldgesetz, Verträge, sonstige Rechtstitel).

Die ***Verpflichtung*** des Staates
- zur Erhebung von Einnahmen und
- zur Leistung von Ausgaben

richtet sich ausschließlich nach außerbudgetären Erhebungs- und Leistungsnormen und ist somit von der Veranschlagung im Haushaltsplan unabhängig!

Beispiel: Der in den Jahren 1990/91 erfolgte Zustrom tausender Aus- und Übersiedlerfamilien, deren soziale Rechtsansprüche nicht im Haushaltsplan 1990 veranschlagt waren; gezahlt werden mußte jedoch in jedem berechtigten Einzelfall aufgrund bestehender außerbudgetärer Leistungsgesetze!

Die ***Ermächtigung*** des Staates
- zur Erhebung von Einnahmen und
- zur Leistung von Ausgaben

bedarf einer weiteren Rechtsnorm im organschaftlichen Innenverhältnis zwischen Parlament und Regierung!

Diese *Ermächtigungsnormen* sind
- das Haushaltsgesetz:
  Ermächtigung (nicht: Verpflichtung) zur Aufnahme von Krediten und Übernahme von Gewährleistungen

– der Haushaltsplan:
Ermächtigung (nicht: Verpflichtung) zur Leistung von Ausgaben, z.B. Geschäftsbedarf;
Voraussetzung:
– Haushaltsmittel sind vorhanden und
– die Ausgabe ist sachlich und zeitlich erforderlich (§ 3 Abs. 1 i.V.m. § 34 Abs. 2 BHO)!

Die Einnahmen sind im Haushaltsplan lediglich geschätzt.

Die *Rechtswirkungen* des Haushaltsplans sind daher auf der Einnahmeseite lediglich deklaratorisch, auf der Ausgabenseite dagegen konstitutiv!

F. Haushaltskreislauf*

Der Haushaltskreislauf (Budgetkreislauf)[26] stellt sich in vier Kreislaufphasen im organschaftlichen Zusammenwirken zwischen Exekutive und Legislative dar:

Der Haushaltskreislauf

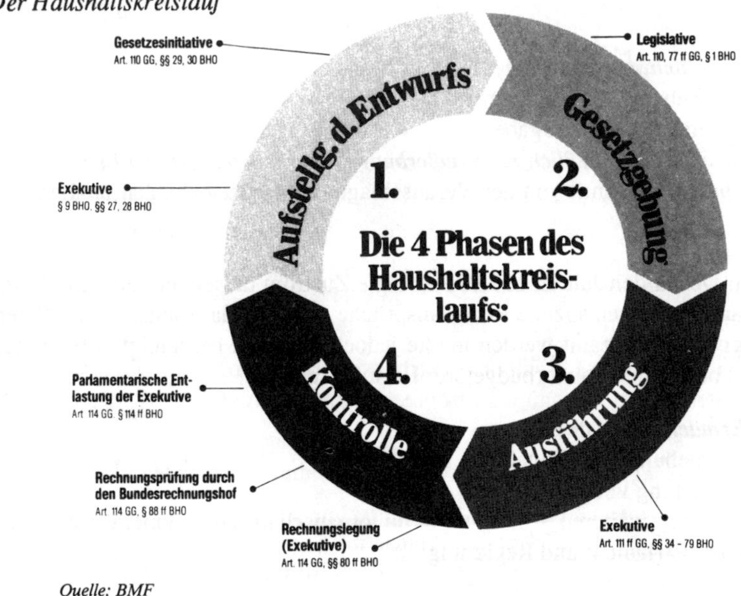

Quelle: BMF

* Dargestellt am Geschehen auf Bundesebene. Für die Länder gilt sinngemäß das gleiche.

26 Das umfassende Thema wird an dieser Stelle am Beispiel des Bundeshaushaltsplans *nur als Überblick* dargestellt, da die einzelnen Budgetphasen als Einzelthemen eingehend behandelt sind.

1. Aufstellung des Budgetentwurfs durch die Exekutive

Die erste Maßnahme im umfangreichen Haushaltsaufstellungskatalog liegt im "Haushaltsrundschreiben" des BMF, das ca. 15 Monate vor dem Bezugsjahr den einzelplanführenden Obersten Verwaltungsbehörden mit dem Auftrag zugesandt wird, den Bedarf ihrer Ressorts von der Ortsinstanz beginnend über die Mittelinstanz bis einschließlich der Obersten Verwaltungsbehörde zu ermitteln und dem BMF in Form eines "Voranschlag zum Epl ..." vorzulegen.

Der BMF überprüft diese Voranschläge und stellt den "Entwurf des Haushaltsplans" und den "Entwurf des Haushaltsgesetzes" auf.

Dieser Haushaltsentwurf wird von der Bundesregierung beraten, beschlossen und *zu gleicher Zeit* dem Bundesrat zugeleitet und beim Bundestag eingebracht.

Eingehend: S. Abschnitt "Die Aufstellung des Bundeshaushaltsgesetzes und des Bundeshaushaltsplans".

2. Parlamentarische Beratung und Verabschiedung des Budgetentwurfs durch die Legislative

Der Haushaltsentwurf wird im Bundestag in drei Lesungen beraten:

Die erste Lesung wird durch die Budgetrede des BMF eingeleitet, der darin die finanzpolitischen Zielsetzungen der Bundesregierung sowohl kurzfristig – auf das Bezugsjahr des Budgetentwurfs gesehen – als auch mittelfristig – auf eine "Fünf-Jahres-Projektion" abgestellt – vorträgt.

Nach einer traditionell sehr kontrovers geführten Aussprache zwischen Vertretern der Koalitions- und Oppositionsparteien wird der Gesetzentwurf an den federführenden *Haushaltsausschuß* des Deutschen Bundestages überwiesen, der die Einzelpositionen des Budgetentwurfs in intensiven Verhandlungen festlegt und – nach Einzelplänen getrennt – dem Plenum des Bundestages vorträgt.

Noch vor der zweiten Lesung des Haushaltsentwurfs wird die Stellungnahme des Bundesrates hierzu, zusammen mit einer Gegenäußerung der Bundesregierung, dem Bundestag zugeleitet.

Die zweite Lesung beinhaltet Debatte und Abstimmung über jeden Einzelplan.

Die Dritte Lesung bedeutet – nach Erledigung von Änderungsanträgen zu den Einzelplänen und nach Beschlußfassung über Entschließungsanträge – *Abstimmung* über das Haushalts*gesetz* (mit einfacher Mehrheit) und somit *Verabschiedung des Haushaltsgesetzes* und unmittelbar damit verbundene *"Feststellung" des Haushaltsplans*.

Damit ist für die Verwaltung die *parlamentarische Ermächtigung* erteilt, die im Haushaltsplan veranschlagten *Ausgaben* – soweit erforderlich – zu leisten und

Verpflichtungen zur Leistung von Ausgaben in künftigen Haushaltsjahren einzugehen.
Eingehend: S. Abschnitt "Die Aufstellung des Bundeshaushaltsgesetzes und des Bundeshaushaltsplans".

3. Ausführung des Budgets durch die Exekutive

Nach dem Rechtswirksamwerden des Budgets verteilt der BMF die parlamentarisch bewilligten Ausgabemittel, Planstellen, Stellen und Verpflichtungsermächtigungen, indem er jeder einzelplanführenden Obersten Verwaltungsbehörde einen beglaubigten Abdruck *ihres* jeweiligen Einzelplans zukommen läßt. Dies bedeutet zugleich die Zuweisung der Ausgabemittel zum Zwecke der Bewirtschaftung.
Die Obersten Verwaltungsbehörden verteilen diese Ausgabemittel auf dem Verwaltungswege an alle ihr nachgeordneten Dienststellen.

"Titelverwalter" verwalten (bewirtschaften) – nach Titeln getrennt – die einer Dienststelle für ein ganzes Haushaltsjahr zur Bewirtschaftung zugewiesenen Ausgabemittel.

Die Bundes*kassen* nehmen Einzahlungen an, leisten Auszahlungen, buchen diese – wie von der Verwaltung angeordnet – und bereiten die Rechnungslegung vor[27].

Der BMF hat dem Bundestag und dem Bundesrat über alle Einnahmen und Ausgaben sowie über das Vermögen und die Schulden im Laufe des nächsten Haushaltsjahres zur Entlastung der Bundesregierung *Rechnung zu legen*[28].
Eingehend: S. Abschnitt "Die Ausführung des Haushaltsplans".

4. Kontrolle des Budgets durch die Exekutive und die Legislative sowie Entlastung der Bundesregierung

Die "Finanzkontrolle" besteht aus der "Verwaltungskontrolle" und der "Parlamentskontrolle" (Verfassungskontrolle).

Der Bundesrechnungshof prüft die gesamte Haushalts- und Wirtschaftsführung des Bundes einschließlich seiner Sondervermögen und Betriebe[29].

Hierbei prüft der Bundesrechnungshof
- die Einnahmen, Ausgaben, Verpflichtungen zur Leistung von Ausgaben, das Vermögen und die Schulden,

---

27 S. *Wiesner*, a.a.O., S. 179 ff.
28 Vgl. Art. 114 GG/LV i.V.m. § 114 BHO/LHO.
29 Vgl. § 88 (1) BHO/LHO.

- Maßnahmen, die sich finanziell auswirken können,
- Verwahrungen und Vorschüsse,
- die Verwendung der Mittel, die zur Selbstbewirtschaftung zugewiesen sind.

Der Bundesrechnungshof kann nach seinem Ermessen die Prüfung beschränken und Rechnungen ungeprüft lassen[30].

Die Prüfung erstreckt sich auf die Einhaltung der Vorschriften und Grundsätze für die Haushalts- und Wirtschaftsführung, insbesondere darauf, ob
- das Haushaltsgesetz und der Haushaltsplan eingehalten worden sind,
- die Einnahmen und Ausgaben begründet und belegt sind,
- wirtschaftlich und sparsam verfahren wird[31].

Diese Prüfung durch den *Bundesrechnungshof entspricht der Verwaltungskontrolle*.

Die *politische Kontrolle* (= Parlamentskontrolle) wird dagegen durch die Legislative vorgenommen. Grundlagen dieser parlamentarischen Kontrolle sind die auf der vorliegenden Rechnung des BMF[32] beruhenden "Bemerkungen" des Bundesrechnungshofes[33]. Diese Rechnungsprüfungsunterlagen – auch die des BRH[34] – werden vom "Rechnungsprüfungsausschuß" – einem Unterausschuß des Haushaltsausschusses des Deutschen Bundestages – geprüft.

Der Haushaltsausschuß bereitet die Entscheidung des Plenums vor.

Der Bundestag und auch der Bundesrat erteilen der Bundesregierung die *Entlastung* hinsichtlich des zur Disposition stehenden Haushalts durch einfachen Parlamentsbeschluß, d.h. die Entlastung wird nicht durch Gesetz sondern lediglich durch Veröffentlichung durch BT-Drucksache ausgesprochen.

Die *Budget-Hoheit des Parlaments* wird auch hier bei der *Entlastung* der Bundesregierung und dem *Verfahren* auf der Grundlage der Rechnung des BMF und der Bemerkungen des BRH als das staatspolitisch wohl bedeutendste Kontrollrecht des Parlaments gegenüber der Regierung deutlich!

Mit den Entlastungsverfahren und -beschlüssen von Bundestag und Bundesrat schließt sich der Haushaltskreislauf.

---

30 Vgl. § 89 (1, 2) BHO/LHO.
31 Vgl. § 90 BHO/LHO.
32 Vgl. Fn. 28.
33 Die "Bemerkungen" (Beanstandungen) des BRH zur Rechnung des BMF liegen gem. § 76 GO-BT den Abgeordneten des Parlaments als Drucksache vor.
34 Vgl. § 101 BHO/LHO.

G. Die Staatshaushalte im System der Öffentlichen Finanzwirtschaft

– Kurzfassung –

1. Allgemeines

Bund und Länder (sowie die Gemeinden) sind in ihrer Haushaltswirtschaft selbständig und voneinander unabhängig.

"*Haushalten*" umfaßt das Planen, Veranschlagen, Bewirtschaften und Nachweisen von Ausgabemitteln, die erforderlich sind, um die einer Dienststelle obliegenden Aufgaben innerhalb eines bestimmten Zeitraumes erfüllen zu können.

"*Haushaltsmittel*" sind Beträge, die im Haushaltsplan (Etat, Budget) mit Titelnummer und Zweckbestimmung *als Ansatz* ausgebracht sind.

Der "*Haushalt*" setzt sich zusammen aus dem Haushalts*gesetz* und dem Haushalts*plan.*

Das "Haushaltsjahr" ist identisch mit dem Kalenderjahr.

2. Rechtscharakter und Begriff des Haushalts

Das *Haushalts**gesetz*** ist ein Gesetz im *nur formellen* Sinn, d.h. es hat keine Außenwirkung gegenüber dem Bürger. Wohl aber hat es Rechtswirkungen auf die Exekutive dergestalt, daß die Regierung und die Verwaltung an dieses Haushaltsgesetz und seine Anlage – den Haushaltsplan – *gebunden* sind.

Das Haushaltsgesetz ist ein Zeitgesetz; es gilt stets (!) für ein Haushaltsjahr (1.1. - 31.12.).

Haushaltsgesetz und Haushaltsplan bilden eine Einheit! Der Haushaltsplan nimmt somit an den Rechtswirkungen des Haushaltsgesetzes teil und besitzt daher Gesetzesqualität, ohne jedoch selbständiges Gesetz zu sein!

Der *Haushalts**plan*** (das Budget, der Etat) ist die durch das Haushaltsgesetz festgestellte, für die Haushalts- und Wirtschaftsführung des Bundes/Landes maßgebende Zusammenstellung aller für ein Haushaltsjahr *veranschlagten* Haushaltseinnahmen, Haushaltsausgaben, Verpflichtungsermächtigungen, Planstellen und anderen Stellen von allen Bundes-/Landesverwaltungen.

Der Haushaltsplan ist ein staatsleitender Hoheitsakt in Gesetzesform! Er ist die gesetzlich festgestellte Grundlage für die Haushalts- und Wirtschaftsführung!

Es gibt jährlich
1 BHpl
16 LHpl und
ca. 11500 GemHpl
mit jeweils einem Haushaltsgesetz (Gemeinden = "Haushaltssatzung") dazu.

3. Inhalt des Haushalts

Das *Haushalts**gesetz*** beinhaltet *obligatorisch*
- die *Feststellung* des Haushaltsplans
- die *Kreditermächtigungen* für den BMF/LMF
- die *Gewährleistungsermächtigungen* für den BMF/LMF
- den Tag des Inkrafttretens des Haushaltsgesetzes (stets 1.1.!).

Darüber hinaus *kann* das Haushaltsgesetz – *fakultativ* – beinhalten
- *Änderungen* anderer haushaltswirksamer Vorschriften für ein Jahr
- allgemeingültige Haushalts*vermerke*
- Bestimmungen, die bis zur Verkündung des Haushaltsgesetzes des folgenden Haushaltsjahres *weitergelten.*

Der *Haushalts**plan*** enthält alle *veranschlagten* (geplanten) Haushaltseinnahmen und Haushaltsausgaben sowie Verpflichtungsermächtigungen, Planstellen und Stellen aller Bundes-/Landesverwaltungen sowie spezielle Haushaltsvermerke.

4. Bedeutung (Funktion) des Haushalts

Der Haushaltsplan dient der Feststellung und Deckung des Finanzbedarfs, der zur Erfüllung der Aufgaben des Bundes/Landes im Bewilligungszeitraum voraussichtlich notwendig ist; dies ist die klassische Budgetfunktion – die *Bedarfsdekkungsfunktion* –.

Der Haushaltsplan ist die *spezielle* rechtliche Grundlage für die Haushalts- und Wirtschaftsführung. Er übt verschiedenartige Bedeutung aus:

– *Rechtliche Bedeutung:* Mit der Verabschiedung des Haushaltsgesetzes und der damit verbundenen gleichzeitigen Feststellung des Hpl (§ 1 HG) wird der Haushaltsplan zur *speziellen* rechtlichen Grundlage für die Haushalts- und Wirtschaftsführung des Bundes/Landes;

– *Politische Bedeutung:* Der Haushaltsplan hat alle zu erwartenden Haushaltseinnahmen und die daraus zu leistenden Haushaltsausgaben eines Jahres zum Inhalt und zeigt somit die politische Zielsetzung der Regierung auf; der Haushaltsplan wird somit zum Ausdruck des politischen Programms einer Regierung;

– *Finanzwirtschaftliche Bedeutung:* Der Haushaltsplan zeigt den Einnahmebedarf auf, der zum Ausgleich der veranschlagten Haushaltsausgaben für die Aufgabenfinanzierung des Bundes erforderlich ist (Bedarfsdeckungsfunktion);

– *Gesamtwirtschaftliche Bedeutung:* Bund und Länder haben bei ihrer Haushalts- und Wirtschaftsführung den Erfordernissen des gesamtwirtschaftlichen Gleichgewichts Rechnung zu tragen (antizyklische Verhaltensweise der Träger Öffentlicher Finanzwirtschaft).

Hier dominiert die "Öffentliche Finanzwirtschaft" – als Einzelwirtschaft – unbestritten in ihrer überragenden Bedeutung als Eingriffs- und Regulierungsfaktor der *Konjunktursteuerung*.

– *Sozialpolitische Bedeutung der Einkommensumverteilung über den Haushalt:* Das Sozialstaatsprinzip verlangt eine *über die Finanzpolitik vorgenommene* Einkommens*umverteilung* in Form von Transferzahlungen (Unterstützungszahlungen an private Haushalte, z.B. Kindergeld usw.) und Subventionen (Unterstützungszahlungen an Unternehmen).

Zweck der Umverteilung ist es, Bürger mit höheren Einkünften steuerlich stärker zu belasten, um Bürgern mit niedrigeren Einkünften soziale Unterstützung zukommen zu lassen.

– *Ordnungsmäßige Bedeutung:* Durch die systematische Gliederung des Hpl werden die finanzpolitischen Vorgänge übersichtlich nachgewiesen. Der *Gruppierungsplan* enthält die für Bund, Länder und Gemeinden einheitlich geltenden *Gruppierungsnummern*.

– *Kontrollmäßige Bedeutung:* Die parlamentarische Kontrolle über die Ausführung des Haushaltsplans ist nur durch die gesetzliche Bindung der Exekutive an den Haushaltsplan möglich.

Da die Regierung mit der vom Parlament ausgesprochenen Verabschiedung des Haushaltsgesetzes auch an den Inhalt seiner Anlage – den Hpl – gebunden ist, kann auch nur die Legislative – über den BRH – die Kontrolle über diesen Hpl ausüben und der Regierung und Verwaltung die Entlastung für diese Haushaltsperiode erteilen.

5. Wirkung des Haushalts

Der Haushaltsplan *ermächtigt* die Verwaltung, ***Ausgaben*** zu leisten und ***Verpflichtungen*** einzugehen.

Mit der Zuweisung der Ausgabemittel, Verpflichtungsermächtigungen, Planstellen und Stellen stehen diese einer Dienststelle zur Bewirtschaftung zur Verfügung.

Die den mittelbewirtschaftenden Dienststellen zugewiesenen Ausgabemittel *ermächtigen* diese Behörde, diese Mittel – sofern erforderlich – bestimmungsgemäß zu verwalten.

Die *Rechtswirkungen* des Haushaltsplans sind auf der Einnahmeseite lediglich deklaratorisch, auf der Ausgabenseite dagegen konstitutiv!

6. Der Haushaltskreislauf

Der Haushaltskreislauf (Budgetkreislauf) stellt sich in *vier Kreislaufphasen* dar:

1) Die Aufstellung des Budgetentwurfs durch die Exekutive: Aufgrund des "Haushaltsrundschreibens" des BMF werden von den Obersten Verwaltungsbehörden "Voranschläge" erstellt, die deren Mittelbedarf für ein Haushaltsjahr beinhalten.

Der BMF prüft diese Voranschläge und stellt den *Entwurf* des Haushalts*gesetzes* und des Haushalts*plans* auf. Die Bundesregierung *beschließt* diesen Gesetzentwurf und leitet ihn *zu gleicher Zeit* an Bundestag und Bundesrat.

2) Parlamentarische Beratung und Verabschiedung des Budgetentwurfs durch die Legislative: Der Haushaltsentwurf wird im Bundestag in drei Lesungen beraten:

1. Lesung: Budgetrede, Budgetdebatte, Überweisen an Haushaltsausschuß
2. Lesung: Debatte und Abstimmung über *jeden Einzelplan.*
3. Lesung: Debatte und Abstimmung über das Haushalts*gesetz.*

3) Die Ausführung des Budgets durch die Exekutive: Der BMF verteilt die Ausgabemittel an die Obersten Verwaltungsbehörden, diese an die Dienststellen ihres nachgeordneten Bereichs. "Titelverwalter" (auch: "Mittelverwender") bewirtschaften die der Dienststelle zugewiesenen Ausgabemittel, nach Titeln getrennt. Kassen leisten Zahlungen, buchen diese und bereiten die Rechnungslegung vor. Der BMF hat dem Bundestag und dem Bundesrat über alle Einnahmen und Ausgaben *zur Entlastung der Bundesregierung Rechnung zu legen.*

4) Die Kontrolle des Budgets durch die Exekutive und die Legislative sowie Entlastung der Bundesregierung: Die "Finanzkontrolle" besteht aus der "Verwaltungskontrolle" und der "Parlamentskontrolle" (auch: "Verfassungskontrolle"). Der BRH prüft alle Belege und hält alle Beanstandungen in "Bemerkungen" fest (= Verwaltungskontrolle). Die Rechnungsprüfungsunterlagen (*Rechnung* des BMF und *Bemerkungen* des BRH) werden vom "Rechnungsprüfungsausschuß" – einem Unterausschuß des Haushaltsausschusses des Deutschen Bundestages – geprüft (= politische Kontrolle, Parlamentskontrolle, Verfassungskontrolle). Bundestag und Bundesrat erteilen der Bundesregierung getrennt die *Entlastung* aus dem geprüften Haushaltsvollzug (Budget-Hoheit des Parlaments). Dies geschieht durch einfachen Beschluß von Bundestag und Bundesrat (BT-Drucksache).

IV. Das Stabilitäts- und Wachstumsgesetz[1] – Ein Eingriffsinstrumentarium der Öffentlichen Finanzwirtschaft zur Beeinflussung des gesamtwirtschaftlichen Gleichgewichts –

A. Wirtschaftspolitische Ziele

Art. 109 Abs. 2 GG normiert den finanzverfassungsrechtlich außerordentlich bedeutsamen finanzwirtschaftlichen Grundsatz:

"Bund und Länder haben bei ihrer Haushaltswirtschaft den Erfordernissen des gesamtwirtschaftlichen Gleichgewichts Rechnung zu tragen".

Das "Gesamtwirtschaftliche Gleichgewicht" ist *juristisch* ein unbestimmter Rechtsbegriff; *volkswirtschaftlich* bezeichnet es einen nach wissenschaftlich-empirischen Kriterien zu ermittelnden *gesamtwirtschaftlichen Idealzustand*, der sich stets nur als Ziel – durch die Beeinflussung seiner Komponenten – anstreben läßt.

Dabei ist die Verfassungsrechtsnorm des Art. 109 Abs. 2 GG keine unverbindliche "Empfehlung", sondern ein "konstitutives, finanzpolitisches Postulat".

Während Art. 109 Abs. 2 GG eine Rechtspflicht von Bund und Ländern zur Berücksichtigung des gesamtwirtschaftlichen Gleichgewichts "... *bei ihrer Haushaltswirtschaft* ..." normiert, geht § 1 zum "Gesetz zur Förderung der Stabilität und des Wachstums der Wirtschaft" (Stabilitäts- und Wachstumsgesetz – StWG –) weit über die Verfassungsnorm des Art. 109 Abs. 2 GG hinaus, indem das StWG die Träger öffentlicher Finanzwirtschaft verpflichtet, "... *bei ihren wirtschafts- und finanzpolitischen Maßnahmen* ..." die Erfordernisse des gesamtwirtschaftlichen Gleichgewichts zu beachten. Zugleich konkretisiert § 1 StWG die vier wirtschaftspolitischen Ziele mit der rechtlichen Inpflichtnahme: " ... die Maßnahmen sind so zu treffen, daß sie im Rahmen der marktwirtschaftlichen Ordnung gleichzeitig zur Stabilität des Preisniveaus, zu einem hohen Beschäftigungsstand und außenwirtschaftlichem Gleichgewicht bei stetigem und angemessenem Wirtschaftswachstum beitragen ...".

Mit dem StWG ist somit eine Zusammenfassung von Wirtschafts- und Finanzpolitik für die Träger öffentlicher Finanzwirtschaft verbindlich vorgeschrieben.

§ 1 des StWG wurde als ein die Gesamtwirtschaft in hohem Maße beeinflussender Ordnungsfaktor der Öffentlichen Haushaltswirtschaft in den Mittelpunkt aller finanzwirtschaftlichen Entscheidungen gestellt.

---

1 Gesetz vom 8.6.1967 (BGBl I, S. 582); geändert durch Gesetz vom 30.8.1971 (BGBl I, S. 1426).

§ 1 StWG:
"Bund und Länder haben bei ihren wirtschafts- und finanzpolitischen Maßnahmen die Erfordernisse des gesamtwirtschaftlichen Gleichgewichts[2] zu beachten. Die Maßnahmen sind so zu treffen, daß sie im Rahmen der marktwirtschaftlichen Ordnung gleichzeitig zur Stabilität des Preisniveaus, zu einem hohen Beschäftigungsstand, zu außenwirtschaftlichem Gleichgewicht, bei stetigem und angemessenem Wirtschaftswachstum beitragen."

Die Ziele der Volkswirtschaft (das bekannte "magische Dreieck", das seit Erscheinen des StWG als "magisches Viereck" zu betrachten ist) sind divergent; sie können nicht gemeinsam zu gleicher Zeit in gleichem Maße verwirklicht werden.

Preisniveaustabilität	Wirtschafts- wachstum	Hoher Beschäfti- gungsstand	außerwirtschaft- liches Gleichgewicht
(Veränderung d. Verbraucherpreise gegenüber dem Vorjahr)	(Anstieg des Bruttosozialprodukts) (real)	(Arbeitslosenquote):	(Ausfuhrüberschuß in % des Sozialprodukts)

Als weitere anzustrebende wirtschaftspolitische Ziele können die "gerechte Einkommensumverteilung" sowie Maßnahmen zum "Umweltschutz" betrachtet werden.

– *Preisniveaustabilität*: Das Preisniveau wird bestimmt durch das Verhältnis zwischen monetärer Nachfrage und gesamtem potentiellem Angebot. In einer marktwirtschaftlich orientierten Wirtschaftsordnung haben die einzelnen Preise eine zentrale Steuerungsfunktion; ihre Flexibilität als Folge von Produktivitätsänderungen ist die Hauptvoraussetzung für das Funktionieren des marktwirtschaftlichen Systems[3].

Preisniveaustabilität geht davon aus, daß der Preissteigerung in einem Sektor Preissenkungen in anderen Sektoren gegenüberstehen. Unter Preisniveau ist daher die Gesamtheit aller Preise einer bestimmten Warengruppe zu verstehen.

Die Veränderung des Preisniveaus wird in Indices gemessen (Sozialproduktindex, Preisindex der letzten inländischen Verwendung, Preisindex für den privaten Verbrauch, Preisindex für die Lebenshaltung[4]).

---

2 Das "gesamtwirtschaftliche Gleichgewicht" bezeichnet einen nach wissenschaftlich-empirischen Kriterien zu ermittelnden gesamtwirtschaftlichen Idealzustand, der sich stets nur als Ziel durch Beeinflussung seiner Komponenten anstreben läßt (vgl. *Piduch*, a.a.O., RN 18 zu Art. 109 GG).

3 Vgl. *Stern/Münch/Hansmeyer*: Gesetz zur Förderung der Stabilität und des Wachstums der Wirtschaft (Komm.), Stuttgart-Berlin-Köln-Mainz 1972, zu § 1, S. 123.

4 Vgl. *Staender*, a.a.O., S. 212.

– *Wirtschaftswachstum*: Nach dem im § 1 StWG normierten Postulat haben Bund und Länder bei ihrer Haushalts- und Wirtschaftsführung ihre Maßnahmen so zu treffen, daß sie im Rahmen der marktwirtschaftlichen Ordnung gleichzeitig zur Stabilität des Preisniveaus, zu einem hohen Beschäftigungsstand und außenwirtschaftlichem Gleichgewicht bei "stetigem und angemessenem Wirtschaftswachstum" beitragen. Das Wirtschaftswachstum ist also nicht nur Zielkomponente, sondern *ständige Bedingung* für die Wirtschafts- und Finanzpolitik.

Für eine Wirtschafts- und Finanzpolitik, die auf ein *angemessenes* und *stetiges* Wachstum ausgerichtet ist, hat die Strukturpolitik eine wesentliche Bedeutung. Das wirtschaftliche Wachstum wird am Zuwachs des realen Bruttosozialprodukts des Inlandes gemessen. Die Formulierung "... bei stetigem und angemessenem Wirtschaftswachstum ..." legt fest, daß sich die grundsätzlich positive Zuwachsrate des realen Bruttosozialprodukts an den übrigen zu verfolgenden wirtschafts- und finanzpolitischen Zielen orientiert[5].

– *Hoher Beschäftigungsstand:* Hoher Beschäftigungsstand wird unterstellt bei voller Auslastung der volkswirtschaftlichen Produktivkräfte und bei vollem Einsatz aller arbeitswilligen und arbeitsfähigen Wirtschaftssubjekte im Wirtschaftsprozeß. Von "*hohem Beschäftigungsstand*" wird ausgegangen, wenn die Arbeitslosenrate effektiv niedrig ist. Während die Klassiker an eine systemimmanente Tendenz zur "*Vollbeschäftigung*" glaubten, behauptete *Marx*, daß eine "industrielle Reservearmee" zwangsläufig entstehe, die nur vorübergehend während des "Booms" Beschäftigung findet.

Nach der Keynesschen Wirtschaftstheorie ist – im Gegensatz zu den Auffassungen der Klassiker – wirtschaftliches Gleichgewicht auch bei Unterbeschäftigung möglich. Seit der Weltwirtschaftskrise gilt "*hoher Beschäftigungsstand*" als grundlegendes wirtschafts- und finanzpolitisches Ziel.

Maßnahmen einer derartigen "Vollbeschäftigungspolitik" sind u.a. in der *Geldpolitik* die Verringerung von Diskontsatz und Mindestreserven, in der *Finanzpolitik* die Steigerung der effektiven Nachfrage durch "*Deficit-spending*" des Staates, in der *Außenwirtschaftspolitik* die Steigerung der Exporte.

Die Arbeitslosenquote bemißt sich am Prozentsatz der unselbständigen Arbeitsuchenden zu den unselbständigen Arbeitsfähigen.

– *Außenwirtschaftliches Gleichgewicht*: Das "außenwirtschaftliche Gleichgewicht" bemißt sich als Devisenüberschuß im Ausfuhrüberschuß in Prozent des Bruttosozialprodukts. Das Bruttosozialprodukt stellt den Geldwert aller in einem

5 Vgl. Möller (Hrsg.): Kommentar zum Gesetz zur Förderung der Stabilität und des Wachstums der Wirtschaft, 2. Aufl. Hannover 1969, zu § 1 StWG, S. 94.

Jahr durch die Volkswirtschaft selbst erzeugten Güter, die entweder verbraucht oder investiert oder gegen ausländische Produkte eingetauscht wurden, dar; hierzu zählen auch die Dienstleistungen.

Der Sachverständigenrat definiert "außenwirtschaftliches Gleichgewicht" als einen Zustand, in dem sich bei konstantem Wechselkurs die Zahlungsbilanz im Gleichgewicht befindet, ohne daß zu diesem Zweck bestimmte Transaktionen vorgenommen, gefördert oder beschränkt werden und ohne daß sich unmittelbare Nachteile auf die übrigen binnenwirtschaftlichen Ziele ergeben.

Außenwirtschaftliches Gleichgewicht bedeutet also nicht nur Zahlungsbilanzgleichgewicht, sondern auch, daß vom Ausland keine störenden Wirkungen auf das binnenwirtschaftliche Gleichgewicht ausgehen. Da die Zahlungsbilanz als statistische Übersicht immer ausgeglichen ist und daher zwangsläufig nichts über das außenwirtschaftliche Gleichgewicht aussagt, kommt den *Teilbilanzen* besondere Bedeutung zu. Diese sind im wesentlichen die *Leistungsbilanz*, die *Kapitalbilanz* und die *Gold- und Devisenbilanz*. Die große Bedeutung des "außenwirtschaftlichen Gleichgewichts" besteht darin, daß es die Unabhängigkeit der inneren Wirtschafts- und Konjunkturpolitik sichert[6].

B. Erfordernis antizyklischer Haushaltsführung

Das im Art. 109 (2) GG normierte Postulat, nachdem "... Bund und Länder bei ihrer Haushaltswirtschaft den Erfordernissen des *gesamtwirtschaftlichen Gleichgewichts* Rechnung zu tragen ..." haben, begründet die im StWG näher erläuterte Notwendigkeit *antizyklischer Haushalts- und Wirtschaftsführung* der Träger Öffentlicher Finanzwirtschaft nach Keynesscher Konzeption[7].

Im StWG, das am 14.6.1967 in Kraft trat, ist das gesamte Instrumentarium für eine antizyklische Konjunktursteuerung zusammengefaßt worden.

---

6 S. *Staender*, a.a.O., S. 30.

7 *John Maynard Keynes* (1883 - 1946), engl. Wirtschaftswissenschaftler, Prof. in Cambridge, Lord, Direktor der Bank von England und Mitschöpfer der internationalen Währungsordnung nach dem 2. Weltkrieg, vertrat in seinem Hauptwerk "The general theory of employment, interest and money" (1936; dt. Die allgemeine Theorie der Beschäftigung, des Zinses und des Geldes) grundlegende wirtschaftswissenschaftliche Theorien, die für die staatliche Wirtschafts- und Finanzpolitik neue Maßstäbe setzten, indem *Keynes* eine "fiscal policy" empfiehlt, die mit Hilfe der öffentlichen Haushalte konjunkturelle Schwankungen im Wirtschaftsablauf durch antizyklische Verhaltensweise der Träger Öffentlicher Finanzwirtschaft vermeiden. In diesem Sinne handeln viele Regierungen westlicher Industriestaaten, so auch die der Bundesrepublik Deutschland; mehr: *Koesters*: Ökonomen verändern die Welt, 3. Aufl., Hamburg 1983, S. 203.

Bund, Länder, Gemeinden und Gemeindeverbände sind nunmehr verpflichtet, ihre Einnahmen und Ausgaben im Rahmen einer gemeinsamen Wirtschafts- und Finanzpolitik und Haushaltsführung so zu gestalten, daß sie zu einer Verwirklichung der Ziele des § 1 dieses Gesetzes beitragen.

Die hier genannten wirtschaftspolitischen Ziele werden in Art. 109 (2) GG als "gesamtwirtschaftliches Gleichgewicht" umschrieben. Die einzelnen Zielkomponenten sind rechtlich nicht exakt bestimmbar. Das "gesamtwirtschaftliche Gleichgewicht" ist daher ein "unbestimmter Rechtsbegriff", der einen nicht nachprüfbaren jeweils konjunktursituationsbedingten weiten Beurteilungsspielraum hat. Verfassungsrechtlich überprüfbar ist lediglich, ob dabei der Begriff des gesamtwirtschaftlichen Gleichgewichts im Grundsatz zutreffend ausgelegt worden ist, und der durch den Begriff bezeichnete allgemeine Rahmen eingehalten worden ist[8].

Bei *außenwirtschaftlichen* Störungen des gesamtwirtschaftlichen Gleichgewichts, deren Abwehr durch binnenwirtschaftliche Maßnahmen nicht oder nur unter Beeinträchtigung der in § 1 StWG genannten Ziele möglich ist, hat die Bundesregierung alle Möglichkeiten der internationalen Koordination zu nutzen. Soweit dies nicht ausreicht, setzt sie die ihr zur Wahrnehmung des außenwirtschaftlichen Gleichgewichts zur Verfügung stehenden wirtschaftspolitischen Mittel ein (§ 4 StWG).

Bei *binnenwirtschaftlichen* Störungen des gesamtwirtschaftlichen Gleichgewichts können unterschiedliche Instrumente der Konjunktursteuerung zur Abwehr dieser Störungen eingesetzt werden.

Im Falle der Gefährdung eines der Ziele des § 1 StWG stellt die Bundesregierung *Orientierungsdaten* für ein gleichzeitiges aufeinander abgestimmtes Verhalten (*konzertierte Aktion*) der Gebietskörperschaften, Gewerkschaften und Unternehmensverbände zur Erreichung der Ziele des § 1 StWG zur Verfügung. Diese Orientierungsdaten enthalten insbesondere eine Darstellung der gesamtwirtschaftlichen Zusammenhänge im Hinblick auf die gegebene Situation (§ 3 StWG).

Diese unterschiedlichen Instrumente können institutionell *geld- und währungspolitische* Maßnahmen der Deutschen Bundesbank[9], *steuerliche* Maßnahmen der Finanzbehörden, die Einrichtung von *Konjunkturausgleichsrücklagen* bei Bund

8 BVerfGE 13, 223 f.

9 Die DBBk ist eine bundesunmittelbare juristische Person des öffentlichen Rechts. Die DBBk regelt mit Hilfe ihrer währungspolitischen Befugnisse, nämlich dem ausschließlichen Recht der Ausgabe von Banknoten, die das einzige unbeschränkte gesetzliche Zahlungsmittel darstellen, der Diskont-, Kredit-, Offenmarkt- und Mindestreservepolitik den Geldumlauf und die Kreditversorgung der Wirtschaft. Daher ist zwischen der Notenbank (DBBk) und den Geschäftsbanken (Deutsche Bank, Dresdner Bank, Bank für Gemeinwirtschaft usw.), die die Bankgeschäfte erledigen, zu unterscheiden.

und Ländern durch die zuständigen Finanzminister, die Steuerung der *Kreditaufnahmen* und deren Rückzahlungen sowie *haushaltsrechtliche*, finanzwirksame Maßnahmen beim *Vollzug der Budgets* der Gebietskörperschaften sein.

Eine antizyklische Haushaltsführung der öffentlichen Hand ist somit eine zwingende Voraussetzung einer wirksamen Konjunkturpolitik. Konjunkturbedingte Mehreinnahmen dürfen nicht – wie früher geschehen – zu Mehrausgaben führen (das würde in einer solchen Situation zu einer weiteren Anheizung der ohnehin boomartigen Konjunktur beitragen, deren Ergebnis ja die Steuer-Mehr-Einnahmen sind), sondern die Bundesregierung ist nach dem StWG in die Lage versetzt, bei Gefahr einer "die volkswirtschaftliche Leistungsfähigkeit übersteigenden Nachfrageausweitung" – also einer konjunkturellen Überhitzung – die erforderlichen Instrumente einzusetzen, um "antizyklisch" zu wirken.

Das Stabilitäts- und Wachstumsgesetz *verpflichtet* die Träger Öffentlicher Finanzwirtschaft, bei ihrer Haushaltswirtschaft den Zielen des § 1 StWG Rechnung zu tragen; hierzu werden Bund und Länder durch § 1 StWG, die Gemeinden und Gemeindeverbände durch § 16 (1) StWG, das ERP-Sondervermögen durch § 13 (1) StWG, die Deutsche Bundesbahn und die Deutsche Bundespost durch § 13 (2) StWG sowie die bundesunmittelbaren Körperschaften, Anstalten und Stiftungen des öffentlichen Rechts durch § 13 (3) StWG verpflichtet.

C. Finanzpolitische Eingriffsinstrumente zur Abwehr von Störungen des gesamtwirtschaftlichen Gleichgewichts

Die stabilitäts- und wachstumspolitischen Maßnahmen beschränken sich

– bei monetaristischer Betrachtung der notwendigen finanzpolitischen Aktivitäten des Staates weitgehend auf die Verfolgung seiner Allokations- und Distributionsziele, während
– bei der *Keynes*'schen Betrachtungsweise der erforderlichen Maßnahmen *die öffentlichen Haushalte* als das notwendige stabilitätspolitische Steuerungsinstrument angesehen werden.

Das StWG stellt allgemeine Zielsetzungen für das Handeln der politischen Entscheidungsträger auf und enthält zugleich haushaltspolitische, kreditpolitische und steuerpolitische Eingriffsinstrumente zur Steuerung von Konjunktur und Wirtschaftswachstum.

a) Finanzpolitische Maßnahmen zur Konjunkturdämpfung

Bei einer die volkswirtschaftliche Leistungsfähigkeit übersteigenden Nachfrageausweitung (Boom) ist die Bundesregierung nach den Bestimmungen des StWG verpflichtet, antizyklische Maßnahmen der Konjunkturdämpfung zur *Abschöpfung der Kaufkraft* durch Verringerung des im Umlauf befindlichen Geldvolumens einzuleiten.

Diese Maßnahmen mit *kontraktiver* Wirkung sind:

– *Ausgabenkürzungen (§ 6, Abs. 1 StWG)*: Bei der Ausführung des Bundeshaushaltsplans kann im Falle einer die volkswirtschaftliche Leistungsfähigkeit übersteigenden Nachfrageausweitung die Bundesregierung den Bundesminister der Finanzen ermächtigen, zur Erreichung der Ziele des § 1 StWG
– die Verfügung über bestimmte Ausgabemittel
– den Beginn der Baumaßnahmen und
– das Eingehen von Verpflichtungen zu Lasten künftiger Haushaltsjahre
von dessen Einwilligung abhängig zu machen.
Dies gilt auch für die Haushaltswirtschaften der Länder[10].

– *Konjunkturausgleichsrücklage (§§ 5, 15 StWG)*: Die Bildung von Konjunkturausgleichsrücklagen dienen dem vorübergehenden Entzug öffentlicher Mittel aus dem Wirtschaftskreislauf. Die Konjunkturausgleichsrücklage wird bei der DBBk zinslos angesammelt und stellt auf diese Weise zugleich eine Finanzmasse für spätere Konjunkturbelebungsmaßnahmen dar.

Die Bildung von Konjunkturausgleichsrücklagen bei Bund und Ländern kann *obligatorischer* Art sein (§ 15, Abs. 1 StWG), kann aber auch *fakultativ* geregelt werden (§ 5, Abs. 2 StWG).

– *Beschränkung öffentlicher Kreditaufnahme (§§ 19 - 25 StWG)*: Zur Abwehr einer Störung des gesamtwirtschaftlichen Gleichgewichts kann die Bundesregierung durch Rechtsverordnung mit Zustimmung des Bundesrates anordnen, daß die Beschaffung von Geldmitteln im Wege des Kredits im Rahmen der in den Haushaltsgesetzen oder Haushaltssatzungen ausgewiesenen Kreditermächtigungen durch den Bund, die Länder, die Gemeinden und Gemeindeverbände sowie die öffentlichen Sondervermögen und Zweckverbände *beschränkt* wird (sog. "Schuldendeckel").

– *Zusätzliche Schuldentilgung bei der DBBk (§ 5, Abs. 2 StWG)*: In Zeiten gesamtwirtschaftlichen Booms sollen gem. § 5 (2) StWG Mittel zur zusätzlichen Tilgung von Schulden bei der DBBk veranschlagt werden. Da jedoch gem. § 15 (1) BHO die *Netto*kreditaufnahme *vom Kreditmarkt* und die hiermit zusammenhängenden Tilgungsausgaben (also nicht von der DBBk, die ja sonst zusätzlich geschaffenes Zentralbankgeld freimachen müßte) vorgeschrieben ist, wurden zum Haushalts-

10 Vgl. § 14 StWG.

ausgleich bislang noch keine Mittel der DBBk beansprucht, so daß eine Zuführung von Mitteln zur zusätzlichen Tilgung von Schulden bei der DBBk entfällt; hierbei könnte es sich nur um Kassenkredite handeln.

b) Finanzpolitische Maßnahmen zur Konjunkturbelebung

Bei einer das gesamtwirtschaftliche Gleichgewicht gefährdenden Abschwächung der allgemeinen Wirtschaftstätigkeit (Rezession) ist die Bundesregierung nach den Bestimmungen des StWG verpflichtet, antizyklische Maßnahmen zur Konjunkturbelebung zur *Verstärkung der Kaufkraft* durch Erhöhung des in Umlauf befindlichen Geldvolumens einzuleiten.

Diese Maßnahmen mit *expansiver* Wirkung sind:

– *Zusätzliche Ausgaben aus der Konjunkturausgleichsrücklage (§ 5, Abs. 3 und § 6, Abs. 2 StWG)*: Die Bundesregierung kann bestimmen, daß bei einer die Ziele des § 1 StWG gefährdenden Abschwächung der allgemeinen Wirtschaftstätigkeit zusätzliche Ausgaben geleistet werden. Die zusätzlichen Mittel dürfen nur für im Finanzplan vorgesehene Zwecke oder als Finanzhilfe für besonders bedeutsame Investitionen der Länder und Gemeinden (Gemeindeverbände) zur Abwehr einer Störung des gesamtwirtschaftlichen Gleichgewichts verwendet werden. Zu ihrer Deckung sollen die notwendigen zusätzlichen Mittel zunächst der Konjunkturausgleichsrücklage entnommen werden.

– *Zusätzliche kreditfinanzierte Ausgaben für Konjunkturprogramme – deficit spending – (§ 6, Abs. 3 StWG)*: Der Bundesminister der Finanzen ist ermächtigt, zu dem im § 6, Abs. 2 StWG bezeichneten Zweck *Kredite* über die im Haushaltsgesetz erteilten Kreditermächtigung (nach Art. 115 GG) *hinaus* bis zur Höhe von fünf Milliarden Deutsche Mark, gegebenenfalls mit Hilfe von Geldmarktpapieren, aufzunehmen.

Diese in einer volkswirtschaftlichen Abschwungphase dem Haushaltsplan gegenüber *zusätzliche* kreditfinanzierte Ausgabenerhöhung wird als "*deficit spending*" bezeichnet. Hiermit folgt der Staat seiner verfassungsrechtlich normierten Verpflichtung (Art. 109 [2] GG/LV), bei seiner Haushaltswirtschaft den *Erfordernissen des gesamtwirtschaftlichen Gleichgewichts Rechnung zu tragen* (= *antizyklische* Verhaltensweise von den Trägern der Öffentlichen Finanzwirtschaft). Auf diese Weise sollen *expansive Effekte* zur Erreichung dieser gesamtwirtschaftlichen Zielsetzungen erreicht werden.

Die Staatsverschuldung hat durch die jährlichen hohen Kreditaufnahmen von Bund, Ländern und Gemeinden zunehmend *gesamtwirtschaftliche Bedeutung* erlangt. Die Verwaltung aller öffentlichen Schulden (Kreditaufnahmen, Tilgung, Zinsen, Kurspflege, Emissionsverfahren usw.) obliegt der "Bundesschuldenverwaltung" (BMF). In der Wirtschafts- und Finanzpolitik wird die – im Einklang mit den jeweiligen finanzwirtschaftlichen und gesamtwirtschaftlichen Erfordernissen – betriebene *Schuldenverwaltung* als "*debt management*" bezeichnet.

c) Jahreswirtschaftsbericht der Bundesregierung

Als Entscheidungshilfe notwendiger antizyklischer Maßnahmen legt die Bundesregierung dem Bundestag und dem Bundesrat *im Januar eines jeden Jahres* einen Jahreswirtschaftsbericht vor (§ 2 StWG). Der Jahreswirtschaftsbericht enthält:

1) die Stellungnahme zu dem Jahresgutachten des "Sachverständigenrates" zur Begutachtung der gesamtwirtschaftlichen Entwicklung[11]. *S. auch Abschnitt VII E.*

2) eine Darlegung der für das laufende Jahr angestrebten wirtschafts- und finanzpolitischen Ziele ("Jahresprojektion"). Die Jahresprojektion bedient sich der Mittel und der Form der "Volkswirtschaftlichen Gesamtrechnung"[12]

3) eine Darlegung der für das laufende Jahr geplanten Wirtschafts- und Finanzpolitik!

D. Eventualhaushalt

Bei der Ausführung des Bundeshaltsplans kann im Falle einer die volkswirtschaftliche Leistungsfähigkeit boomartig übersteigenden Nachfrageausweitung die Bundesregierung gem. § 6 (1) StWG den BMF ermächtigen, zur Erreichung der Ziele des § 1 StWG die Verfügung über bestimmte Ausgabemittel, den Beginn von Baumaßnahmen und das Eingehen von Verpflichtungen zu Lasten künftiger Haushaltsjahre von dessen Einwilligung abhängig zu machen.

Der BMF hat die dadurch nach Ablauf des Haushaltsjahres freigewordenen Mittel der Konjunkturausgleichsrücklage zuzuführen. Die Konjunkturausgleichsrücklage ist bei der Deutschen Bundesbank zinslos anzusammeln.

Die Bundesregierung kann bestimmen, daß bei einer die Ziele des § 1 StWG gefährdenden Abschwächung der allgemeinen Wirtschaftstätigkeit dem Haushaltsplan gegenüber *zusätzliche* Ausgaben geleistet werden.

In den Bundeshaushaltsplan ist ein Leertitel für Einnahmen aus der Konjunkturausgleichsrücklage (Kap. 60 02 Tit. 355 01) und ein Leertitel für Einnahmen aus Krediten nach § 6 StWG (Kap. 32 01 Tit. 325 12) sowie ein Leertitel für Ausga-

---

11 § 6 (1) des Gesetzes über die Bildung eines Sachverständigenrates zur Begutachtung der gesamtwirtschaftlichen Entwicklung; Gesetz vom 14.8.1963 (BGBl I, S. 685), geändert durch Gesetz vom 8.11.1966 (BGBl I, S. 633).

12 S. § 2 (1) StWG.

ben für Sonderprogramme (Kap. 60 02 Tit. 971 01) einzustellen. Diese Mittel dürfen nur für Zwecke verwendet werden, die im Finanzplan vorgesehen sind; zu ihrer Deckung sollen die Mittel zunächst der Konjunkturausgleichsrücklage entnommen werden. Ob und in welchem Maße über die Mittel der Konjunkturausgleichsrücklage bei der Ausführung des Bundeshaushaltsplans verfügt werden soll, entscheidet gem. § 7 StWG die Bundesregierung.

Diese Maßnahmen einer "antizyklischen Haushaltsführung"[13] verlangen, daß Bund und Länder bei ihrer Haushaltswirtschaft den Erfordernissen des gesamtwirtschaftlichen Gleichgewichts Rechnung zu tragen haben. Diese Mittel aus der *Konjunkturausgleichsrücklage* und ggf. aus den *Krediten* nach dem StWG (Einnahmenseite) stehen für die im Haushaltsplan *nicht* veranschlagten *Sonderprogramme* der Bundesregierung zur Verfügung (Ausgabenseite) und bilden den sog. "*Eventualhaushalt*"[14].

Der Bundeshaushaltsplan wird jedoch nur in Abgrenzung zum Eventualhaushalt auch als "Kernhaushalt" bezeichnet[15]:

Kern-Haushalt (Haushaltsplan)		**Eventual-Haushalt**	
Einnahmen	Ausgaben	Einnahmen	Ausgaben
– Steuern – Zölle – sonst. Verw.-E. – Kredite gem. Art. 115 GG – usw.	– Pers. Ausg. – Sachausg. – usw.	– KAR – Kredite gem. § 6 (3) StWG	– Konjunkturprogramme – Finanzhilfen
Ausgleich			
– Leertitel (KAR) – Leertitel für Kredite § 6 (3) StWG	– Leertitel – (Sonderprogr.) – Leertitel (Finanzhilfen)	←	
Ausgleich		Ausgleich	

13 Vgl. Art. 109 (2) GG, § 2 HGrG, § 2 BHO, § 1 StWG.

14 Bislang wurden 17 Konjunkturprogramme nach dem StWG mit einem zusätzlichen Gesamtvolumen von über 50 Mrd. Mark durchgeführt.

15 Diese unterscheiden sich wesentlich voneinander und sind keinesfalls mit einer möglichen Aufteilung des Bundeshaushaltsplans in einen "Verwaltungshaushalt" und einen "Finanzhaushalt" i.S.d. § 12 BHO/LHO identisch. Der Kernhaushalt ist der nach Art. 110 (1) GG vorgeschriebene Bundeshaushaltsplan, der in Einnahme und Ausgabe ausgeglichen, der parlamentarischen Verabschiedung und somit der Feststellung durch das Haushaltsgesetz bedarf.

E. Das Stabilitäts- und Wachstumsgesetz. Ein Eingriffsinstrumentarium der Öffentlichen Finanzwirtschaft zur Beeinflussung des gesamtwirtschaftlichen Gleichgewichts

– Kurzfassung –

Mit der 15. GG-Novelle wurde zugleich das "Stabilitäts- und Wachstumsgesetz – StWG –" geschaffen, das das im Art. 109 (2) GG verfassungsrechtlich normierte Postulat der Verfolgung "*gesamtwirtschaftlichen Gleichgewichts*" durch die Träger Öffentlicher Finanzwirtschaft im § 1 StWG wiederholt und anfügt, daß diese finanzpolitischen Maßnahmen so zu treffen sind, daß sie die wirtschaftspolitischen Ziele
- Preisniveaustabilität
- Wirtschaftswachstum
- hoher Beschäftigungsstand
- außenwirtschaftliches Gleichgewicht

verfolgen.

Damit ist die Verpflichtung zur "*antizyklischen Haushalts- und Wirtschaftsführung*" durch die Träger Öffentlicher Finanzwirtschaft nach Keynesscher Konzeption gesetzlich normiert. Die haushaltsrechtlichen *Instrumente* zur Abwehr von Störungen des gesamtwirtschaftlichen Gleichgewichts sind

a) finanzpolitische Maßnahmen mit *kontraktiver* Wirkung *zur Konjunkturdämpfung:*
- Ausgabenkürzungen
- Bildung einer Konjunkturausgleichsrücklage
- Beschränkung öffentlicher Kreditaufnahme
- zusätzliche Schuldentilgung bei der DBBk

b) finanzpolitische Maßnahmen mit *expansiver* Wirkung *zur Konjunkturbelebung:*
- zusätzliche Ausgaben aus der Konjunkturausgleichsrücklage
- zusätzliche Ausgaben aus Krediten.

Weitere die Konjunktur dämpfende oder belebende Maßnahmen (z.B. auf steuerlichem Gebiet) sind möglich. Die konjunkturbedingte kreditfinanzierte Ausgabenerhöhung wird als "*deficit spending*" bezeichnet. Die Verwaltung aller öffentlichen Schulden wird durch die Bundesschuldenverwaltung vollzogen (= "*debt management*").

Der Eventualhaushalt, der nur nach der Entscheidung der Bundes-(Landes-)Regierung in Anspruch genommen werden darf, hat auf seiner

- Einnahmenseite:
  - die Konjunkturausgleichsrücklage
  - ggf. Kredite nach § 6 (3) StWG
- Ausgabenseite:
  - Sonderprogramme zur Konjunkturbelebung
  - Finanzhilfen.

V. Die Budgetprinzipien

Das Budgetrecht ist von wirtschafts- und finanzpolitischen Grundsätzen geprägt, deren Beachtung bei der Aufstellung der Voranschläge zum Entwurf des Haushaltsplans und bei der Bewirtschaftung der Ausgabemittel unerläßlich ist. Sie bilden die tragenden Prinzipien einer geordneten Staatswirtschaft.

Der Begriff "Haushaltsgrundsätze" hat mit der Haushaltsreform von Bund, Ländern und Gemeinden (1969) Eingang in das Grundgesetz gefunden. Art. 109 (3) GG ist die verfassungsrechtliche Grundlage für die Aufstellung eines *Bundes*gesetzes, nachdem "... für Bund und Länder *gemeinsam geltende Grundsätze* für das Haushaltsrecht ..." erlassen wurden. Aufgrund dieser Grundsatz-Gesetzgebungszuständigkeit des Bundes ist das "Haushaltsgrundsätzegesetz (HGrG)" ergangen. Hierin wurde dem Bund und den Ländern der Gesetzgebungsauftrag erteilt, *ihr Haushaltsrecht* bis zum 1. Januar 1972 nach den Bestimmungen dieses Haushaltsgrundsätzegesetzes in Form von "Haushaltsordnungen" BHO und LHO (für die Gemeinden und Gemeindeverbände: Gemeinde-Haushaltsverordnungen – GemHVO) neu zu gestalten; dies ist geschehen.

Diese Grundsätze sind in jahrzehntelanger Erfahrung gewonnene Budgetpostulate, die sich in der Finanzwissenschaft in Form der *klassischen Budgetprinzipien* (= Haushaltsgrundsätze) entwickelt haben.

Die Budgetprinzipien unterlagen in der Geschichte des Budgets differenzierter Betrachtungsweisen[1,2].

Die in Form der Budgetprinzipien in den Verfassungen und Haushaltsordnungen von Bund und Ländern normierten verbindlichen Rechtsregeln sind finanzwirtschaftliche Dogmen, die als Maximen staatlicher Haushalts- und Wirtschaftsführung unabdingbar notwendige und unverzichtbare Postulate im Rahmen staatlicher Aufgabenerfüllung darstellen.

Die Budgetprinzipien sind insbesondere auf die parlamentarische *Kontrolle der Exekutive* und die Wahrung der *Budgethoheit des Parlaments* ausgerichet. Diese Grundsätze sind aus der Auseinandersetzung um das *Budgetbewilligungsrecht* hervorgegangen. Ihre Entwicklung fällt in die Zeit der klassisch-liberalen Vorstel-

---

1 *Heinig* bezeichnet die Budgetprinzipien als "*begrifflich formulierte Erkenntnisse von Weltgeltung*", in: *Heinig*, Das Budget, Bd. I, Tübingen 1949, S. 15.

2 *Recktenwald* bezeichnet die von ihm sog. Etatgrundsätze als "*formalistische Regeln, aus Rechtsinterpretation abgeleitet*", in *Haller/Recktenwald*, Finanz- und Geldpolitik im Umbruch, Mainz 1969, S. 23.

lung, wonach der Staat *lediglich ordnungs*politische Aufgaben der *klassischen Bedarfsdeckungsfunktion* hatte.

Mit der *Neukodifizierung* des Finanzverfassungsrechts – als der Gesamtheit aller Rechtsnormen auf dem Gebiete der "Öffentlichen Finanzwirtschaft" – kommen der klassischen staatlichen Aufgabenerfüllung *zusätzlich* auch *moderne* gesamtwirtschaftliche Lenkungsfunktionen ***wirtschaftspolitischer*** *und* ***sozialpolitischer*** Bedeutung zu.

Die auf dem Grundgesetz, den Länderverfassungen, dem HGrG und der BHO/ LHO basierenden Budgetprinzipien (Haushaltsgrundsätze) sind:

A. Prinzip der zeitlichen Spezialität
   – Jährlichkeit und zeitliche Bindung –
B. Prinzip der Vorherigkeit
C. Prinzip der Einheit, der Vollständigkeit und der Fälligkeit
D. Prinzip der Gesamtdeckung
E. Prinzip der Bruttoveranschlagung und des Bruttonachweises
F. Prinzip der Genauigkeit, der Haushaltswahrheit und der Haushaltsklarheit
G. Prinzip der Wirtschaftlichkeit und der Sparsamkeit
H. Prinzip der sachlichen Spezialität
   – Einzelveranschlagung und sachliche Bindung –
I. Prinzip der Ausgeglichenheit
J. Prinzip der Öffentlichkeit
K. Prinzip des Bepackungsverbots
L. Prinzip der Berücksichtigung der Erfordernisse des gesamtwirtschaftlichen Gleichgewichts.

A. Prinzip der zeitlichen Spezialität – Jährlichkeit und zeitliche Bindung –

1. Allgemeines

Der Haushalt ist ein politisches Dokument. Der Haushalt besteht aus dem Haushaltsgesetz und dem Haushaltsplan. "Für jedes Haushaltsjahr ist ein Haushaltsplan aufzustellen. Der Haushaltsplan enthält alle im Haushaltsjahr

1. zu erwartenden Einnahmen,
2. voraussichtlich zu leistenden Ausgaben[3] und
3. voraussichtlich benötigten Verpflichtungsermächtigungen."

---

3 Hierunter sind die Haushaltseinnahmen und -ausgaben zu verstehen; vgl. Art. 110 (1) GG/LV i.V.m. § 11 BHO/LHO.

Das Haushaltsjahr ist (seit 1961) mit dem Kalenderjahr identisch[4]. Das Grundgesetz führt im Art. 110 (2) aus, daß der Haushaltsplan für ein Haushaltsjahr durch das Haushaltsgesetz festgestellt wird. Das bedeutet, daß für *jedes* Haushaltsjahr ein Haushaltsplan aufzustellen und dieser festzustellen ist.

Hieraus folgert, daß die im Haushaltsplan veranschlagten Ausgaben auch nur für die Geltungsdauer des Haushaltsplans, d.h. für das Haushaltsjahr zur Verfügung stehen; dies ist das Prinzip der zeitlichen Bindung[5] an den Haushalt (= zeitliche Spezialität). Nach Ablauf des Haushaltsjahres dürfen nicht verbrauchte Ausgabemittel nicht mehr in Anspruch genommen werden, – es sei denn, es handelt sich um *übertragbare* Ausgabebewilligungen, die als "Ausgabereste" über das Bewilligungsjahr hinaus auch im nachfolgenden Haushaltsjahr zur Verfügung stehen.

Während Art. 110 (2) Gg zuläßt, daß der Haushaltsplan auch für mehrere Haushaltsjahre – nach Jahren getrennt – aufgestellt und festgestellt werden kann, ist im § 12 BHO/LHO festgelegt, daß der Haushaltsplan lediglich für zwei Haushaltsjahre – nach Jahren getrennt – aufgestellt werden kann. Das schließt nicht konsequent die parlamentarische Verpflichtung ein, diesen für zwei Jahre aufgestellten Haushaltsplan auch für den gleichen Zeitraum festzustellen.

2. Ausnahmen vom Prinzip der zeitlichen Spezialität

Grundsätzlich stehen die im Haushaltsplan veranschlagten Ausgabemittel nur für ein Haushaltsjahr zur Verfügung. In besonderen Fällen sehen die haushaltsrechtlichen Vorschriften jedoch Ausnahmen von diesem Grundsatz vor. Die Ausnahmen betreffen:

a) übertragbare Ausgabebewilligungen,
b) Selbstbewirtschaftungsmittel,
c) "kw"- und "ku"-Vermerke,
d) nicht in Anspruch genommene Kreditermächtigungen.

a) Übertragbare Ausgabebewilligungen

Allgemeines: Die in § 3 BHO/LHO ausgesprochene Ermächtigung des Haushaltsplans zur Leistung von Ausgaben und Eingehen von Verpflichtungen erstreckt

4 Haushaltsjahr für die Bewirtschaftung der bundes- und landeseigenen Forsten ist das *Forstwirtschaftsjahr*, das mit dem 1. Oktober beginnt und mit dem 30. September endet. Der im GG/LV verwandte Begriff "*Rechnungsjahr*" ist im § 4 HGrG in Form einer Legaldefinition durch den zutreffenderen Begriff **Haushaltsjahr** ersetzt worden; vgl. § 4 BHO/LHO. Im GG und in den Verfassungen der Länder blieb der bisherige Begriff "Rechnungsjahr" bisher noch erhalten, um aus unverhältnismäßigem Anlaß keine formelle Verfassungsänderung vorzunehmen.

5 S. *Nöll v.d. Nahmer*, a.a.O., S. 77.

sich grundsätzlich nur auf das Haushaltsjahr, für das das Haushaltsgesetz und der Haushaltsplan gilt. Die im Haushaltsplan ausgebrachten Ausgabebewilligungen (Ansätze im Hpl) stehen somit nur für das laufende Haushaltsjahr zur Verfügung und enden grundsätzlich mit Ablauf des Haushaltsjahres. Sollten Haushaltsmittel am Ende des Haushaltsjahres als nicht verbraucht übrig bleiben, so verfällt mit Ablauf des Haushaltsjahres i.d.R. der Anspruch, über diese Haushaltsmittel im nachfolgenden Haushaltsjahr verfügen zu können.

Handelt es sich bei den Haushaltsmitteln jedoch um *übertragbare* Ausgabebewilligungen, so können die nicht verbrauchten Beträge zu "Ausgaberesten" erklärt werden. Die am Schluß des Haushaltsjahres nicht verbrauchten, übertragbaren und zu Ausgaberesten erklärten Haushaltsmittel stehen dann für den selben Zweck über das Haushaltsjahr hinaus zur Verfügung (= zeitliches Virement[6]).

Bei den "übertragbaren Ausgabebewilligungen" wird zwischen der "geborenen" Übertragbarkeit (kraft ständigen Gesetzes, wie: HGrG, BHO) und der "gekorenen" Übertragbarkeit (aufgrund eines Haushaltsvermerkes im Dispositiv – Zweckbestimmungsspalte des Hpl –) unterschieden.

Übertragbar sind:
1) kraft ständigen Gesetzes:
   a) die Ausgaben für Investitionen
   b) die Ausgaben aus zweckgebundenen Einnahmen;
2) andere Ausgaben können im Dispositiv des Haushaltsplans durch den Haushaltsvermerk "Die Ausgaben sind übertragbar" für übertragbar erklärt werden, wenn sie für eine sich auf mehrere Jahre erstreckende Maßnahme bestimmt sind, und wenn die Übertragbarkeit eine sparsame Bewirtschaftung der Mittel fördert[7].

Haushaltsreste; Ausgabereste: Die am Schluß eines Haushaltsjahres nicht verbrauchten übertragbaren, ausdrücklich zu Ausgaberesten erklärten und in das nachfolgende Haushaltsjahr übernommenen Ausgabemittel heißen *Ausgabereste.*

Ausgabereste sind Beträge, um die bei übertragbaren Ausgabemitteln die tatsächlichen Haushaltsausgaben eines Haushaltsjahres hinter den im Haushaltsplan ausgebrachten Beträgen einschließlich aus dem abgelaufenen Haushaltsjahr übertragener Ausgabereste oder abzüglich der Haushaltsvorgriffe zurückgeblieben sind[8].

Ausgabereste können demnach nur bei "übertragbaren Ausgabebewilligungen" entstehen. Sie stehen der Dienststelle bei der jeweiligen Zweckbestimmung über das Haushaltsjahr hinaus bis zum Ende des auf die Bewilligung folgenden zweit-

---

6 "Zeitliches Virement" = im Staatshaushalt die Übertragung von Mitteln von einem Haushaltsjahr auf das andere.
7 Vgl. § 19 (1) BHO/LHO.
8 Vgl. § 45 (2) i.V.m. Vorl. VV Nr. 1.5 zu § 34 BHO/LHO.

nächsten Haushaltsjahres zur Verfügung und dürfen nach der Übertragung in das nachfolgende Haushaltsjahr nur mit Zustimmung des BMF/LMF in Anspruch genommen werden. Bei Bauten tritt an die Stelle des Bewilligungsjahres das Haushaltsjahr, in dem der Bau in seinen wesentlichen Teilen in Gebrauch genommen ist[9].

Einnahmereste sind im gemeindlichen Haushaltsrecht ihrer Fragwürdigkeit wegen nicht zugelassen.

Im Bereich des Bundes und der Länder sind Einnahmereste jene Beträge, um die die tatsächlichen Haushaltseinnahmen eines Haushaltsjahres hinter den im Haushaltsplan ausgebrachten Beträgen zurückgeblieben sind, und mit deren Eingang im nächsten Haushaltsjahr bestimmt gerechnet werden kann, sofern für sie eine Zweckbestimmung im Hpl des nächsten Haushaltsjahres *nicht* vorgesehen ist, oder wenn für sie zwar eine Zweckbestimmung im Haushaltsplan des folgenden Haushaltsjahres wieder vorgesehen ist, sie aber bei dieser nicht mitveranschlagt worden sind.

Haushaltsvorgriffe: Mehrausgaben gegenüber der jeweiligen Ausgabebewilligung sind Haushaltsüberschreitungen und somit "überplanmäßige Haushaltsausgaben"; sie sind grundsätzlich nicht zugelassen.

Handelt es sich jedoch um einen übertragbaren Ausgabetitel, so kann der für das laufende Haushaltsjahr benötigte Mehrbetrag einer Maßnahme, die sich über mehrere Jahre erstreckt und eine sparsame Bewirtschaftung ermöglicht, vom gleichen Haushaltsansatz des nachfolgenden Haushaltsjahres im Vorgriff vorweg abgesetzt, zu Gunsten des laufenden und zu Lasten des folgenden Haushaltsjahres im laufenden Haushaltsjahr mehrverausgabt werden. Solche Mehrausgaben bei übertragbaren Ausgabemitteln, die den Haushaltsansatz im nachfolgenden Haushaltsjahr belasten, heißen "Haushaltsvorgriffe".

"Haushaltsvorgriffe" sind Beträge, um die die im Haushaltsplan für ein Haushaltsjahr ausgebrachten übertragbaren Ausgabemittel einschließlich aus dem abgelaufenen Haushaltsjahr übertragener Ausgabereste überschritten worden sind, und die von dem im Haushaltsplan des nächsten Jahres für den gleichen Zweck vorgesehenen Ausgabemittel vorweg abgesetzt werden[10].

Haushaltsvorgriffe kommen nur bei übertragbaren Ausgabemitteln vor und bedürfen als überplanmäßige Haushaltsausgaben der vorherigen Einwilligung des BMF/LMF.

9 Vgl. § 45 BHO/LHO.
10 Vgl. § 37 (6) i.V.m. Vorl. VV Nr. 1.5 zu § 34 BHO/LHO.

b) Selbstbewirtschaftungsmittel

Ausgaben können im Haushaltsplan bei einem Ausgabetitel zur Selbstbewirtschaftung veranschlagt werden, wenn hierdurch eine sparsamere Bewirtschaftung gefördert wird. Die Selbstbewirtschaftungsmittel müssen im Dispositiv des Haushaltsplans mit dem Haushaltsvermerk "die Mittel können zur Selbstbewirtschaftung zugewiesen werden" ausdrücklich als solche bezeichnet sein. Selbstbewirtschaftungsmittel stehen den Dienststellen *über das laufende Haushaltsjahr hinaus* zur Verfügung[11].

Bei der Rechnungslegung ist nur die Zuweisung der Mittel an die beteiligten Dienststellen als Ausgabe nachzuweisen, da diese Zuweisung von Haushaltsmitteln aus einem Ausgabetitel bereits die Haushaltsausgabe darstellt. Darüber hinaus jedoch sind allgemein die Bestimmungen der BHO/LHO zu berücksichtigen, nach denen gem. § 100 (1) die Vorprüfungsstellen der einzelnen Ressorts und gem. § 89 (1) auch der BRH unter anderem die Verwendung der Selbstbewirtschaftungsmittel prüft.

c) "kw"- und "ku"-Vermerke

"kw" ist die Abkürzung für "künftig wegfallend"; "ku" für "künftig umzuwandeln".

"kw"-Vermerke: Der "kw"-Vermerk findet Anwendung bei Haushaltsausgaben sowie bei Planstellen. Er erscheint im Dispositiv[12] des Haushaltsplans zu den betreffenden Titeln. Der Vermerk weist darauf hin, daß die betreffenden Haushaltsmittel oder Planstellen nur bis zu dem Eintritt eines zu erwartenden Ereignisses zur Verfügung stehen.

"kw"-Vermerke, die lediglich an den Wegfall von Ausgaben anknüpfen, sollen mit dem Zeitpunkt versehen werden, mit dem die betreffende Aufgabe oder Stelle spätestens entfällt. Der "kw"-Vermerk lautet in diesen Fällen: "kw" bei Wegfall der Aufgabe, spätestens mit Schluß des Haushaltsjahres 19..

Entfallen die Aufgaben früher, so entfällt auch die Ausgabebewilligung vorzeitig. über Ausgabebewilligungen, die im Haushalt als künftig wegfallend bezeichnet sind, darf von dem Zeitpunkt an, mit dem die Voraussetzungen für ihren Wegfall erfüllt sind, nicht mehr verfügt werden. Der Zeitpunkt oder die Voraussetzungen sollen bei der ersten Bewilligung künftig wegfallender Mittel, also bei der erstmaligen Aufnahme eines "kw"-Vermerks, im Haushaltsjahr angegeben werden[13].

---

11 Vgl. §§ 12 HGrG u. 15 BHO/LHO.

12 *Dispositiv* = Zweckbestimmungsspalte im Haushaltsplan, da die Zweckbestimmung einer Titelnummer die sachlichen Gründe der Haushaltsdisposition umschreibt; s. *Staender*, a.a.O., S. 67.

13 Vgl. § 21 (1) BHO/LHO.

Sind im Haushaltsplan Ausgabemittel als künftig wegfallend bezeichnet, so dürfen für denselben Zweck Ausgabemittel für das nächste Haushaltsjahr nur mit dem gleichen Vermerk angefordert werden, vorausgesetzt, daß der Grund des Wegfalls nicht inzwischen eingetreten ist oder sich nicht im einzelnen Falle die Notwendigkeit ergibt, den Wegfallvermerk zu beseitigen.

Wenn im Haushaltsplan Planstellen ohne nähere Erläuterungen als künftig wegfallend bezeichnet sind, ist über den weiteren Verbleib dieser Planstellen in dem nächsten Haushaltsjahr zu entscheiden. Der Vermerk "künftig wegfallend" ist so lange in den Haushaltsplan der folgenden Jahre zu übernehmen, bis die Stellen durch Freiwerden fortgefallen sind.

"ku"-Vermerke: Ist eine Planstelle ohne Bestimmung der Voraussetzungen als "ku" (künftig umzuwandeln) bezeichnet, gilt die nächste freiwerdende Planstelle derselben Besoldungsgruppe für Beamte derselben Fachrichtung im Zeitpunkt ihres Freiwerdens als in die Stelle umgewandelt, die in dem Umwandlungsvermerk angegeben ist[14]. Das gleiche gilt sinngemäß für Angestellte und Arbeiter.

c) Nicht in Anspruch genommene Kreditermächtigungen

Die nur im Haushaltsgesetz ausgesprochene parlamentarische Ermächtigung, nach der der Finanzminister "Kredite zur Deckung von Ausgaben" (= Deckungskredite; auch: Haushaltskredite, Finanzkredite, Finanzierungskredite) bis zu einer bestimmten Höhe aufnehmen darf, gilt bis zum Ende des nächsten Haushaltsjahres und, wenn das Haushaltsgesetz für das zweitnächste Haushaltsjahr nicht rechtzeitig verkündet wird, bis zur Vekündung dieses Haushaltsgesetzes.

Die ebenfalls nur im Haushaltsgesetz ausgesprochene parlamentarische Ermächtigung, nach der der Finanzminister "Kredite zur Aufrechterhaltung einer ordnungsmäßigen Kassenwirtschaft" (= Kassenverstärkungskredite; auch: Kassenkredite) bis zu einer bestimmten oder bestimmbaren Höhe aufnehmen darf, gilt bis zum Ende des laufenden Haushaltsjahres und, wenn das Haushaltsgesetz für das nächste Haushaltsjahr nicht rechtzeitig verkündet wird, bis zur Verkündigung dieses Haushaltsgesetzes[15].

---

14 Vgl. § 47 (3) BHO/LHO.
15 S. § 18 (3) BHO/LHO.

B. Prinzip der Vorherigkeit

1. Allgemeines

Art. 110 (2) GG/LV stellt das verfassungsgesetzliche Gebot auf, nach dem das Haushaltsgesetz vor Beginn des Jahres, für das es bestimmt ist, von den gesetzgebenden Körperschaften verabschiedet sein soll.

Dem Verfassungsgebot der "Vorherigkeit" kommt allein schon deshalb eine große Bedeutung zu, weil mit der Verabschiedung des Haushaltsgesetzes zugleich auch der Haushaltsplan *festgestellt* wird und dieser für die Exekutive die *spezielle* Ermächtigungsgrundlage für die Haushaltsführung der Bundes-/Landesbehörden darstellt.

Die Vorschrift, nach der der Haushaltsplan durch Gesetz (Haushaltsgesetz) *festzustellen ist, ist regelmäßig eine Kernvorschrift jeder demokratischen Verfassung*[16], stellt sie doch das Ergebnis des historischen Kampfes um die Durchsetzung des *parlamentarischen Budgetrechts* dar[17].

Die zeitgerechte, d.h. "vorzeitige" Verabschiedung des Haushaltsgesetzes verzögert sich jedoch erfahrungsgemäß durch langwierige Haushaltsverhandlungen zwischen den Vertretern des Finanzministeriums und den Haushaltsreferenten der übrigen Obersten Verwaltungsbehörden und durch die parlamentarischen Beratungen im Haushaltsausschuß des Bundes-/Landtages, so daß der Haushaltsplan oft *nicht* – wie Art. 110 (2) GG/LV und § 1 BHO/LHO bestimmen – vor Beginn des Haushaltsjahres, für das er bestimmt ist, durch die Verabschiedung des Haushaltsgesetzes festgestellt werden konnte. Art. 110 (3) GG sieht daher zur Lösung des Zeitproblems ein besonderes und von sonstigen Gesetzesvorlagen *abweichendes Gesetzgebungsverfahren für Haushaltsvorlagen* dahingehend vor, daß Gesetzesvorlagen, die den *Haushaltsplan* und das *Haushaltsgesetz* betreffen, *gleichzeitig* mit der Zuleitung an den Bundesrat auch beim Bundestag eingebracht werden.

2. Ausnahmen vom Prinzip der Vorherigkeit

Ist der Haushaltsplan zu Beginn des Haushaltsjahres noch nicht durch die Verabschiedung des Haushaltsgesetzes *festgestellt*, so ist bis zu dessen Inkrafttreten[18]

---

16 S. Art. 110 (2) GG/LV.

17 S. *Jürgens/Piduch/Cohrs*, a.a.O., S. 135.

18 Die in Art. 111 (1) GG normierte verfassungsrechtliche Aussage "... so ist bis zu seinem Inkrafttreten ..." ist haushaltsrechtlich terminologisch nicht exakt, da das Haushaltsgesetz **stets** (ggf. rückwirkend) zum 1. Januar des Jahres in Kraft tritt. Treffender wäre an dieser Stelle: "... so ist bis zur **Verkündung** des Haushaltsgesetzes ...".

die Bundesregierung[19] gem. Art. 111 GG ermächtigt, zur Aufrechterhaltung der Wirtschaftsführung des Bundes alle Ausgaben zu leisten, die notwendig sind,

a) um gesetzlich bestehende Einrichtungen zu erhalten und gesetzlich beschlossene Maßnahmen durchzuführen,
b) um die rechtlich begründeten Verpflichtungen des Bundes zu erfüllen,
c) um Bauten, Beschaffungen und sonstige Leistungen fortzusetzen oder Beihilfen für diese Zwecke zu gewähren, sofern durch den Haushaltsplan des Vorjahres bereits Beträge bewilligt worden sind".

Im Haushaltsgesetz kann festgelegt werden, daß bestimmte Paragraphen dieses Haushaltsgesetzes über die allgemeine Gültigkeitsdauer[20] *hinaus* bis zur Verkündung des nachfolgenden Haushaltsgesetzes weitergelten.

Für diese "haushaltsplanlose Zeit" sehen das Grundgesetz (Art. 111), die Verfassungen der Länder und die Ordnungen der Gemeinden und Gemeindeverbände das sog. "Nothaushaltsrecht" vor.

Die Bundesregierung ist kraft unmittelbar geltenden Verfassungsrechts aufgrund des in Art. 111 GG gefaßten Nothaushaltsrechts zur "vorläufigen Haushaltsführung" ermächtigt und erteilt – in der Person des BMF – den Obersten Bundesbehörden zur Durchführung der im Art. 111 GG genannten Maßnahmen sog. "Ausgabeermächtigungen".

Die Ausgabeermächtigungen werden den Obersten Verwaltungsbehörden in einem durch Rundschreiben vom Finanzminister – nach dem jeweiligen Beratungsstand – zu bestimmenden Prozentsatz der Haushalts*entwurf*ansätze erteilt[21,22].

Sofern die nach Art. 111 (1) GG/LV auf der Grundlage des Nothaushaltsrechts zu leistenden Ausgaben *nicht* durch hinreichende Einnahmen gedeckt sind, ist die Bundes-/Landesregierung ermächtigt, *Kredite* bis zur Höhe eines Viertels der Endsumme des abgelaufenden Haushaltsplans vom Kreditmarkt aufzunehmen.

---

19 Soweit Art. 111 (1) GG den Begriff "Bundesregierung" verwendet, darf dies nicht i.S. Art. 62 GG verstanden werden. Vielmehr ist hier die "Bundesregierung" – allgemeinverständlich – als **Exekutive** zu verstehen. Die nicht zur Bundesregierung gehörenden Obersten Bundesbehörden (Bundespräsidialamt, Deutscher Bundestag, Bundesrat, Bundesverfassungsgericht und Bundesrechnungshof) nehmen selbstverständlich auch an der vorläufigen Haushaltsführung teil. Treffender währe hier statt Bundesregierung "Oberste Bundesbehörden" genannt.

20 Gem. § 4 BHO ist das Haushaltsjahr identisch mit dem Kalenderjahr. Der BMF kann jedoch Ausnahmen zulassen. So ist in der Vorl. VV zu § 4 BHO bestimmt, daß für die Bewirtschaftung der bundeseigenen Forsten das "Forstwirtschaftsjahr (1.10. - 30.9.) gilt und nach dem Kalenderjahr benannt wird, in dem es endet.

21 Bea.: Art. 78 (4) LV-Bayern: "Wird der Staatshaushalt im Landtag nicht rechtzeitig verabschiedet, so führt die Staatsregierung den Haushalt zunächst nach dem Haushaltsplan *des Vorjahres* weiter."

22 Bea.: Art. 116 (4) LV-Rheinland-Pfalz beinhaltet sinngemäß die gleiche Aussage wie zu Fußnote 18.

Der BMF/LMF erläßt gem. § 5 BHO/LHO die Verwaltungsvorschriften zur vorläufigen und – nach der Verkündung des Haushaltsgesetzes – zur endgültigen Haushalts- und Wirtschaftsführung des Bundes/Landes. Da das Haushaltsgesetz seit Bestehen der Bundesrepublik Deutschland bislang nicht immer rechtzeitig vorzeitig verabschiedet werden konnte, war der BMF/LMF dann regelmäßig gehalten, vor Beginn des Haushaltsjahres Bestimmungen über die "Vorläufige Haushaltsführung" für das nachfolgende Haushaltsjahr herauszugeben, nach denen die einzelnen Obersten Verwaltungsbehörden die Ausgabemittel und Planstellen bis zur Verkündung des Haushaltsgesetzes zu bewirtschaften hatten. Die Obersten Verwaltungsbehörden gaben daraufhin ressortbezogene Erlasse über die "Vorläufige Haushaltsführung" in ihrem Bereich heraus; hierin sind auf der Grundlage des Art. 111 GG/LV die dem Ministerium zur Bewirtschaftung zur Verfügung stehenden Personalstellen und Ausgabemittel sowie Verpflichtungsermächtigungen genannt, ferner sind die Titel aufgeführt, für die "Allgemeine Ausgabebewilligung" – die Mittel gelten mit der Ausgabe als zugewiesen – erteilt wird[23].

C. Prinzip der Einheit, der Vollständigkeit und der Fälligkeit

1. Allgemeines

Art. 110 GG/LV stellt in Abs. 1 das Gebot auf, daß alle Einnahmen und Ausgaben[24] in den Haushaltsplan "einzustellen", im Hpl zu *veranschlagen*[25] sind.

In § 11 BHO/LHO ist normiert:

1) Für jedes Haushaltsjahr ist ein Haushaltsplan aufzustellen.
2) Der Haushaltsplan enthält alle im Haushaltsjahr
   - zu erwartenden Einnahmen,
   - voraussichtlich zu leistenden Ausgaben und
   - voraussichtlich benötigten Verpflichtungsermächtigungen.

Alle voraussichtlichen Einnahmen und Ausgaben des Bundes/Landes müssen daher für jedes Haushaltsjahr von allen Bundes-/Landesbehörden einheitlich veranschlagt und vollständig in den jeweils *einen* Haushaltsplan eingesetzt werden; d.h.

---

23 In diesem Zusammenhang von einem Nothaushalt zu sprechen, ist fachlich abwegig und falsch, da es einen solchen nicht geben kann. Hier ist das für die Regierung unmittelbar geltende "Nothaushalts**recht**" normiert.

24 Art. 110 (1) GG ist ebenfalls allgemeinverständlich gehalten und finanzrechtlich (obwohl: Abschnitt X: Das Finanzwesen) terminologisch nicht exakt, da nicht "... alle Einnahmen und Ausgaben ..." (das wäre das *kassenmäßige Ist-Ergebnis*-Haushaltsrechnung-), sondern die **veranschlagten Haushalts**einnahmen und -ausgaben in den Haushaltsplan einzustellen sind.

25 S. *Staender*, a.a.O., S. 282.

daß ausnahmslos sämtliche veranschlagten Einnahmen und Ausgaben aller Bundes- bzw. Landesverwaltungen in einem Haushaltsplan zusammengefaßt werden, und das bedeutet: es gibt für jedes Jahr nur einen einheitlichen Haushaltsplan, in dem alle veranschlagten Einnahmen und Ausgaben des Bundes bzw. des Landes vollständig enthalten sind[26].

Die *Einnahmen* sind nach dem *Entstehungsgrund*, die *Ausgaben* und Verpflichtungsermächtigungen nach *Zwecken* getrennt zu veranschlagen und – soweit erforderlich – zu erläutern. Dies ist der in § 17 Abs. 1 BHO/LHO geregelte Veranschlagungsgrundsatz der "Einzelveranschlagung". Für die einzelnen Ausgabetitel bedeutet die Einzelveranschlagung zugleich die parlamentarisch-konstitutive Einzelermächtigung.

Bei dem Grundsatz der Einheit und Vollständigkeit des Bundeshaushalts handelt es sich um eine der wichtigsten politischen Forderungen für die Ordnung und Übersicht der Wirtschaftsführung des Bundes. Er läßt keine Spezialpläne zu und kein Eigenleben der einzelnen Verwaltungen, mit Ausnahmen der Bundespost und Bundesbahn, die jedoch überwiegend wirtschaftliche Funktionen ausüben. "Dieses Prinzip der formalen Zusammenfassung der in *einen* Haushaltsplan einzustellenden Einnahmen und Ausgaben gründet sich darauf, daß die Aufgaben der Haushaltsplanung nur dann möglichst vollkommen erfüllt werden können, wenn die Möglichkeit einer Gesamtschau über die geplanten Maßnahmen einnahmen- und ausgabenpolitischer Art in politischer, ökonomischer und finanzwirtschaftlicher Hinsicht gewährleistet ist."[27]

Dem Grundsatz der Einheit und Vollständigkeit kommt auch eine wichtige kassenmäßige Bedeutung zu. Den einzelnen Zweigen der Verwaltung dürfen außer den ihnen zugewiesenen Ausgabemitteln keine sonstigen Mittel zur Verfügung stehen. Die Bildung verschwiegener Sonderkassen (sog. schwarze Fonds), d.h. die Bildung und Führung von Fonds außerhalb des Haushaltsplans und der Haushaltsrechnung, würde den haushaltsrechtlichen Bestimmungen widersprechen.

Kassen und Zahlstellen dürfen neben dem buchmäßig nachzuweisenden Kassenistbestand keine anderen Gelder aufbewahren oder verwalten. Es dürfen auch bei keiner Stelle Einnahmen durch irgendwelche Überschüsse entstehen und verwaltet werden, die der ordnungsmäßigen haushalts- und rechnungsmäßigen Kontrolle entzogen ist.

Das *Fälligkeitsprinzip* (auch: Kassenwirksamkeitsprinzip) besagt, daß im Haushaltsplan nur die Haushaltseinnahmen und -ausgaben veranschlagt werden dürfen, die im Haushaltsjahr voraussichtlich kassenwirksam werden.

---

26 S. *Piduch*, a.a.O., Rn. 31 - 33 zu Art. 110 GG.
27 S. *Senf*, Kurzfristige Haushaltsplanung, in: Handbuch der Finanzwissenschaft, Band I, S. 398.

Dieses finanzwirtschaftliche Postulat bedeutet, daß Deckungsmittel nur in Höhe des voraussichtlichen Finanzbedarfs in den Haushaltsplan eingestellt werden dürfen.

2. Ausnahmen vom Prinzip der Einheit und Vollständigkeit

Eine Ausnahme von der einheitlichen, vollständigen und getrennten Veranschlagung aller geplanten Einnahmen und Ausgaben aller Verwaltungsbehörden ist

1) bei den "Bundes-/Landesbetrieben" und

2) bei den "Sondervermögen"

insoweit gegeben, als bei diesen nur das voraussischtliche Endergebnis in den Haushaltsplan eingestellt wird. Bundes-/Landesbetriebe (sog. "Regiebetriebe")[28] sind als rechtlich unselbständige Teile der Bundes-/Landesverwaltung nach kaufmännischen Gesichtspunkten eingerichtet und haben – wie auch bei den Sondervermögen – einen Wirtschaftsplan aufzustellen, wenn das Wirtschaften nach Einnahmen und Ausgaben des Haushaltsplans nicht zweckmäßig ist (z.B. die Bundesdruckerei).

D. Prinzip der Gesamtdeckung (Keine Zweckbindung von Haushaltseinnahmen)

1. Allgemeines

Alle Einnahmen des Bundes/Landes dienen *unterschiedslos* als Deckungsmittel für den gesamten Ausgabebedarf des Bundes/Landes, soweit nicht im Haushaltsplan oder in besonderen Gesetzen etwas anderes bestimmt ist[29].

Es ist daher unzulässig, eine Haushaltseinnahme zur Deckung einer *bestimmten* Haushaltsausgabe zu verwenden, z.B. das Aufkommen an Mieten eines Hauses ausschließlich für die Unterhaltung dieses Gebäudes.

Verwaltungen haben keinen Anspruch darauf, ihre eigenen Einnahmen für eigene Ausgabezwecke zu verwenden. Würde der Grundsatz der Gesamtdeckung nicht von allen Verwaltungen des Bundes und der Länder beachtet, könnte das Gleichgewicht des Haushalts empfindlich gestört werden.

Der Grundsatz des Verbots der Zweckbindung von Haushaltseinnahmen[30] ermöglicht es auch, aktuelle Aufgaben, für die zweckbedingte Einnahmen noch nicht oder erst zum Teil eingegangen sind, durch andere Einnahmen zu begleichen.

---

28 S. § 26 BHO/LHO; vgl. *Piduch*, a.a.O., Rn. 2 zu § 26 BHO.

29 Vgl. § 8 BHO/LHO.

30 Dies ist das Nonaffektionsprinzip (Prinzip der Nicht-Bindung).

Die Gesamtheit aller kassenmäßigen Einnahmen soll aber einem einheitlichen Fonds zufließen, dem die Mittel zur Finanzierung der im Haushaltsplan vorgesehenen Aufgaben, ohne Rücksicht auf ihre Herkunft entnommen werden können. Daraus ist zu erkennen, daß dem Nonaffektationsprinzip nicht nur eine budgetäre, sondern darüber hinaus auch eine kassenmäßige Bedeutung zukommt.

Die Kassen dürfen die bei ihnen eingehenden Einnahmen nicht für später zu erwartende Ausgaben zurückbehalten, sondern müssen alle entbehrlichen Kassenmittel der übergeordneten Kasse zuführen.

Reichen die vorhandenen Kassenmittel vorübergehend nicht aus, die laufenden geldlichen Verpflichtungen des Bundes/Landes zu erfüllen, darf der BMF/LMF die Kassenverstärkungsrücklage in Anspruch nehmen. Sobald es die Einnahmen gestatten, werden die entnommenen Mittel der Rücklage wieder zugeführt.

Falls auch die Kassenverstärkungsrücklage nicht ausreicht, den erforderlichen Bedarf an Betriebsmitteln zu decken, darf der BMF/LMF vorübergehend einen Kassenkredit in Anspruch nehmen, dessen Höhe durch das Haushaltsgesetz jährlich festgesetzt wird[31].

2. Ausnahmen vom Prinzip der Gesamtdeckung

Zweckgebundene Einnahmen sind solche, die nicht den allgemeinen Deckungsmitteln zufließen, sondern zwingend *für Ausgaben* bei einem bestimmten Ausgabetitel verwendet werden (Einzeldeckung).

Gesetzliche Zweckbestimmungen bestehen u.a. für das Aufkommen aus der Mineralölsteuer nach Maßgabe des Straßenbaufinanzierungsgesetzes[32] sowie für Rückflüsse aus Wohnungsförderungsdarlehen[33] und bestanden auch für das ehemalige "Notopfer Berlin".

Ausgabemittel aus zweckgebundenen Einnahmen sind übertragbar[34], d.h. daß diese Ausgabereste für die jeweilige Zweckbestimmung über das Haushaltsjahr verfügbar bleiben[35]. Zweckgebundene Einnahmen[36] sind mit den dazugehörigen Ausgaben kenntlich zu machen[37].

---

31 Vgl. § 18 (2) BHO/LHO, Art. 111 GG/LV.

32 Gesetz v. 28.3.1960 (BGBl I, S. 201). So sind z.B. die Einnahmen der bei der Haushaltsstelle 6001/04102 veranschlagten Mineralölsteuer zu 50 % für Ausgaben im Straßenbau zweckgebunden. Vorab erhalten die Länder aus dem Mineralölsteueraufkommen 6 Pfennig je Liter als Finanzhilfe für Investitionen zur Verbesserung der Verkehrsverhältnisse der Gemeinden. Ferner ist vorab 1 Pfennig je Liter für den Bundesfernstraßenbau zweckgebunden. Ebenfalls stand – in voller Höhe – der Reingewinn aus der Prägung der Olympiamünze für den Bau von Sportanlagen für die Spiele der XX. Olympiade im Jahre 1972 in München zur Verfügung.

33 § 20 II. WoBauGes. i.d.F. v. 1.9.1976 (BGBl I, S. 2376).

34 S. § 19 BHO/LHO.

35 S. § 45 (2) BHO/LHO.

36 S. Fn. 32.

37 Vorl. VV zu § 17, Abs. 3 BHO/LHO.

Der “Zweckbindungsvermerk” bei einem Einnahmetitel lautet: “Die Einnahmen dürfen nur zur Leistung von Ausgaben beim Ausgabetitel ... verwendet werden”, während der entsprechende Vermerk beim *hierzu korrespondierenden* Ausgabetitel lautet: “Ausgaben dürfen nur in Höhe der beim Einnahmetitel ... aufkommenden Einnahmen geleistet werden.”

Während “Zweckbindungsvermerke” die zwangsläufige Verwendung von bestimmten Einnahmen – in ihrer Gesamtheit – für bestimmte Ausgaben zum Inhalt haben, bedeuten “Verstärkungsvermerke”, daß Einnahmen – ganz oder auch nur teilweise – zur Deckung von Ausgaben oder auch Mehrausgaben bei einem bestimmten Ausgabetitel verwendet werden können, sofern dies zur Vermeidung von überplanmäßigen Ausgaben notwendig erscheint; der beim korrespondierenden Ausgabetitel in solchen Fällen vorhandene Haushaltsvermerk besagt, daß Ausgaben oder Mehrausgaben bis zur Höhe der beim Einnahmetitel ... aufkommenden Einnahmen geleistet werden dürfen.

E. Prinzip der Bruttoveranschlagung und des Bruttonachweises

1. Allgemeines

Die Einnahmen und Ausgaben sind grundsätzlich in voller Höhe und getrennt voneinander, somit “brutto” und nicht “netto saldiert” im Haushaltsplan zu veranschlagen[38] und zu buchen[39].

Das Bruttoprinzip bezieht sich demnach auf die Veranschlagung, die Buchung und somit auch auf den Nachweis der Haushaltsmittel, d.h. auf die Aufstellung und auf die Ausführung des Haushaltsplans.

Der Grundsatz der Bruttoveranschlagung besagt, daß weder Ausgaben von den Einnahmen vorweg abgezogen noch Einnahmen auf Ausgaben vorweg angerechnet werden dürfen.

2. Berichtigung materiell oder formell unrichtiger Buchungen

a) Rückeinnahmen

Soll eine Haushaltseinnahme angenommen werden, so ist eine Annahmeanordnung zu erstellen; der Betrag ist kassenmäßig vom Buchhalter im entsprechenden Sachbuch in Einnahme zu buchen. Der Anordnungstext der “Annahmeanordnung über Einzelhaushaltseinnahmen” lautet:

---

38 S. § 15 BHO/LHO.
39 S. § 35 BHO/LHO.

> "Der Betrag ist, wie angegeben, anzunehmen und – durch Absetzen von der Ausgabe – zu buchen."

Im Regelfall wird der Zwischensatz "... – durch Absetzen von der Ausgabe – ..." gestrichen, so daß sich die Anordnung auf die Annahme und die Buchung des Betrages beschränkt.

Verausgabte Beträge jedoch (Ausgabetitel), die an die Kasse zurückgezahlt werden, sind sofern die Bücher noch nicht abgeschlossen sind "... durch Absetzen von der Ausgabe ..." als" Rückeinnahme" dem Ausgabetitel wieder zuzuführen. In diesem Fall ist der Betrag aufgrund einer Annahmeanordnung beim Ausgabetitel als Minusbuchung zu buchen, d.h. der Betrag ist in einem solchen Fall als "Rückeinnahme" aufgrund einer Annahmeanordnung beim Ausgabetitel als Minusbuchung von der ursprünglichen Ausgabe abzusetzen[40].

Die Rückzahlung zuviel gleisteter *Personal*ausgaben ist *stets* beim entsprechenden Ausgabetitel abzusetzen (Minusbuchung); die Rückzahlung sonstiger Ausgaben ist
a) *während* des Haushaltsjahres beim Ausgabetitel als Rückeinnahme
b) *nach* Abschluß des Haushaltsjahres bei den "Vermischten Einnahmen" (Titel 11999)
zu buchen.

b) Erstattungen

Soll eine Haushaltsausgabe geleistet werden, so ist eine Auszahlungsanordnung zu erstellen; der Betrag ist kassenmäßig vom Buchhalter im entsprechenden Sachbuch in Ausgabe zu buchen. Der Anordnungstext der "Auszahlungsanordnung über Einzelhaushaltsausgaben" lautet:

> "Der Betrag ist, wie angegeben, auszuzahlen und durch Absetzen von der Einnahme zu buchen."

Im Regelfall wird auch hier der Zwischensatz "... durch Absetzen von der Einnahme – ..." gestrichen, so daß sich die Anordnung auf die Auszahlung und die Buchung des Betrages beschränkt.

Bei einem Einnahmetitel gebuchte Beträge, die von der Kasse an den Empfangsberechtigten zurückerstattet werden, sind "... durch Absetzen von der Einnahme ..." als "Erstattung" bei dem Einnahmetitel abzusetzen. In diesem Fall ist der Betrag aufgrund einer Auszahlungsanordnung beim Einnahmetitel zu buchen, d.h.

---

40 Würden die zu erwartenden Haushaltseinnahmen und die voraussichtlichen Haushaltsausgaben sowie die Verpflichtungsermächtigungen nicht nach dem Bruttoprinzip veranschlagt, wären die Ausgaben zur staatlichen und kommunalen Aufgabenerfüllung und deren Dekkungsmöglichkeiten nicht zu erkennen.

der Betrag ist in einem solchen Fall als “Erstattung” aufgrund einer Auszahlungsanordnung beim Einnahmetitel von der ursprünglichen Einnahme abzusetzen und mit einem Minuszeichen hinter dem Betrag als “Minusbuchung” zu buchen.

Die Rückzahlung zuviel erhobener Einnahmen ist gem. § 8 HG *stets* beim Einnahmetitel abzusetzen (Minusbuchung).

Bei den innerhalb eines Haushaltsjahres vorgenommenen “Rückeinnahmen” und “Erstattungen” sowie bei der Berichtigung einer durch Titelverwechslung entstandenen formell unrichtigen Buchung handelt es sich *nicht* um eine Ausnahme vom Grundsatz des Bruttoprinzips, sondern lediglich um die Berichtigung von materiell oder formell unrichtigen Buchungen. Es ist haushaltstechnisch irrational, wenn z.B. eine “Rückeinnahme” als “echte Haushaltseinnahme” i.S. der haushaltsmäßigen Deckungsmittel behandelt werden würde, – vielmehr doch wird hierbei eine zufällige, irrtümliche Auszahlung materiell bzw. eine solche Buchung formell auf den haushaltsmäßig richtigen Betrag zurückgeführt.

Im übrigen sind für die Behandlung von allen Rückzahlungen (= Rückeinnahmen und Erstattungen) – auch nach Abschluß der Bücher – *die Regelungen im Haushaltsgesetz oder im Haushaltsplan zu beachten*[41].

Der Begriff “Rückzahlungen” ist hierbei ein rein *zahlungstechnischer* Begriff (= Zahlungsverkehr; somit den Kassenistbestand betreffend). “Rückeinnahmen” und “Erstattungen” dagegen sind rein *buchungstechnischer* Natur (= Buchführung; somit den Kassensollbestand betreffend).

Nach Abschluß der Bücher dürfen Einnahmen oder Ausgaben nicht mehr für den abgelaufenen Zeitraum gebucht werden[42].

3. Ausnahmen vom Prinzip der Bruttoveranschlagung und des Bruttonachweises

Die – geborene – Ausnahme von der getrennten und vollständigen Veranschlagung der Haushaltseinnahmen und -ausgaben ist:

– Einnahmen aus Krediten vom Kreditmarkt und die hiermit zusammenhängenden Tilgungsausgaben[43].

Weiter – gekorene – Ausnahmen sind nur zulässig, wenn sie ausdrücklich durch einen Vermerk im Dispositiv des Haushaltsplans oder auch im Haushaltsgesetz

---

41 S. Vorl. VV zu § 35 BHO/LHO.

43 S. § 76 (2) BHO/LHO.

43 Die in § 15 BHO vorgeschriebene Nettoveranschlagung der Einnahmen aus Krediten *vom Kreditmarkt* und der hiermit zusammenhängenden Tilgungsausgaben ist von den Landeshaushaltsordnungen (Ausnahme: § 15 Saarl.) nicht übernommen worden.

genehmigt sind, so z.B. durch den Rückeinnahmevermerk: "Die Einnahmen fließen den Ausgaben zu."[44]

– Auch nach Abschluß der Bücher sind Rückzahlungen (= Rückeinnahmen und Erstattungen) nach den Regelungen im Haushaltsgesetz oder im Haushaltsplan zu behandeln.

– Nebenkosten und Nebenerlöse bei Erwerbs- oder Veräußerungsgeschäften (z.B. Kosten, die durch den Verkauf von Gegenständen entstehen, Versteigerung, Vermessung, Abschätzung) dürfen, sofern der Haushaltsplan diese Ausnahme zuläßt, von der Einnahme vorweg abgezogen werden.

– Wenn Ausgaben zur Selbstbewirtschaftung veranschlagt werden, weil hierdurch eine sparsame Bewirtschaftung gefördert wird, so fließen die bei der Bewirtschaftung aufkommenden Einnahmen den Selbstbewirtschaftsmittel zu.

– Eine weiter Ausnahme von diesem Prinzip gilt für die öffentlichen Betriebe und Unternehmen sowie für die Sondervermögen (z.B. Bundesbahn, Bundespost, ERP-Sondervermögen), bei denen nur das voraussichtliche Gesamtergebnis ihrer wirtschaftlichen Tätigkeit, soweit es dem öffentlichen Haushalt zufließt oder aus dem Budget abzudecken ist, in den Haushaltsplan eingesetzt werden muß[45].

F. Prinzip der Genauigkeit, der Haushaltswahrheit und der Haushaltsklarheit

Gem. § 6 BHO/LHO sind bei der Aufstellung und Ausführung des Haushaltsplans nur die Ausgaben zu berücksichtigen, die zur Erfüllung der Aufgaben des Bundes unbedingt notwendig sind. Für ein und denselben Zweck dürfen Ausgaben aus verschiedenen Titeln grundsätzlich nicht geleistet werden (§ 35 BHO).

Ebenso ist es unzulässig, etwa "stille Reserven" in den Haushaltsplan einzubauen. Alle im nächsten Haushaltsjahr zu erwartenden Einnahmen, Ausgaben und Verpflichtungsermächtigungen sind mit größtmöglicher *Genauigkeit* zu errechnen oder, sofern dies nicht möglich ist, unter Berücksichtigung von Erfahrungswerten zu schätzen[46].

Mit dem Haushaltsgrundsatz der "Genauigkeit und Haushaltswahrheit" ist insbesondere jeder Titelverwalter angesprochen; er hat die voraussichtlichen Einnahmen und Ausgaben bei den von ihm zu bewirtschaftenden Titeln im einzelnen

44 S. § 15 BHO/LHO.
45 Vgl. *Peffekoven*, a.a.O., S. 9.
46 Vgl. Vorl. VV Nr. 1.2 zu § 11 BHO/LHO.

möglichst genau zu ermitteln, wobei er grundsätzlich zunächst vom Istergebnis des Vorjahres ausgeht, das sich bei ordnungsgemäßer Bewirtschaftung der Haushaltsmittel auf der Grundlage der Wirtschaftlichkeit und Sparsamkeit ergeben hat[47]. Darüber hinaus sind berechnete Mehr- oder Minderbeträge, z.B. aufgrund von Tarifen, Verträgen, Kostenberechnungen usw., zu berücksichtigen und zu erläutern.

Die *Haushaltsklarheit* fordert eine einheitliche Gliederung der Haushaltspläne aller Gebietskörperschaften, so daß die Etats der einzelnen Träger der Öffentlichen Finanzwirtschaft somit vergleichbar und zueinander übersetzbar sind.

Dies ist durch die Schaffung eines gemeinsam geltenden *Gruppierungsplans* geschehen. Der Gruppierungsplan geht bei der Ordnung der Einnahmen und Ausgaben von makroökonomischen Gesichtspunkten auf der Grundlage der Volkswirtschaftlichen Gesamtrechnung aus[48].

Die Zuordnung von artgleichen Einnahmen und Ausgaben verschiedener Einzelpläne zu den einzelnen öffentlichen Aufgaben geschieht durch einen *Funktionenplan.*

G. Prinzip der Wirtschaftlichkeit und der Sparsamkeit

Der Haushaltsplan ist die *spezielle* rechtliche Grundlage für die Haushalts- und Wirtschaftsführung[49]. Bei seiner Aufstellung und Ausführung sind die Grundsätze der Wirtschaftlichkeit und Sparsamkeit zu beachten[50].

Grundtatbestand allen “Wirtschaftens” ist: *Die Mittel sind knapp und die Bedürfnisse sind unbegrenzt.*

Hier ist die unterschiedliche Betrachtung zwischen ökonomisch orientierter Wirtschaftlichkeit und traditioneller Sparsamkeit hervorzuheben:

“*Wirtschaftlichkeit*” bedeutet, daß bei allen Maßnahmen, einschließlich solcher organisatorischer und verfahrensmäßiger Art, die günstigste Relation zwischen dem verfolgten Zweck und den einzusetzenden Mitteln anzustreben ist.

Die *günstigste Zweck-Mittel-Relation* besteht darin, daß entweder

– ein bestimmtes Ergebnis mit möglichst geringem Einsatz von Mitteln (*Minimalprinzip*) oder

---

47 S. *Piduch*, a.a.O., Rn. 2 zu § 7 BHO/LHO.
48 S. *Piduch*, a.a.O., Rn. 6 zu § 13 BHO/LHO.
49 Vgl. § 2 BHO/LHO; s. rechtliche Funktion (Bedeutung) des Haushaltsplans.
50 Vgl. § 7 BHO/LHO.

– mit einem bestimmten Einsatz von Mitteln das bestmögliche Ergebnis (*Maximalprinzip*)

erzielt wird[51].

Wirtschaftlichkeit bezeichnet daher ein Verhalten zur Erzielung eines ökonomischen Erfolges. Dieses Budgetpostulat ist auf eine bestimmte Zielsetzung ausgerichtet und somit ergebnisorientiert. Dabei kann der Maßstab der Wirtschaftlichkeit nicht nur auf die unmittelbare Wirkung der Maßnahme allein bezogen werden, sondern muß zudem die gesamtgesellschaftlichen Auswirkungen einbeziehen[52].

Wenn Ziele (Zwecke) und Mittel in gewissen Grenzen als manipulierbar angenommen werden können und eindeutig bewertbar sind, so mag es eine Kombination von Zwecken und Mitteln geben, bei der die Differenz zwischen Nutzen (Zweckerfüllung) und Kosten (Mitteleinsatz) ein Maximum wird. Diese Kombination wird als "*ökonomisches Optimum*" bezeichnet[53].

"*Sparsamkeit*" dagegen bedeutet, den Mitteleinsatz auf den zur Aufgabenerfüllung unbedingt notwendigen Umfang zu beschränken. Das würde bedeuten, daß bei alternativen Möglichkeiten die kostengünstigste, also billigste, realisiert wird; diese ist aber nicht in aller Regel auch die wirtschaftlichste Lösung. Andererseits ist auf längere Sicht die wirtschaftlichste Lösung letztlich die sparsamste. Die "sparsamste" Lösung ist demnach nicht die billigste, sondern die wirtschaftlichste. Insofern ist festzustellen, daß das Wirtschaftlichkeitsprinzip das Sparsamkeitsprinzip einschließt[54,55].

"*Wirtschaften*", d.h. privates und öffentliches wirtschaftliches Handeln, ist stets *planvolles Handeln* und muß sich somit an bestimmten vorgegebenen Zielen orientieren. Entscheidungen *privater* Wirtschaftssubjekte sind an individuellen Zielen der Gewinnmaximierung ausgerichtet; die "Öffentliche Finanzwirtschaft" orientiert sich dagegen an Zielen, die im Prozeß der *politischen Willensbildung* fixiert sind.

Das Bewirtschaftungspostulat[56] schreibt vor, daß Ausgaben nur *soweit* (sachlich) und *nicht eher* (zeitlich) geleistet werden dürfen, als sie zur wirtschaftlichen und sparsamen Verwaltung erforderlich sind.

Dieser für die Haushalts- und Wirtschaftsführung des Bundes, der Länder und der Gemeinden bindende Bewirtschaftungsgrundsatz bedeutet für die "Beauftragten

---

51 S. Vorl. VV Nr. 1.1 zu § 7 BHO/LHO.

52 S. *Piduch*, a.a.O., Rn. 2 zu § 7 BHO.

53 S. *Kolms*, Finanzwissenschaft I, Berlin/New York 1974, S. 9.

54 S. *Staender*, a.a.O., S. 313.

55 Vgl. Art. 114 (2) GG/LV, wo nur von der Prüfung der "Wirtschaftlichkeit" der Haushaltsführung die Rede ist, ohne die "Sparsamkeit" besonders zu erwähnen.

56 S. § 34 (2) BHO/LHO.

für den Haushalt" und für die Titelverwalter bei den mittelbewirtschaftenden Dienststellen

– daß vor der Vergabe von Aufträgen stets nur das wirtschaftlichste Angebot (– nicht das billigste –) zu berücksichtigen ist,

– daß hierbei die allgemein geschäftsüblichen Preisnachlässe – Skonti und Rabatte – vereinbart werden,

– daß die zur Verfügung stehenden Ausgabebewilligungen, *Ermächtigungen* zur Leistung von Ausgaben – soweit diese notwendig sind – darstellen, nicht etwa "Verpflichtungen",

– daß am Ende des Haushaltsjahres übriggebliebene, nicht übertragbare Ausgabebewilligungen auf keinen Fall im Sinne einer Vorratsbeschaffung verausgabt werden dürfen, wobei ein sachlicher Grund zum Kauf dieser Gegenstände zu diesem Zeitpunkt gar nicht besteht,

– und daß die zur Bewirtschaftung zugewiesenen Ausgabemittel im Rahmen einer sinnvollen und sparsamen Haushalts- und Wirtschaftsführung auf das ganze Jahr verteilt zur Verfügung stehen.

Institutionell wird dem Bewirtschaftungsgrundsatz der Wirtschaftlichkeit und Sparsamkeit dadurch Rechnung getragen, daß

– bei jeder mittelbewirtschaftenden Dienststelle ein "Beauftragter für den Haushalt" für die Haushalts- und Wirtschaftsführung dieser Behörde zuständig ist[57],

– dem BMF/LMF bei der Aufstellung des Haushaltsplans einschließlich der mehrjährigen Finanzplanung eine Koordinierungsaufgabe zukommt[58],

– dem BRH/LRH Prüfungs- und Beratungsaufgaben hinsichtlich der Wirtschaftlichkeit der Verwaltung obliegen[59].

Wirtschaftlichkeitsuntersuchungen werden grundsätzlich in jeder Phase des Haushaltsprozesses angestellt, angefangen von der Vorplanung einzelner Maßnahmen oder Programme durch das zuständige Fachressort über die Haushaltsverhandlungen mit dem Finanzministerium bis zum Haushaltsvollzug durch das jeweilige Fachressort. Dabei geht es in erster Linie um ex-ante-Untersuchungen, die *vor* Berücksichtigung des Vorhabens im Haushaltsplan bzw. vor Beginn der Maßnahme durchgeführt werden.

Entsprechende Untersuchungen bei bereits laufenden oder abgeschlossenen Maßnahmen (ex-post-Untersuchungen) sind Gegenstand der Ergebnisprüfung. Die Prüfung durch den Rechnungshof findet durchweg ex-post statt[60].

---

57 S. § 9 BHO/LHO.
58 S. §§ 27, 28 BHO/LHO.
59 S. §§ 88, 89, 90, 97 und 99 BHO/LHO.
60 S. *Piduch*, a.a.O., Rn. 4 zu § 7 BHO.

Für geeignete Maßnahmen von erheblicher finanzieller Bedeutung sind *Nutzen-Kosten-Untersuchungen* anzustellen.

Nutzen-Kosten-Untersuchungen beziehen sich nur auf *vorgesehene* Maßnahmen. Hierbei sind die einzlnen erfaßbaren Vor- und Nachteile einer Maßnahme in einer zum Zwecke des Vergleichs geeigneten Form nach Möglichkeit zu quantifizieren oder zumindest verbal zu beschreiben[61].

H. Prinzip der sachlichen Spezialität – Einzelveranschlagung und sachliche Bindung –

1. Allgemeines

"Spezialität", "Spezialisierung", bedeutet die "Einzelveranschlagung" der geschätzten Einnahmebeträge und der voraussichtlichen Ausgabemittel.

Die Einzelveranschlagung ist ein unverzichtbares Instrument der parlamentarischen Kontrolle.

Die *Einnahmen* sind nach dem *Entstehungsgrund*, die *Ausgaben und Verpflichtungsermächtigungen* dagegen nach *Zwecken* getrennt zu veranschlagen und, soweit erforderlich, zu erläutern[62].

Die Ausgaben und Verpflichtungsermächtigungen dürfen nur zu dem im Haushaltsplan bezeichneten Zweck, soweit (sachlich) und solange (zeitlich) er andauert, und nur bis zum Ende des Haushaltsjahres geleistet oder in Anspruch genommen werden[63]. Die Exekutive ist somit beim Haushaltsvollzug sowohl sachlich als auch zeitlich an den durch das Haushaltsgesetz festgestellten Haushaltsplan gebunden.

Die zeitliche Bindung[64] – *zeitliche Spezialität* – besagt, daß das Haushaltsgesetz – und somit auch der Haushaltsplan, folglich auch der Inhalt des Haushaltsplans, nämlich Haushaltsmittel – grundsätzlich nur für ein Haushaltsjahr zur Verfügung steht. Hiermit ist bereits der Grundsatz der Jährlichkeit angesprochen. Ausnahmen hierzu bestehen in der geborenen oder gekorenen *Übertragbarkeit.*

Die sachliche Bindung[65] – *qualitative Spezialität* – besagt, daß die Ausgabebewilligung – auf der Grundlage der Gliederung des Haushaltsplans (Einzelplan, Kapi-

---

61 Mehr: s. Anlage zur Vorl. VV zu § 7 BHO.
62 S. § 17 (1) BHO/LHO.
63 S. § 45 (1) BHO/LHO.
64 S. *Nöll v.d. Nahmer*, a.a.O., S. 77 ff.
65 S. *Nöll v.d. Nahmer*, a.a.O., S. 80 ff.

tel, Titel) – nur allein zu der im Haushaltsplan vorgesehenen (*appropriierten*[66]) Zweckbestimmung verwendet werden dürfen[67]. Die einer mittelbewirtschaftenden Dienststelle zugewiesenen Haushaltsmittel stehen dieser demnach nur zu dem im einzelnen angegebenen Zweck zur Verfügung und dürfen nur allein für *diesen speziellen Zweck* ("Spezialisierung") ausgegeben werden; das bedeutet, daß wenn bei einem Ausgabetitel die zugewiesenen Haushaltsmittel erschöpft sind, zu Lasten *dieses* Titels keine Ausgaben im laufenden Haushaltsjahr mehr geleistet werden dürfen, – *grundsätzlich* auch dann nicht, wenn bei einem anderen Ausgabetitel noch Haushaltsmittel zur Verfügung stehen sollten[68].

Die sachliche Bindung besagt darüber hinaus, daß Ausgaben für einen bestimmten Zweck (= qualitative Spezialität) und *nur bis zu der Höhe* geleistet werden dürfen, in der im Haushaltsplan Ausgabemittel veranschlagt und somit parlamentarisch bewilligt worden sind – *quantitative Spezialität* –[69]. Die Ausgabetitel bilden somit die konstitutive Grundlage der parlamentarischen Einzelbewilligung (§ 3 BHO).

2. Ausnahmen vom Prinzip der sachlichen Spezialität

Die sachliche Bindung der Ausgabemittel an den im Haushaltsplan angegebenen Zweck (Zweckbestimmung und Titelnummer) wird durch den Begriff der *Dekkungsfähigkeit* durchbrochen (= sachliches Virement[70]).

Sinn und Zweck der Deckungsfähigkeit ist es, Haushaltsüberschreitungen dadurch zu vermeiden, daß *Einsparungen* bei einem Ausgabetitel zur Leistung von *Mehr*ausgaben (überplanmäßigen Ausgaben) bei einem anderen Ausgabetitel geleistet werden dürfen[71]. Das hat zur Folge, daß "Deckungsfähigkeit" nur zwischen Ausgabetiteln vorkommen kann (nicht zu verwechseln mit der Einzeldeckung, die eine Ausnahme vom Grundsatz der Gesamtdeckung darstellt, nach der gewisse zweckgebundene Einnahmen einem Ausgabetitel zufließen).

Er ist zwischen der durch *ständig* geltendem Gesetz (HGrG, BHO/LHO) festgelegten – *geborenen* – und der im Dispositiv des Haushaltsplans und auch im Haus-

66 "*Appropriationsklausel*" = Vorschrift, nach der die Staats- und Kommunalverwaltung Steuergelder nur zu dem Zweck verwenden darf, zu dem das Parlament sie bewilligt hat.

67 S. *Piduch*, a.a.O., Rn. 22 zu Art. 110 GG.

68 Der Haushaltsplan kann seine Ordnungsaufgabe für den Ablauf der Finanzwirtschaft eines Jahres ohnehin nur erfüllen, wenn die zu erwartenden Einnahmen nach ihrem Entstehungsgrund und die voraussichtlichen Ausgaben und Verpflichtungsermächtigungen nach ihrem Verwendungszweck grundsätzlich veranschlagt werden.

69 Vgl. *Wittmann*, Einführung in die Finanzwissenschaft, III. Teil, Stuttgart/New York York 1976, S. 47; vgl. *Reding/Postlep*, a.a.O., S. 20; vgl. *Peffekoven*, a.a.O., S. 12.

70 "Sachliches Virement" = im Staatshaushalt die Bereitstellung von Mitteln in Form von Minderausgaben (= Einsparungen) bei einem Titel für Mehrausgaben bei einem anderen Titel.

71 Vgl. *Piduch*, a.a.O., Rn. 2 zu § 20 BHO.

haltsgesetz ausdrücklich als "einseitig" oder "gegenseitig" deckungsfähig verwendbar aufgeführten – *gekorenen* – Deckungsfähigkeit zu unterscheiden.

Die einseitige Deckungsfähigkeit besagt, daß bei einem *deckungsberechtigten* (deckungsnehmenden) – Ausgabetitel überplanmäßige Haushaltsausgaben aufgrund von Einsparungen bei einem anderen – *deckungspflichtigen* (deckungsgebenden) – Ausgabetitel geleistet werden dürfen.

Bei den als *gegenseitig* deckungsfähig geltenden Ausgabemitteln gilt zwischen den beiden Bezugstiteln das gleiche wechselseitig[72].

Deckungsfähig sind innerhalb desselben Kapitels

1) *gegenseitig*
- die Ausgaben für Vergütungen der Angestellten und Löhne der Arbeiter;

2) *einseitig*
- die Ausgaben für Bezüge der Beamten zugunsten der Ausgaben für Vergütungen der Angestellten und Löhne der Arbeiter,
- die Ausgaben für Unterstützungen zugunsten der Ausgaben für Beihilfen.

Darüber hinaus können Ausgaben im Haushaltsplan und im Haushaltsgesetz für einseitig oder gegenseitig deckungsfähig *erklärt* ("gekoren") werden, wenn zwischen ihnen ein verwaltungsmäßiger oder ein sachlicher Zusammenhang besteht[73].

Ein deckungsberechtigter Ansatz darf aus einem deckungspflichtigen Ansatz nur verstärkt werden, soweit bei dem deckungsberechtigten Ansatz keine Verfügungsbeschränkungen bestehen und über die Mittel voll verfügt ist, und soweit die bei dem deckungspflichtigen Ansatz verbleibenden Ausgabemittel voraussichtlich ausreichen, um alle nach der Zweckbestimmung zu leistenden Ausgaben zu bestreiten[74].

I. Prinzip der Ausgeglichenheit

Es ist eine der wichtigsten währungs- und finanzpolitischen Aufgaben der Regierung, die zentrale Stellung der Staatsfinanzierung im Geldkreislauf der Volkswirtschaft nicht zu einem Herd von Gleichgewichtsstörungen werden zu lassen. Aus diesem Grunde dürfen die Staatsausgaben die Staatseinnahmen nicht übersteigen. Die Endbeträge der Einnahmen und Ausgaben des Haushaltsplans müssen ausge-

---

72 Vgl. Vorl. VV Nr. 1 zu § 20 BHO/LHO.
73 Vgl. Vorl. VV Nr. 3 zu § 20 BHO/LHO.
74 Vgl. Vorl. VV zu § 46 BHO/LHO.

glichen sein[75]. In der Güte der Voranschläge, in ihrem Wert und Gehalt liegt der Erfolg, der durch den Ausgleich erreicht werden soll.

Das schließt jedoch nicht aus, daß im Laufe eines Haushaltsjahres unvorhergesehene Mehranforderungen – im allgemeinen als zwangsläufige Folgen von Bundesgesetzen – entstehen. Aber auch diese müssen dann durch Einsparungen oder besondere Einnahmen ausgeglichen werden.

Da ein ausgeglichener Bundeshaushalt für die Finanz-(Währungs-) und Wirtschaftslage von ausschlaggebender Bedeutung ist, schreibt das Grundgesetz den Ausgleich des Bundeshaushaltsplans zwingend vor[76]. Dieses Ausgleichspostulat gegenüber dem Haushaltsplan richtet sich nicht nur an die Bundesregierung, sondern auch an Bundestag und Bundesrat[77].

Dieses Haushaltsprinzip bedeutet den notwendigen Planungsausgleich zwischen den zu erwartenden Einnahmen und den zur Aufgabenerfüllung erforderlichen Ausgaben; somit ist nicht eine gewinnorientierte, sondern eine gemeinwohlverpflichtete Haushaltsführung gesetzlich vorgeschrieben[78].

Hier wird erkennbar, wie stark sich die Haushaltsgebarung der Träger der Öffentlichen Finanzwirtschaft auf die Stabilität der Währung auswirkt. Aus diesem Grunde müssen die Ausgaben der Verwaltung durch Steuereinnahmen gedeckt werden. Der Bund darf aus den bereits erwähnten Gründen für den Ausgleich kein "neues Geld" von der Notenbank aufnehmen. Der Kredit des Bundes bei der Deutschen Bundesbank ist daher gesetzlich beschränkt worden[79].

Der Grundsatz: "*Keine Ausgabe ohne haushaltsmäßige Deckung*" ist eine elementare Grundforderung des Haushaltsrechts. Sie besagt, daß der verantwortliche Titelverwalter keine Maßnahme, durch die dem Bund/Land Ausgaben erwachsen, treffen darf, ohne sich vorher zu vergewissern, ob für diesen Zweck noch Haushaltsmittel zur Verfügung stehen. Der Bundeshaushaltsplan muß aufgrund unmittelbar geltenden Verfassungsrechts[80] in Einnahme und Ausgabe ausgeglichen sein.

Das verfassungsrechtliche Gebot des Haushaltsausgleichs bezieht sich

– zum einen auf die Aufstellung des Haushaltsplans mit der Konsequenz, daß der für die Aufstellung des Haushaltsplans federführende BMF der Bundesregierung nur einen bereits in Einnahme und Ausgabe ausgeglichenen Entwurf des Haus-

75 S. *Nöll v.d. Nahmer*, a.a.O., S. 138.
76 Art. 110 (1) GG.
77 BVerfGE 1, 161.
78 S. § 2 BHO/LHO.
79 S. § 20 BBankG.
80 Vgl. Art. 110 (1) GG.

haltsplans und Entwurf des Haushaltsgesetzes zur Beschlußfassung vorlegen darf, und die Bundesregierung nur einen ausgeglichenen Haushaltsentwurf beschließen darf;

– zum anderen bezieht sich der verfassungsgesetzliche Grundsatz der Ausgeglichenheit auf die Feststellung des Haushaltsplans und verpflichtet somit letztlich die gesetzgebenden Körperschaften – Bundestag und Bundesrat – zum Ausgleichsgebot des Haushaltsplans.

Um diesen Haushaltsausgleich herbeiführen zu können, ist der BMF/LMF jährlich gezwungen, Kredite (= Deckungskredite) im Rahmen des konjunkturpolitsich Notwendigen[81] und des rechlich Zulässigen[82] vom Kreditmarkt (= Kapitalmarkt) aufzunehmen.

Die Aufnahme von Krediten ist unter Gesetzesvorbehalt gestellt; dieses Gesetz ist das Haushaltsgesetz[83].

Die im Haushaltsgesetz normierten Kreditermächtigungen stellen eine parlamentarische *Ermächtigung* – keinesfalls aber eine Verpflichtung – zur Aufnahme von Krediten dar.

Darüber hinaus werden die Deckungskredite nicht sofort und nicht in voller Höhe, sondern – sachlich und zeitlich – nur bei Bedarf aufgenommen[84], so daß die Ausgeglichenheit nur in Form einer geplanten und gesetzlich normierten Ermächtigung (= einmalige Einnahme), nicht aber der Natur laufender Einnahmen entspricht.

Um dem Grundsatz der "Ausgeglichenheit" auch beim Vollzug des Haushaltsplans grundsätzlich Rechnung zu tragen (Bindung der Exekutive an den Haushalt), ist im Grundgesetz und in den Verfassungen der Länder[85] bestimmt, daß Beschlüsse des Bundestages und des Bundesrates (Landtages), die von der Bundes-/Landesregierung vorgeschlagenen Ausgaben des Haushaltsplans – unter Aufhebung des Gleichgewichts zwischen Einnahmen und Ausgaben – erhöhen, neue Ausgaben in sich schließen oder für die Zukunft mit sich bringen, der *Zustimmung* der Bundes-/Landesregierung bedürfen.

Wird der Haushaltsplan in einen Verwaltungshaushalt und in einen Finanzhaushalt geteilt, so erstreckt sich das Ausgleichsgebot nicht auf den jeweiligen Teilhaushalt, – der Haushaltsplan muß jedoch insgesamt für den Zeitraum, für den das Haushaltsgesetz verabschiedet wird, in Einnahme und Ausgabe ausgeglichen

81 S. Art. 109 (2) GG/LV.
82 S. Art. 115 GG/LV.
83 S. § 18 (2) BHO/LHO.
84 S. regelmäßig § 2 Haushaltsgesetz.
85 S. Art. 113 GG/LV.

sein. Sollte der Haushaltsplan für zwei Haushaltsjahre – nach Jahren getrennt – aufgestellt werden[86], so muß er durch das (eine) Haushaltsgesetz für jedes Haushaltsjahr getrennt in Einnahme und Ausgabe ausgeglichen festgestellt werden.

Keinesfalls wird das Istergebnis der Haushalts- und Wirtschaftsführung – trotz der Bindung der Exekutive an den gesetzlich festgestellten Haushaltsplan – in der Praxis eine durch die tatsächlichen Einnahmen und Ausgaben bewirkte ausgeglichene Haushaltsrechnung[87] ausweisen. Die in der Haushaltsrechnung dargestellten tatsächlichen Einnahmen und Ausgaben des Bundes bzw. des Landes und der Gemeinden schließen vielmehr mit einem Haushaltsüberschuß bzw. mit einem Haushaltsfehlbetrag ab.

Ein Haushaltsüberschuß ist
- zur Verminderung des Kreditbedarfs oder
- zur Tilgung von Schulden

zu verwenden oder
- der Konjunkturausgleichsrücklage

zuzuführen[88].

Wird der Haushaltsüberschuß zur Schuldentilgung verwendet oder der Konjunkturausgleichsrücklage zugeführt, ist er in den nächsten festzustellenden Haushaltsplan einzustellen.

Ein Haushaltsfehlbetrag ist spätestens in den Haushaltsplan für das zweitnächste Haushaltsjahr einzustellen[89].

J. Prinzip der Öffentlichkeit

1. Allgemeines

Der Grundsatz der *Öffentlichkeit* des Haushaltsplans postuliert eine solche Haushaltsgebarung, daß dem Verlangen nach *Öffentlichkeit des gesamten finanzwirtschaftlichen Geschehens Rechnung getragen wird.*

Dieses Postulat soll dazu dienen, einen der wichtigsten Bereiche des politischen, ökonomischen und sozialen Lebens so durchsichtig zu machen, daß sich jeder interessierte Bürger über die *Wirtschaft des Staates* (= Öffentliche Finanzwirtschaft) eingehend informieren kann[90].

86 S. § 1 BHO/LHO.
87 S. *Nöll v.d. Nahmer*, a.a.O., S. 100.
88 S. § 6 (1) StWG.
89 S. § 25 BHO/LHO.
90 Vgl. *Senf*, Kurzfristige Haushaltsplanung, in: Handbuch der Finanzwissenschaft, Bd. I, Tübingen 1977, S. 414.

Der Haushaltsplan und das Haushaltsgesetz werden im Parlament öffentlich beraten. Der Publizität des Haushaltsplans wird insoweit Rechnung getragen, als durch die Veröffentlichung durch Presse, Rundfunk und Fernsehen die Haushaltsdebatten der Öffentlichkeit zugänglich gemacht werden.

Im übrigen wird das Haushalts*gesetz* mit dem *Gesamtplan* im Bundesgesetzblatt verkündet. Die Rechtswirkungen des Haushaltsgesetzes erstrecken sich – wie das Bundesverfassungsgericht festgestellt hat – auch auf die nicht im Bundesgesetzblatt veröffentlichten Teile des Haushaltsplans – somit auch auf die Einzelpläne, Kapitel und Titel.

2. Ausnahme vom Prinzip der Öffentlichkeit

Staatsausgaben geheimer Natur unterliegen als sog. "Reptilienfonds"[91] oder Verfügungsfonds nicht der öffentlichen Beratung in den gesetzgebenden Körperschaften und werden auch *nicht* im einzelnen konkret in Form von Titeln, sondern zusammengefaßt als "Fonds" im Haushaltsplan dargestellt.

Die Prüfung der Rechnungsbelege solcher Titel (z.B. beim Epl 04 – Bundeskanzleramt –, Kap. 04 - Bundesnachrichtendienst –) unterliegt nur dem Präsidenten des Bundesrechnungshofes und dem Rechnungsprüfungsausschuß, einem Unterausschuß des Haushaltsausschusses des Deutschen Bundestages; die Belege von Titeln für nicht näher erläuterte Zwecke des Verfassungsschutzes (Epl 06 - Bundesminister des Innern -, Kap. 09 - Bundesamt für Verfassungsschutz -) werden nur vom Präsidenten des Bundesrechnungshofes geprüft (auch: § 10 a BHO).

K. Prinzip des Bepackungsverbots

Nach dem verfassungsrechtlichen Postulat des "Bepackungsverbots"[92] dürfen in das jährliche Haushaltsgesetz nur solche Vorschriften aufgenommen werden, die sich auf die *Einnahmen* und *Ausgaben* des Bundes (*sachliches* Bepackungsverbot) und auf den Zeitraum beziehen, für den das Haushaltsgesetz beschlossen wird (*zeitliches* Bepackungsverbot).

Auf diese Weise wird verhindert, daß andere als in die Struktur des jährlichen Haushalts gehörende finanzwirtschaftliche Sachverhalte über das Haushaltsge-

---

91 Der Ausdruck "Reptilienfonds" geht auf den Reichskanzler *Bismarck* zurück, der die Einnahmen aus dem beschlagnahmten Vermögen des Königs von Hannover (1866) dazu benutzte, um die oppositionellen Journalisten, die er als *Reptilien* bezeichnete, "zu verfolgen, bis in ihre Höhlen hinein, um zu beobachten, was sie treiben"; s. *Staender*, a.a.O., S. 225.

92 S. Art. 110 (4) GG.

setz geregelt werden. Das Haushaltsgesetz kann jedoch vorschreiben, daß die Vorschriften erst mit der Verkündung des nächsten Haushaltsgesetzes oder bei Ermächtigung nach Artikel 115 GG zu einem späteren Zeitpunkt außer Kraft treten.

L. Prinzip der Berücksichtigung der Erfordernisse des gesamtwirtschaftlichen Gleichgewichts

Das Budgetprinzip der "Berücksichtigung der Erfordernisse des gesamtwirtschaftlichen Gleichgewichts" zählt erst seit jüngerer Zeit (1967) zu den Haushaltsgrundsätzen.

Mit der Neukodifizierung des Finanzverfassungsrechts kommen der staatlichen Aufgabenerfüllung *zusätzlich zur klassischen Bedarfsdeckungsfunktion insbesondere auch moderne Zielsetzungen wirtschaftspolitischer und sozialpolitischer Bedeutung* zu[93]. Dieses Prinzip kennzeichnet nicht nur eine Bedeutung (Funktion) des Haushaltsplans, sondern bedeutet materiell zugleich ein Prinzip, das für die Aufstellung und für die Ausführung des Haushaltsplans maßgebend ist.

Die *moderne wirtschaftspolitische* Bedeutung der öffentlichen Haushalte wird im *gesamtwirtschaftlichen* Budgetpostulat deutlich, nachdem Bund und Länder bei ihrer Haushaltswirtschaft – neben der klassischen Bedarfsdeckungsfunktion – auch den *Erfordernissen des gesamtwirtschaftlichen Gleichgewichts Rechnung zu tragen haben.*

Diese Verfassungsnorm postuliert von den Trägern öffentlicher Finanzwirtschaft "*antizyklische*" Verhaltensweise, wonach ihre wirtschafts- und finanzpolitischen Maßnahmen "*im Rahmen der marktwirtschaftlichen Ordnung gleichzeitig zur Stabilität des Preisniveaus, zu einem hohen Beschäftigungsstand und außenwirtschaftlichem Gleichgewicht bei stetigem und angemessenem Wirtschaftswachstum beitragen*" sollen[94] (Magisches Viereck).

Die *moderne sozialpolitische* Bedeutung der öffentlichen Haushalte wird zusätzlich in der *Umverteilungsfunktion* (Distributionsfunktion) von Kapital und Vermögen sichtbar.

Der Zielkonflikt zwischen der *klassichen* Bedarfsdeckung und der *modernen gesamtwirtschaftlichen und sozialpolitisch orientierten Ausrichtung der öffentlichen Haushalte kennzeichnet das Budget der heutigen Zeit.*

---

93 Vgl. Art. 109 (2) GG/LV und das StWG.
94 Vgl. § 1 StWG.

M. Die Budgetprinzipien
– Kurzfassung –

1. Prinzip der zeitlichen Spezialität
– Jährlichkeit und zeitliche Bindung –

Für jedes Haushaltsjahr ist ein Haushaltsplan aufzustellen (zeitliche Spezialität).

Er gilt nur für die Zeit, für die er festgestellt ist. Mithin gilt auch sein Inhalt (Haushaltsmittel, Stellen, Planstellen) nur für diesen Zeitraum, d.h. nur für dieses eine Jahr.

Nach Ablauf des Haushaltsjahres dürfen nicht verbrauchte Ausgabemittel nicht mehr in Anspruch genommen werden, – es sei denn, es handelt sich um *übertragbare* Ausgabebewilligungen.

Ausnahmen vom Grundsatz der Jährlichkeit:

Übertragbar sind:
1) kraft ständigen Gesetzes:
   a) die Ausgaben für Investitionen
   b) die Ausgaben aus zweckgebundenen Einnahmen
2) Im Haushaltsgesetz und im Haushaltsplan können andere Ausgaben für übertragbar erklärt werden.

Ausgabereste sind Beträge, die im auslaufenden Haushaltsjahr nicht verbraucht wurden und als *übertragbare* Ausgabemittel ausdrücklich zu Ausgaberesten erklärt wurden und ins nachfolgende Haushaltsjahr übernommen werden (= zeitliches Virement).

Haushaltsvorgriffe sind Beträge, die bei *übertragbaren* Ausgabemitteln zu Gunsten des laufenden und zu Lasten des folgenden Haushaltsjahres im Vorgriff vorweg abgesetzt werden.

Selbstbewirtschaftungsmittel können veranschlagt werden, wenn hierdurch eine sparsame Bewirtschaftung gefördert wird. Sie stehen über das laufende Haushaltsjahr zur Verfügung.

kw-Vermerke (künftig wegfallend) sind Vermerke im Dispositiv für Haushaltsmittel oder Planstellen, deren Wegfall in absehbarer Zeit geplant ist, wobei der genaue Zeitpunkt des Wegfalls jedoch noch unbestimmt ist.
a) bei Haushaltsmitteln: "kw" bei Wegfall der Aufgabe
b) bei Planstellen "kw" bei freiwerden der Planstelle.

ku-Vermerke (künftig umzuwandeln) sind Vermerke im Dispositiv nur für Planstellen, wonach die nächste freiwerdende Planstelle derselben Besoldungsgruppe und Fachrichtung im Zeitpunkt des Freiwerdens als umgewandelt gilt in die Planstelle oder Stelle für Angestellte bzw. Arbeiter, die in dem Umwandlungsvermerk angegeben ist (z.B. BesGr A 11 in A 10).

Nicht in Anspruch genommene Kreditermächtigungen gelten über das Bezugshaushaltsjahr hinaus, als

a) Deckungskredite:
   - bis zum Ende des nächsten Haushaltsjahres und
   - wenn das Haushaltsgesetz für das zweitnächste Haushaltsjahr nicht rechtzeitig verkündet wird, bis zur Verkündung dieses Haushaltsgesetzes

b) Kassenkredite:
   - bis zum Ende des laufenden Haushaltsjahres und
   - wenn das Haushaltsgesetz für das nächste Haushaltsjahr nicht rechtzeitig verkündet wird, bis zur Verkündung dieses Haushaltsgesetzes.

2. Prinzip der Vorherigkeit

Das Haushaltsgesetz ist *vor* Beginn des Haushaltsjahres, für das es bestimmt ist, zu verabschieden; d.h., der Haushaltsplan ist vor Beginn des Haushaltsjahres, für das er bestimmt ist, (durch die Verabschiedung des Haushaltsgesetzes) *festzustellen.*

Ausnahme vom Prinzip der Vorherigkeit
Ist das Haushaltsgesetz zu Beginn des Haushaltsjahres noch nicht verabschiedet, und ist somit der Hpl noch nicht festgestellt, so gilt – auf der Grundlage des Art. 111 GG/LV – das sog. "Nothaushaltsrecht".

Im Rahmen der "vorläufigen Haushaltsführung" ist die Regierung (Verwaltung) ermächtigt, den Obersten Verwaltungsbehörden "Ausgabeermächtigungen" zuzuweisen, damit von den mittelbewirtschaftenden Dienststellen Ausgaben geleistet werden können, die notwendig sind,

a) zur Aufrechterhaltung des Dienstbetriebes,
b) um gesetzlich beschlossene Maßnahmen des Bundes/Landes durchzuführen,
c) um rechtlich begründete Verpflichtungen des Bundes/Landes zu erfüllen,
d) um Bauten und Beschaffungen fortzuführen, soweit diese im Vorjahr begonnen waren.

3. Prinzip der Einheit, der Vollständigkeit und der Fälligkeit

Alle voraussichtlichen Einnahmen und Ausgaben müssen für jedes Haushaltsjahr von allen Verwaltungsbehörden einheitlich veranschlagt und vollständig in den – einen – Hpl eingesetzt werden; d.h., es gibt – für jedes Jahr – nur *einen* einheitlichen Hpl, in dem *alle* veranschlagten Einnahmen und Ausgaben des Bundes bzw. Landes *vollständig* enthalten sind.

Die *Einnahmen* sind nach ihrem *Entstehungsgrund*, die *Ausgaben und Verpflichtungsermächtigungen* dagegen nach *Zwecken* getrennt zu veranschlagen und – soweit erforderlich – zu erläutern.

Das Fälligkeitsprinzip (auch: Kassenwirksamkeitsprinzip) besagt, daß im Haushaltsplan nur die Haushaltseinnahmen und -ausgaben veranschlagt werden dürfen, die im entsprechenden Haushaltsjahr voraussichtlich *kassenwirksam* werden. Dieses finanzwirtschaftliche Postulat bedeutet, daß Deckungsmittel nur in Höhe des voraussichtlichen Finanzbedarfs in den Haushaltsplan eingestellt werden dürfen.

Im Haushaltsgesetz kann festgelegt werden, daß bestimmte Paragraphen dieses HG über die allgemeine Gültigkeitsdauer (31.12.) *hinaus* bis zur Verkündung des nachfolgenden Haushaltsgesetzes weitergelten.

Eine *Ausnahme* zu diesem Prinzip stellt die Veranschlagung der Einnahmen und Ausgaben bei den öffentlichen Betrieben (sog. "*Regiebetriebe*") und den Sondervermögen dar, da bei diesen nur das voraussichtliche Endergebnis in den Haushaltsplan eingestellt wird.

4. Prinzip der Gesamtdeckung (Keine Zweckbindung von Haushaltseinnahmen)

Alle Einnahmen des Bundes/Landes dienen unterschiedslos dem gesamten Ausgabenbedarf des Bundes/Landes.

Ausnahme vom Grundsatz des Gesamtdeckungsprinzips:
Zweckgebundene Einnahmen dienen nicht als allgemeine Einnahmen, sondern sie sind nur für einen bestimmten Ausgabezweck zu verwenden (z.B. der Mineralölsteuer für Straßenbau).

5. Prinzip der Bruttoveranschlagung und des Bruttonachweises

Die Einnahmen und Ausgaben sind grundsätzlich *getrennt voneinander* und *in voller Höhe* im Hpls zu veranschlagen und entsprechend zu buchen.

1) *Rückzahlungen als Rückeinnahmen:* Einnahmebuchung beim Ausgabetitel (Ausgabespalte) als "Minusbuchung".
2) *Rückzahlungen als Erstattungen:* Ausgabebuchung beim Einnahmetitel (Einnahmespalte) als Minusbuchung.

Rückeinnahmen und Erstattungen *innerhalb* des Haushaltsjahres sind Berichtigungen materiell oder formell unrichtiger Buchungen ("Rückzahlungen").

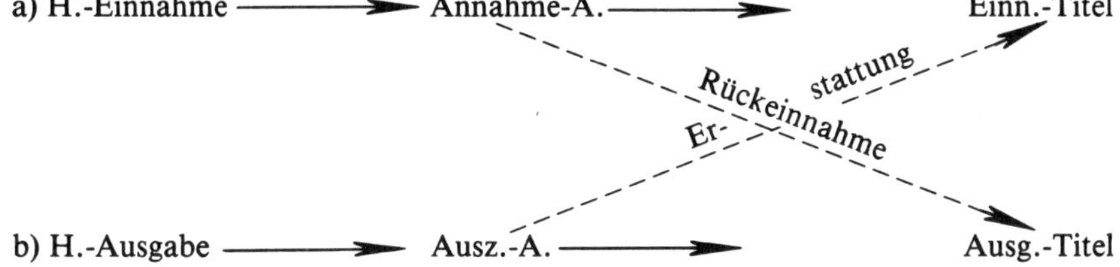

zu a) *zuviel* geleistete Ausgabe: Annahmeanordnung = Rückeinnahme = Ausg.-Titel = Ausgabespalte als Minusbuchung

zu b) *zuviel* erhobene Einnahme: Auszahlungsanordnung = Erstattung = Einn.-Titel = Einnahmespalte als Minusbuchung.

Im übrigen sind für die Behandlung von allen Rückzahlungen (= Rückeinnahmen und Erstattungen) – auch nach Abschluß der Bücher – die Regelungen im Haushaltsgesetz oder im Haushaltsplan zu beachten.

Ausnahmen vom Prinzip der Bruttoveranschlagung und des Bruttonachweises

a) *geborene* Ausnahme:
   - Einnahmen aus der Nettokreditaufnahme

b) *gekorene* Ausnahmen:
   - Kosten, die durch den Verkauf von Gegenständen entstehen, können von den Einnahmen vorweg abgezogen werden (§ 15 BHO);
   - in jedem Fall – auch nach Abschluß der Bücher – sind Rückzahlungen (= Rückeinnahmen und Erstattungen) nach den Regelungen im HG oder im Hpl zu beachten.

6. Prinzip der Genauigkeit, der Haushaltswahrheit und der Haushaltsklarheit

Alle im nächsten Jahr zu erwartenden Einnahmen und Ausgaben müssen wahrheitsgemäß und möglichst genau (anhand des Ist-Ergebnisses des Vorjahres unter Berücksichtigung von besonderen Kostenberechnungen, Verträgen, Tarifen, neuen Gesetzen und Vorschriften) von den Titelverwaltern ermittelt und vom Beauftragten für den Haushalt in den Voranschlag der jeweiligen Dienststelle aufgenommen werden.

Beträge gleicher Zwecke dürfen nicht an verschiedenen Stellen des Hpl veranschlagt werden.

Ebenso dürfen keine stillen Reserven gebildet werden.

Die *Haushaltsklarheit* bezieht sich auf die *einheitliche* Gliederungsform der Haushaltspläne in Bund, Ländern und Gemeinden auf der Grundlage des gemeinsam geltenden Gruppierungsplans und Funktionenplans.

7. Prinzip der Wirtschaftlichkeit und der Sparsamkeit

Wirtschaftlichkeit bedeutet, daß bei allen finanzwirksamen Maßnahmen die günstigste "*Zweck-Mittel-Relation*" anzustreben ist. Diese besagt, daß entweder
- ein bestimmtes Ergebnis mit möglichst geringem Einsatz von Mitteln (= *Minimalprinzip*) oder
- mit einem bestimmten Einsatz von Mitteln das bestmögliche Ergebnis (= *Maximalprinzip)*

erzielt wird (= ökonomisches Prinzip).

Sparsamkeit bedeutet, den Mitteleinsatz auf den unbedingt notwendigen Umfang zu beschränken.

Bei der Aufstellung und Ausführung des Hpl sind die Grundsätze der Wirtschaftlichkeit und Sparsamkeit zu beachten; das heißt insbesondere, daß die Haushaltsmittel von den Titelverwaltern nach diesen Grundsätzen zu bewirtschaften sind;
- das wirtschaftlichste Angebot ist zu ermitteln,
- Skonti und Rabatte sind zu vereinbaren und in Anspruch zu nehmen,
- zugewiesene Haushaltsmittel müssen für das *ganze* Jahr ausreichen,
- Ausgaben dürfen zeitlich nicht eher und sachlich überhaupt nur geleistet werden, wenn sie notwendig sind,
- keine Vorratsbeschaffung aus Anlaß nicht verbrauchter Haushaltsmittel am Ende des Jahres.

8. Prinzip der sachlichen Spezialität – Einzelveranschlagung und sachliche Bindung –

Die einer mittelbewirtschaftenden Dienststelle zugewiesenen Ausgabemittel stehen dieser grundsätzlich nur allein zu dem angegebenen Zweck zur Verfügung und dürfen nur für *diesen "speziellen" Zweck* ausgegeben werden (= "Spezialität).

"*Zeitliche Spezialität*" bedeutet zeitliche Bindung an den Haushalt.

"*Qualitative Spezialität*" bedeutet, daß Ausgaben nur zu dem im Hpl bezeichneten *Zweck* geleistet werden dürfen.

"*Quantitative Spezialität*" bedeutet, daß Ausgaben bei einem Titel nur *bis zur Höhe der zugewiesenen Ausgabemittel* geleistet werden dürfen.

Ausnahmen vom Prinzip der sachlichen Spezialität
Im HGrG, in der BHO, im HG oder im Hpl festgelegte

a) ***einseitige Deckungsfähigkeit****:* Einsparungen bei einem deckungspflichtigen (deckungsgebenden) Ausgabetitel dürfen für Mehrausgaben bei einem anderen deckungsberechtigten (deckungsnehmenden) Ausgabetitel verwendet werden (sachliches Virement).
b) ***gegenseitige Deckungsfähigkeit****:* Bei den als gegenseitig deckungsfähig geltenden Ausgabemitteln gilt zwischen den Bezugstiteln das gleiche wechselseitig.

9. Prinzip der Ausgeglichenheit

Der Bundeshaushaltsplan ist bei seiner Aufstellung in Einnahme und Ausgabe auszugleichen:

1) vom BMF zum Zeitpunkt der Vorlage des Haushaltsentwurfs (Entwurf des HG und Entwurf des Hpl) an die Bundesregierung
2) von der Bundesregierung zum Zeitpunkt der Beschlußfassung über den Haushaltsentwurf
3) vom Bundestag zum Zeitpunkt der Verabschiedung des HG und der damit verbundenen Feststellung des Hpl.

Das Ist-Ergebnis der Haushalts- und Wirtschaftsführung wird – in der Form der Haushaltsrechnung – niemals ausgeglichen sein.

10. Prinzip der Öffentlichkeit

Der Haushaltsentwurf wird im Bundestag öffentlich beraten. Das HG und der Gesamtplan werden im BGBl veröffentlicht.

Ausnahme vom Prinzip der Öffentlichkeit:
"Reptilienfonds" und "Verfügungsfonds" sind Staatsausgaben geheimer Natur.

11. Prinzip des Bepackungsverbots

In das Haushaltsgesetz dürfen nur solche Vorschriften aufgenommen werden, die sich auf die *Einnahmen* und *Ausgaben* (sachliches Bepackungsverbot) und auf den Zeitraum beziehen, für den das Haushaltsgesetz beschlossen wird (zeitliches Bepackungsverbot).

12. Prinzip der Berücksichtigung der Erfordernisse des gesamtwirtschaftlichen Gleichgewichts

Die staatliche Aufgabenerfüllung umfaßt neben der *klassischen Bedarfsdeckungsfunktion* vor allem auch eine *moderne wirtschaftspolitische und sozialpolitische* Funktion.

Bund und Länder haben bei ihren wirtschafts- und finanzpolitischen Maßnahmen den Erfordernissen des gesamtwirtschaftlichen Gleichgewichts Rechnung zu tragen. Die Maßnahmen sind so zu treffen, daß sie *im Rahmen der marktwirtschaftlichen Ordnung gleichzeitig*

- *zur Stabilität des Preisniveaus*
- *zu einem hohen Beschäftigungsstand*
- *und außenwirtschaftlichem Gleichgewicht*
- *bei stetigem und angemessenem Wirtschaftswachstum*

beitragen sollen.

VI. Die staatliche Haushaltssystematik – Gliederung des Haushaltsplans –

Der Haushaltsplan besteht aus dem Gesamtplan und den Einzelplänen[1].

A. Gesamtplan*

Der Gesamtplan dient der Transparenz und der Vergleichbarkeit der öffentlichen Haushalte in finanzwirtschaftlicher und gesamtwirtschaftlicher Sicht. Er stellt die im Bundes-/Landeshaushaltsplan im einzelnen veranschlagten Einnahmen, Ausgaben und Verpflichtungsermächtigungen innerhalb eines jeden Einzelplans – der besseren Übersicht wegen – *in zusammengefaßter Form* dar.

Mit dem Gesamtplan wird keine Ermächtigung zur Leistung von Ausgaben oder zum Eingehen von Verpflichtungsermächtigungen erteilt, da diese nur mit der Einrichtung von Titeln in der Darstellungsform "Titelnummer – Zweckbestimmung – Ansatz" innerhalb der Kapitel eines jeden Einzelplans zulässig ist[2]. Der "Gesamtplan" enthält daher dem Haushaltsplan gegenüber keine zusätzlich veranschlagten Einnahmen oder Ausgaben, sondern faßt lediglich die aufgegliederten Endsummen der Einzelpläne in Übersichten zusammen. Der Gesamtplan wirkt daher nicht konstitutiv.

Der Gesamtplan ist Teil des Haushaltsplans und wird mit dem Haushaltsgesetz im Bundesgesetzblatt verkündet.

Der Gesamtplan besteht aus drei Übersichten, und zwar der Haushaltsübersicht, der Finanzierungsübersicht und dem Kreditfinanzierungsplan.

1. Haushaltsübersicht*

Die Haushaltsübersicht stellt die im Haushaltsplan im einzelnen veranschlagten Einnahmen, Ausgaben und Verpflichtungsermächtigungen innerhalb der Einzelpläne in *zusammengefaßter Form* sowie den Gesamtabschluß aller Planansätze und somit das gesamte Haushaltsvolumen dar.

2. Finanzierungsübersicht*

Die Finanzierungsübersicht dient allein der ökonomischen Betrachtung und der Vergleichbarkeit der öffentlichen Haushalte in gesamtwirtschaftlicher Sicht.

---

* S. Anhang.
1 S. § 13 (1) BHO/LHO.
2 Vgl. § 13 (2) BHO/LHO.

Die Finanzierungsübersicht enthält eine Berechnung des Finanzierungssaldos.

Finanzierungsübersicht

I.	Einnahmen (**ohne** – Einnahmen aus Krediten vom Kreditmarkt – Entnahme aus Rücklagen – Einnahmen aus kassenmäßigen Überschüssen – Münzeinahmen)
./. II.	Ausgaben (**ohne** – Ausgaben zur Schuldentilgung am Kreditmarkt – Ausgaben zur Zuführung an Rücklagen – Ausgaben zur Deckung eines kassenmäßigen Fehlbetrages)
= III.	(negativer) Finanzierungssaldo

Zusammensetzung des Finanzierungssaldos

I.	Nettoneuverschuldung/Nettotilgung am Kreditmarkt		
	–	1.	Einnahmen aus Krediten vom Kreditmarkt (Brutto)
	+	2.	Ausgaben zur Schildentilgung am Kreditmarkt (Brutto)
	+	2.1	Ausgaben zur Deckung eines kassenmäßigen Fehlbetrages
	+	2.2	Ausgaben für Marktpflege
	+	./.	Saldo (Netto-Kreditaufnahme) § 15 (1) BHO/LHO
II.	–		Einnahmen aus kassenmäßigen Überschüssen
III.	Rücklagenbewegung:		
	–	1.	Entnahmen aus Rücklagen
	+	2.	Zuführung an Rücklagen
			Saldo aus 1. u. 2.
IV.	–		Münzeinnahmen
V.	(negativer) Finanzierungssaldo		

Der Finanzierungssaldo weist die finanzpolitisch relevanten Finanzierungserfordernisse bei der Aufstellung des Haushaltsplans im Sinne der Deckungsfunktion nach dem Haushaltsgrundsatz der Ausgeglichenheit aus. Dies bedeutet im einzelnen:

a) Einnahmen aus Krediten vom Kreditmarkt

Hierunter sind alle im Haushaltsplan veranschlagten Einnahmen aus Krediten[3] zu verstehen, soweit sie dem “Kreditmarkt” entstammen.

3 S. § 18 BHO/LHO.

Der Kreditmarkt ist in den “Geldmarkt” und in den “Kapitalmarkt” gegliedert.

Der *Geldmarkt* ist nur für kurzfristige Kredite bis zu 2 Jahren Laufzeit vorgesehen; der *Kapitalmarkt* dagegen für mittelfristige (2 - 4 Jahre) und langfristige Kredite (mehr als 4 Jahre) Laufzeit.

Als *Kreditarten* werden “Kassenkredite” (auch: Kassenverstärkungskredite) von den “Deckungskrediten” (auch: Haushaltskredite, Finanzkredite, Finanzierungskredite) unterschieden.

Wesensmerkmale der Kassenkredite:
- Sie dienen nur der Überbrückung von Liquiditätsschwierigkeiten der Kassen,
- sie sind kurzfristig, d.h. sie haben eine Laufzeit bis zu 2 Jahren,
- sie werden nur vom Geldmarkt aufgenommen, d.h. zunächst von der Deutschen Bundesbank, jedoch nur bis zu 6 Mrd. DM[4],
- sie sind wie Verwahrungen (Vw) zu behandeln[5], d.h. sie sind nicht im Haushaltsplan veranschlagt,
- sie sind revolvierbar, d.h. sie können erneut in Anspruch genommen werden, sobald sie zurückgezahlt sind[6],
- sie sind sog. “schwebende Schulden”.

Wesensmerkmale der Deckungskredite:
- Sie dienen nur zur Deckung von Ausgaben,
- sie werden nur vom Kapitalmarkt aufgenommen, d.h. - von Geschäftsbanken (z.B. Commerzbank)
- von Kapitalsammelstellen (z.B. Bausparkassen, Versicherungen)
- von der Bundesanstalt für Arbeit
- von Sozialversicherungsträgern
- von Auslandsbanken
- sie sind mittelfristig (2 - 4 Jahre) oder langfristig (mehr als 4 Jahre),
- sie sind - brutto oder netto - im Haushaltsplan veranschlagt,
- sie sind nicht revolvierbar,
- sie sind Haushaltseinnahmen,
- sie sind sog. “fundierte Schulden”.

Für die Darstellungsform der zu erwartenden Einnahmen, der voraussichtlich zu leistenden Ausgaben und der voraussichtlich benötigten Verpflichtungsermächtigungen des Bundes gelten die Bestimmungen der Bundeshaushaltsordnung (BHO)[7]. Hiernach sind die Einnahmen und Ausgaben des Bundes in voller Höhe

4 S. § 20 Bundesbankgesetz (DBBkG).
5 S. § 60 (3) BHO/LHO.
6 S. § 18 (2) Ziffer 2 BHO/LHO.
7 S. § 15 (1) BHO.

und getrennt voneinander im Bundeshaushaltsplan zu veranschlagen (= Brutto-prinzip). In § 15 (1) Satz 2 BHO ist jedoch festgelegt, daß die Veranschlagung der "Einnahmen aus Krediten *vom Kreditmarkt* und der hiermit im Zusammenhang stehenden Tilgungsausgaben" nicht dem Brutto-Prinzip unterliegt, sondern als "Netto-Neuverschuldung" im Bundeshaushaltsplan vorgenommen werden muß (= Nettoprinzip).

Die Netto-Kreditaufnahme setzt sich gem. § 15 (1) BHO als finanzwirtschaftliches Ausgleichspostulat zusammen aus den

"*Einnahmen* aus Krediten *vom Kreditmarkt* unter Vorwegabzug der hiermit zusammenhängenden Tilgungsausgaben" (sog. "Nettoveranschlagung der Kreditmarktmittel"). Diese netto veranschlagte Summe ist im Haushaltsplan auszuweisen (3201/32511). Zinsen und Kassenverstärkungskredite zählen jedoch *nicht* hierzu.

Nach Art. 115 (1) GG dürfen die *Einnahmen* aus Krediten die Summe der im Haushaltsplan veranschlagten Ausgaben für Investitionen grundsätzlich nicht überschreiten[8].

"Ausgaben für Investitionen" sind Ausgaben, die bei makroökonomischer Betrachtung die Produktionsmittel der Volkswirtschaft erhalten, vergrößern oder verbessern. Wegen der überragenden finanz- und wirtschaftspolitischen Bedeutung der Ausgaben für Investitionen sind diese in besonderen Hauptgruppen (Hauptgruppe 7 und 8) zusammengefaßt[9].

Rüstungskäufe und Ausgaben für militärische Anlagen werden in Übereinstimmung mit den verschiedenen nationalen, internationalen und supranationalen ökonomischen Systemen *nicht* zu den Ausgaben für Investitionen gezählt[10].

Für die Kreditaufnahme des Bundes gilt als *allgemeine* Rechtsgrundlage Art. 115 GG i.V.m. § 18 BHO, während das jährliche Haushaltsgesetz die *spezielle* Ermächtigungsnorm darstellt.

In Art. 115 Abs. 1 GG wird zwischen "*Aufnahme*" von Krediten und "*Einnahmen*" aus Krediten unterschieden.

Die "Aufnahme" von Krediten erstreckt sich dabei auf Kassenkredite und Deckungskredite, deren Ermächtigung zur Inanspruchnahme durch das Haushaltsgesetz erteilt wird.

Die "Einnahmen" aus Krediten sind – brutto oder netto – im Haushaltsplan zu veranschlagen.

---

8 Vgl. hierzu BT-Drucks. V/3040, TZ 58 62.
9 S. VV-HB, AH-GF, Ziffer 14.
10 S. VV-HB, AH-GF, Ziffer 15.

Einnahmen aus Krediten *vom Kreditmarkt* sind Deckungskredite und als Netto-Neuverschuldung im Bundeshaushaltsplan veranschlagt.

Einnahmen aus Krediten *von Gebietskörperschaften und Sondervermögen* sind ebenfalls Deckungskredite; sie sind jedoch als Brutto-Kredit, d.h. mit Kreditaufnahme (= Einnahme) und Kredittilgung (= Ausgabe) im Bundeshaushaltsplan veranschlagt.

Art. 115 Abs. 1 GG legt den Kreditplafond des Bundes dahingehend fest, daß die Einnahmen aus Krediten (brutto und netto) die Summe der im Haushaltsplan veranschlagten Ausgaben für Investitionen nicht überschreiten darf; Ausnahmen sind nur zulässig zur Abwehr einer Störung des gesamtwirtschaftlichen Gleichgewichts. Damit ist das *Übermaßverbot der Kreditaufnahme* des Bundes finanzverfassungsrechtlich normiert.

Die nach Art. 115 Abs. 1 GG bis zur Höhe der im Bundeshaushaltsplan veranschlagten Ausgaben für Investitionen begrenzte Neuverschuldung entspricht der fiskalischen Kreditaufnahme im Rahmen der klassischen Bedarfsdeckungsfunktion. Die zur Abwehr einer Störung des gesamtwirtschaftlichen Gleichgewichts darüber hinausgehende – konjunkturbedingte – Kreditaufnahme wird im Rahmen des "*deficit spending*" (*Keynes*) vorgenommen.

Die staatliche Schuldenpolitik (= *debt management*) befaßt sich mit dem Umfang und der Zusammensetzung der öffentlichen Schulden, wobei die Höhe der Kreditaufnahme, die Höhe der Zinssätze, die Struktur der Gläubiger und die Laufzeiten (Tilgung) im Mittelpunkt stehen.

Der Begriff "Kreditaufnahme" bedeutet die Begründung von Schulden[11].

Bei der Bundesschuldenverwaltung, einer selbständigen Bundesoberbehörde im Geschäftsbereich des BMF, werden die "Schuldbücher" des Bundes geführt. Dieser Behörde obliegt die Beurkundung und Verwaltung der Kreditaufnahmen, Verzinsung und Tilgung.

Die grundlegende Begrenzung der staatlichen Kreditaufnahme zur Finanzierung wirtschaftspolitischer und konjunkturpolitischer Maßnahmen im Rahmen der vorgegebenen staatlichen Aufgabenerfüllung entspricht dem finanzverfassungsrechtlichen Postulat des Art. 109 Abs. 2 GG, nach dem Bund und Länder bei ihrer Haushaltswirtschaft den Erfordernissen des gesamtwirtschaftlichen Gleichgewichts Rechnung zu tragen haben.

Eine auf die Summe der im Haushaltsplan veranschlagten Ausgaben für Investitionen begrenzte und gegebenenfalls zur Abwehr einer Störung des gesamtwirt-

---

11 S. BT-Drucks. V/3040, TZ 129.

schaftlichen Gleichgewichts eingesetzte vertretbare Kreditermächtigung ist aus sozialpolitischen, gesamtwirtschaftlichen und konjunkturellen Gründen geboten und somit gesellschaftspolitisch erforderlich.

Bedenke:
Ein Staat ohne Kreditaufnahme verlangt entweder von seinen Bürgern zuviel, oder aber, er investiert für deren Enkel zu wenig!

S. auch: Abschnitt II. B, Ziffer 4 (S. 20); Abschnitt VII. G, Ziffer 3 (S. 148).

b) Entnahme aus Rücklagen

Da Rücklagen (z.B. Konjunkturausgleichsrücklagen) bei der Bundesbank unterhalten werden, handelt es sich bei diesen Einnahmen um Notenbankgeld, das dem Geldkreislauf hinzutritt.

Das Gesetz zur Förderung der Stabilität und des Wachstums der Wirtschaft – Stabilitäts- und Wachstumsgesetz – (StWG) legt fest[12], daß die Bundesregierung bestimmen kann, daß bei einer die Ziele des § 1 StWG gefährdenden Abschwächung der allgemeinen Wirtschaftstätigkeit – dem Haushaltsplan gegenüber – *zusätzliche* Ausgaben geleistet werden. Die zusätzlichen Mittel dürfen nur für im Finanzplan[13] vorgesehene Zwecke oder als Finanzhilfen für besonders bedeutsame Investitionen der Länder und Gemeinden (Gemeindeverbände) zur Abwehr einer Störung des gesamtwirtschaftlichen Gleichgewichts[14] verwendet werden. Zu ihrer Deckung sollen die notwendigen Mittel zunächst der Konjunkturausgleichsrücklage entnommen werden[15].

c) Einnahmen aus kassenmäßigen Überschüssen

Hierunter fallen Einnahmen, die bei der haushaltsmäßigen Abwicklung positiver kassenmäßiger Jahresergebnisse vorheriger Jahre im Haushaltsplan veranschlagt sind.

Es sind im Zentralbanksystem gehaltene Mittel, die aus vorjährigen kassenmäßigen Jahresergebnissen entstanden und nun haushaltsmäßig abzuwickeln sind. Dies geschieht entweder zur Schuldentilgung oder zur Rücklagenbildung. Bei Schuldentilgung werden dem Kreditmarkt zusätzliche Mittel zugeführt; bei Rücklagenbildung werden dem Geldmarkt Mittel vorenthalten.

---

12 S. § 6 (2) StWG.
13 S. §§ 9 und 10 StWG.
14 S. Art. 104 a (4) GG.
15 Der BMF ist darüber hinaus durch § 6 (3) StWG ermächtigt, zu diesem Zweck Kredite über die im Haushaltsgesetz erteilten Kreditermächtigungen hinaus bis zur Höhe von 5 Mrd. DM aufzunehmen.

d) Münzeinnahmen

Scheidemünzen werden in staatlichen *"Münzen"* (Münzstätten) geprägt[16]. Der Bund stellt das Münzgeld auf Anforderung der Notenbank (= Deutsche Bundesbank) zur Verfügung, die es in Verkehr bringt und dem Bund den aufgeprägten Betrag gutschreibt. Auf diese Weise erzielt der Staat in Höhe des Unterschiedes zwischen Gutschrift und dem Metallwert zuzüglich der Prägekosten einen Münzgewinn. Nach dem Münzgesetz[17] ist jedoch die Münzprägung mengenmäßig begrenzt[18]. Die Gutschrift der Deutschen Bundesbank wird im Haushaltsplan bei Buchungsstelle 60 01/092 01 veranschlagt.

e) Ausgaben zur Schuldentilgung am Kreditmarkt

(S. vorstehenden Terminus: "Einnahmen aus Krediten vom Kreditmarkt"; hier handelt es sich naturgemäß um deren Rückzahlung).

Ausgaben für Zinsen und Disagio sind keine Tilgungsausgaben.

f) Ausgaben zur Zuführung an Rücklagen

Die Rücklagen sind bei der Deutschen Bundesbank zu bilden. Ihre Zuführung an die DBBk führt zu einem Geldumlaufentzug.

Das Stabilitäts- und Wachstumsgesetz legt fest, daß bei einer die volkswirtschaftliche Leistungsfähigkeit übersteigenden Nachfrageausweitung (= Boom) Mittel zur zusätzlichen Tilgung von Schulden bei der Deutschen Bundesbank[19] oder zur Zuführung an eine Konjunkturausgleichsrücklage veranschlagt werden sollen[20].

g) Ausgaben zur Deckung eines kassenmäßigen Fehlbetrages

Dies sind Ausgaben, die bei der haushaltsmäßigen Abwicklung negativer kassenmäßiger Jahresergebnisse vorheriger Jahre im Haushaltsplan veranschlagt sind. Dieser in der Finanzierungsübersicht dargestellte Fehlbetrag ist kassenmäßiger Natur; er stellt somit die Differenz zu den bis zum Ende des Haushaltsjahres nicht zurückgezahlten Kassenverstärkungskrediten dar.

---

16 Diese fünf Münzprägeanstalten haben einen Kennbuchstaben, aus dem der Prägeort erkennbar ist (A = Berlin, D = München, F = Stuttgart, G = Karlsruhe, J = Hamburg).

17 Gesetz vom 8. Juli 1950 (BGBl I, S. 323).

18 Gem. Gesetz vom 15. Januar 1963 (BGBl I, S. 49) ist die Vergrößerung des Münzumlaufs über den Betrag von 20,– DM je Einwohner hinaus zulässig, aber von der Zustimmung der Notenbank abhängig; s. *v. Spindler/Becker/Starke*: Die Deutsche Bundesbank, 4. Aufl., Stuttgart 1973, S. 32.

19 Hier kann es sich nur um die Rückzahlung von Kassenkrediten handeln, da Deckungskredite von der DBBk nicht aufgenommen werden dürfen.

20 S. § 5 (2) StWG.

3. Kreditfinanzierungsplan

Der Kreditfinanzierungsplan dient der *budgetrechtlichen* Betrachtungsweise *aller* im Haushaltsplan (brutto oder netto) veranschlagten Einnahmen aus Krediten und deren Tilgungsausgaben.

Hierbei sind die Einnahmen vom *Kreditmarkt* unter Vorwegabzug mit den damit im Zusammenhang stehenden Tilgungsausgaben im Kreditfinanzierungsplan darzustellen und im Haushaltsplan *netto* zu veranschlagen.

Die Einnahmen und deren Tilgungsausgaben von *Gebietskörperschaften* und *Sondervermögen* sind *brutto* im Haushaltsplan zu veranschlagen.

Während die Finanzierungsübersicht nur der *ökonomischen* Betrachtungsweise der im Haushaltsplan veranschlagten Einnahmen, Ausgaben und Verpflichtungsermächtigungen dient, dient der Kreditfinanzierungsplan haushaltswirtschaftlichen Maßnahmen und der *budgetrechtlichen* Betrachtungsweise aller im Haushaltsplan (brutto oder netto) veranschlagten *Einnahmen* aus Krediten und deren Tilgungsausgaben.

	Kreditfinanzierungsplan
I.	Einnahmen aus Krediten vom Kreditmarkt
./. II.	Ausgaben zur Schuldentilgung am Kreditmarkt
III.	Netto-Neuverschuldung am Kreditmarkt (*netto* im Hpl veranschlagt)
+ IV.	Einnahmen von Krediten von Gebietskörperschaften – einschl. ERP-Sondervermögen und LA-Fonds – (*brutto* im Hpl veranschlagt)
./. V.	Ausgaben zur Schuldentilgung bei Gebietskörperschaften – einschl. ERP-Sondervermögen und LA-Fonds – (*brutto* im Hpl veranschlagt)

B. Einzelpläne

Die *horizontale* Gliederung des Haushaltsplans drückt sich nach § 13 Abs. 1 BHO/LHO/GemHVO in Form der "Einzelpläne" aus. Die *vertikale* Gliederung des Haushaltsplans ergibt sich nach § 13 Abs. 2 BHO/LHO/GemHVO aus der Untergliederung der Einzelpläne in "Kapitel" und "Titel".

Ein Einzelplan enthält alle *veranschlagten*, zu erwartenden Haushaltseinnahmen, voraussichtlich zu leistenden Haushaltsausgaben und voraussichtlich benötigten Verpflichtungsermächtigungen, Planstellen und andere Stellen *einer* Obersten Bundes-/Landesbehörde. Ein Einzelplan kann auch für bestimmte Gruppen von Einnahmen, Ausgaben, Verpflichtungsermächtigungen, Planstellen und andere Stellen, die sich auf mehrere Einzelpläne erstrecken, aufgestellt werden.

Die Einzelpläne sind grundsätzlich nach den organisatorischen Zuständigkeiten der Aufgabenträger, dem "*Institutionalprinzip*" (unkorrekt auch Ministerialprinzip genannt) festgelegt, um so die Verantwortlichkeit gegenüber dem Parlament deutlich aufzuzeigen.

Darüber hinaus können – aus Zweckmäßigkeitsgründen und unabhängig vom institutionellen Verwaltungsaufbau – bestimmte, nach funktionalen Gesichtspunkten (= Aufgaben) bestimmte, sachlich zusammenhängende Gruppen von Einnahmen, Ausgaben, Verpflichtungsermächtigungen, Planstellen und anderen Stellen – die sich auf mehrere Geschäftsbereiche erstrecken – in *einem* Einzelplan nach dem "*Realprinzip*" (= Funktionalprinzip, Aufgabenprinzip) zusammengefaßt werden.

Einzelplan-führende Oberste Bundesbehörden – Institutionalprinzip – sind:
- das Bundespräsidialamt,
- der Deutsche Bundestag,
- der Bundesrat,
- das Bundeskanzleramt,
- das Bundesverfassungsgericht,
- die Bundesministerien,
- der Bundesrechnungshof.

Für die o.g. Obersten Bundesbehörden wird *jeweils ein Einzelplan* aufgestellt.

Einzelpläne, die nach funktionalen Merkmalen des Realprinzips aufgestellt werden und sich nicht auf einen, sondern auf *mehrere Geschäftsbereiche* erstrecken, sind:
- Bundesschuld,
- Versorgung,
- Verteidigungslasten im Zusammenhang mit dem Aufenthalt ausländischer Streitkräfte,
- Zivile Verteidigung,
- Allgemeine Finanzverwaltung.

Für die o.g. funktionalen Verwaltungsaufgaben, die sich über mehrere Geschäftsbereiche erstrecken, wird vom BMF jeweils ein Einzelplan aufgestellt. Jedem Einzelplan muß ein "*Vorwort*" vorausgehen, in dem der Geschäftsbereich mit seinen Aufgaben und seiner Organisation grundlegend dargestellt wird. Soweit Einzelpläne "Behörden" zum Gegenstand haben, sind in den Vorworten zu den Einzelplänen die Rechtsgrundlagen für die Errichtung sowie Aufbau und Aufgaben der jeweiligen Behörden in den Grundzügen darzustellen[21].

---

21 S. VV-HB, HRB, Ziffer 2.1.

Den nach der institutionellen Gliederung (Oberste Bundesbehörden; Institutionalprinzip) aufgestellten Einzelplänen 01 bis 31 folgen die Einzelpläne 32 bis 60, die – funktional – nach dem Realprinzip aufgestellt sind.

Die Frage, warum z.B. der Einzelplan 02 – Deutscher Bundestag – eine "Oberste Bundesbehörde" darstellt, ist damit zu begründen, daß die Bundestags*verwaltung* ein dem Parlament zugeordneter Teil der Bundesverwaltung ist, der nicht zur Exekutive (natürlich auch nicht zur Legislative) gehört.

Die Bundestags*verwaltung* ist dem Präsidenten des Bundestages unterstellt und wird vom "Direktor beim Deutschen Bundestag" geleitet; sie ist eine "Oberste Bundesbehörde".

Die Einzelpläne sind selbständig und in sich abgeschlossen, jedoch nicht ausgeglichen. Sie vermitteln einen Überblick über die Gliederung des Haushaltsplans nach der Ressortverantwortung:

Einzelpläne des Bundeshaushaltsplans

Epl	*Bezeichnung*
	– Institutionalprinzip –
01	Bundespräsident und Bundespräsidialamt
02	Deutscher Bundestag
03	Bundesrat
04	Bundeskanzler und Bundeskanzleramt
05	Auswärtiges Amt
06	Bundesminister des Innern
07	Bundesminister der Justiz
08	Bundesminister der Finanzen
09	Bundesminister für Wirtschaft
10	Bundesminister für Ernährung, Landwirtschaft und Forsten
11	Bundesminister für Arbeit und Sozialordnung
12	Bundesminister für Verkehr
13	Bundesminister für Post und Telekommunikation
14	Bundesminister der Verteidigung
15	Bundesminister für Gesundheit
16	Bundesminister für Umwelt, Naturschutz und Reaktorsicherheit

Epl	*Bezeichnung*
17	Bundesminister für Frauen und Jugend
18	Bundesminister für Familie und Senioren
19	Bundesverfassungsgericht
20	Bundesrechnungshof
23	Bundesminister für wirtschaftliche Zusammenarbeit
25	Bundesminister für Raumordnung, Bauwesen und Städtebau
30	Bundesminister für Forschung und Technologie
31	Bundesminister für Bildung und Wissenschaft
	– Realprinzip –
32	Bundesschuld
33	Versorgung
35	Verteidigungslasten im Zusammenhang mit dem Aufenthalt ausländischer Streitkräfte
36	Zivile Verteidigung
60	Allgemeine Finanzverwaltung

Dies ist die neugeordnete Einzelplaneinteilung des ersten gesamt-deutschen Bundeshaushalts nach der Wiedervereinigung der Bundesrepublik Deutschland.

Der Bundeshaushaltsplan hat z.Zt. 29 Einzelpläne.

Haushaltsmittel, die wegen des gemeinsamen Zusammenhangs *zentral veranschlagt* sind, aber von verschiedenen Obersten Verwaltungsbehörden *bewirtschaftet* werden und somit mit ihren Einnahmen und Ausgaben nach funktionalen Aufgaben veranschlagt werden, sind in einem Einzelplan nach dem Realprinzip zusammengefaßt, z.B. *Epl 36*:

Vorwort

Die zivile Verteidigung umfaßt die zivile Vorsorge des Staates sowie die Selbsthilfe der Bürger gegen Gefahren im Verteidigungsfall.

Schwerpunkte
- Aufrechterhaltung der Staats- und Regierungsfunktionen
- Zivilschutz
- Sicherstellung der lebenswichtigen Versorgung
- Unterstützung der Streitkräfte

Die Vorkehrungen zur Abwehr von Gefahren im Falle eines militärischen Konflikts stehen auch zur Katastrophenabwehr in Friedenszeiten zur Verfügung. Umgekehrt sind die Maßnahmen des friedensmäßigen Katastrophenschutzes ein Beitrag zur Gefahrenabwehr im Verteidigungsfall.

Die Ausgaben für die zivile Verteidigung werden wegen des Sachzusammenhangs im Epl. 36 zentral veranschlagt und von folgenden Ressorts bewirtschaftet:
Kap. 36 04 Bundesminister des Innern
Kap. 36 20 Bundesminister des Innern
Kap. 36 31 Bundesminister des Innern
Kap. 36 05 Bundesminister für Wirtschaft
Kap. 36 06 Bundesminister für Ernährung, Landwirtschaft und Forsten
Kap. 36 07 Bundesminister für Verkehr
Kap. 36 08 Bundesminister für Post und Telekommunikation
Kap. 36 09 Bundesminister für Raumordnung, Bauwesen und Städtebau
Kap. 36 11 Bundesminister für Arbeit und Sozialordnung

Der Bundesminister des Innern ist zuständig für die Gesamtplanung und Koordinierung der zivilen Verteidigung. Ihm sind das Bundesamt für Zivilschutz und die Akademie für zivile Verteidigung unterstellt. Ferner obliegt ihm die Aufsicht über den Bundesverband für den Selbstschutz.

Die Einzelpläne 01 bis 36 sind jeweils extrem kopflastig zur Ausgabenseite; der Einzelplan 60 (Steuern usw.) dagegen ist extrem kopflastig zur Einnahmeseite.

Zusammen bilden die Einzelpläne den – bei seiner Aufstellung ausgeglichenen – Haushaltsplan.

C. Kapitel

Die Kapitel untergliedern einen Einzelplan auf der Grundlage des Organisations- bzw. des Funktionalprinzips nach
- Verwaltungsbehörden bzw.
- Aufgabenbereichen

innerhalb eines Einzelplans.

In der Staatsverwaltung ist für jede *oberste* und grds. für jede *obere* Bundes-/Landesbehörde *gesondert* und für die Mittel- und Ortsinstanzen desselben Ressorts *zusammengefaßt je ein Kapitel* ausgebracht.

Einem Kapitel können "*Vorbemerkungen*" vorangestellt werden, die den nachgeordneten Bereich bzw. bestimmte Aufgabenbereiche näher erläutern; soweit Kapitel Behörden zum Gegenstand haben, sind in den Vorbemerkungen zu den Kapiteln die Rechtsgrundlagen für die Errichtung sowie Aufbau und Aufgaben der jeweiligen Behörden in den Grundzügen darzustellen[22].

Die Angabe eines Kapitels ist zitierweise mit "Kapitel 14 04" allgemein üblich; exakt müßte es jedoch heißen: "Einzelplan 14, Kapitel 04".

Einteilung der Kapitel
z.B. im Epl 14:

Kapitel	*Bezeichnung des Kapitels*
14 01	Bundesministerium der Verteidigung
14 02	Allgemeine Bewilligungen
14 03	Kommandobehörden, Truppen
14 04	Bundeswehrverwaltung und Personalausgaben für das Zivilpersonal bei den Kommandobehörden, Truppen usw.
14 05	Bildungswesen
14 06	Militärseelsorge
14 07	Rechtspflege
14 08	Sanitätswesen
14 09	Rüstungskontrolle und Abrüstung
14 10	Verpflegung
14 11	Bekleidung
14 12	Unterbringung
14 13	Pionierwesen

Kapitel	*Bezeichnung des Kapitels*
14 14	Fernmeldewesen
14 15	Feldzeugwesen
14 16	ABC-Schutzmaterial
14 17	Quartiermeisterwesen
14 18	Schiffe und Marinegerät
14 19	Flugzeuge, Flugkörper und flugtechnisches Gerät
14 20	Wehrforschung, wehrtechnische und sonstige militärische Entwicklung und Erprobung
14 21	Wehrtechnik und Beschaffung
14 22	Bewilligung im Rahmen der Mitgliedschaft zur NATO und zu anderen internationalen Organisationen
14 23	Sozialversicherungsbeiträge und Fürsorgemaßnahmen für Soldaten

22 S. VV-HB, HRB, Ziffer 2.1.

Abschluß des Kapitels: Jedes Kapitel ist – wie auch jeder Einzelplan – in sich abgeschlossen und vermittelt einen Überblick über die veranschlagten Haushaltseinnahmen und -ausgaben dieses Kapitels:

Abschluß des Kapitels 14 04

14 04
Bundeswehrverwaltung und Personalausgaben für das Zivilpersonal bei den Kommandobehörden, Truppen usw.

Abschluß	1992 1000 DM	1991 1000 DM
Einnahmen		
Steuern und steuerähnliche Abgaben	–	–
Verwaltungseinnahmen	–	–
Übrige Einnahmen	–	–
Gesamteinnahmen	–	–
Ausgaben		
Personalausgaben	8 274 927	7 261 286
Sächliche Verwaltungsausgaben	243 560	215 723
Militärische Beschaffungen, Anlagen usw.	–	–
Schuldendienst	–	–
Zuweisungen und Zuschüsse (ohne Investitionen)	2 105	2 164
Ausgaben für Investitionen	44 425	34 325
Besondere Finanzierungsausgaben	–	–
	8 565 017	7 513 498

D. Titel

1. Allgemeines

Die Kapitel eines Einzelplans sind in Titel unterteilt.

Art. 109 (2) GG bestimmt, daß Bund und Länder bei ihren Haushaltswirtschaften den Erfordernissen des gesamtwirtschaftlichen Gleichgewichts Rechnung zu tragen haben. Dieses kann sachdienlich nur nach einheitlichen haushaltsrechtlichen Grundsätzen geschehen. Voraussetzung für die Koordinierung der Haushaltspolitiken – im Verfolg des gesamtwirtschaftlichen Gleichgewichts – ist die Vergleichbarkeit der öffentlichen Haushalte und ihre Transparenz auf der Grundlage der Rechtseinheitlichkeit.

An die Haushaltssystematik sind drei Grundforderungen zu stellen:

Die Darstellung soll

a) die *haushaltsmäßigen* Erfordernisse bei Aufstellung, Ausführung und Abschluß des Haushalts berücksichtigen (Gliederung nach Verantwortungsbereichen),
b) den *wirtschaftspolitischen* Gehalt des Haushalts und die Wirkungen der finanzpolitischen Entscheidungen auf die gesamtwirtschaftliche Entwicklung und auf den Konjunkturablauf ausweisen sowie zeigen, in welchen Größenordnungen sich die Verflechtungen mit der Volkswirtschaft bewegen.
c) Auskunft darüber geben, in welchem Umfang einzelne öffentliche Aufgaben (*Funktionen*) erfüllt werden[23].

Um der *gesamtwirtschaftlichen Lenkungsfunktion* des Budgets zu entsprechen, werden alle Titel durch den Gruppierungsplan nach *volkswirtschaftlichen Einnahme- und Ausgabearten* nach der Systematik des Staatskontos in der Volkswirtschaftlichen Gesamtrechnung bezeichnet und in der *Gruppierungsübersicht* zusammengefaßt.

Die neue Haushaltssystematik liefert somit eine Reihe wichtiger Unterlagen für finanz- und wirtschaftspolitische Entscheidungen; sie gibt auf diese Weise der Regierung die Möglichkeit, sofern erforderlich, eine *wirksamere antizyklische Konjunkturpolitik mittels der öffentlichen Haushalte* zu betreiben.

Daß auch die Systematik der mehrjährigen Finanzplanung und die Finanzstatistik mit der Haushaltsplanung in Einklang gebracht wird, erhöht ihren Aussagewert erheblich. So werden ohne große Schwierigkeiten auch die Einkommens- und Vermögensübertragungen der öffentlichen Hand, der Zahlungsverkehr zwischen den Gebietskörperschaften, die Höhe des Finanzausgleichs und andere wichtige Unterlagen für finanz- und wirtschaftspolitische Entscheidungen elektronisch erstellt.

Die neue Systematik der Haushaltspläne führt letztlich auch zu einer erheblichen Vereinfachung und Kostenersparnis in der öffentlichen Verwaltung.

Organisatorische Kriterien der Haushaltsgliederung werden durch die Finanzverantwortung nach dem Institutional- und Realprinzip dargestellt; *ökonomische* Kriterien der Haushaltsgliederung werden dagegen durch den Gruppierungsplan erfüllt.

Die neue Gliederung (Systematik) des Haushalts unterscheidet sich von der bisherigen im wesentlichen dadurch, daß die Haushaltseinnahmen und -ausgaben ein-

---

23 Vgl. VV-HB, AH-GF, Ziffer 3.

heitlich nach *makroökonomischen Gesichtspunkten* auf der Grundlage des Staatskontos der volkswirtschaftlichen Gesamtrechnung geordnet sind.

Der Gliederung des Haushalts liegen die "Verwaltungsvorschriften zur Haushaltssystematik des Bundes" (VV-HB) zugrunde. An die Stelle des "Vorläufigen Eingliederungsplans" tritt für die Grundeinteilung der Titel – erstmals im Haushaltsplan 1969 – der "Gruppierungsplan (GPL), der für Bund, Länder und Gemeinden einheitlich bindend ist.

Die Titel sind sachlich – nach ökonomischen Gesichtspunkten – neu gegliedert und mit neuen Titelnummern nach dem Dezimalsystem versehen, was die Ermittlung von Zwischen- und Endergebnissen in kürzester Zeit durch Datenverarbeitungsanlagen erleichtert.

2. Gruppierungsnummer

Der Gruppierungsplan, der Bestandteil der "Verwaltungsvorschriften zur Haushaltssystematik des Bundes (VV-HB)" ist, geht bei der Ordnung der Einnahmen und Ausgaben von *makroökonomischen Gesichtspunkten* auf der Grundlage der Systematik des Staatskontos der volkswirtschaftlichen Gesamtrechnung aus[24]. Durch die für den Bund und die Länder (und Gemeinden) vorgeschriebene Grundeinteilung der Titelnummer wird die nach dem Dezimalsystem festgelegte Darstellungsform auch den Erfordernissen der elektronischen Datenverarbeitung (EDV) gerecht.

Im Gruppierungsplan sind die ersten drei Ziffern der Titelnummer – die sogenannte "Gruppe" – "Gruppierungsnummer" – für den Bund und für die Länder übereinstimmend und bindend festgelegt; der Gruppierungsplan ist auch mit der Haushaltssystematik der Gemeinden abgestimmt.

Durch die bei allen Gebietskörperschaften (Bund, Länder, Gemeinden, Gemeindeverbände – einschließlich der Sondervermögen –) für jede einzelne Zweckbestimmung übereinstimmend geltende Gruppierungsnummer (die ersten drei Ziffern der fünfstelligen Titelnummer) lassen sich die Haushaltspläne dieser Gebietskörperschaften ohne große Umrechnung miteinander vergleichen. Die Haushaltswirtschaft der öffentlichen Hand und ihre Wirkung auf die gesamtwirtschaftliche Entwicklung lassen sich weitaus schneller als bisher erkennen und beurteilen. So können aufgrund der Darstellungsform der Einnahmen und Ausgaben nach dem Dezimalsystem von den EDV-Anlagen die konsumtiven Ausgaben und die Investitionsausgaben ermittelt werden. Der Umverteilungsprozeß der Einkommen über die Staatshaushalte ist sofort größenordnungsmäßig zu erkennen. Die Wirkungen der Haushaltsausgaben auf die Binnennachfrage können ohne weiteres festgestellt werden.

---

24 Vgl. *Piduch*, a.a.O., RN 6 zu § 13 BHO/LHO.

Die Richtungen der Ausgabenströme und die Anstoßwirkung auf die einzelnen Wirtschaftsbereiche lassen sich schneller als bisher ermitteln. Kaufkraftentzug und Kaufkraftzuführung durch öffentliche Haushalte sind ohne weiteres feststellbar. Auch läßt sich der öffentliche Gesamthaushalt ohne großen Verwaltungsaufwand aufstellen. Hieraus ergibt sich die weitere Möglichkeit, eine wirksamere antizyklische Konjunkturpolitik mittels der öffentlichen Haushalte zu betreiben.

Die Veranschlagung nach dem Gruppierungsplan, der einen umfassenden Katalog volkswirtschaftlicher Einnahme- und Ausgabekategorien darstellt, bedeutet, daß jeder einzelne Haushaltsansatz einer bestimmten ökonomischen Kategorie (Gruppe) zugeordnet wird. Die Gruppierungsnummer ist Teil der Titelnummer und somit zugleich Grundlage der Buchung, der Rechnungslegung und der statistischen Zusammenfassung.

Die erste Ziffer der dreistelligen Gruppierungsnummer ist die "Hauptgruppe". Diese Hauptgruppen sind

auf der *Einnahmeseite*:

0 = Einnahmen aus Steuern und steuerähnliche Abgaben
1 = Allgemeine Verwaltungseinnahmen und Einnahmen aus Schuldendienst und dergleichen
2 = Einnahmen aus Zuweisungen und Zuschüssen für laufende Zwecke
3 = Einnahmen aus Schuldenaufnahmen, aus Zuweisungen und Zuschüssen für Investitionen, besondere Finanzierungseinnahmen

auf der *Ausgabenseite*:

4 = Personalausgaben,
5 = sächliche Verwaltungsausgaben, milit. Beschaffungen usw., Ausgaben für Schuldendienst sowie Baumaßnahmen im Geschäftsbereich des BMVg,
6 = Ausgaben für Zuweisungen und Zuschüsse für laufende Zwecke,
7 = Baumaßnahmen,
8 = sonstige Ausgaben für Investitionen und Investitionsförderungsmaßnahmen,
9 = Besondere Finanzierungsausgaben.

Die Titel der Hauptgruppen 0 bis 3 sind Einnahmetitel; Titel der Hauptgruppen 4 bis 9 sind Ausgabetitel.

Die *konsumtiven* Ausgaben werden in Titeln der Hauptgruppen 4 bis 6, die *investiven* Ausgaben dagegen in den Titeln der Hauptgruppen 7 und 8 ausgewiesen; Rüstungskäufe und Ausgaben für militärische Anlagen werden – nach internationaler Regelung – *nicht* zu den Investitionen gerechnet, sondern in der Obergruppe 55 gesondert dargestellt (s. Fn. 10).

In der Hauptgruppe 9 werden die *besonderen Finanzierungsausgaben* ausgewiesen.

Innerhalb dieser Hauptgruppen werden entsprechend dem Dezimalsystem durch Anhängen einer zusätzlichen Ziffer, die stets mit 1 beginnt, "*Obergruppen*" mit präziserem ökonomischen Gehalt geschaffen, z.B.:

Hauptgruppe 4 = Personalausgaben
Obergruppe 41 = Aufwendungen für Abgeordnete und ehrenamtliche Tätige
Obergruppe 42 = Dienstbezüge und dgl.
Obergruppe 43 = Versorgungsbezüge und dgl.
Obergruppe 44 = Beihilfen, Unterstützungen und dgl.
Obergruppe 45 = Personalbezogene Sachausgaben.

Innerhalb dieser Obergruppen werden entsprechend dem Dezimalsystem durch Anhängen einer zusätzlichen, dritten Ziffer, die ebenfalls stets mit 1 beginnt, die "Gruppen" oder auch "Gruppierungsnummern" genannt, mit noch engerem, noch präziserem ökonomischen Gehalt geschaffen, z.B.:

Hauptgruppe 4 = Personalausgaben
Obergruppe 42 = Dienstbezüge
Gruppe 421 = Bezüge des Bundespräsidenten, Bundeskanzlers, Ministerpräsidenten, Ministers, Wehrbeauftragten, der Parlamentarischen Staatssekretäre
Gruppe 422 = Bezüge der Beamten und Richter
Gruppe 423 = Bezüge der Berufssoldaten und Soldaten auf Zeit, Wehrsold der Wehrpflichtigen sowie Sold der Ersatzdienstleistenden
Gruppe 424 = Bezüge der Angehörigen des Zivilschutzkorps
Gruppe 425 = Vergütungen der Angestellten
Gruppe 426 = Löhne der Arbeiter
Gruppe 427 = Beschäftigungsentgelte, Aufwendungen für nebenamtlich und nebenberuflich Tätige.

So erfährt die Hauptgruppe über die Obergruppe hin zur Gruppe (= Gruppierungsnummer) eine volkswirtschaftlich spezifizierte und haushaltsrechtlich bindende Aussage; z.B.:

Hauptgruppe 4 = Personalausgaben
Obergruppe 42 = Dienstbezüge und dgl.
Gruppe 422 = Bezüge der Beamten und Richter.

Die Gruppierungsnummer ist im Gruppierungsplan für Bund und Länder (und Gemeinden) übereinstimmend festgelegt. Eine weitere Aufteilung der dreistelligen Gruppierungsnummer in die fünfstellige Titelnummer ist in das Ermessen der jeweiligen Gebietskörperschaft gestellt. Die letzten zwei Ziffern – Ordnungsziffer[25] – beginnen stets mit 01, 02, 03 usw., z.B.:

422 01 = Bezüge der planmäßigen Beamten
422 02 = Bezüge der beamteten Hilfskräfte
422 03 = Anwärterbezüge der Beamten auf Widerruf im Vorbereitungsdienst.

---

25 S. VV-HB, HRB, Ziffer 2.2.

3. Veranschlagungsform der Titel

Im Bundeshaushaltsplan sind ca. 11000 Titel aufgeführt; davon sind 9500 Ausgabetitel und 1500 Einnahmetitel. Der Titel ist in der Haushaltssystematik die kleinste haushaltstechnische Einheit.

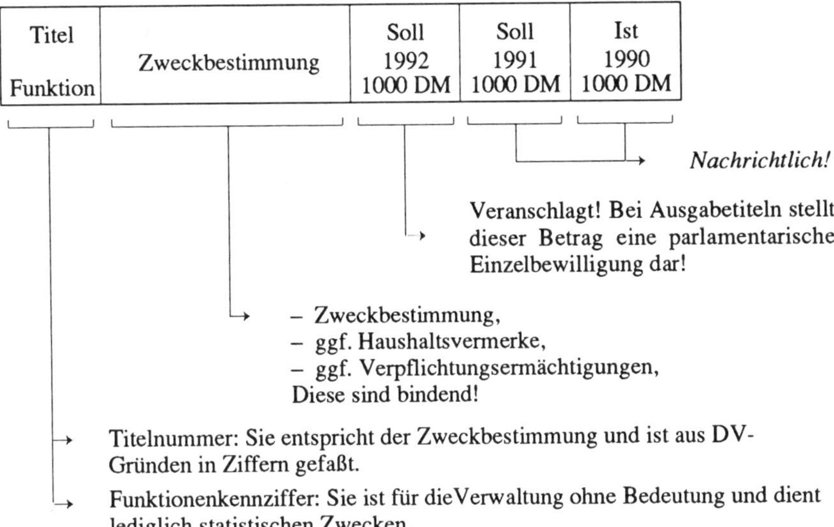

Titel
Funktion
Zweckbestimmung
Soll 1992 1000 DM
Soll 1991 1000 DM
Ist 1990 1000 DM
Nachrichtlich!
Veranschlagt! Bei Ausgabetiteln stellt dieser Betrag eine parlamentarische Einzelbewilligung dar!
– Zweckbestimmung,
– ggf. Haushaltsvermerke,
– ggf. Verpflichtungsermächtigungen,
Diese sind bindend!
Titelnummer: Sie entspricht der Zweckbestimmung und ist aus DV-Gründen in Ziffern gefaßt.
Funktionenkennziffer: Sie ist für dieVerwaltung ohne Bedeutung und dient lediglich statistischen Zwecken.

Die Gestaltung und Darstellungsform der Titel ist in den Grundformen für alle Gebietskörperschaften einheitlich geregelt.

Ein Titel beziffert den durch den Haushaltsplan bestimmten Zweck, Ansatz und gegebenenfalls eine Verpflichtungsermächtigung.

Ein Titel ist die Zusammenfassung haushaltswirtschaftlich und ökonomisch zusammengehörender Einnahmen oder Ausgaben[26].

Ein Titel ist somit die haushaltsrechtliche Darstellungsform einer einzelnen Einnahme- oder Ausgabe*art*. Dabei sind die Einnahmen nach dem Entstehungsgrund (z.B. Einkommensteuer), die Ausgaben und die Verpflichtungsermächtigungen dagegen nach Zwecken (z.B. Geschäftsbedarf, Bücher und Zeitschriften) getrennt zu veranschlagen (= Einzelveranschlagungsgrundsatz)[27]. Ein "Titel" besteht aus

- der Titelnummer,
- der Zweckbestimmung und
- dem veranschlagten Betrag (= Ansatz).

---

26 Vgl. *Reiberg/Wobser*, a.a.O., S. 514.
27 Vgl. § 17 BHO/LHO.

Die Titelnummer wird häufig vereinfacht auch "Titel" genannt.

Die Zweckbestimmung ist das "Dispositiv" und wirkt im Haushaltsplan konstitutiv.

Der veranschlagte Betrag ist der für das Bezugsjahr (= Haushaltsplanungsjahr) voraussichtlich anfallende Betrag.

Nur allein in dieser Darstellungsform stellt ein im Haushaltsplan bei einem Ausgabetitel veranschlagter Betrag eine parlamentarische Ausgabebewilligung dar[28]! Die einzelnen Ausgabetitel sind daher die Basis der jeweiligen parlamentarisch-konstitutiven Ausgabebewilligungen im Haushaltsplan!

Veranschlagung beim Kap. 14 04

Titel Funktion	Zweckbestimmung	Soll 1992 1000 DM	Soll 1991 1000 DM	Ist 1990 1000 DM
	Sächliche Verwaltungsausgaben			
511 01 - 0 31	Geschäftsbedarf, Bücher und Zeitschriften	7810	6200	6708

→ veranschlagt und parlamentarisch bewilligt!

Erläuterungen	DM
1. Büromaterial	4230000
2. Druck- und Buchbinderarbeiten	1040000
3. Bücher, Landkarten, Zeitschriften, Gesetz- und Verordnungsblätter	1924000
4. Inanspruchnahme von elektronischen Fachinformationszentren	3000
5. Sonstiges	613000
Zusammen	7810000

→ Darstellung der Zusammensetzung des veranschlagten Betrages lediglich zur Information; grds. nicht bindend!

4. Festtitel

Festtitel sind solche Titel, die mit ihrer fünfstelligen Titelnummer und der dazu gehörenden Zweckbestimmung bindend festgelegt sind.

Die Festtitel sind in den HRB mit Titelnummer und Zweckbestimmung für alle *Bundes*behörden *verbindlich* vorgeschrieben.

Während in den VV-HB der Gruppierungsplan und auch der Funktionenplan für Bund und Länder *einheitlich* festgelegt ist, stellen die HRB Ergänzungen zur BHO dar und gelten daher nur für den Bund.

28 Vgl. § 3 BHO/LHO.

5. Titelgruppen

Vom Haushaltsjahr 1971 an ist die bisherige Bezeichnung "Titel mit gleicher Zweckbestimmung" in "Titelgruppen" geändert worden. Hierunter sind die Ausgaben zusammengefaßt, die sich aus Einzelbeträgen verschiedener ökonomischer Arten zuammensetzen und daher getrennt voneinander veranschlagt werden müssen, jedoch für einen gemeinsamen übergeordneten Zweck vorgesehen sind, z.B.:

Kap. 08 03:	*Titelgruppen*
Titelgr. 01	*Aus- und Fortbildung*
Titel 453 11	Trennungsgeld, Mietersatz, Fahrtkostenzuschüsse sowie Umzugskostenvergütungen
524 11	Lehr- und Lernmittel
525 11	Aus- und Fortbildung
527 11	Reisekostenvergütungen für Inlandsdienstreisen
527 12	Reisekostenvergütungen für Auslandsdienstreisen
Titelgr. 02	*Kosten der Datenverarbeitung*
Titel 513 22	Kosten der Datenfernübertragung
515 24	Geräte, Ausstattungs- und Ausrüstungsgegenstände sowie Maschinen
518 24	Mieten für Datenverarbeitungsanlagen, Geräte und Maschinen
522 21	Verbrauchsmaterial

6. Leertitel

Leertitel sind solche, die im Haushaltsplan als Titel mit Zweckbestimmung, jedoch *ohne* Ansatz ausgebracht sind. Das kann in den Fällen eintreten, in denen mit Sicherheit mit dem Eingang eines Betrages gerechnet werden kann, dessen Höhe jedoch nicht abzusehen ist.

Im Falle einer Rezession kann die Bundesregierung überdies bestimmten, daß zusätzliche Ausgaben geleistet werden[29], die als Konjunkturausgleichsrücklage im Eventualhaushalt zu veranschlagen sind[30] oder im Rahmen der Kreditfinanzierung beschafft werden[31]. Für diese Einnahmebeträge (Konjunkturausgleichsrücklage oder Kredite) ist im Haushaltsplan bei 60 02/355 01 (Konjunkturausgleichsrücklage) und bei 60 02/359 02 (Kredite) jeweils ein Leertitel vorgesehen, während für die hierzu gehörenden Ausgabebeträge bei 60 02/971 01 ein korrespondierender Leertitel eingestellt ist[32].

Die nach § 8 StWG vorgesehenen Ausgaben aus dem Leertitel sind an den Vorbehalt parlamentarischer Zustimmung gebunden.

29 S. § 6 (2) StWG.
30 S. § 5 (3) StWG.
31 S. § 6 (3) StWG.
32 S. § 8 (1 u. 2) StWG.

7. Haushaltsvermerke

Die nach den HRB im Dispositiv des Haushaltsplans aufgeführten Haushaltsvermerke sind für die Ausführung des Haushaltsplans *verbindlich*. Danach werden die Einnahme- und Ausgabetitel durch folgende Haushaltsvermerke aufgegliedert:

a) Zweckbindungsvermerk: "Die Einnahmen dienen zur Leistung von Ausgaben bei Titel ...".
b) Übertragbarkeitsvermerk: "Die Ausgaben sind übertragbar".
c) Deckungsvermerk: "Die Mittel der Titel ... und ... sind gegenseitig deckungsfähig".
d) Selbstbewirtschaftungsmittelvermerk: "Die Mittel können zur Selbstbewirtschaftung zugewiesen werden".
e) Verstärkungsvermerk: "Die Mittel dürfen bis zur Höhe der Einnahmen bei Titel ... überschritten werden".
f) Rückeinnahmevermerk: "Rückeinnahmen fließen den (Ausgabe-)Mitteln zu".
g) Erstattungsvermerk: "Zu erstattende ... können, auch wenn sie in einem früheren Haushaltsjahr vereinnahmt worden sind, aus den Einnahmen gezahlt werden".
h) Umwandlungsvermerk: "1 (Planstelle A 11) ku spätestens 1990 in BesGr A 10".
i) Wegfallvermerk: "1 (Planstelle A 11) kw 1990".
j) Sperrvermerk: "1 (Planstelle A 11) gesperrt".

Die "Haushaltsvermerke" sind somit *einschränkende* oder *erweiternde* Bestimmungen zur Bewirtschaftung der Ansätze.

Beispiel für einen Haushaltsvermerk

Titel Funktion	Zweckbestimmung	Soll 1992 1000 DM	Soll 1991 1000 DM	Ist 1990 1000 DM
515 24 - 031	Geräte, Ausstattungs- und Ausrüstungsgegenstände sowie Maschinen Die Ausgaben sind übertragbar.	7100	5000	5559

8. Erläuterungen

Wenn der umfassende Verwendungszweck eines Haushaltsansatzes aus dem Wortlaut der Zweckbestimmung nicht zweifelsfrei hervorgeht, so wird er in einer besonderen Erläuterung zu dem Titel näher bezeichnet.

Die Erläuterungen befinden sich unterhalb der Titel - Dispositiv - Ansatz - Darstellung und dienen lediglich der Begründung des jeweiligen Titels; sie stellen insoweit lediglich eine spezifizierte – für die Mittelbewirtschaftung die Kassen- und Buchführung grundsätzlich nicht zu berücksichtigende – Aufgliederung der veranschlagten Beträge dar, die besagen, wie sich der Haushaltsansatz zusammensetzt.

Darüber hinaus bringen die Erläuterungen nähere Ausführungen zum Wortlaut der Zweckbestimmung.

Die Erläuterungen im Haushaltsplan sind grundsätzlich nicht verbindlich, was nicht ausschließt, daß sie im Ausnahmefall durch das Haushaltsgesetz oder den Haushaltsplan doch für verbindlich erklärt werden können.

9. Verpflichtungsermächtigungen

Verpflichtungsermächtigungen sind parlamentarische Ermächtigungen zum Eingehen von Verpflichtungen, die zur Leistung von Ausgaben in künftigen Jahren führen.

Verpflichtungsermächtigungen sind parlamentarische Vertragsvollmachten, aber keine auf das Haushaltsplanungsjahr bezogene Ausgabebewilligungen, sondern haushaltsrechtliche Ermächtigungen, im laufenden Haushaltsjahr eine Verpflichtung (Bestellung) einzugehen, wobei die entsprechende Leistung von Ausgaben erst in späteren Haushaltsjahren erfolgt.

Entfällt eine Verpflichtungsermächtigung auf mehrere Jahre, so ist die Gesamtsumme der Verpflichtungsermächtigung und die auf die einzelnen Jahre entfallenden Beträge anzugehen.

Verpflichtungsermächtigungen sind nicht der Deckungsfähigkeit zugänglich, ebenso sind sie nicht übertragbar, da sie keine Ausgabebewilligung darstellen. Sie können nur für den im Haushaltsplan bezeichneten Zweck und nur bis zum Ende des Haushaltsplanungsjahres in Anspruch genommen werden.

Beispiel für Verpflichtungsermächtigungen

Titel Funktion	Zweckbestimmung		Soll 1992 1000 DM	Soll 1991 1000 DM	Ist 1990 1000 DM
518 24 - 0 31	Mieten für Datenverarbeitungsanlagen, Geräte und Maschinen		100600	103608	85296
	Verpflichtungsermächtigung	108240 TDM			
	davon fällig:				
	Haushaltsjahr 1993 bis zu	33600			
	Haushaltsjahr 1994 bis zu	35800			
	Haushaltsjahr 1995 bis zu	17920			
	Haushaltsjahr 1996 bis zu	17920			

Erläuterungen

1. Mieten für Datenverarbeitungsanlagen einschl. der Peripherie-Geräte (ohne Mieten für Rechenzeiten)	57920
2. Mieten für sonstige Geräte und Maschinen	42680
3. Mieten für Rechenzeiten	-
Zusammen	100600

10. Kennzeichnung der Gliederung

Die Aufteilung des Haushaltsplans in Einzelpläne, Kapitel und Titel geschieht durch Kennzahlen im Dezimalsystem.

Die beiden ersten Ziffern bezeichnen stets den Einzelplan. Die folgenden zwei Ziffern bezeichnen stets das Kapitel. Getrennt hiervon wird die fünfstellige Titelnummer dargestellt; z.B.:

Einzelplan 14	= Geschäftsbereich des Bundesministers der Verteidigung:	14
Kapitel 04	= Bundeswehrverwaltung usw.:	04
Titel-Nr. 511 01	= Geschäftsbedarf, Bücher und Zeitschriften:	511 01
Haushaltsstelle:		14 04/511 01

Diese Schreibweise entspricht der Darstellungsform im gesetzlich festgestellten Haushaltsplan und in den einschlägigen Bundestagsdrucksachen!

Gliederung einer Haushaltsstelle nach der Haushaltssystematik

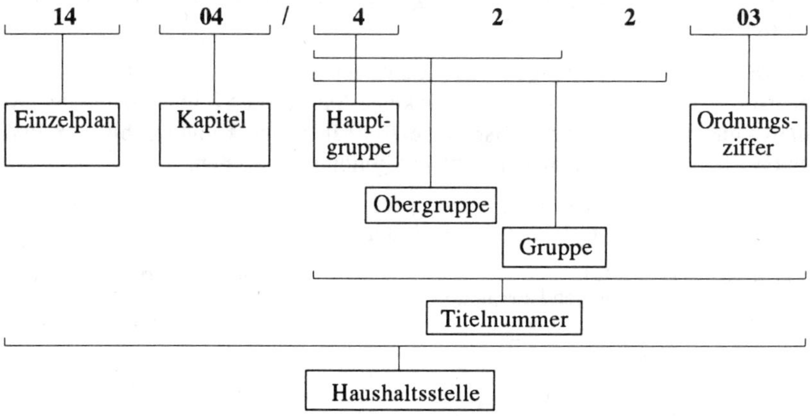

E. Funktionenplan

Der Haushaltsplan, der seinem Wesen nach Planungs-, Bewirtschaftungs- und Kontrollinstrument ist, folgt in seiner äußeren Zusammensetzung durch die Aufteilung in die Einzelpläne der Obersten Bundes-/Landesbehörden dem institutionellen Verwaltungsaufbau.

Neben dem auf der Grundlage des Gruppierungsplans erstellten Haushaltsplan wird auf der Grundlage des Funktionsplans jährlich eine Funktionenübersicht aufgestellt, in der diejenigen Haushaltsansätze *aller* Einzelpläne zusammengestellt sind, die den gleichen Aufgaben (Funktionen) dienen. Die Funktionenübersicht stellt somit eine Aufgliederung des Haushaltsplans – nicht nach dem institutionellen Verwaltungsaufbau der Obersten Bundes-/Landesbehörden –, sondern nach den Aufgaben (Funktionen) aller Bundes-/Landesverwaltungen dar.

Die Funktionenübersicht gliedert die Einnahmen und Ausgaben des Haushaltsplans nicht nach Einzelplänen, sondern nach funktionalen Gesichtspunkten[33].

Funktionen sind:
0 = Allgemeine Dienste
1 = Bildungswesen, Wissenschaft, Forschung, kulturelle Angelegenheiten
2 = Soziale Sicherung, soziale Kriegsfolgeaufgaben, Wiedergutmachung
3 = Gesundheit, Sport und Erholung
4 = Wohnungswesen, Raumordnung und kommunale Gemeinschaftsdienste
5 = Ernährung, Landwirtschaft und Forsten
6 = Energie- und Wasserwirtschaft, Gewerbe, Dienstleistungen
7 = Verkehrs- und Nachrichtenwesen
8 = Wirtschaftsunternehmen, allgemeine Grund-, Kapital- und Sondervermögen
9 = Allgemeine Finanzwirtschaft

Der Funktionenplan ist für Bund und Länder einheitlich. Die Verbindung mit den Ansätzen des Haushaltsplans wird durch eine zusätzliche, von der Titelnummer des Haushaltsplans unabhängige funktionale Kennziffer erreicht. Diese "Funktionenkennziffer" wird von zentraler Stelle in den Entwurf des Haushaltsplans zusätzlich zur Titelnummer eingetragen und im Haushaltsplan mitgedruckt. Die Funktionenkennziffer bleibt sowohl bei der Mittelbewirtschaftung, der Anweisung als auch bei der Kassen- und Buchführung unberücksichtigt.

Die Funktionenkennziffer ist dreistellig; sie ist nach dem Dezimalsystem aufgebaut; z.B.:
0 Allgemeine Dienste
01 Politische Führung und zentrale Verwaltung
02 Auswärtige Angelegenheiten
03 Verteidigung
031 Verwaltung
032 Deutsche Verteidigungsstreitkräfte
033 Verteidigungslasten im Zusammenhang mit dem Aufenthalt ausländischer Streitkräfte
usw.

33 Vgl. § 14 BHO/LHO.

Die Funktionenkennziffer heißt in der 1. Ziffer: Hauptfunktion, in der 1. und 2. Ziffer: Oberfunktion und in der 1., 2. und 3. Ziffer: Funktion (Funktionenkennziffer).

Die Gruppierungsnummer und die Funktionenkennziffer sind von vornherein ineinander übersetzbar[34].

Die Funktionenübersicht wird von der Bundesregierung nicht förmlich beschlossen, sie wird auch nicht vom Haushaltsgesetz erfaßt, ebenso wird sie nicht im Bundesgesetzblatt veröffentlicht. Sie hat nur informatorischen Charakter.

Die Endsummen der Einnahmen und Ausgaben der Funktionenübersicht, die eine *Anlage* des Haushaltsplans ist, decken sich mit den Endsummen des Haushaltsplans.

Beispiel für die Funktionenkennziffer

Titel Funktion	Zweckbestimmung	Soll 1992 1000 DM	Soll 1991 1000 DM	Ist 1990 1000 DM
422 03 → - 0 31	Anwärterbezüge der Beamten auf Widerruf im Vorbereitungsdienst	17900	18473	15888
	Die Ausgaben sind in Höhe von 1500 TDM gesperrt.			

F. Abschluß des Einzelplans

1. Abschluß der Einnahmen und Ausgaben im Epl ..

Alle im Einzelplan veranschlagten Einnahmen und Ausgaben werden in grundsätzlicher Übereinstimmung mit der Ordnung des Gruppierungsplans – nach Einnahmen und Ausgaben getrennt – am Ende der veranschlagten Einzelbeträge in einem "Abschluß des Einzelplans .." zusammenfassend dargestellt:

Abschluß des Einzelplans 14:

	1992 1000 DM	1991 1000 DM	Veränderung gegenüber 1991 1000 DM
Einnahmen			
Steuern und steuerähnliche Abgaben	–	–	–
Verwaltungseinnahmen	669 115	625 185	43 930
Übrige Einnahmen	191 600	203 414	-11 814
Gesamteinnahmen	860 715	828 599	32 116

34 S. *Krüger-Spitta/Bronk*, a.a.O., S. 63.

Ausgaben			
Personalausgaben	25 469 963	23 510 759	1 959 204
Sächliche Verwaltungsausgaben	5 960 586	5 699 232	261 354
Militärische Beschaffungen, Anlagen usw.	19 523 037	21 950 311	-2 427 274
Schuldendienst	–	–	–
Zuweisungen und Zuschüsse (ohne Investitionen)	1 981 489	2 052 336	-70 847
Ausgaben für Investitionen	292 925	324 827	-31 902
Besondere Finanzierungsausgaben	-628 000	-175 000	-453 000
Gesamtausgaben	52 600 000	53 362 465	-762 465

Die zusammengesetzten Beträge stimmen mit der Summe der Einzelveranschlagungen überein.

2. Übersicht über die Verpflichtungsermächtigungen im Epl..

Dem Abschluß der im Einzelplan veranschlagten Einnahmen und Ausgaben ist eine "Übersicht über die Verpflichtungsermächtigungen im Einzelplan .." beigegeben.

Hier sind die im Einzelplan aufgeführten "Ermächtigungen zum Eingehen von Verpflichtungen zur Leistung von Zahlungen in künftigen Haushaltsjahren (= Verpflichtungsermächtigungen)" – nach Kapiteln und Titeln getrennt – aufgeführt. Die Verpflichtungsermächtigungen sind darüber hinaus mit den auf die einzelnen Folgejahre entfallenden Beträgen aufgeführt und zum Abschluß als Einzelplansumme nach Jahren getrennt zusammengefaßt.

3. Personalhaushalt im Epl ..

Die Haushaltsmittel für Planstellen sind im jeweiligen Einzelplan beim entsprechenden Personaltitel zu veranschlagen.

Zusätzlich sind die Planstellen gemäß § 17 Abs. 5 BHO/LHO mit ihrer Besoldungsgruppe und Amtsbezeichnung im Einzelplan aufzuführen, da diese aus der Veranschlagungssumme nicht im einzelnen erkennbar sind.

Ab Haushaltsjahr 1990 werden die Planstellen im Einzelplan nicht mehr beim Personaltitel ausgewiesen, sondern sie werden am Schluß des Einzelplans in einer Übersicht als "*Personalhaushalt*" – nach Personalkapiteln getrennt – aufgeführt.

Dies gilt auch für die entsprechenden Amtsbezeichnungen der Beamten und Dienstgrade der Soldaten, die in einer "Anlage zu den Stellenplänen" hierzu dargestellt werden. Für Angestellte und Arbeiter wird sinngemäß verfahren.

Die Haushaltsmittel für "Stellen" sind im Einzelplan beim entsprechenden Personaltitel zu veranschlagen.

Ab Haushaltsjahr 1990 werden auch die Stellen für Angestellte, Arbeiter, Beamte auf Probe bis zur Anstellung und Beamte auf Widerruf im Vorbereitungsdienst im Einzelplan nicht mehr beim Personaltitel, sondern ebenfalls am Schluß des Einzelplans in einer Übersicht als "Personalhaushalt" – nach Personalkapiteln getrennt – aufgeführt. Dabei werden die Stellen für Angestellte nach Vergütungsgruppen, die Stellen für Arbeiter, für Beamte auf Probe und Beamte auf Widerruf im Vorbereitungsdienst – getrennt voneinander – nach ihrer Anzahl in den Erläuterungen dargestellt.

G. Verwaltungshaushalt und Finanzhaushalt

Der Haushaltsplan kann auch in einen *Verwaltungs*haushalt und in einen *Finanz*haushalt gegliedert werden; beide können jeweils für zwei Haushaltsjahre, nach Jahren getrennt, aufgestellt werden. Die Bewilligungszeiträume für beide Haushalte können in aufeinanderfolgenden Haushaltsjahren beginnen[35].

Gestaltungsmöglichkeiten des Haushaltsplans[36]:

1.		1992		= 1 Hpl (§ 11 [1] BHO)
2.		1992	1993	= 2 Hpl (§12 [1] BHO)
3. a)	Verw.-Hh.:	1992		
b)	Finanz-Hh.:	1992		= 1 Hpl (§ 12 [2], Satz 1 BHO)
4. a)	Verw.-Hh.:	1992	1993	= 2 Hpl (§ 12 [2], Satz 1 BHO)
b)	Finanz-Hh.:	1992	1993	
		1 Hpl	1 Hpl	
5. a)	Verw.-Hh.:	1992	1993	= 1 Hpl (1992) + Verwaltungshaushalt 1993
b)	Finanz.-Hh.	1992		"bewilligt"
		1 Hpl		(nicht: "festgestellt").

Der Verwaltungshaushalt enthält:

a) Die zu erwartenden Verwaltungseinnahmen,
b) die voraussichtlich zu leistenden Personalausgaben und sächlichen Verwaltungsausgaben,
c) die voraussichtlich benötigten Verpflichtungsermächtigungen zur Leistung von Verwaltungsausgaben.

Der Finanzhaushalt besteht aus den übrigen (Investitions-)Haushaltsansätzen.

---

35 Vgl. § 12 (2) BHO/LHO.
36 Vgl. BT-Drucks. V/3040, TZ 86.

H. Übersichten zum Haushaltsplan

Während der Gesamtplan mit seinen drei Anlagen – der Haushaltsübersicht, der Finanzierungsübersicht und dem Kreditfinanzierungsplan – materieller Bestandteil des Haushaltsplans ist und somit im einzelnen Gesetzesqualität besitzt, handelt es sich bei den Übersichten nach § 14 Abs. 1 BHO um erläuternde statistische *Anlagen* des Haushaltsplans ohne Gesetzesqualität.

Der BMF erstellt die nachstehend aufgeführten Übersichten und fügt diese – im Rahmen der Aufstellung des Haushaltsgesetzes und des Haushaltsplans – dem Entwurf des Haushaltsplans als *Anlagen* bei:

1) Die "Gruppierungsübersicht"[37], die eine Darstellung aller veranschlagten Einnahmen und Ausgaben der Einzelpläne – ohne Rücksicht auf die institutionelle Gliederung – ist und diese nach Einnahme- und Ausgabe*gruppen*, wie sie der Gruppierungsplan bestimmt, darstellt,

2) die "Funktionenübersicht", die eine Darstellung aller veranschlagten Einnahmen und Ausgaben der Einzelpläne – ohne Rücksicht auf den institutionellen Verwaltungsaufbau – ist und die Einnahmen und Ausgaben nach bestimmten Aufgaben, d.h. nach Funktionen, wie sie der Funktionenplan bestimmt, darstellt,

3) den "Haushaltsquerschnitt", der eine Zusammenfassung der Gruppierungsübersicht und der Funktionenübersicht ist und in Form einer Matrix erkennen läßt, welche volkswirtschaftlichen Einnahme- und Ausgabearten nach der Gruppierungsübersicht – waagerecht – auf die einzelnen Aufgabenbereiche nach der Funktionenübersicht – senkrecht – entfallen,

4) die "Übersicht über die den Haushaltsplan in Einnahme und Ausgabe durchlaufenden Posten", d.h. dies sind solche Beträge, die der Bund für einen Dritten vereinnahmt und wieder verausgabt, ohne an der Mittelbewirtschaftung beteiligt zu sein[38],

5) die "Übersicht über die Planstellen der Beamten und die Stellen der Angestellten und Arbeiter" wie sie im Haushalts*plan insgesamt* vorgesehen sind.

Durch diese, den Gesamthaushalt einbeziehenden Übersichten, die dem Entwurf des Haushaltsplans als Anlage beigefügt sind, soll – insbesondere für die haushaltspolitischen Entscheidungen der Bundesregierung und der gesetzgebenden Körperschaften – die Transparenz des Haushaltsentwurfs, auch in gesamtwirtschaftlicher Sicht, hergestellt werden.

---

37 S. *Heuer/Dommach*, a.a.O., zu § 14 BHO.
38 S. *Heuer/Dommach*, a.a.O., zu § 14 BHO.

Darüber hinaus dienen diese Übersichten der "Lesbarkeit" dieses äußerst umfangreichen und ca. 3600 Seiten umfassenden Zahlenwerkes, das jährlich Ausdruck der politischen Auseinandersetzungen und des parlamentarischen Entscheidungsprozesses ist. Ferner dienen diese Übersichten der Überschaubarkeit und der Vergleichbarkeit der Staatshaushalte, auch in Verfolg einer gemeinsamen "mittelfristigen Finanzplanung".

Der Haushaltsplan ist als finanzpolitische Dokumentation ein staatsleitender Gesamtakt von Parlament und Regierung und somit ein finanzpolitischer Hoheitsakt in Gesetzesform[39]. Er ist Grundlage für die jährliche Haushalts- und Wirtschaftsführung und umfaßt in seiner vorstehend beschriebenen Gliederung alle wirtschafts- und finanzpolitischen Maßnahmen der "Öffentlichen Finanzwirtschaft" zum Zwecke der "staatlichen Aufgabenerfüllung".

I. Gliederung außerhalb des Haushaltsplans

Weitere Gliederungsmöglichkeiten *durch die oberste Bundes-/Landesbehörde sind*:

– *Buchungsabschnitte:* Buchungsabschnitte sind im Haushaltsplan (Einzelplan) nicht vorgesehen. Das Ministerium kann jedoch zur Erreichung einer genaueren Aufteilung und somit einer besseren Übersicht und auch Bewirtschaftung über die bei einem Titel anfallenden Ausgaben anordnen, daß ein Titel in Buchungsabschnitte aufzugliedern ist.

Die Kassen haben für jeden Buchungsabschnitt ein Titelkonto anzulegen.

Jeder Buchungsabschnitt ist wie ein *selbständiger Titel* zu behandeln. Die Buchungsabschnitte sind für die anweisenden und mittelbewirtschaftenden Dienststellen sowie für die Kassen verbindlich. Das bedeutet, daß der Titelverwalter für jeden einzelnen Buchungsabschnitt eine Haushaltsüberwachungsliste und der Buchhalter jeweils ein Titelkonto anzulegen. Der Buchungsabschnitt ist in der Kassenanordnung anzugeben.

– *HÜL-Abschnitte:* Die Aufgliederung eines Titels in HÜL-Abschnitte kann in besonderen Fällen vom Ministerium angeordnet werden, wenn diese Maßnahme der präziseren Aufteilung und besseren Übersicht der Ausgaben wegen sinnvoll erscheint.

Die Aufgliederung eines Titels in HÜL-Abschnitte hat – anders als bei Buchungsabschnitten – keine haushalts- oder kassenmäßige Bindung zur Folge.

---

39 BVerfGE 45, 91; 79, 328.

Für die kassenmäßige Behandlung solcher Einnahmen und Ausgaben bleibt diese Unterteilung ohne Bedeutung; der Buchhalter führt für einen Titel mit Aufgliederungen in HÜL-Abschnitte nur ein Titelkonto.

In der vom Titelverwalter zu führenden Haushaltsüberwachungsliste werden Ausgaben dieser Art jedoch kostenmäßig getrennt dargestellt.

Eine Angabe des HÜL-Abschnittes in der Kassenanordnung entfällt.

J. Die Staatliche Haushaltssystematik – Gliederung des Haushaltsplans –
– Kurzfassung –

Der Bundeshaushaltsplan besteht aus dem *Gesamtplan* und den *Einzelplänen*.

1. Der Gesamtplan*

Der Gesamtplan ist Teil des Haushaltsplans und wird mit dem Haushaltsgesetz im Bundesgesetzblatt verkündet.

Der Gesamtplan besteht aus der Haushaltsübersicht, der Finanzierungsübersicht und dem Kreditfinanzierungsplan.

– *Haushaltsübersicht**: Sie ist eine *Zusammenfassung* der im Haushaltsplan im einzelnen veranschlagten Haushaltseinnahmen und -ausgaben sowie Verpflichtungsermächtigungen innerhalb der Einzelpläne.

– *Finanzierungsübersicht**: Sie dient der *ökonomischen* Betrachtungsweise des Haushalts. Sie enthält eine Berechnung des Finanzierungssaldos, der sich aus der Gegenüberstellung der veranschlagten Einnahmen (mit Ausnahme der Einnahmen aus Krediten vom Kreditmarkt, der Entnahme aus Rücklagen, der Einnahmen aus kassenmäßigen Überschüssen und der Münzeinnahmen) einerseits und der veranschlagten Ausgaben (mit Ausnahme der Ausgaben zur Schuldentilgung am Kreditmarkt, der Zuführung an Rücklagen und der Ausgaben zur Deckung eines kassenmäßigen Fehlbetrages) andererseits ergibt.

***Kreditaufnahme*:**

1) *Kreditmarkt*:
   a) Geldmarkt: kurzfristig (bis zu 2 Jahren)
   b) Kapitalmarkt: mittelfristig (2 bis 4 Jahre) und langfristig (mehr als 4 Jahre).

* S. Anhang.

2) *Kreditarten*:

a) Kassenkredite (Kassenverstärkungskredite):
- nur zur Überbrückung von Liquiditätsschwierigkeiten der Kassen
- nur vom Geldmarkt, d.h. zunächst von der DBBk (bis zu 6 Mrd.)
- nur kurzfristig (bis zu 2 Jahren)
- sind wie Verwahrungen zu behandeln
- rückzahlbar spätestens 6 Monate nach Ablauf des Haushaltsjahres
- sind revolvierbar
- sind "schwebende Schulden".

b) Deckungskredite (Haushaltskredite, Finanzkredite, Finanzierungskredite):
- nur zur Deckung von Ausgaben
- nur vom Kapitalmarkt, d.h.
  - von Geschäftsbanken
  - von Kapitalsammelstellen (z.B. Bausparkassen)
  - Privat
  - Ausland (Privatbanken)
- nur mittelfristig (2 bis 4 Jahre) oder langfristig (mehr als 4 Jahre)
- sind "fundierte Schulden".

3) *Zu § 15 (1) BHO*:

Brutto-Kreditaufnahme
– Tilgung
= Netto-Kreditaufnahme (= Netto-Neuverschuldung)

4) *Zu Art. 115 GG*:

a) "Aufnahme" von Krediten = – Kassenkredite
– Deckungskredite

b) "Einnahmen" aus Krediten = sind – brutto oder netto – im Hpl veranschlagt.

"Einnahmen" aus Krediten *vom Kreditmarkt* (= Kapitalmarkt) sind im Hpl als *Netto*-Neuverschuldung veranschlagt.

"Einnahmen" aus Krediten *von Gebietskörperschaften und Sondervermögen* (= Deckungskredite) sind – in Einnahme und Ausgabe als *Brutto*-Kredit im Hpl veranschlagt.

– *Kreditfinanzierungsplan* *: Er dient der *kreditwirtschaftlichen* Betrachtungsweise des Haushalts. In ihm werden alle Einnahmen aus Krediten und deren Tilgungsausgaben (brutto oder netto) dargestellt.

---

* S. Anhang.

2. Einzelpläne

Ein Einzelplan (Epl) enthält alle veranschlagten Haushaltseinnahmen und -ausgaben, Verpflichtungsermächtigungen, Planstellen und Stellen *einer* Obersten Bundesbehörde (= Institutionalprinzip) bzw. eines sich über *mehrere* Oberste Bundesbehörden erstreckenden Aufgabenbereiches (= Funktionalprinzip):

- Bundespräsident und Bundespräsidialamt
- Deutscher Bundestag
- Bundesrat
- Bundeskanzler und Bundeskanzleramt
- Bundesverfassungsgericht
- jedes Bundesministerium
- Bundesrechnungshof
- Einzelpläne nach dem Realprinzip.

Die Einzelpläne sind *zweistellig* numeriert.

Der Bundeshaushaltsplan umfaßt z.Z. 29 Einzelpläne.

Jedem Einzelplan geht ein "Vorwort" voraus, in dem Grundsätzliches über die Gliederung und die Aufgabenstellung der jeweiligen obersten Bundesbehörde gesagt ist.

3. Kapitel

Ein Kapitel untergliedert einen Einzelplan nach
- Verwaltungsbehörden bzw.
- Aufgabenbereichen

innerhalb eines Einzelplans.

Für jede *oberste* und für grds. jede *obere* Bundes-/Landesbehörde ist jeweils ein gesondertes Kapitel ausgebracht. Für Dienststellen der Mittel- und Ortsinstanz wird zusammengefaßt – nach Verwaltungsgruppen getrennt – je ein Kapitel eingerichtet.

Die Kapitel sind – wie auch die Einzelpläne – *zweistellig* numeriert.

Einem Kapitel können "Vorbemerkungen" vorausgehen, sofern dies zur näheren Erläuterung für dieses Kapitel geboten erscheint; Kapitel, die Behörden zum Gegenstand haben, müssen in den Vorbemerkungen die Rechtsgrundlage für die Errichtung sowie Aufbau und Aufgaben der jeweiligen Behörden in den Grundzügen darlegen.

4. Titel

Die Kapitel sind in Titel unterteilt.

Die Titelnummer entspricht einer in Ziffern gefaßten Zweckbestimmung; z.B. Titel 511 01 entspricht = Geschäftsbedarf, Bücher und Zeitschriften.

Die *Einnahme*titel sind im Haushaltsplan ihrem *Entstehungsgrund* nach aufgeführt, die *Ausgabe*titel dagegen nach ihren *Zwecken.*

Die Titel sind stets fünfstellig.	
Die erste Ziffer ist die *Hauptgruppe*:	5
Die ersten zwei Ziffern sind die *Obergruppe*:	51
Die ersten drei Ziffern sind die *Gruppe*:	511

Die ersten drei Ziffern der Titelnummer (511..) – die sog. Gruppe, Gruppierungsnummer – wird dem für Bund, Länder (und Gemeinden) gemeinsam geltenden "Gruppierungsplan" entnommen.

Die Vervollständigung der dreistelligen Gruppierungsnummer in die fünfstellige Titelnummer ist in das Ermessen der jeweiligen Gebietskörperschaft gestellt.

Der Titel ist in der Haushaltssystematik die kleinste haushaltstechnische Einheit.

Der "Titel" besteht aus der Titelnummer, der Zweckbestimmung und dem Ansatz.

5. Gruppierungsnummer

Der Gruppierungsplan (GPL) ist Bestandteil der "Verwaltungsvorschriften zur Haushaltssystematik des Bundes (VV-HB)".

Die Systematik der Gruppierungsnummer beruht auf dem Dezimalsystem. Die – dreistellige – Gruppierungsnummer ist nach *volkswirtschaftlichen* Gesichtspunkten gegliedert.

Die erste Ziffer der Gruppierungsnummer ist die "Hauptgruppe":

0	=	Einnahmen aus Steuern usw.	Einnahmetitel
1	=	Allgemeine Verwaltungseinnahmen usw.	
2	=	Einnahmen aus Zuweisungen usw.	
3	=	Einnahmen aus Schuldenaufnahmen usw.	
4	=	Personalausgaben	Ausgabetitel
5	=	sächliche Verwaltungsausgaben usw.	
6	=	Ausgaben für Zuweisungen usw.	
7	=	Baumaßnahmen	
8	=	sonstige Ausgaben für Investitionen	
9	=	besondere Finanzierungsausgaben	

Durch Anhängen einer *zweiten* Ziffer an die erste Ziffer wird diese erste Ziffer (Hauptgruppe) ökonomisch noch präziser gestaltet.

Die erste Ziffer der Gruppierungsnummer heißt "Hauptgruppe", die ersten zwei Ziffern heißen "Obergruppe", z.B.:

Hauptgruppe	4	=	Personalausgaben
Obergruppe	41	=	Personalausgaben für Abgeordnete usw.
Obergruppe	42	=	Dienstbezüge usw.

Durch Anhängen einer *dritten* Ziffer erhält die nunmehr dreistellige "Gruppierungsnummer" gegenüber der Obergruppe einen noch konkreteren, präziseren ökonomischen Aussagewert; z.B.:

Hauptgruppe	4	=	Personalausgaben
Obergruppe	42	=	Dienstbezüge
Gruppierungs-Nr.	421	=	Bezüge des Bundespräsidenten usw.
Gruppierungs-Nr.	422	=	Bezüge der Beamten und Richter usw.

6. Festtitel

"Festtitel" sind Titel, deren fünfstellige Titelnummer mit Zweckbestimmung für alle *Bundes*behörden verbindlich festgelegt sind.

7. Titelgruppen

Selbständige Titel unterschiedlicher ökonomischer Art, die jedoch einem gemeinsamen übergeordneten Zweck dienen, sind in Titelgruppen zusammengefaßt.

Titelgruppen sind zu erkennen an der jeweils gleichen Ziffer (1 - 9) in der 4. Stelle der Titelnummer.

8. Leertitel

Leertitel sind solche, die im Haushaltsplan als Titel mit Zweckbestimmung jedoch ohne Ansatz ausgebracht sind. Das kann in den Fällen eintreten, in denen mit Sicherheit mit dem Wirksamwerden eines Betrages gerechnet werden kann, dessen Höhe jedoch nicht abzusehen ist.

9. Haushaltsvermerke

Sie sind im *Dispositiv* (Zweckbestimmungsspalte des Haushaltsplans) ausgebrachte *einschränkende* oder *erweiternde* verbindliche Bestimmungen zur Bewirtschaftung der Ansätze:

z.B.: "Die Ausgaben sind übertragbar".

10. Erläuterungen

Sie dienen der erklärenden, näheren Bezeichnung der Zweckbestimmung im Haushaltsplan.

Sie sind für die Ausführung des Haushaltsplans grundsätzlich *nicht bindend*.

11. Verpflichtungsermächtigungen

Verpflichtungsermächtigungen sind parlamentarische Ermächtigungen zum Eingehen von Verpflichtungen zur Leistung von Zahlungen in künftigen Haushaltsjahren (heute bestellen; in späteren Jahren abnehmen und bezahlen!).

12. Kennzeichnung der Gliederung

Die ersten zwei Ziffern bezeichnen stets den *Einzelplan*, die folgenden zwei Ziffern stets das *Kapitel*. Getrennt hiervon wird die fünfstellige Titelnummer dargestellt

z.B.:

Einzelplan 14	= Geschäftsbereich des Bundesministers der Verteidigung:	14
Kapitel 04	= Bundeswehrverwaltung usw.	04
Titel 511 01	= Geschäftsbedarf, Bücher, Zeitschriften:	511 01
Buchungsstelle:		14 04/511 01

13. Funktionenplan

Der Funktionenplan erfaßt die veranschlagten Haushaltseinnahmen und-ausgaben aller Einzelpläne – also den gesamten Haushaltsplan durchlaufend ohne Rücksicht auf die Gliederung nach Einzelplänen – in bestimmten Aufgaben (*Funktionen*) zusammen.

z.B.:
Hauptfunktion 3 = Gesundheit, Sport und Erholung; in welchem Einzelplan die Haushaltsmittel hierfür veranschlagt sind, ist dabei unerheblich.

14. Abschluß des Einzelplans

Die im Einzelplan im einzelnen veranschlagten Haushaltseinnahmen und Haushaltsausgaben, Verpflichtungsermächtigungen und Personalstellen werden am Ende des Einzelplans in einem "Abschluß des Einzelplans .." zu Übersichten *zusammengefaßt*:

1) Abschluß der Einnahmen und Ausgaben im Epl ..
2) Übersicht über die Verpflichtungsermächtigungen im Epl ..
3) Der Personalhaushalt im Epl ..

15. Verwaltungshaushalt und Finanzhaushalt

Der Haushaltsplan kann in einen Verwaltungshaushalt und in einen Finanzhaushalt gegliedert werden; beide können jeweils für zwei Haushaltsjahre – aber nach Jahren getrennt – aufgestellt werden.

16. Übersichten zum Haushaltsplan

Bei der Aufstellung des Haushaltsplans erstellt der BMF folgende Übersichten und fügt sie dem Haushaltsplan *als Anlage* bei:

a) Gruppierungsübersicht
– eine Darstellung aller veranschlagten Einnahmen und Ausgaben nach der Ordnung des Gruppierungsplans (= Einnahme- und Ausgabe*arten*)

b) Funktionenübersicht
– eine Darstellung aller veranschlagten Einnahmen und Ausgaben nach der Ordnung des Funktionenplans (= Aufgaben)

c) Haushaltsquerschnitt
– eine Zusammenfassung von Gruppierungsübersicht und Funktionenübersicht (= Anteil der Haushaltsmittel für Aufgabenerfüllung)

d) Übersicht über die den Haushalt in Einnahme und Ausgabe durchlaufenden Posten
– eine Darstellung angenommener und sofort weitergeleiteter Beträge ohne Bewirtschaftung

e) Übersicht über die Planstellen der Beamten und die Stellen der Angestellten und Arbeiter
– eine Darstellung aller Personalstellen des Haushaltsplans.

17. Gliederung außerhalb des Haushaltsplans

Weitere Gliederungsmöglichkeiten *durch die Oberste Bundes-/Landesbehörde* sind:

– *Buchungsabschnitte:* Buchungsabschnitte sind im Haushaltsplan nicht vorgesehen. Sie dienen – sofern angeordnet – der exakteren Aufteilung der Ausgaben eines Titels innerhalb eines Ressorts.

Buchungsabschnitte sind sowohl vom Titelverwalter in der HÜL als auch vom Buchhalter in der Buchhaltung der Kasse wie *selbständige Titel* zu behandeln, d.h.: für *jeden* Buchungsabschnitt ist eine besondere HÜL-Karte und ein besonderes Titel-Konto anzulegen.

– *HÜL-Abschnitte:* Sie dienen der näheren Aufteilung bei der Bewirtschaftung *eines* Titels.

Sie werden *nicht* wie selbständige Titel behandelt; daher erfolgt eine Aufgliederung nur innerhalb der HÜL-Karte des Titels.

VII. Die Aufstellung des Bundeshaushaltsgesetzes und des Bundeshaushaltsplans[1]

A. Allgemeines

Das Verfahren der Aufstellung des Haushaltsgesetzes und des Haushaltsplans ist grundsätzlich zu unterteilen

a) in die Aufstellung der *Voranschläge* zum Entwurf des Haushaltsplans und
b) in das Haushaltsgesetzgebungsverfahren.

Die Aufstellung der Voranschläge zum Entwurf des Haushaltsplans hat sowohl in seiner Bedeutung als auch in seiner Struktur und in seinem Verfahren – wie überhaupt zu Maßnahmen der Vorbereitung anderer Gesetzentwürfe – keine Parallele und stellt daher ein Verfahren eigener Art dar.

Das Gesetzgebungsverfahren richtet sich im allgemeinen nach Abschnitt VII – Gesetzgebung des Bundes –, Art. 70 - 82 des Grundgesetzes (GG/LV).

Das *Haushalts*gesetzgebungsverfahren jedoch ist darüber hinaus im Abschnitt X – Finanzwesen –, Art. 109, 110 und 113 GG/LV, besonders geregelt.

Die durch das Haushaltsreformgesetz in den Art. 109 - 115 GG/LV verfassungsrechtlich festgelegten Bestimmungen sehen ein besonderes und von den übrigen Gesetzesvorlagen abweichendes Gesetzgebungsverfahren für Haushaltsvorlagen vor.

Das Grundgesetz (GG) bestimmt in Art. 110, Abs. 2 das klassische Verfassungspostulat, nach dem das bundesstaatliche Budget-Bewilligungsrecht allein dem parlamentarischen Gesetzgeber vorbehalten ist. Dies dokumentiert sich somit als das bedeutendste Kontrollrecht des Parlaments gegenüber der Regierung.

Die Kompetenz zur gesetzlichen Feststellung des Haushaltsplans liegt hiernach ausschließlich beim Gesetzgeber. Seine herausragende wirtschafts- und finanzpolitische Stellung findet darin Ausdruck, daß Bundestag und Bundesrat berechtigt und verpflichtet sind, die Haushaltswirtschaft der Bundes-/Landesregierung zu kontrollieren (BVerfGE 45, 1).

---

1 Dies gilt in sinngemäß gleicher Weise auch für die Haushaltsgesetzgebung der Länder.

Die Bestimmungen des Haushaltsverfassungsrechts stellen keine nuancierten Teiländerungen bestehender Gesetzgebungsvorschriften, sondern vielmehr ein Haushaltsgesetzgebungsverfahren besonderen Rechts dar[2].

Die Aufstellung des Bundeshaushaltsplans richtet sich nach folgenden Bestimmungen:
- Abschnitt X - Finanzwesen -, Art. 110 - 115 GG/LV,
- §§ 8 - 18 HGrG,
- §§ 11 - 33 BHO/LHO,
- Haushaltstechnische Richtlinien des Bundes (HRB).

Das Verfahren der Aufstellung des Haushaltsplans gliedert sich grundsätzlich
- in die Aufstellung der Voranschläge durch die Verwaltungsdienststellen,
- in die Aufstellung des Entwurfs des Haushaltsgesetzes und des Entwurfs des Haushaltsplans durch den Bundes-/Landesminister der Finanzen (BMF/LMF),
- in die Beschlußfassung über den Entwurf des Haushaltsgesetzes und den Entwurf des Haushaltsplans durch die Bundes-/Landesregierung,
- in die Beratungen über die Einzelplanentwürfe und die Verabschiedung des Haushaltsgesetzes und die damit verbundene Feststellung des Haushaltsplans durch den Bundestag.

B. Arbeitskreis Steuerschätzung

Im "Arbeitskreis Steuerschätzung" wird zunächst die voraussichtliche Höhe der zu erwartenden Steuern für die Gültigkeitsdauer dieses Gesetzentwurfs geschätzt.

Dem "Arbeitskreis Steuerschätzung" gehören an:
- der Bundesminister der Finanzen (Vorsitz)
- der Bundesminister für Wirtschaft
- Vertreter des Statistischen Bundesamtes
- Vertreter der Deutschen Bundesbank
- der Sachverständigenrat zur Begutachtung der gesamtwirtschaftlichen Entwicklung
- Vertreter der Länderfinanzministerien
- Vertreter der fünf großen Wirtschaftsforschungsinstitute
- Vertreter kommunaler Spitzenverbände.

Der "Arbeitskreis Steuerschätzung" schätzt auch die mittelfristigen Steuererwartungen im Rahmen der mehrjährigen Finanzplanung.

Die Steuerschätzungen können bei Bedarf aktualisiert werden.

---

2 Haushaltsvorlagen, Ergänzungsvorlagen, Nachtragshaushaltsvorlagen gem. Art. 110 und 113 GG/LV, auch nach §§ 28 - 33 BHO/LHO und § 94 GO-BT.

C. Finanzplanung und Finanzplanungsrat

Die "kürzerfristigen", sich auf ein Haushaltsjahr erstreckenden Haushaltspläne sind durch gesetzlich festgelegte Ausgaben und durch rechtlich begründete Verpflichtungen der einzelnen Träger der öffentlichen Haushaltswirtschaften in ihren Wandlungsmöglichkeiten sehr stark begrenzt.

Eine wirkungsvolle Gestaltung der öffentlichen haushaltswirtschaft ist daher nur im Rahmen einer längerfristigen, mehrjährigen Betrachtungsweise der Planansätze möglich.

Das Grundgesetz bestimmt daher in Art. 109 (3):

Durch Bundesgesetz ... können für Bund und Länder gemeinsam geltende Grundsätze ... für eine *mehrjährige Finanzplanung* aufgestellt werden.

Finanzplanung ist der finanzwirtschaftliche Gesamtüberblick, eine Vorausschau der zu erwartenden Haushaltseinnahmen und -ausgaben von Bund und Ländern auf *fünf Jahre*, die Bund und Länder je für sich ihrer Haushaltswirtschaft zugrundelegen.

Zweck der Finanzplanung ist es, die in den einzelnen Planungsjahren voraussichtlich zu leistenden Ausgaben und deren Deckungsmöglichkeiten aufgrund der mutmaßlichen wirtschaftlichen Entwicklung einerseits und der Programmziele der Regierung andererseits in Einklang zu bringen.

Der Finanzplanungsrat gibt daher *Empfehlungen* für eine Koordinierung der Finanzplanungen des Bundes, der Länder und der Gemeinden (Gemeindeverbände). Dabei sollen eine einheitliche Systematik der Finanzplanungen aufgestellt sowie *einheitliche volks- und finanzwirtschaftliche Annahmen* für die Finanzplanungen und Schwerpunkte für eine den *gesamtwirtschaftlichen Erfordernissen entsprechende Erfüllung der öffentlichen Aufgaben* ermittelt werden.

Als Unterlagen für die Finanzplanung stellen die Minister für ihren Bereich mehrjährige Investitionsprogramme auf.

Der Finanzplan ist vom Bundesminister der Finanzen aufzustellen und zu begründen. Er wird von der Bundesregierung beschlossen und wird den gesetzgebenden Körperschaften spätestens im Zusammenhang mit dem Entwurf des Haushaltsgesetzes für das nächste Haushaltsjahr vorgelegt. Den gesetzgebenden Körperschaften sind ebenfalls die auf der Grundlage der Finanzplanung überarbeiteten mehrjährigen Investitionsprogramme vorzulegen. Der Finanzplan ist – einschließlich der Investitionsprogramme – jährlich der volkswirtschaftlichen Entwicklung anzupassen und fortzuführen.

Grundlage der fünfjährigen Finanzplanung ist eine auf diesen Zeitraum bezogene Zielprojektion des mutmaßlichen gesamtwirtschaftlichen Leistungsvermögens der Volkswirtschaft.

Im Gegensatz zum gesetzlich festgestellten Haushaltsplan, der für die Regierung eine verbindliche parlamentarische Entscheidung über die Finanzwirtschaft in diesem Bewilligungszeitraum darstellt, dient der *Finanzplan* den gesetzgebenden Körperschaften *lediglich als Orientierungshilfe* und unterliegt somit *nicht* der Feststellung durch das Parlament. Zum anderen jedoch stellt der von der Bundesregierung beschlossene Finanzplan als Kabinettsbeschluß eine verbindliche Feststellung im Sinne eines Regierungsprogramms dar; der Finanzplan ist somit ein auf einen permanenten 5-Jahreszeitraum abgestellter "Orientierungsplan" der Bundesregierung, in den der jährliche Haushaltsplan "eingebettet" ist.

Die "mittelfristige Finanzplanung" ist ein permanent fünf-jähriges Finanzplanungsinstrument, das allein der Bundesregierung vorbehalten ist.

Eine sinnvolle und rationale Gestaltung der Haushaltswirtschaften der öffentlichen Hand und die Erreichung wirtschaftspolitischer Ziele – wie sie das Stabilitäts- und Wachstumsgesetz vorsieht – hat nur dann Aussicht auf Erfolg, wenn zwischen der Projektion der gesamtwirtschaftlichen Entwicklung und dem finanzpolitischen Verhalten der öffentlichen Hand Einklang besteht.

Die Einpassung der Finanzplanung in die gesamtwirtschaftlichen Ziele und die Ausrichtung der Haushaltsentwürfe nach diesen Erfordernissen können für den öffentlichen Haushalt nur in seiner Gesamtheit erfolgen und machen daher eine entsprechende Abstimmung zwischen den Haushaltsträgern erforderlich. Eine Koordinierung der Finanzplanungen aller öffentlichen Haushalte ist daher zwingend erforderlich.

Es besteht somit die Notwendigkeit, ein koordiniertes Gremium für eine Abstimmung der öffentlichen Finanzwirtschaft von Bund, Ländern und Gemeinden zu schaffen.

Aus diesem Anlaß wurde bei der Bundesregierung ein "Finanzplanungsrat" gebildet. Dem Finanzplanungsrat gehören an:

1) der Bundesminister der Finanzen,
2) der Bundesminister für Wirtschaft,
3) die für die Finanzen zuständigen Minister der Länder,
4) vier Vertreter der Gemeinden und Gemeindeverbände.

Die Vertreter der Deutschen Bundesbank können an den Beratungen des Finanzplanungsrates teilnehmen.

Den Vorsitz im Finanzplanungsrat führt der Bundesminister der Finanzen.

Die vom Konjunkturrat für die öffentliche Hand zur Erreichung der Ziele des Stabilitäts- und Wachstumsgesetzes für erforderlich gehaltenen Maßnahmen sollen bei den Beratungen des Finanzplanungsrates berücksichtigt werden.

– S. auch Abschnitt VII G, Ziffer 4 (S. 149).

D. Konjunkturrat für die öffentliche Hand

Bei der Bundesregierung ist ein "Konjunkturrat für die öffentliche Hand" gebildet worden. Dem Konjunkturrat gehören an:

1) der Bundesminister für Wirtschaft,
2) der Bundesminister der Finanzen,
3) je ein Vertreter eines jeden Landes,
4) vier Vertreter der Gemeinden und Gemeindeverbände, die vom Bundesrat auf Vorschlag der kommunalen Spitzenverbände bestimmt werden.

Die Bundesbank hat das Recht, an den Beratungen des Konjunkturrates teilzunehmen.

Den Vorsitz im Konjunkturrat führt der Bundesminister für Wirtschaft (§ 18 StWG).

Die Mitglieder des Konjunkturrates beraten in regelmäßigen Abständen

1) alle zur Erreichung der Ziele des Stabilitäts- und Wachstumsgesetzes erforderlichen *konjunkturpolitischen Maßnahmen* und
2) die Möglichkeiten der *Deckung des Kreditbedarfs* aller öffentlichen Haushalte.

Die Bundesregierung kann gem. § 15 StWG mit Zustimmung des Bundesrates anordnen, daß zur Abwehr einer Störung der Ziele des § 1 StWG auf der Grundlage des im Art. 109 (2) GG verfassungsrechtlich festgelegten Auftrages, nach dem Bund und Länder bei ihrer Haushaltswirtschaft den Erfordernissen des gesamtwirtschaftlichen Gleichgewichts Rechnung zu tragen haben, sowohl der Bund als auch die Länder Konjunkturausgleichsrücklagen bei der Deutschen Bundesbank (DBBk) anzusammeln haben. In der Rechtsverordnung ist der Betrag zu bestimmen, der von den vorgenannten Haushaltsträgern aufzubringen ist. Er soll in einem Haushaltsjahr 3 % der von Bund und Ländern im vorangegangenen Haushaltsjahr erzielten Steuereinnahmen nicht überschreiten. Diese der Konjunkturausgleichsrücklage zugeführten Beträge dürfen nur zur Vermeidung einer die Ziele des § 1 StWG gefährdeten Abschwächung der allgemeinen Wirtschaftstätigkeit freigegeben werden.

Ferner kann die Bundesregierung zur Abwehr einer Störung des gesamtwirtschaftlichen Gleichgewichts durch Rechtsverordnung mit Zustimmung des Bundesrates anordnen, daß die Beschaffung von Geldmitteln im Wege des Kredits im Rahmen der in den Haushaltsgesetzen oder Haushaltssatzungen ausgewiesenen Kreditermächtigungen durch den Bund, die Länder, die Gemeinden und Gemeindeverbände sowie die öffentlichen Sondervermögen und Zweckverbände beschränkt wird.

Der Konjunkturrat ist insbesondere vor den o.a. Maßnahmen der Bundesregierung zu hören.

E. Sachverständigenrat

Nach dem

> "Gesetz über die Bildung eines Sachverständigenrates zur Begutachtung der gesamtwirtschaftlichen Entwicklung" (Gesetz v. 14.8.63 – BGBl. I., S. 685)

ist ein unabhängiger "Sachverständigenrat" zur periodischen *Begutachtung der gesamtwirtschaftlichen Entwicklung* in der Bundesrepublik Deutschland und zur Erleichterung der Urteilsbildung bei allen wirtschaftspolitisch verantwortlichen Instanzen sowie in der Öffentlichkeit gebildet worden.

Der Sachverständigenrat besteht aus fünf Mitgliedern (den sog. 5 Weisen), die über hervorragende wirtschafts- und finanzwissenschaftliche Kenntnisse und Erfahrungen verfügen.

Die Mitglieder des Sachverständigenrates werden auf Vorschlag der Bundesregierung durch den Bundespräsidenten für die Dauer von fünf Jahren in dieses beratende Gremium berufen. Diese fünf Mitglieder dürfen weder der Regierung oder einer gesetzgebenden Körperschaft des Bundes oder eines Landes noch dem öffentlichen Dienst oder einer sonstigen juristischen Person des öffentlichen Rechts, es sei denn als Hochschullehrer oder als Mitarbeiter eines wirtschafts- oder sozialwissenschaftlichen Instituts, angehören. Sie dürfen ferner nicht Repräsentant eines Wirtschaftsverbandes oder einer Organisation der Arbeitgeber oder Arbeitnehmer sein.

Der Sachverständigenrat erstattet jährlich bis zum 15. November ein Gutachten ("Jahresgutachten"), in dem er die jeweilige *gesamtwirtschaftliche Lage* und deren *absehbare Entwicklung* darstellt. Dabei soll er untersuchen, wie im Rahmen der marktwirtschaftlichen Ordnung gleichzeitig die Ziele des § 1 StWG

- Stabilität des Preisniveaus
- hoher Beschäftigungsstand
- außenwirtschaftliches Gleichgewicht
- stetiges und angemessenes Wirtschaftswachstum

gewährleistet werden können.

Der Sachverständigenrat soll Fehlentwicklungen und Möglichkeiten zu deren Vermeidung oder deren Beseitigung aufzeigen, jedoch keine Empfehlungen für bestimmte wirtschafts- und sozialpolitische Maßnahmen aussprechen.

Das vom Sachverständigenrat jährlich zu erstellende "Jahresgutachten" ist zu veröffentlichen und bis zum 15. November der Bundesregierung vorzulegen, die es ihrerseits unverzüglich an die gesetzgebenden Körperschaften weiterleitet. Die Bundesregierung nimmt spätestens acht Wochen nach der Vorlage des "Jahresgutachtens" zu diesem Stellung gegenüber den gesetzgebenden Körperschaften. In dieser Stellungnahme sind insbesondere die wirtschafts- und haushaltspolitischen Schlußfolgerungen, die die Bundesregierung aus dem Gutachten zieht, darzulegen.

Wenn auf einzelnen Gebieten Entwicklungen erkennbar werden, die die im § 1 StWG genannten Ziele gefährden, so ist vom Sachverständigenrat ein zusätzliches Gutachten zu erstatten.

F. Voranschläge der Bundesressorts

1. Allgemeines

Die Obersten Bundesbehörden werden regelmäßig zu Beginn des laufenden Haushaltsjahres vom BMF mit einem Rundschreiben über die "Aufstellung der Haushaltsvoranschläge für das Haushaltsjahr 19.." aufgefordert, ihren "Voranschlag zum Einzelplan ..", der die für das nachfolgende Haushaltsjahr veranschlagten Haushaltseinnahmen und -ausgaben der einzelnen Obersten Bundesbehörde enthält, zu dem vom BMF festgesetzten Zeitpunkt diesem zu übersenden[3].

Zugleich gibt der BMF besondere Richtlinien für die Veranschlagung und die Form der Voranschläge, die über den Rahmen der vorgenannten Bestimmungen hinausgehen, bekannt. Grundlegend gelten die "Haushaltstechnischen Richtlinien des Bundes" (HRB), die wichtige und allgemeingeltende Bestimmungen für die Aufstellung der Voranschläge enthalten.

Hieraus ist die Zuständigkeit des BMF für die Aufstellung des Entwurfs des Bundeshaushaltsplans zu ersehen.

Die Fachminister geben daraufhin, jeweils für ihr Ressort, in Form des sog. "Haushaltsaufstellungserlasses" verbindliche "Richtlinien für die Aufstellung des Voranschlags zum Einzelplan .." heraus.

3 Vgl. § 27 BHO/LHO.

Bei *jeder* (!) mittelbewirtschaftenden Dienststelle ist gem. § 9 (1) BHO/LHO ein "Beauftragter für den Haushalt" zu bestellen, soweit der Leiter der Dienststelle diese Aufgabe nicht selbst wahrnimmt. Dem "Beauftragten für den Haushalt" obliegen die Aufstellung der Unterlagen für den Entwurf des Haushaltsplans (Voranschlag) sowie die Ausführung des Haushaltsplans. Die von den *einzelnen* mittelbewirtschaftenden Dienststellen des Bundes für die Aufstellung des Entwurfs des Haushaltsplans zu fertigenden Unterlagen heißen gem. § 9 (2) BHO/LHO "Voranschläge[4]; die Titelverwalter leisten jeweils ihren Beitrag hierzu. Der Voranschlag einer mittelbewirtschaftenden Dienststelle ist im Gesamtzusammenhang ein Beitrag zur Aufstellung des Voranschlags zum Einzelplan des jeweiligen Ressorts; der Voranschlag des Ressorts wiederum ist ein Beitrag zur Aufstellung des Bundeshaushaltsplans.

Die Voranschläge, die von den einzelnen mittelbewirtschaftenden Dienststellen aufzustellen sind und Unterlagen für den durch den BMF aufzustellenden Entwurf des Haushaltsplans sind, werden innerhalb des einzelnen Ressorts, dem Verwaltungsaufbau folgend, von der Ortsinstanz der Mittelinstanz, von dieser dem Ministerium vorgelegt.

2. Voranschlag zum Einzelplan

Auf Anforderung der Obersten Bundesbehörde und der ihr unmittelbar unterstellten Behörden reichen die mittelbewirtschaftenden Dienststellen der Verwaltung auf dem Dienstwege (Ortsinstanz über die Mittelinstanz) ihre Voranschläge über die im nächsten Haushaltsjahr zu erwartenden Haushaltseinnahmen und die unbedingt erforderlichen Haushaltsausgaben zu dem festgesetzten Termin bei der Obersten Bundesbehörde ein.

Alle an der Aufstellung des Voranschlags mitwirkenden Stellen müssen die ihnen gesetzten Fristen zur Vorlage ihrer Beiträge unbedingt einhalten, damit wiederum der Voranschlag vom Ressort pünktlich aufgestellt und dem BMF rechtzeitig vorgelegt werden kann. Verspätet eingehende Anforderungen können daher vom Ministerium nicht berücksichtigt werden. Außerdem müssen die anfordernden Dienststellen darauf achten, daß sie die Unterlagen für die Anmeldung ihres Mittelbedarfs in der erforderlichen Zahl von Mehranfertigungen vorlegen.

4 So auch:
- *Piduch*, a.a.O., zu § 9 BHO.
- *Rosen*, a.a.O., Seite 135.
- *Köckritz*, a.a.O., zu § 9 BHO.
- *Reding/Postlep*, a.a.O., S. 33.
- *Krüger-Spitta*, a.a.O., Seite 124.
- *Morell*, a.a.O., zu § 27 BHO.
- *u.a.*

Für den eigenen Bereich fordern die Beauftragten für den Haushalt bei den mittelbewirtschaftenden Dienststellen der Ortsinstanz aufgrund der Terminsetzung durch die Dienststellen der Mittelinstanz daraufhin ihre Titelverwalter – in der Regel schriftlich durch Hausverfügung – auf, ihren Beitrag zum Voranschlag der jeweiligen mittelbewirtschaftenden Dienststelle zu leisten.

Nach der Definition des BMF sind
Titelverwalter (= "Mittelverwender") diejenigen Stellen, die Haushaltsmittel letztlich verwenden (= Bewirtschaftungsbefugnis).
Mittelverteiler sind diejenigen Stellen, die Haushaltsmittel an andere (i.d.R. nachgeordnete) Stellen zur Bewirtschaftung zuweisen.
Bewirtschafter ist der Oberbegriff für alle mit der Haushaltsmittelbewirtschaftung befaßten Stellen; unabhängig davon, ob sie Mittel verteilen oder sie ganz oder teilweise selbst verwenden.

Die bisherigen Titelverwalter im BMVg sind ab sofort einheitlich "Bewirtschafter" zu nennen (BMVg – H I 1 – Az. 27-40-00 v. 28.03.88).

Die *Titelverwalter* ermitteln die im nächsten Haushaltsjahr zu erwartenden Haushaltseinnahmen und voraussichtlich zu leistende Haushaltsausgaben bei den durch sie zu verwaltenden und zu bewirtschaftenden Titeln und legen ihren Beitrag zur Aufstellung des Voranschlages dieser Dienststelle dem *Beauftragten für den Haushalt* zu dem von diesem festgesetzten Termin vor.

Für die Aufstellung der Haushaltsvoranschläge sowie für die Aufstellung der Voranschläge zum fünfjährigen Finanzplan ist der voraussichtliche kassenmäßige Bedarf maßgebend, soweit durch besonderes Rundschreiben des BMF kein Preisstand nach einem bestimmten Stichtag bekanntgegeben wird.

Bei der Ermittlung der voraussichtlichen Haushaltseinnahmen und -ausgaben für das nächste Jahr geht der *Titelverwalter* zunächst vom Ist-Ergebnis des vergangenen Haushaltsjahres aus und berücksichtigt hierbei zusätzlich eventuelle Gesetzesänderungen, Verträge, Kostenberechnungen und alle sonstigen Veränderungen – z.B. auch personeller Art –, die sich auf den zu ermittelnden Betrag auswirken können. Hierbei soll der Titelverwalter nicht von einer allgemeinen Schätzung ausgehen, – vielmehr müssen die Berechnungen in seinem "Beitrag zum Voranschlag" unter Beachtung der Haushaltsgrundsätze rational durchdacht, möglichst exakt ermittelt, genau berechnet, im einzelnen begründet und somit auch rechnerisch nachprüfbar sein.

Der *Beauftragte für den Haushalt* überprüft die einzelnen vom Titelverwalter mit Begründungen versehenen Berechnungen, faßt diese zum "Voranschlag" dieser Dienststelle zusammen und legt diesen termingemäß der Mittelinstanz vor.

Die *Dienststellen der Mittelinstanz* und die *Bundesoberbehörden* wachen über die termingerechte Vorlage der Voranschläge durch die Ortsdienststellen und überprüfen diese Voranschläge. Hierbei können sie Änderungen vornehmen, – nicht jedoch ohne sich mit dem Beauftragten für den Haushalt der nachgeordneten Behörde ins Benehmen zu setzen. Die Voranschläge werden mit dem Eigenbedarf zu einem Voranschlag für ihren Geschäftsbereich zusammengefaßt und termingemäß der Obersten Bundesbehörde vorgelegt.

Die *Oberste Bundesbehörde* überwacht die termingerechte Vorlage der Voranschläge und überprüft diese Voranschläge. Hierbei kann das Ministerium Änderungen vornehmen, – ebenfalls jedoch erst nach Rücksprache mit dem Beauftragten für den Haushalt der unmittelbar nachgeordneten Behörde.

Die Titelverwalter der Obersten Bundesbehörde (neu : Bewirtschafter) übersenden, nachdem sie die Bedarfsanforderungen der dem Ministerium unmittelbar nachgeordneten Behörden geprüft haben, ihre Beiträge zum Voranschlag des Einzelplans an das jeweils zuständige Kapitelreferat der Abteilung Haushalt.

Die *Haushaltsabteilung der Obersten Bundesbehörde* faßt die nunmehr für das gesamte Ressort ermittelten und im nächsten Haushaltsjahr zu erwartenden Haushaltseinnahmen und voraussichtlich zu leistenden Haushaltsausgaben zusammen und stellt so den "Voranschlag zum Einzelplan .." auf.

3. Voranschläge der Obersten Bundesbehörden

Gem. § 27 BHO sind die Voranschläge "von der für den Einzelplan zuständigen Stelle" dem BMF zu dem von ihm festgesetzten Zeitpunkt zu übersenden.

Die Geldansätze sind von der für den Einzelplan zuständigen Stelle bei den Einnahmen und Ausgaben auf 1000,– DM zu runden[5].

Die für den Einzelplan zuständigen Stellen sind die Bundesministerien, das Bundespräsidialamt, das Bundeskanzleramt, der Bundestag, der Bundesrat, das Bundesverfassungsgericht und der Bundesrechnungshof. Zugleich wird der "Voranschlag zum Einzelplan .." von den einzelplanführenden Obersten Bundesbehörden nachrichtlich auch dem Präsidenten des Bundesrechnungshofes in seiner Eigenschaft als "Beauftragter für Wirtschaftlichkeit in der Verwaltung" vorgelegt, der hierzu Stellung nehmen kann.

Die Aufstellung der Einzelpläne, die nicht nach dem Institutionalprinzip (= Oberste Verwaltungsbehörden), sondern nach dem Realprinzip (= Funktionalprinzip) vorgenommen werden (Epl. 32, 33, 35, 36, 60), obliegt dem BMF.

5 Vgl. "Haushaltstechnische Richtlinien des Bundes (HRB)", Ziffer 1.13.

Die Haushaltsvoranschläge – insbesondere der großen Ressorts – mit ihren zum großen Teil unverändert wiederkehrenden Vorworten zu den Einzelplänen, Vorbemerkungen zu den Kapiteln, Zweckbestimmungen und Erläuterungen verursachen jährlich erhebliche Schreibarbeit.

Zur Vereinfachung des Aufstellungsverfahrens kann der BMF im Einzelfall zulassen, daß die jeweiligen Haushaltsvoranschläge auf der Grundlage eines dem Ressort übermittelten einseitigen Korrekturabzuges (Stand: Regierungsvorlage oder ein zeitnäherer Ausdruck) erstellt und dabei Veränderungen gegenüber dem Vorjahr durch Streichen im Korrekturstück kenntlich gemacht werden[6]. Hiermit ist das Verfahren der Aufstellung der *Voranschläge* zum Entwurf des Haushaltsplans abgeschlossen.

G. Aufstellung des Entwurfs des Haushaltsgesetzes und des Entwurfs des Haushaltsplans durch den BMF

1. Haushaltsentwurf

Der BMF prüft die Voranschläge der Obersten Bundesbehörden zum einen auf ihre sachliche Richtigkeit, zum anderen darauf, ob die in den Voranschlägen aufgeführten, geplanten Einnahmen und Ausgaben des Bundes – unter Zugrundelegung der voraussichtlichen konjunkturellen und gesamtwirtschaftlichen Entwicklung – in den von ihm aufzustellenden Entwurf des Haushaltsplans aufgenommen werden können, zumal dieser aus der mehrjährigen Finanzplanung zu entwickeln ist.

Der BMF kann – nach Rücksprache mit den beteiligten Stellen – die Voranschläge ändern.

Die Verhandlungen über die in den Voranschlägen aufgeführten Ansätze, Planstellen, Stellen, Verpflichtungsermächtigungen und Haushaltsvermerke beginnen als "Haushaltsverhandlungen" zwischen den Vertretern des BMF und den beteiligten Obersten Bundesbehörden auf Referatsleiterebene. Läßt sich hier eine Einigung nicht erzielen, so wird die Angelegenheit zum "Streitpunkt" der Haushaltsverhandlungen erklärt.

Die "Streitpunktverhandlungen" werden von der Ebene der Unterabteilungsleiter über die Abteilungsleiter und Staatssekretäre, letztlich von den beteiligten Ministern (Chefgespräche) selbst geführt.

6 Vgl. "HRB, Ziffer P.

In diesen Chefgesprächen entscheidet der BMF in allgemeinen haushaltsrechtlichen Angelegenheiten endgültig.

Sollten bei diesen "Chefgesprächen" zwischen dem Fachressort und dem BMF unüberwindbare Meinungsverschiedenheiten in Angelegenheiten von grundsätzlicher oder erheblicher finanzieller Bedeutung auftreten, so entscheidet der BMF vorläufig. Der zuständige Bundesminister, um dessen Einzelplanansatz es sich handelt, kann jedoch in diesen Fällen die Entscheidung der Bundesregierung einholen. Eine solche Entscheidung i.S. des § 28 (2) BHO kann vor der Aufstellung des Entwurfs des Haushaltsplans vorgenommen werden.

Entscheidet die Bundesregierung gegen oder ohne die Stimme des BMF, eine finanzwirksame Maßnahme in den vom BMF zu erstellenden Entwurf des Haushaltsplans einzustellen, so steht diesem ein Widerspruchsrecht zu. Macht der BMF hiervon Gebrauch, so ist in diesem Fall über die Angelegenheit in einer weiteren Sitzung der Bundesregierung erneut abzustimmen. Die Durchführung der Angelegenheit, der der BMF widersprochen hat, muß unterbleiben, wenn sie nicht in der neuen Abstimmung in Anwesenheit des BMF oder seines Vertreters von der Mehrheit sämtlicher Bundesminister beschlossen wird und der Bundeskanzler mit der Mehrheit gestimmt hat, d.h. im Umkehrschluß: die in Rede stehende finanzwirksame Maßnahme, der der BMF widersprochen hat, muß in den Entwurf des Haushaltsplans aufgenommen werden, wenn in erneuter Abstimmung in Anwesenheit des BMF oder seines Vertreters die Mehrheit der Bundesminister für diese Maßnahme und der Bundeskanzler – zusätzlich – mit dieser Mehrheit gestimmt hat[7].

Wenn diese Haushaltsverhandlungen, Streitpunktverhandlungen, Chefgespräche und ggf. Maßnahmen im Rahmen des § 28, Abs. 2 und 3 BHO bei allen Voranschlägen abgeschlossen sind, stellt der BMF

1) den Entwurf des Haushaltsplans
2) den Entwurf des Haushaltsgesetzes
3) den Finanzplan
4) den Finanzbericht

auf.

Abweichungen in dem vom BMF aufgestellten Entwurf des Haushaltsplans gegenüber den Voranschlägen des Bundespräsidenten und der Präsidenten des Bundestages, des Bundesrates, des Bundesverfassungsgerichts und des Bundesrechnungshofes sind vom BMF der Bundesregierung mitzuteilen, soweit den Änderungen von den o.g. Obersten Bundesbehörden, die nicht im Kabinett vertreten sind, nicht zugestimmt worden ist.

---

7 Vgl. § 26 GO-BReg.

Da sich das in den §§ 28 (2) und 29 (2) BHO festgelegte Anrufungsrecht nur auf Bundes*minister* bezieht, kann es zwischen dem BMF und den vorgenannten – nicht zur Bundesregierung gehörenden – Präsidenten auch nicht zu Chefgesprächen kommen; Änderungen dieser Voranschläge sind nur mit Zustimmung ihrer haushaltsbearbeitenden Verwaltung (= Oberste Bundesbehörde) möglich.

2. Anlagen zum Haushaltsentwurf

Der BMF erstellt *gem.* § 14 BHO die nachstehend aufgeführten Übersichten und fügt diese dem Entwurf des Haushaltsplans *als Anlagen* bei:

1) die "Gruppierungsübersicht", die eine Darstellung aller veranschlagten Einnahmen, Ausgaben und Verpflichtungsermächtigungen – ohne Rücksicht auf den institutionellen Verwaltungsaufbau nach Einzelplänen – in einer Gruppierung nach bestimmten Arten ist,

2) die "Funktionenübersicht", die eine Darstellung aller veranschlagten Einnahmen, Ausgaben und Verpflichtungsermächtigungen – ohne Rücksicht auf den institutionellen Verwaltungsaufbau nach Einzelplänen – in einer Gliederung nach bestimmten Aufgabengebieten ist,

3) den "Haushaltsquerschnitt", der eine Zusammenfassung der Gruppierungsübersicht und der Funktionenübersicht ist und in Form einer Matrix erkennen läßt, welche *volkswirtschaftlichen* Einnahme- und Ausgabe*arten* nach der Gruppierungsübersicht – waagerecht – auf die einzelnen *Aufgabenbereiche* nach der Funktionenübersicht – senkrecht – entfallen,

4) die "Übersicht über die den Haushalt in Einnahme und Ausgabe durchlaufenden Posten" und

5) die "Übersicht über die Planstellen der Beamten und die Stellen der Angestellten und Arbeiter" (= Personalübersicht).

Durch diese, den Gesamthaushalt einbeziehenden Übersichten, die dem Entwurf des Haushaltsplans als Anlage beigefügt sind, soll – insbesondere für die haushaltspolitischen Entscheidungen der Bundesregierung und der gesetzgebenden Körperschaften – die Transparenz des Haushaltsentwurfs, auch in gesamtwirtschaftlicher Sicht, hergestellt werden.

3. Ausgleichsgebot des Haushaltsentwurfs

Der Haushaltsplan des Bundes *muß* aufgrund unmittelbar geltenden Verfassungsrechts gem. Art. 110 (1) GG in Einnahmen und Ausgaben ausgeglichen sein[8].

---

8 Art. 79 (1) LV-Baden-Württ.: Der Haushaltsplan *soll* in Einnahme und Ausgabe ausgeglichen sein; das gleiche gilt gem. Art. 81 (2) LV-Nordrh.-Westf.

Das bundesverfassungsgesetzliche Gebot des Haushaltsausgleichs bezieht sich zum einen auf die Aufstellung des Haushaltsplans mit der Konsequenz, daß der für die Aufstellung des Haushaltsplans federführende BMF dem Kabinett nur einen bereits in Einnahme und Ausgabe ausgeglichenen Haushaltsentwurf zur Beschlußfassung vorlegen darf. Die Regierungsverantwortung für den Haushaltsausgleich geht so weit, daß Art. 113 GG eine nicht ersetzbare Zustimmung der Regierung zu ausgabenerhöhenden oder einnahmemindernden Beschlüssen des Gesetzgebers verlangt[9]. Zum anderen bezieht sich der bundesverfassungsrechtliche Grundsatz der Ausgeglichenheit auf die Verabschiedung des Haushaltsgesetzes und die damit verbundene Feststellung des Haushaltsplans und verpflichtet somit auch die gesetzgebenden Körperschaften zum Ausgleichsgebot des Haushaltsplans[10].

Um diesen Haushaltsausgleich herbeiführen zu können, ist der BMF/LMF jährlich gezwungen, Kredite (= Deckungskredite) im Rahmen des konjunkturpolitisch Notwendigen (Art. 109, Abs. 2 GG) und des rechtlich Zulässigen (Art. 115 GG) vom Kreditmarkt (= Kapitalmarkt) aufzunehmen.

Die Aufnahme von Krediten ist unter Gesetzesvorbehalt gestellt; das entsprechende Gesetz ist das Haushaltsgesetz (§ 18, Abs. 2 BHO).

Die im Haushaltsgesetz normierten Kreditermächtigungen stellen eine parlamentarische *Ermächtigung* – keinesfalls aber eine Verpflichtung – zur Aufnahme von Krediten dar. Darüber hinaus werden die Deckungskredite nicht sofort und nicht in voller Höhe, sondern – sachlich und zeitlich – nur bei Bedarf aufgenommen, so daß die Ausgeglichenheit nur theoretischer Art, nicht aber faktisch zu sehen ist.

Mehr: S. Abschnitt VI, A, Ziffer 2.a) (S. 100); S. Abschnitt II, B, Ziffer 4.a) (S. 20).

4. Finanzplan

Außer dem Haushaltsentwurf ist vom BMF jährlich der Finanzplan aufzustellen.

Der Haushaltsplan erstreckt sich auf das einzelne Haushaltsjahr und ist bei den einzelnen Trägern der öffentlichen Haushaltswirtschaften durch gesetzlich festgelegte Ausgaben und durch rechtlich begründete Ausgabeverpflichtungen in seinen Wandlungsmöglichkeiten sehr stark begrenzt. Eine wirkungsvolle Gestaltung der öffentlichen Haushaltswirtschaft ist daher nur im Rahmen einer längerfristigen, mehrjährigen Betrachtungsweise der Planansätze möglich.

---

9 S. BVerfGE 1, 144 (157).
10 S. BVerfGE 1, 144 (161).

Aufgrund des im Art. 109 (3) GG verfassungsrechtlich aufgestellten Gebots einer "mehrjährigen" Finanzplanung ist im § 50 des Haushaltsgrundsätzegesetzes und im § 9 des Stabilitäts- und Wachstumsgesetz bestimmt, daß der Bund und die Länder (auch die Gemeinden) eine fünfjährige Finanzplanung bei ihrer Haushaltswirtschaft zugrunde zu legen haben.

Als Unterlagen für die Finanzplanung stellen die Minister für ihren Bereich mehrjährige Investitionsprogramme auf. Hieraus stellt der BMF den Finanzplan auf, der jährlich der volkswirtschaftlichen Entwicklung anzupassen und fortzuführen ist.

Der Finanzplan stellt einen auf einen permanenten 5-Jahreszeitraum abgestellten "Orientierungsplan" der Bundesregierung dar, in den der jährliche Haushaltsentwurf "eingebettet" ist. Der Finanzplan ist somit Grundlage für die Ansätze des jährlichen Haushaltsplanentwurfs.

Mehr: S. Abschnitt VII. C (S. 138).

5. Finanzbericht des BMF

Der BMF hat zum Haushaltsentwurf und zum Finanzplan dem Parlament gegenüber einen "Bericht über den Stand und die voraussichtliche Entwicklung der Finanzwirtschaft auch im Zusammenhang mit der gesamtwirtschaftlichen Entwicklung" – den sog. "Finanzbericht" – zu erstatten[11], der jedoch nicht (wie etwa der Finanzplan) der Beschlußfassung der Bundesregierung unterliegt, sondern lediglich der Erläuterung des Regierungsentwurfs (Haushaltsentwurfs) für die parlamentarische Beratung dient. Der vom BMF den gesetzgebenden Körperschaften jährlich vorzulegende Finanzbericht bezieht sich allein auf den jeweiligen Haushaltsentwurf und stellt somit eine *finanzwirtschaftliche Vorausschau* auf den Zeitraum dar, für den der Haushaltsplan festgestellt werden soll. Er gibt einen Überblick über die Finanz-, Haushalts- und Kassenlage, stellt die finanzpolitisch bedeutsamen Merkmale des vorliegenden Haushaltsentwurfs heraus und enthält ferner Übersichten über den Zusammenhang zwischen Volkswirtschaft und Haushalt, Haushaltsquerschnitte und statistische Übersichten.

6. Jahreswirtschaftsbericht der Bundesregierung

Die Bundesregierung legt nach § 2 StWG im Januar eines jeden Jahres dem Bundestag und dem Bundesrat einen *Jahreswirtschaftsbericht* vor. Der Jahreswirtschaftsbericht enthält:

---

11 Vgl. § 31 BHO/LHO.

1) die Stellungnahme zu dem Jahresgutachten des "Sachverständigenrates zur Begutachtung der gesamtwirtschaftlichen Entwicklung"
– *s. auch Abschnitt E*

2) eine Darlegung der für das laufende Jahr von der Bundesregierung angestrebten wirtschafts- und finanzpolitischen Ziele ("Jahresprojektion")

3) eine Darlegung der für das laufende Jahr geplanten *Wirtschafts- und Finanzpolitik.*

Während der Finanzbericht des BMF den Stand und die *voraussichtliche Entwicklung der Finanzwirtschaft* darlegt, beinhaltet der Jahreswirtschaftsbericht der Bundesregierung, mit welchen *konjunkturellen Entwicklungen* aufgrund der vorgelegten *gesamtwirtschaftlichen Orientierungsdaten* die Bundesregierung im laufenden Jahr rechnet und mit welchen *Maßnahmen* sie den Erfordernissen des gesamtwirtschaftlichen Gleichgewichts Rechnung tragen will.

H. Beschlußfassung über den Entwurf des Haushaltsgesetzes und den Entwurf des Haushaltsplans durch die Bundesregierung

Bei der Bundesregierung ist ein Kabinettsausschuß für mittelfristige Finanzplanung, das sog. "*Finanzkabinett*" gegründet worden, dem der Bundesminister der Finanzen, der Bundesminister für Wirtschaft, der Bundesminister des Innern und der Bundesminister für besondere Aufgaben (im Bundeskanzleramt) angehören; den Vorsitz führt der Bundeskanzler. Das Finanzkabinett bereitet die Beschlußfassung des vom BMF der Bundesregierung vorgelegten Haushaltsentwurfs und des mehrjährigen Finanzplans vor.

Veranschlagte Einnahmen, Ausgaben, Verpflichtungsermächtigungen, Planstellen, Stellen und Haushaltsvermerke, die der BMF letztlich nicht in den Entwurf des Haushaltsplans aufgenommen hat, unterliegen gem. § 29 BHO auf Antrag des zuständigen Bundesministers der Beschlußfassung der Bundesregierung, wenn es sich um Angelegenheiten von grundsätzlicher oder erheblicher finanzieller Bedeutung handelt. Hier gilt das zu § 28 (2) BHO zuvor geschilderte Verfahren der Beschlußfassung der Bundesregierung sinngemäß.

Weicht der von der Bundesregierung beschlossene Entwurf des Haushaltsplans von den Voranschlägen der nicht zur Bundesregierung gehörenden Obersten Bundesbehörden (B.-Präsidialamt, B.-Tag, B.-Rat, BVerfG, BRH) ab, und ist der Änderung nicht zugestimmt worden, so sind gem. § 29 (3) BHO die Teile, über die kein Einvernehmen erzielt worden ist, unverändert dem Entwurf des Haushaltsplans für die parlamentarische Beratung beizufügen.

Der Entwurf des Haushaltsgesetzes wird mit dem Entwurf des Haushaltsplans von der Bundesregierung beschlossen[12] und ist – spätestens in diesem Zusammenhang – mit dem beschlossenen mehrjährigen Finanzplan vor Beginn des Haushaltsjahres dem Bundesrat zuzuleiten und gem. Art. 110 (3) GG *gleichzeitig* beim Bundestag einzubringen –, in der Regel spätestens in der ersten Sitzungswoche des Bundestages nach dem 1. September (§ 30 BHO).

Entsprechend der politischen Bedeutung soll durch diese Regelung die erste Lesung des Bundeshaushaltsentwurfs an den Anfang der Parlamentsarbeit nach der Sommerpause gestellt werden. Dadurch wird eine parallele erste Lesung des Bundeshaushalts *im Bundestag und im Bundesrat* angestrebt. Diese Verfassungsnorm intendiert zum Stil des englischen "*budget day*".

Durch das *gleichzeitige* Einbringen des Haushaltsentwurfs beim Bundesrat und Bundestag wird ein speziell für Haushaltsvorlagen eingerichtetes Gesetzgebungsverfahren geschaffen[13]. Die gleichzeitige Zuleitung von Gesetzentwürfen haushaltsrechtlicher Art dient insbesondere der Verwirklichung des Haushaltsgrundsatzes der "Vorherigkeit"[14].

Der *Bundesrat* ist gem. Art. 110 (3) GG berechtigt, innerhalb von sechs Wochen zu der von der Bundesregierung beim Bundestag und beim Bundesrat zu gleicher Zeit eingebrachten Haushaltsvorlage *Stellung zu nehmen*. Die Vertreter der Länderregierungen beraten die Vorlage zunächst im *Finanzausschuß* des Bundesrates, dem die Finanzminister und -senatoren der 16 Bundesländer als ordentliche Mitglieder angehören. Dieser Bundesratsausschuß nimmt insbesondere zu den Vorschlägen und Maßnahmen Stellung, die vorwiegend die Interessen der Länder berühren (Wohnungsbauförderung, Straßenbau, Steuerverteilung usw.). Der Bundesrat stimmt im Plenum über die Stellungnahme ab (*1. Durchgang*).

Die Beschlußfassung des Bundesrates wird der Bundesregierung zugeleitet.

Die *Bundesregierung* nimmt zur Beschlußfassung des Bundesrates in einer *Gegenäußerung* Stellung und leitet die Beschlußfassung des Bundesrates mit ihrer Gegenäußerung hierzu an den Bundestag weiter.

Die *Gesetzesinitiative* steht bei Haushalts-, Finanz- und Stabilitätsvorlagen entgegen Art. 76 (1) GG aufgrund der neuen verfassungsrechtlichen Regelung im Rahmen der Neukodifizierung des Haushaltsrechts nach Art. 110 (3) GG positiv – rechtlich *allein der Bundesregierung* zu[15]. Diese, der Bundesregierung obliegende Gesetzesinitiative, bedeutet das Recht und die

12 Vgl. § 29 BHO/LHO.
13 Vgl. *Piduch*, a.a.O., Art. 110, RN 68.
14 Vgl. BT-Drucks. V 3040, TZ 111.
15 S. *Hirsch*, a.a.O., S. 102 ff.; BVerfGE 45, 32.

Verpflichtung zum “Einbringen” des Gesetzentwurfs mit den dazugehörenden Unterlagen beim Bundestag, wobei der Entwurf des Haushaltsplans Anlage des Haushaltsgesetzentwurfs ist. Dieses auf Haushalts-, Finanz- und Stabilitätsvorlagen bezogene Initiativrecht der Bundesregierung ist zwingend und beruht auf der vorgegebenen politischen Richtlinienkompetenz des Bundeskanzlers (politische Funktion des Haushalts).

Demgemäß bleibt die Bundesregierung auch bis zur dritten Lesung des Haushaltsentwurfs im Parlament vorlagezuständig. Die Bundesregierung kann daher – bei deutlich veränderter Sachlage – ihren Haushalts-, Finanz- oder Stabilitätsentwurf ändern (= Ergänzung zum Entwurf des Haushaltsplans) oder sogar auch zurückziehen und durch einen neuen Entwurf ersetzen (z.B. Haushaltsentwurf 1991).

Der Entwurf des Haushaltsgesetzes und des Haushaltsplans ist im Bundestag erneut einzubringen und dem Bundesrat erneut vorzulegen, wenn der Bundestag vor Verabschiedung des Haushaltsentwurfs (= 3. Lesung) *aufgelöst* werden sollte (s. § 126 GO-BT).

Der Haushaltsentwurf wird dem Präsidenten des Bundestages mit dem Antrag zugeleitet, diese Gesetzesvorlage geschäftsordnungsmäßig zu beraten und zu beschließen.

Für die Aufstellung der Voranschläge und des Haushaltsentwurfs gilt folgender Zeitplan:

Januar - März	Aufstellung der Voranschläge
März - April	Haushaltsverhandlungen zwischen Ressorts und dem BMF auf Referatsleiterebene
April	Streitpunktverhandlungen zwischen Ressorts und BMF
Mai	Beschlußfassung im Finanzplanungsrat
Juni	Maßnahmen des Finanzkabinetts
Juli	Beschlußfassung der Bundesregierung über den Haushaltsentwurf und den Finanzplan
September (1. Sitzungswoche nach dem 1.9. – nach der Sommerpause –)	Einbringung 1) des Entwurfs des Haushaltsplans 2) des Entwurfs des Haushaltsgesetzes 3) des Finanzplans im Bundestag, 4) desFinanzberichts im Bundestag

Im Gegensatz zum gesetzlich festzustellenden Haushaltsplan, der für die Bundesregierung eine verbindliche parlamentarische Entscheidung über die Finanzwirtschaft im jeweiligen Bewilligungszeitraum darstellt, dient der vom Kabinett beschlossene Finanzplan den gesetzgebenden Körperschaften lediglich als eine auf einen 5-Jahreszeitraum abgestellte Orientierungshilfe, während der dem Parlament vom BMF unmittelbar vorgelegte Finanzbericht, der nicht der Beschlußfassung durch die Bundesregierung unterliegt, sich nur auf den für ein Haushaltsjahr festzustellenden Haushaltsplan bezieht und somit auch nur eine Orientierungshilfe für das Parlament darstellt. Der von der Bundesregierung beschlossene Finanzplan und der vom BMF den gesetzgebenden Körperschaften *unmittelbar* vorgelegte Finanzbericht unterliegen somit nicht der gesetzlichen Feststellung durch das Parlament.

I. Beratungen über die Einzelplanentwürfe, Verabschiedung des Haushaltsgesetzes und Feststellung des Haushaltsplans durch den Bundestag

1. Beratungen im Parlament

Die 1. Lesung des Haushaltsentwurfs wird eingeleitet mit der programmatischen Etatrede des BMF, der als zuständiger Fachminister für die Aufstellung des Haushaltsplans und für Haushaltsvorlagen im Parlament den Haushaltsentwurf in seinen wirtschafts- und finanzpolitischen relevanten Positionen begründet. Hieran schließt sich eine regelmäßig sehr kontrovers geführte Aussprache – die sog. "Etatdebatte" – an, in der die politischen Parteien grundlegende Erklärungen zur Konjunktursituation abgeben. Diese Etatdebatte nutzt die Opposition traditionell zur *allgemeinen* politischen Auseinandersetzung und Kritik gegenüber der Regierung. Anschließend wird der Haushaltsentwurf an den Haushaltsausschuß des Bundestages überwiesen.

Der Haushaltsentwurf kann im Parlamentsplenum nicht hinreichend sachverständig und daher nur unzureichend diskutiert werden. Daher liegt das Schwergewicht der parlamentarischen Haushaltsberatungen beim zuständigen Haushaltsausschuß. Der Haushaltsausschuß ist – nach der Geschäftsordnung des Bundestages[16] – allein zuständig für die Beratungen finanzwirksamer Gesetzentwürfe der Bundesregierung.

Seine Zusammensetzung regelt sich nach dem Stärkeverhältnis der im Bundestag vertretenen Fraktionen.

Andere Fachausschüsse werden zu den haushaltsberatungen formell nicht hinzugezogen[17], obwohl diese an den Beratungen beteiligt werden können.

16 Vgl. §§ 95, 96 GO-BT; § 8 (1) StWG.
17 Vgl. § 94 GO-BT.

An der Spitze der im Haushaltsausschuß vertretenen Fraktionen stehen die "*Obleute*". Jede im Haushaltsausschuß vertretene Fraktion benennt einen "Obmann", der die Debatten mit den Obleuten und deren Vertretern der übrigen Fraktionen führt. Der Vorsitzende des Haushaltsausschusses ist traditionsgemäß Mitglied der stärksten Oppositionspartei.

Im Haushaltsausschuß werden die im Haushaltsentwurf veranschlagten Haushaltseinnahmen und -ausgaben, Planstellen, Stellen, Verpflichtungsermächtigungen und Haushaltsvermerke in eingehenden Beratungen und Verhandlungen im einzelnen überprüft.

Für jeden Einzelplan werden Mitglieder des Haushaltsausschusses als "*Berichterstatter*" benannt. Sie informieren sich in Vorgesprächen mit Vertretern der Obersten Bundesbehörden über alle Probleme ihres Fachgebiets und beraten dann in gemeinsamen Sitzungen - den "*Berichterstatterbesprechungen*" über ihr Votum.

Das Ergebnis der Berichterstatterbesprechung schlägt sich nieder in "*Berichterstattervorschlägen*", die dem Haushaltsausschuß als Beratungsgrundlage dienen.

Erst nach diesen Vorbereitungen entscheidet der Haushaltsausschuß über die Anforderungen für den jeweiligen Einzelplan. Dabei stehen ihm für weitere Auskünfte zur Verfügung:

- das Bundesfinanzministerium – in der Regel vertreten durch den Parlamentarischen Staatssekretär und dessen Fachreferenten
- Vertreter des Bundesrechnungshofes
- Vertreter der jeweiligen Bundesbehörde, dessen Einzelplan beraten wird
- Vertreter anderer Bundestagsfachausschüsse
- Vertreter des Bundesrates.

Das Ergebnis seiner Beratungen legt der Haushaltsausschuß – nach Einzelplänen getrennt – in "*Beschlußempfehlungen*" nieder.

Die *zweite Lesung* der Haushaltsvorlage im Bundestag ist durch eine über mehrere Tage geführte Generaldebatte geprägt und beginnt mit dem Bericht des für den jeweiligen Einzelplan zuständigen Berichterstatters sowie weiterer "Mitberichterstatter" und der fachpolitischen Sprecher der im Bundestag vertretenen Fraktionen und der Bekanntgabe der "Beschlußempfehlungen" des Haushaltsausschusses. Abschließend wird über jeden Einzelplanentwurf sowie die dazu eingebrachten Entschließungs- und Änderungsanträge und die Beschlußempfehlungen des Haushaltsausschusses im Plenum des Bundestages abgestimmt.

Die *zweite Lesung* des Haushaltsentwurfs darf jedoch frühestens sechs Wochen nach Zuleitung der Regierungsvorschläge an den Bundestag und Bundesrat erfolgen, es sei denn, daß die Beschlußfassung des Bundesrates – mit der Gegenäußerung der Bundesregierung – vor Ablauf dieser verfassungsgesetzlich im Art. 110 (3) GG bestimmten Sechs-Wochen-Frist beim Parlament eingeht[18].

2. Verabschiedung des Haushaltsgesetzes

Die *dritte Lesung* – auch politische Lesung genannt – schließt sich im allgemeinen unmittelbar an die zweite Lesung an. Es ist die Abstimmung über die Haushaltsvorlage, d.h. die Verabschiedung des Haushaltsgesetzes – einfache Mehrheit – und die unmittelbar damit verbundene Feststellung des Haushaltsplans durch das Plenum.

Damit ist das Haushaltsgesetz vom Bundestag "*angenommen*"[19].

Das Haushaltsgesetz ist ein auf der Grundlage des Verfassungsrechts im förmlichen Gesetzgebungsverfahren zustandegekommenes spezielles Zeitgesetz (= besonderes Haushaltsrecht), das – zusätzlich zu allgemeinen, ständig gesetzlichen Rechtsvorschriften (= allgemeines Haushaltsrecht, wie BHO usw.) zusätzliche Rechtsnormen und Ermächtigungen für die Haushaltsführung eines Haushaltsjahres enthält.

Die Verabschiedung des Haushaltsgesetzes bedeutet darüber hinaus zugleich auch, daß die im Haushaltsplan veranschlagten Ausgaben und Verpflichtungsermächtigungen im einzelnen *parlamentarisch bewilligt* sind (= Einzelbewilligung, § 3 i.V.m. § 34, Abs. 2 BHO).

Mit der gesetzlichen Feststellung des Haushaltsplans wird dieser damit zum rechtsverbindlichen Planungs-, Vollzugs- und Kontrollinstrument im organschaftlichen Verhältnis zwischen Legislative und Exekutive.

J. Anrufungsrecht und Einspruchsrecht des Bundesrates

Nach der Verabschiedung des Haushaltsgesetzes wird dieses mit dem Haushaltsplan gem. Art. 77 (1) GG vom Präsidenten des Bundestages unverzüglich dem Präsidenten des Bundesrates zugeleitet.

Im Finanzausschuß des Bundesrates wird nun dieser Gesetzesbeschluß des Bundestages beraten. Die Schlußberatung erfolgt im Plenum des Bundesrates (2. Durchgang).

Der Bundesrat hat – sofern er diesem Gesetz nicht zustimmen will – ein Anrufungs- und Einspruchsrecht.

---

18 Vgl. § 95 (2) GO-BT.
19 Vgl. Art. 77 (1) GG/LV.

Der Bundesrat kann nach Art. 77 (2) GG innerhalb von drei Wochen nach Eingang des Gesetzbeschlusses verlangen, daß ein paritätisch aus jeweils 16 Mitgliedern des Bundestages und des Bundesrates gebildeter Vermittlungsausschuß einberufen wird.

Zwei Vorsitzende wechseln sich gegenseitig im Vorsitz des Vermittlungsausschusses im vierteljährlichen Turnus ab.

Schlägt der Vermittlungsausschuß eine Änderung des Gesetzbeschlusses des Bundestages vor, so *muß* der Bundestag erneut Beschluß fassen. Gegen diese erneute Beschlußfassung des Bundestages kann der Bundesrat innerhalb von zwei Wochen Einspruch einlegen, da das Haushaltsgesetz ein nicht zustimmungsbedürftiges Gesetz – *ein Einspruchsgesetz* – ist.

Die Einspruchsfrist beginnt mit dem Tag des Eingangs des vom Bundestag erneut gefaßten Beschlusses beim Bundesrat[20].

Sofern der Vermittlungsausschuß zu keinem Vermittlungsvorschlag gekommen ist, beginnt die Einspruchsfrist des Bundesrates mit dem Tage des Eingangs der vom Vorsitzenden des Vermittlungsausschusses an den Präsidenten des Bundesrates gerichteten Mitteilung über den Abschluß des Verfahrens vor dem Vermittlungsausschuß.

Der Einspruch des Bundesrates kann vom Bundestag mit der notwendigen Mehrheit in gleicher Relation zurückgewiesen werden[21].

Wird der Einspruch mit der Mehrheit der Stimmen des Bundesrates beschlossen, so kann er durch Beschluß der Mehrheit der (gesetzlichen) Mitglieder des Bundestages (absolute Mehrheit) zurückgewiesen werden. Hat der Bundesrat den Einspruch mit mindestens zwei Dritteln seiner Stimmen beschlossen, so bedarf die Zurückweisung durch den Bundestag einer Mehrheit von zwei Dritteln (der anwesenden) Stimmen, diese muß jedoch die Mehrheit der (gesetzlichen) Mitglieder des Bundestages (absolute Mehrheit) ausmachen. Werden diese Mehrheiten im Bundestag nicht erreicht, dann gilt der Beschluß des Bundestages *als aufgehoben.*

Ist das Haushaltsgesetz vom Bundesrat angenommen oder dessen Einspruch rechtswirksam zurückgewiesen worden, so ist das Gesetz "zustandegekommen".

Einspruchsgesetze haben die Schlußformel:

"Die verfassungsmäßigen Rechte des Bundesrates sind gewahrt".

20 Vgl. Art. 77 (3) GG/LV.
21 Vgl. Art. 77 (4) GG/LV.

K. Ausfertigung und Veröffentlichung des Haushaltsgesetzes

Ist das Haushaltsgesetz vom Bundestag angenommen (= verabschiedet) und somit der Haushaltsplan in Einnahme und Ausgabe auf eine bestimmte Summe *festgestellt*, und ist diesem Gesetzbeschluß vom Bundesrat zugestimmt oder dessen Einspruch i.S. des Art. 77 (4) GG durch den Bundestag rechtswirksam zurückgewiesen worden, so ist das Haushaltsgesetz "*zustandegekommen*". Danach wird das Haushaltsgesetz *vom Bundeskanzler (gesamtpolitische Verantwortung) und vom zuständigen Fachminister – dem BMF – (finanzpolitische Verantwortung)* gegengezeichnet und dem Bundespräsidenten (verfassungsmäßiges Zustandekommen) zur *Ausfertigung* zugeleitet.

Das Haushalts*gesetz* wird mit dem *Gesamtplan* im Bundesgesetzblatt, Teil I, verkündet[22].

Auf die Verkündung des Haushalts*plans* wird wegen seines großen Umfangs verzichtet. Das Bundesverfassungsgericht hat im Rechtsstreit um die Parteienfinanzierung ausdrücklich festgestellt, daß die mit dem Gesamtplan verkündeten Endsummen der Kapitel als Verweis auf die Einzelbeträge innerhalb der Kapitel und Titel eines jeden Einzelplans zu verstehen sind und insoweit der Verkündungspflicht des Art. 82 (1) GG genügt ist.

Die Rechtswirkungen des Haushaltsgesetzes erstrecken sich auch auf die im Bundesgesetzblatt nicht veröffentlichten Teile des Haushaltsplans[23].

Das Haushaltsgesetz tritt stets mit Wirkung vom 1. Januar des Jahres in Kraft, für das es gilt (ggf. rückwirkend).

L. Ergänzungen zum Haushaltsentwurf und Nachträge zum Haushaltsgesetz und zum Haushaltsplan

Sollte sich im Laufe des Haushaltsjahres ergeben, daß durch Umstände, die bei der Aufstellung des Entwurfs des Haushaltsplans noch nicht bekannt waren, die

22 Die Haushaltsgesetze des Bundes sind im Rahmen der im Jahre 1972 vorgenommenen Neuverteilung der zu verkündenden Rechtsvorschriften auf die drei Verkündungsblätter: Bundesgesetzblatt, Teil I, Bundesgesetzblatt, Teil II und Bundesanzeiger endgültig dem Teil I zugeordnet worden. Grund dafür war vor allem das wachsende Interesse weiter Bevölkerungskreise für den Bundeshaushalt. Die hohe Auflage des Bundesgesetzblattes, Teil I erfaßt diese Kreise besser als das Bundesgesetzblatt, Teil II. Dieser Teil soll künftig nur noch den völkerrechtlichen Vereinbarungen und den zu ihrer Inkraftsetzung erlassenen Rechtsvorschriften sowie allen damit im Zusammenhang stehenden Bekanntmachungen vorbehalten bleiben (auf Anfrage: BMJ – 1032 II – 6555 vom 25.5.1972).

23 BVerfGE 20, 90 ff.

vom BMF veranschlagten Haushaltseinnahmen erheblich hinter den Planansätzen zurückbleiben werden oder neue bzw. erheblich höher zu veranschlagende Haushaltsausgaben auftreten werden, so bedarf der Haushaltsplan (-Entwurf) einer *Änderung*.

Haushaltsrechtlich wird zwischen "*Ergänzungsvorlagen*" und "*Nachtragshaushaltsvorlagen*" unterschieden[24].

Sollten aus den o.g. Gründen eine *Ergänzung* des von der Bundesregierung bereits beschlossenen Entwurfs des Haushaltsgesetzes und Haushaltsplans notwendig sein, zu einer Zeit also, zu der die Beratungen im Bundestag noch nicht abgeschlossen sind, so stellt die Bundesregierung in Form einer Ergänzungsvorlage eine "Ergänzung zum Entwurf des Haushaltsplans" auf, die als solche nicht dem Ausgleichsgebot des Art. 110 (1) GG unterliegt. Sie wird in den dem Parlament vorliegenden nunmehr, *insgesamt* ausgeglichenen Haushaltsentwurf eingearbeitet und in der vorstehenden beschriebenen Weise von den gesetzgebenden Körperschaften beraten.

Sollte das Haushaltsgesetz im Bundestag jedoch schon verabschiedet sein und somit der Haushaltsplan in Einnahme und Ausgabe auf eine bestimmte Summe festgestellt sein, so bedarf es zur Änderung des Haushaltsplans – und somit zur Änderung des Haushaltsgesetzes einer "Nachtragshaushaltsvorlage" durch die Bundesregierung. Das Verfahren zur Änderung des bereits verabschiedeten Haushaltsgesetzes und des hierdurch festgestellten Haushaltsplans entspricht in der Form eines "Nachtragshaushaltsgesetzes" und eines "Nachtragshaushaltsplans" grundsätzlich dem ursprünglichen Haushaltsgesetzgebungsverfahren[25].

Die Gesetzesinitiative obliegt gem. Art. 110 (3) – auch bei Nachtragshaushaltsvorlagen – allein der Bundesregierung. Die von der Bundesregierung beschlossene Änderungsvorlage (Entwurf eines Nachtragshaushaltsgesetzes und eines Nachtragshaushaltsplans) muß in Einnahme und Ausgabe ausgeglichen sein und wird gleichzeitig mit der Zuleitung an den Bundesrat beim Bundestag eingebracht. Der Bundesrat ist berechtigt, innerhalb von drei Wochen zu der von der Bundesregierung beim Bundestag und beim Bundesrat zu gleicher Zeit eingebrachten Nachtragshaushaltsvorlage Stellung zu nehmen[26]; diese Frist entspricht der besonderen Eilbedürftigkeit einer Gesetzesvorlage i.S. des Art. 76 (2), Satz 3, GG[27].

Der von der Bundesregierung beim Bundestag eingebrachte *Nachtragshaushaltsentwurf* wird – entgegen der sonst üblichen Form der geschäftsordnungsmäßigen

24 S. § 94 (1) GO-BT.
25 Vgl. § 33 BHO/LHO.
26 S. Art. 110 (3) GG i.V.m. § 94 (2) GO-BT.
27 Vgl. BT-Drucks., V/3040, TZ 87.

Behandlung von Haushaltsvorlagen – vom Präsidenten des Bundestages unmittelbar dem Haushaltsausschuß des Bundestages überwiesen. Nach § 95 (1) GO-BT können Nachtragshaushaltsvorlagen – anders als der Haushaltsentwurf – auf Vorschlag des Ältestenrates durch den Bundestagspräsidenten *ohne erste Beratung* unmittelbar dem Haushaltsausschuß des Bundestages überwiesen und *in nur einer Beratung* abschließend behandelt werden.

Die Beratung über die Nachtragshaushaltsvorlage darf gem. § 95 (2) GO-BT frühestens drei Wochen nach deren Eingang beim Bundestag beginnen, es sei denn, daß die Beschlußfassung des Bundesrates – mit der Gegenäußerung der Bundesregierung – **vor** Ablauf dieser verfassungsgesetzlich im Art. 110 (3) GG bestimmten Drei-Wochen-Frist beim Parlament eingeht.

Nach § 95 (4) GO-BT hat der Haushaltsausschuß Nachtragshaushaltsvorlagen spätestens innerhalb der auf den Eingang der Stellungsnahme des Bundesrates folgenden Sitzungswoche zu beraten.

Ein Nachtragshaushaltsgesetz ist *kein* letztlich für sich allein wirkendes Gesetz, sondern es enthält Änderungen des Haushaltsgesetzes; es vereinigt sich und verschmilzt mit dem Haushaltsgesetz *zu einer Einheit* (= Haushaltsänderungsgesetz). So gibt es für jedes Haushaltsjahr stets *nur ein Haushaltsgesetz*, das ggf. durch ein oder mehrere Nachtragshaushaltsgesetze geändert worden ist.

M. Die Aufstellung des Bundeshaushaltsgesetzes und des Bundeshaushaltsplans

– Kurzfassung –

1. Allgemeines

Das Haushaltsgesetz ist ein in die Form eines nur formellen Gesetzes gekleideter Einzelakt der Legislative ohne Außenwirkung, wohl aber mit Rechtswirkungen auf die Exekutive.

Der Haushaltsplan ist eine Zusammenstellung der für ein Haushaltsjahr veranschlagten Haushaltseinnahmen und Haushaltsausgaben, Planstellen, Stellen und Verpflichtungsermächtigungen aller Bundes-/Landesverwaltungen; er ist die spezielle Grundlage für die Haushalts- und Wirtschaftsführung des Bundes/Landes für ein Haushaltsjahr und wird durch die Verabschiedung des Haushaltsgesetzes *festgestellt*. Der Haushaltsplan stellt zugleich die parlamentarische Ermächtigungsgrundlage für die *Ausgaben*wirtschaft der jeweiligen Gebietskörperschaft dar.

2. Arbeitskreis Steuerschätzung

- Sachverständige von Bund, Ländern und Gemeinden
- Vertreter des Statistischen Bundesamtes
- Vertreter der fünf großen wirtschaftswissenschaftlichen Institute.

Aufgabe: Schätzen der voraussichtlichen Höhe der zu erwartenden Steuereinnahmen.

3. Finanzplanung und Finanzplanungsrat

"Finanzplanung" ist der finanzwirtschaftliche Gesamtüberblick, eine Vorausschau der voraussichtlichen Haushaltseinnahmen und -ausgaben von Bund und Ländern *auf fünf Jahre*, die Bund und Länder je für sich ihrer Haushaltswirtschaft zugrundelegen.

Aufgabe: Die Finanzplanung verfolgt den Zweck, die in den einzelnen Planungsjahren voraussichtlich zu leistenden Ausgaben und deren Deckungsmöglichkeiten aufgrund der mutmaßlichen wirtschaftlichen Entwicklung einerseits und der Programmziele der Regierung andererseits miteinander in Einklang zu bringen.

Unterscheidung zwischen "Haushaltsplan" und "Finanzplan":

– Der "Haushaltsplan":

1) für *jedes* Haushaltsjahr ist *ein* Hpl. aufzustellen. Er kann auch für zwei Jahre – nach Jahren getrennt – aufgestellt werden (§ 1 BHO).

2) Die Aufstellung des HplE erfolgt durch den BMF, die Beschlußfassung durch die Bundesregierung; er wird gleichzeitig beim BR und BT eingebracht; *gesetzliche Feststellung* des HplE durch das Haushaltsgesetz (Art. 110 GG, §§ 28 - 30 BHO).

3) die Wirkung des Hpl besteht in Form der *Bindung der Exekutive*, diesen Hpl, wie vom Parlament gesetzlich festgestellt, auszuführen (§ 3 BHO); Änderungen des Hpl sind nur über Nachtragshaushalte mit erneutem Gesetzgebungsgang möglich (§ 33 BHO).

4) der Hpl ist *ein Kontrollinstrument* des Parlaments gegenüber der Regierung – während und insbesondere nach Schluß des Hj (§§ 80, 88, 97, 114 BHO).

5) die Gliederung erfolgt im Hpl bei den Einnahmen nach dem Entstehungsgrund, bei den Ausgaben nach Verwendungszwecken (§ 13 BHO).

– Der "Finanzplan":

1) der Haushaltswirtschaft des Bundes ist eine *fünfjährige* Finanzplanung zugrunde zu legen. Der Finanzplan ist jährlich der gesamtwirtschaftlichen Entwicklung anzupassen (§ 9 StWG).

2) die Aufstellung des Finanzplans erfolgt durch den BMF, die Beschlußfassung durch die Bundesregierung; er wird dem BT und dem BR vorgelegt; keine gesetzliche Feststellung; er dient dem Parlament lediglich als Orientierungshilfe (§ 9, Abs. 2 StWG).

3) die Wirkung des Finanzplans liegt in der Selbstbindung für die Bundesregierung; Änderungen des Finanzplans sind jederzeit möglich (§ 9 StWG).

4) da der Finanzplan nicht gesetzlich festgestellt ist, kann er auch *kein Kontrollinstrument* des Parlaments sein (§ 10 BHO).

5) die Gliederung des Finanzplans erfolgt bei den Einnahmen nach Einnahmequellen, bei den Ausgaben nach Aufgabenbereichen, Ausgabearten und Investitionsausgaben (§§ 9 und 10 StWG).

4. Finanzplanungsrat:

- BMF (Vorsitz)
- BMWi
- Finanzminister der Länder
- 4 Vertreter der Gemeinden und Gemeindeverbände
- DBBk kann teilnehmen

Aufgabe: Empfehlungen für eine Koordinierung der Finanzplanungen des Bundes, der Länder, der Gemeinden und Gemeindeverbände.

5. Konjunkturrat für die öffentliche Hand:

- BMWi (Vorsitz)
- BMF
- je 1 Vertreter eines jeden Landes
- 4 Vertreter der Gemeinden und Gemeindeverbände
- DBBk kann teilnehmen.

Aufgabe: – Beratung aller zur Erreichung der Ziele des StWG erforderlichen konjunkturpolitischen Maßnahmen. – Beratung über die Möglichkeit der Deckung des Kreditbedarfs aller öffentlichen Haushalte.

6. Sachverständigenrat:

Die sog. 5 Weisen, die über hervorragende wirtschafts- und finanzwissenschaftliche Kenntnisse und Erfahrungen verfügen.

Aufgabe: Jährliche Erstattung eines Gutachtens ("Jahresgutachten", in dem die jeweilige gesamtwirtschaftliche Lage und deren absehbare Entwicklung dargestellt wird.

7. Aufstellungsverfahren des HG und des Hpl:

Federführend zuständig für die Aufstellung (und Ausführung) des Bundeshaushaltsplans ist der Bundesminister der Finanzen:

1) **BMF**: Rundschreiben an die Obersten Bundesbehörden: "Aufstellung der Haushaltsvoranschläge für das Haushaltsjahr 19.."
2) **Oberste Bundesbehörden**: Haushaltsaufstellungserlaß an die Bedarfsträger im unmittelbar nachgeordneten Bereich: "Richtlinien für die Aufstellung des Voranschlags zum Einzelplan .."
3) **Mittelbehörden**: Anforderung der Voranschläge der Ortsdienststellen.
4) **Ortsdienststellen**:
   a) Titelverwalter ermitteln ihren Bedarf,
   b) "Beauftragter für den Haushalt" prüft und übersendet den Voranschlag der Ortsdienststelle an Mittelbehörde.
5) **Mittelbehörden**:
   a) Prüfen, evtl.. ändern,
   b) fassen mit Eigenbedarf zusammen und legen den Voranschlag für ihren Geschäftsbereich der Obersten Bundesbehörde vor.
6) **Oberste Bundesbehörde**:
   a) Titelverwalter prüfen, evtl. ändern und legen ihren Beitrag zum Voranschlag dem jeweils zuständigen Kapitelreferat der Abteilung Haushalt vor.
   b) Abteilung Haushalt erstellt "*Voranschlag zum Einzelplan..*" und übersendet diesen an BMF und BRH.
   c) Die Aufstellung der Einzelpläne, die sich nach dem Realprinzip ergeben, obliegt dem BMF.
7) **BMF**:
   a) prüft, evtl. ändert (Haushaltsverhandlungen, Streitpunktverhandlungen, Chefgespräche),
   b) Wiederspruchsrecht des BMF bei Maßnahmen nach § 28 (2) BHO
   c) stellt
      - "Entwurf des Haushaltsgesetzes",
      - "Entwurf des Haushaltsplans"
      - den "Finanzplan"

      auf und legt diese der Bundesregierung vor
   d) er stellt ferner den "Finanzbericht" auf, der vom BMF unmittelbar den gesetzgebenden Körperschaften vorgelegt wird und diesen lediglich als Erläuterung zum Haushaltsentwurf für die parlamentarischen Entscheidungen dient.
8) **Bundesregierung**:
   a) "Finanzkabinett" bereitet Beschlußfassung vor
   b) Beratungen im Kabinett und Widerspruchsrecht dem BMF bei Maßnahmen nach § 29 (2) BHO

c) *Beschlußfassung* über
   - "Entwurf des Haushaltsgesetzes"
   - "Entwurf des Haushaltsplans"
   - den "Finanzplan"

   und Zuleitung *zu gleicher Zeit* an Bundesrat und Bundestag.

9) **Bundesrat** (parallel zu Nr. 11):
   a) vorbereitende Beratung im Finanzausschuß; Schlußberatung im Plenum (1. Durchgang)
   b) kann innerhalb von 6 Wochen zur Beschlußfassung der Bundesregierung Stellung nehmen

10) **Bundesregierung** (parallel zu Nr. 11):
   a) nimmt zur Beschlußfassung des Bundesrates in einer *Gegenäußerung* Stellung
   b) sendet Beschlußfassung des Bundesrates und eigene Gegenäußerung hierzu an den Bundestag

11) **Bundestag**: 3 Lesungen:

   1. Lesung:
   a) Budgetrede
   b) Budgetdebatte
   c) Überweisen an Haushaltsausschuß (Ende der ersten Lesung).

   Zwischen dem Ende der ersten Lesung und dem Beginn der zweiten Lesung wird der Haushaltsausschuß des Bundestages tätig:
   - "Haushaltsausschuß": hat 39 ordentliche Mitglieder aus CDU/CSU, SPD, F.D.P., Die Grünen im Bundestag.
   - "Obleute": stehen an de Spitze der im Haushaltsausschuß vertretenen Fraktionen.
   - "Berichterstatter": für jeden Epl werden Mitglieder des Haushaltsausschusses als Berichterstatter benannt.
   - "Berichterstatterbesprechungen": Besprechungen der Berichterstatter nach den Gesprächen mit den jeweiligen obersten Bundesbehörden.
   - "Berichterstattervorschläge": Vorschläge der Berichterstatter an den Haushaltsausschuß.
   - "Beschlußempfehlungen": Ergebnis der Beratungen im Haushaltsausschuß werden – getrennt nach Einzelplänen – in Beschlußempfehlungen niedergelegt.

   2. Lesung:
   a) Berichterstattung durch den für den jeweiligen Einzelplan zuständigen Berichterstatter des Haushaltsausschusses
   b) Generaldebatte und Abstimmung über jeden Einzelplanentwurf mit Änderungsvorschlägen

3. Lesung:
Abstimmung über das Haushaltsgesetz mit einfacher Mehrheit und somit *Feststellung des Haushaltsplans.*
Das Haushaltsgesetz ist somit vom Bundestag "angenommen".

12) **Bundesrat:**
a) vorbereitende Beratung im Finanzausschuß; Schlußberatung im Plenum (2. Durchgang)
b) Zustimmung oder
c) Anrufung des Vermittlungsausschusses innerhalb von 3 Wochen
Vermittlungsverfahren:
- schlägt der Vermittlungsausschuß eine Änderung vor, so muß der Bundestag erneut beschließen.
- Gegen die erneute Beschlußfassung kann der Bundesrat innerhalb von zwei Wochen Einspruch einlegen.
- Wurde der Einspruch mit der Mehrheit der Stimmen des Bundesrates beschlossen, so kann er durch Beschluß der Mehrheit der (gesetzlichen) Mitglieder des Bundestages (absolute Mehrheit) zurückgewiesen werden.
- Hat der Bundesrat den Einspruch mit mindestens zwei Dritteln seiner Stimmen beschlossen, so bedarf die Zurückweisung durch den Bundestag einer Mehrheit von zwei Dritteln der (anwesenden) Stimmen, – diese muß jedoch die Mehrheit der (gesetzlichen) Mitglieder des Bundestages (absolute Mehrheit) ausmachen.
- Das Haushaltsgesetz ist ein Einspruchsgesetz, d.h. es ist *kein* zustimmungs*bedürftiges* Gesetz.

d) Ist das Haushaltsgesetz vom Bundesrat angenommen oder dessen Einspruch rechtswirksam zurückgewiesen worden, so ist das Haushaltsgesetz "*zustandegekommen*" (Art. 78 GG/LV).

13) **BMF und B.-Kanzler**: "zeichnen gegen" (BMF: finanzpolitische Verantwortung; Kanzler: gesamtpolitische Verantwortung)

14) **B.-Präsident**: "fertigt aus" (verfassungsgemäßes Zustandekommen)

15) **Verkündung**: Bundesgesetzblatt, Teil I
Im Bundesgesetzblatt werden nur
- das Haushaltsgesetz und
- der Gesamtplan (§ 13 BHO/LHO)

verkündet.
Der Haushaltsplan wird nicht im Bundesgesetzblatt verkündet; er nimmt an den Rechtswirkungen der Verkündung des Haushaltsgesetzes und des Gesamtplans teil.

- **Bundesregierung**: “Ergänzung zum Entwurf des Haushaltsplans” (wenn die Beratungen im Bundestag noch nicht abgeschlossen sind).
- **Bundesregierung**: “Nachtragshaushaltsplan (wenn die Beratungen im Bundestag bereits abgeschlossen sind).
- **BMF**: Der *Finanzbericht* des BMF zum Haushaltsentwurf wird vom BMF *unmittelbar* dem Bundestag und dem Bundesrat vorgelegt.

Zusammenfassende Darstellung s. S. 167.

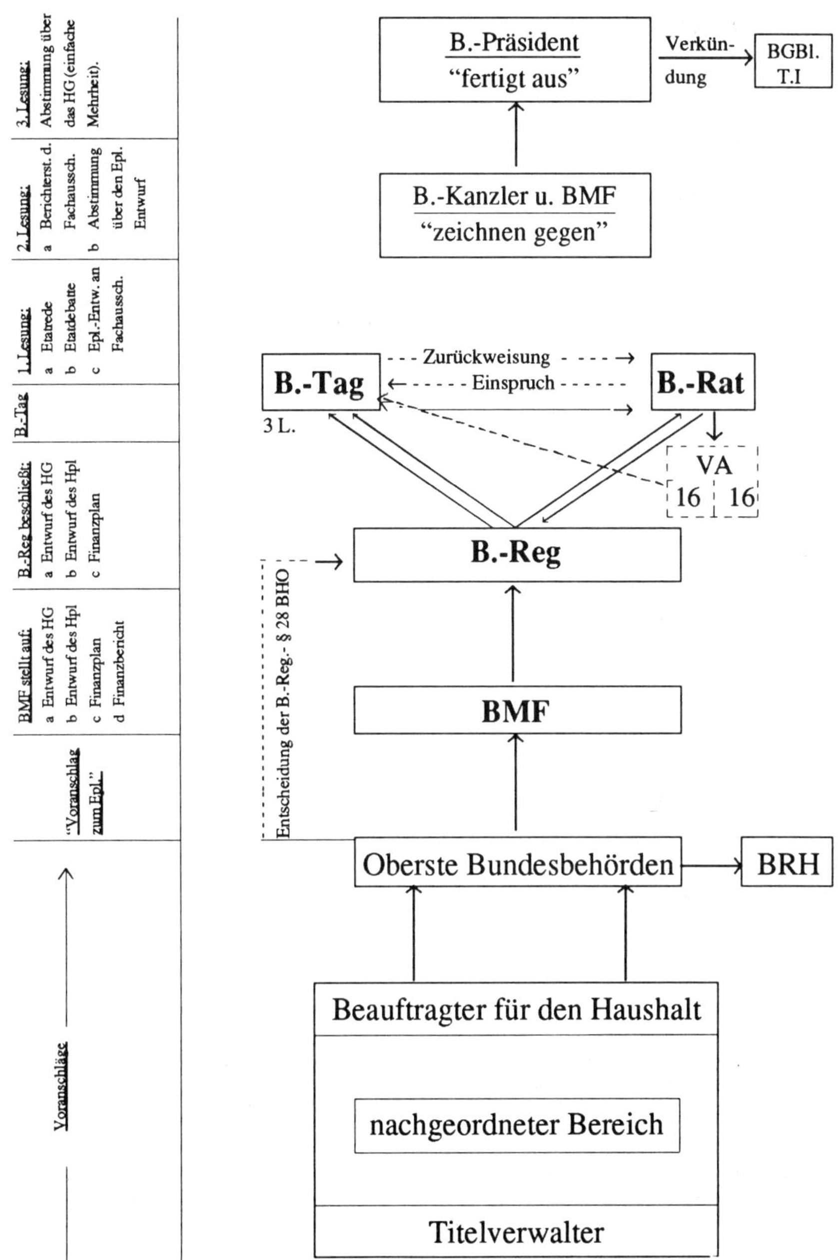
Voranschläge
"Voranschlag zum Epl."
BMF stellt auf:
a Entwurf des HG
b Entwurf des Hpl
c Finanzplan
d Finanzbericht
B.-Reg beschließt:
a Entwurf des HG
b Entwurf des Hpl
c Finanzplan
B.-Tag
1. Lesung:
a Etatrede
b Etatdebatte
c Epl.-Entw. an Fachaussch.
2. Lesung:
a Berichterst. d. Fachaussch.
b Abstimmung über den Epl. Entwurf
3. Lesung:
Abstimmung über das HG (einfache Mehrheit).
B.-Präsident
"fertigt aus"
Verkün-
dung
BGBl.
T.I
B.-Kanzler u. BMF
"zeichnen gegen"
Zurückweisung
Einspruch
B.-Tag
B.-Rat
3 L.
VA
16
16
B.-Reg
Entscheidung der B.-Reg.- § 28 BHO
BMF
Oberste Bundesbehörden
BRH
Beauftragter für den Haushalt
nachgeordneter Bereich
Titelverwalter

VIII. Die vorläufige Haushaltsführung[1]

A. Allgemeines

Wird der Haushaltsentwurf vom Parlament *nicht rechtzeitig vor Beginn* des neuen Haushaltsjahres verabschiedet, so müssen die Behörden dennoch in der Lage sein, ihre notwendigen Ausgaben leisten zu können.

Die verfassungsrechtlichen Bestimmungen, die die *Wirtschaftsführung* des Bundes/Landes in dieser Zeit regeln, werden als "*Nothaushaltsrecht*" bezeichnet.

Dies ist die Zeit der "*vorläufigen* Haushaltsführung".

Das Nothaushaltsrecht ist im Art. 111 GG und den entsprechenden Artikeln der jeweiligen Landesverfassung verfassungsgesetzlich normiert. Danach ist die Bundesregierung[2] bis zum Inkrafttreten[3] des neuen Haushalts ermächtigt, alle Ausgaben zu leisten, die nötig sind

a) um *gesetzlich* bestehende Einrichtungen zu erhalten und *gesetzlich* beschlossene Maßnahmen durchzuführen
b) um die *rechtlich* begründeten Verpflichtungen des Bundes/Landes zu erfüllen,
c) um Bauten, Beschaffungen und sonstige Leistungen fortzusetzen oder Beihilfen für diese Zwecke weiter zu gewähren, sofern durch den Haushaltsplan eines Vorjahres bereits Beträge bewilligt worden sind.

Die Verwaltungsvorschriften zur vorläufigen und – später – zur endgültigen Haushalts- und Wirtschaftsführung erläßt der BMF/LMF[4].

Der durch den Artikel 111 GG/LV gegebene Rahmen der zulässigen Ausgaben läßt deutlich erkennen, daß es sich im Grunde nur um die Aufrechterhaltung von

---

1 S. Art. 111 (2) GG/LV, wo die "vorläufige Haushaltsführung" als "Wirtschaftsführung bezeichnet wird.

2 Die im Art. 111 (1) GG normierte Aussage "... die Bundesregierung ..." ist finanzwirtschaftlich terminologisch nicht exakt und darf nicht i.S. des Abschn. VI GG – Die Bundesregierung – als Kabinett verstanden werden. Die Bundesregierung ist hier allgemein als Exekutive gemeint. Die nicht zur Bundesregierung gehörenden Obersten Bundesbehörden nehmen selbstverständlich auch an der vorläufigen Haushaltsführung teil. Treffender wäre hier anstelle von Bundesregierung "Oberste Bundesbehörden" genannt (so auch: MDH, a.a.O., zu Art. 111 GG, RN 11).

3 Auch diese Aussage ist nicht exakt, da das Haushaltsgesetz **stets** (ggf. rückwirkend) zum 1. Januar des Jahres in Kraft tritt. Das gilt auch für seine Anlage, den Haushaltsplan. Genauer wäre: "... bis zur Verkündung des Haushaltsgesetzes ..." so auch: MDH, a.a.O., zu Art. 111 GG, RN 12; *Schmidt-Bleibtreu/Klein*, a.a.O., zu Art. 111 GG, RN 3; *Piduch*, a.a.O., zu Art. 111 GG, RN 5).

4 S. § 5 BHO/LHO.

Maßnahmen handelt, denen das Parlament bereits vorher grundsätzlich zugestimmt hat. Diese Regelung schließt Leistungen für materiell neue Ausgabenzwecke aus[5].

B. Kreditaufnahme bei vorläufiger Haushaltsführung

Zur *Kreditaufnahme* im Rahmen der *vorläufigen Haushaltsführung* führt Art. 111 (2) GG aus:

> "Soweit nicht auf besonderem Gesetze beruhende Einnahmen aus Steuern, Abgaben[6] und sonstigen Quellen oder die Betriebsmittelrücklage[7] die Ausgaben unter Absatz 1 decken, darf die Bundesregierung die zur Aufrechterhaltung der Wirtschaftsführung erforderlichen Mittel bis zur Höhe eines Viertels der Endsumme des abgelaufenen Haushaltsplans im Wege des Kredits flüssig machen[8,9]".

Die vorgenannten Einnahmen sind – der Aufzählung folgend – nach dem *Subsidiaritätsprinzip* in Anspruch zu nehmen.

Auch *Kassenverstärkungskredite* dürfen zur Aufrechterhaltung der Kassenliquidität unmittelbar aufgrund der verfassungsrechtlichen Ermächtigung des Art. 111 (2) GG aufgenommen werden[10].

Kreditermächtigungen nach Art. 111 (2) GG/LV werden der Regierung *unmittelbar durch die Verfassung selbst* erteilt und gelten *nur* für die *vorläufige* Haushaltsführung; Kredite nach Art. 115 GG/LV dagegen werden vom Parlament *durch das jährliche Haushaltsgesetz* erteilt und gelten *nur* für die *endgültige* Haushaltsführung.

– *S. auch: Abschnitt VI A, Ziffer 2 und 3 (S. 100).*

---

5 In diesem Zusammenhang von einem "Nothaushalt" zu sprechen, ist fachlich abwegig und falsch, da es einen solchen nicht gibt, solange es unmittelbar geltendes Verfassungsrecht darstellt. Hier ist – im Rahmen der vorläufigen Haushaltsführung – das für die Regierung geltende "Nothaushalts**recht**" als unmittelbar geltendes Verfassungsrecht normiert.

6 Die vorgenannte Aufzählung "... Steuern, Abgaben und sonstige Quellen ..." ist – obwohl in der Literatur mehrfach in dieser Form dargestellt – dennoch unkorrekt; denn: Steuern **sind** Abgaben! Präziser wäre hier: "... Steuern, weitere Abgaben ..." (nämlich *Gebühren* und *Beiträge*).

7 Die hier genannte "Betriebsmittelrücklage" entspricht der in § 62 BHO/LHO normierten *Kassenverstärkungsrücklage*; vgl. *Piduch*, a.a.O., RN 1 zu § 62 BHO; vgl. *Staender*, a.a.O., S. 173.

8 Diese Aussage ist zumindest sprachlich unglücklich; finanzwirtschaftlich korrekt wäre hier der Hinweis auf die *Kreditaufnahme am Kreditmarkt*.

9 Bea.: Art. 44 (2) LV Schleswig-Holstein: "... Die Kredite dürfen *ein Drittel* der Einnahmen des Haushaltsplans des Vorjahres nicht übersteigen".

10 Vgl. *Staender*, a.a.O., S. 173.

C. Ausgabeermächtigungen

Zur Durchführung der in Art. 111 GG/LV genannten Aufgaben während der vorläufigen Haushaltsführung werden den Obersten Bundes-/Landesbehörden *Ausgabeermächtigungen* erteilt.

"Ausgabeermächtigungen" sind *allgemeine* Ermächtigungen zur Leistung von Ausgaben im Rahmen der vorläufigen Haushaltsführung für die im Art. 111 GG/ LV normierten Zwecke.

Die Vorschriften der *vorläufigen Haushaltsführung* stellen auf der Grundlage des *Nothaushaltsrechts* nach Art. 111 GG/LV – *ohne* spezielle parlamentarische Beteiligung bzw. Bewilligung *unmittelbar geltendes Verfassungsrecht* dar. Die Finanzminister erlassen in diesem Verfassungsrahmen *lediglich Verwaltungs*vorschriften.

Während bei der *endgültigen* Haushaltsführung Haushaltsmittel *speziell* (nach Titeln getrennt) *betragsmäßig zugewiesen werden*, werden im Rahmen der *vorläufigen* Haushaltsführung lediglich *allgemeine* (d.h. nicht spezielle und nicht betragsmäßig zugewiesene) Ausgabeermächtigungen in einem vom BMF/LMF durch Rundschreiben zu bestimmenden Prozentsatz des Haushalts*entwurfs* – nach dem jeweiligen politischen Beratungsstand – erteilt.

Die im Rahmen der vorläufigen Haushaltsführung angenommenen, geleisteten und titelmäßig nachzuweisenden Beträge sind *Haushalts*einnahmen und *Haushalts*ausgaben[11].

Der BMF/LMF hat in den Verwaltungsvorschriften zur vorläufigen Haushaltsführung den Obersten Bundes-/Landesbehörden regelmäßig auferlegt, die lt. politischem Beratungsstand für den Haushalts*entwurf* geltenden Ansätze zunächst nur bis zur Höhe eines jeweils festgesetzten Vomhundertsatzes in Anspruch zu nehmen. Von dieser Einschränkung sind die Ausgaben ausgenommen, zu deren Leistung der Bund/das Land rechtlich verpflichtet ist, sowie für durchlaufende Beträge und die aus zweckgebundenen Einnahmen zu leistenden Ausgaben.

Die Grundlage der Ausgabenwirtschaft bildet bis zur Verkündung des neuen Haushaltsgesetzes der alljährliche Erlaß über die "Vorläufige Haushaltsführung". In diesem Erlaß werden die Titelverwalter angewiesen, den oberen bzw. mittleren Verwaltungsstellen – und diese wiederum den ihnen nachgeordneten Dienststellen – "Ausgabeermächtigungen" rechtzeitig vor Beginn des neuen Haushaltsjahres zu erteilen.

11 Auf Anfrage: BMF – Az II A 2 – H 1322 - 9/80 vom 11.4.1980.

Um die Haushaltseinnahmen und -ausgaben entsprechend dem Entwurf des Haushaltsplans für das neue Haushaltsjahr richtig anweisen und buchen zu können, werden die Zweckbestimmungen des Einzelplans für das neue Haushaltsjahr rechtzeitig bekanntgegeben.

Der jährliche Erlaß über die "vorläufige Haushaltsführung[12]" im neuen Haushaltsjahr gilt nicht als Ausgabeermächtigung für die nachgeordneten Dienststellen.

Mit der Verkündung des Haushaltsgesetzes wird der Erlaß über die vorläufige Haushaltsführung nach Art. 111 GG/LV gegenstandslos, da durch den Haushaltsplan Haushaltsmittel für das Haushaltsjahr endgültig bereitgestellt werden.

Für die mittelverwaltenden Dienststellen erlöschen die Ausgabeermächtigungen durch die ausdrückliche – spezielle oder generelle – Anordnung der mittelzuweisenden Dienststellen, die mit der ersten, endgültigen Haushaltsmittelzuweisung ausgesprochen wird.

D. Die vorläufige Haushaltsführung
– Kurzfassung –

Wenn das Haushaltsgesetz vom Parlament nicht rechtzeitig, d.h. nicht vor Beginn des Haushaltsjahres, für das es bestimmt ist, verabschiedet und somit auch der Haushaltsplan nicht rechtzeitig festgestellt ist, tritt gem. Art. 111 GG/LV das "Nothaushaltsrecht" der Bundes-/Landesregierung in Kraft.

Die Bundes-/Landesregierung ist danach bis zur Verkündung des Haushaltsgesetzes im Rahmen der vorläufigen Haushaltsführung ermächtigt, Ausgaben zu leisten, die nötig sind,

1) zur Aufrechterhaltung des Dienstbetriebes,
2) um *gesetzlich* beschlossene Maßnahmen durchzuführen,
3) um *rechtlich* begründete Verpflichtungen des Bundes/Landes zu erfüllen,
4) bereits begonnene Baumaßnahmen weiterzuführen.

Der BMF/LMF erläßt die Verwaltungsvorschriften sowohl zu vorläufigen als auch – später – zur endgültigen Haushalts- und Wirtschaftsführung. Wenn zu erkennen ist, daß das Haushaltsgesetz mit dem dazu als Anlage gehörenden Haushaltsplan nicht rechtzeitig, d.h. nicht vor Beginn des Jahres, für das es bestimmt ist, vom Parlament verabschiedet werden wird, gibt der BMF/LMF mit einem an die obersten Verwaltungsbehörden gerichteten Rundschreiben die Verwaltungs-

12 S. Art. 111 (2) GG, wo die "vorläufige Haushaltsführung als "Wirtschaftsführung" bezeichnet wird.

vorschriften zur vorläufigen Haushaltsführung bekannt und erteilt diesen Institutionen zur Durchführung der o.g. Maßnahmen "Ausgabeermächtigungen".

Die Obersten Verwaltungsbehörden geben daraufhin ressortbezogen Erlasse über die vorläufige Haushaltsführung in ihrem Geschäftsbereich an die nachgeordneten Dienststellen bekannt.

Während bei der endgültigen Haushaltsführung Haushaltsmittel *speziell* (nach Titeln getrennt) *betragsmäßig zugewiesen* werden, werden im Rahmen der vorläufigen Haushaltsführung lediglich *allgemeine* (d.h. nicht spezielle und nicht betragsmäßig zugewiesene) Ausgabeermächtigungen in einem vom BMF festgelegten Prozentsatz des Haushaltsentwurfs erteilt.

Soweit die im Rahmen der *vorläufigen Haushaltsführung* (= Wirtschaftsführung) eingehenden Einnahmen die notwendigen Ausgaben *nicht* decken, ist die Regierung ermächtigt, *Kredite* bis zur Höhe eines Viertels der Endsumme des abgelaufenen Haushaltsplans auf dem Kreditmarkt aufzunehmen.

Die Vorschriften der *vorläufigen Haushaltsführung* stellen auf der Grundlage des *Nothaushaltsrechts* nach Art. 111 GG/LV – ohne parlamentarische Beteiligung bzw. Bewilligung – *unmittelbar* geltendes Verfassungsrecht dar. Die Finanzminister erlassen hierzu lediglich *Verwaltungs*vorschriften.

IX. Die Ausführung des Haushaltsplans

A. Haushaltsmittel

1. Zuweisung der Haushaltsmittel

Die Regierung vollzieht den Haushaltsplan durch die Organe ihrer Verwaltung!

Nach der Veröffentlichung des Haushaltsgesetzes mit dem Gesamtplan läßt der BMF/LMF dem Präsidenten des Bundes-/Landesrechnungshofes – nachrichtlich – eine Ausfertigung des Haushaltsplans zugehen, damit er von vornherein überwachen kann, daß der Haushaltsplan von sämtlichen ausführenden Stellen eingehalten wird. Außerdem erhält der Präsident des Bundesrechnungshofes in seiner Eigenschaft als "*Beauftragter für die Wirtschaftlichkeit in der Verwaltung*[1] dadurch die Möglichkeit, die von ihm für erforderlich gehaltenen Maßnahmen zur Verbesserung der Wirtschaftlichkeit und Sparsamkeit sowie zur Vereinfachung und Verbilligung der Verwaltung zu treffen.

Ferner übersendet der BMF/LMF[2] den Obersten Verwaltungsbehörden mit einem Rundschreiben über die jährliche Haushaltsführung je einen *beglaubigten Abdruck des für sie maßgebenden Einzelplans*. Er teilt ihnen außerdem mit, welche *Teile von Einzelplänen*, die bestimmte Gruppen von Einnahmen, Ausgaben, Verpflichtungsermächtigungen, Planstellen und Stellen für *mehrere Geschäftsbereiche* enthalten, auf sie entfallen.

Dadurch erfahren sie, welche Einnahmen, Ausgabebewilligungen, Planstellen und Stellen sie auf ihre Voranschläge hin im neuen Haushaltsjahr zu verwalten haben. Der Haushaltsplan ist nicht nur die Vollmacht des Parlaments an die Regierung, er ist zugleich Auftrag des Parlaments, den die Regierung auszuführen hat.

Die jeweilige Oberste Verwaltungsbehörde veröffentlicht daraufhin ihren Erlaß über die Haushalts- und Wirtschaftsführung im neuen Haushaltsjahr. Mit diesem Erlaß wird ein ggf. bestehender Erlaß über die vorläufige Haushaltsführung gegenstandslos. Den Titelverwaltern des Ministeriums (= Bewirtschafter) stehen alsdann die in ihrem Einzelplan bewilligten Planstellen und Stellen, ferner die durch den Einzelplan ausgewiesenen Ausgabemittel zur Verfügung. Nach den geltenden haushaltsrechtlichen Bestimmungen gibt es innerhalb einer Behörde keine förmliche Zuweisung (Verteilung) von Haushaltsmitteln. Für die Bewirt-

1 Beschluß der Bundesregierung vom 22.5.1957 (MinBlFin S. 592).
2 Vgl. Vorl. VV Nr. 1.1 zu § 34 BHO/LHO.

schaftung der Haushaltsmittel ergehen besondere Weisungen an die beteiligten Titelverwalter.

Die Titelverwalter der Obersten Verwaltungsbehörde (= Bewirtschafter) teilen der für ihre Dienststelle zuständigen Kasse (Bundeshauptkasse) mit, in welcher Höhe sie Ausgabemittel bei den zu nennenden Buchungsstellen *selbst bewirtschaften.*

Soweit die zuständigen Referenten der Obersten Verwaltungsbehörde (als Bewirtschafter) die bei den einschlägigen Titeln des Einzelplans ausgebrachten Beträge nicht zentral bewirtschaften, verteilen sie die Mittel auf die nachgeordneten Dienststellen der Mittelinstanz und diese auf die ihnen nachgeordneten Dienststellen der Ortsinstanz[3].

Alle Dienststellen und Verwaltungsbehörden, die im Rahmen ihrer Aufgaben Ausgabemittel bewirtschaften, erhalten somit unverzüglich nach der Verkündung des Haushaltsgesetzes und des Gesamtplans im (Bundes-)Gesetzblatt die von ihnen für das laufende Haushaltsjahr benötigten Haushaltsmittel von den ihnen jeweils übergeordnete Dienststellen schriftlich zugewiesen.

Im Grunde erhalten die jeweiligen Titelverwalter (= Mittelverteiler und Mittelverwender) der nachgeordneten Stellen die Haushaltsmittel von dem Verwalter des gleichen Titels der übergeordneten Dienststelle – unter Mitwirkung des zuständigen Beauftragten für den Haushalt (§ 9 BHO/LHO) – zugeteilt.

Ein Teil der im Einzelplan bereitgestellten Mittel kann von der jeweiligen Obersten Bundesbehörde zurückbehalten werden[4], wenn dies nach der Natur der Ausgaben zweckmäßig ist. Diese sollte die mittelverteilenden Behörden anweisen, den ihnen nachgeordneten Dienststellen bereits bei der ersten Haushaltsmittelzuweisung den vollen Jahresbetrag zukommen zu lassen, weil nur dann eine planvolle ordnungsgemäße und sparsame Mittelbewirtschaftung möglich ist.

Nur wenn Teile der Mittel für die eigene Bewirtschaftung oder aus besonderen Gründen benötigt werden, dürfen sie in Reserve gehalten werden.

Der Gesamtbetrag der (endgültigen) Haushaltsmittel*zuweisung* wird in aller Regel den Gesamtbetrag der vorangegangenen (vorläufigen) Ausgabe*ermächtigung* überschreiten.

Die mittelbewirtschaftenden Dienststellen müssen sich von Anfang an darauf einstellen, daß sie mit den ihnen zugewiesenen Mitteln zur Bestreitung aller in dem laufenden Haushaltsjahr anfallenden Ausgaben der jeweiligen Zweckbestimmung auskommen müssen. Sie haben ihre Planungen danach einzurichten. Mit der Genehmigung zur Leistung zusätzlicher Ausgaben kann grds. nicht mehr gerechnet

3 Vgl. Vorl. VV Nr. 1.2 zu § 34 BHO/LHO.
4 Vgl. Vorl. VV Nr. 1.4 zu § 34 BHO/LHO.

werden. Das gilt auch dann, wenn sich die Ausgaben im Laufe des Haushaltsjahres durch äußere Anlässe erhöhen, z.B. durch Erhöhung der Entschädigungssätze der Reisekostenvergütung. Wegen der angespannten Haushaltslage können überplanmäßige Ausgaben nur noch in besonders begründeten Ausnahmefällen genehmigt werden.

Kommen die mittelbewirtschaftenden Dienststellen trotz sparsamster Bewirtschaftung mit den ihnen zugewiesenen Haushaltsmitteln durch unvorhergesehene und unabwendbare Ausgaben der gleichen Zweckbestimmung nicht aus, müssen sie den zusätzlichen Bedarf rechtzeitig vorher, mit eingehender Begründung bei der mittelzuweisenden Behörde anmelden und hierbei möglichst Einsparungen bei anderen Titeln anbieten.

Sind die übergeordneten Dienststellen nicht in der Lage, dem Antrag zu entsprechen, wird er der Obersten Bundesbehörde vorgelegt. Stehen auch ihr für diesen Zweck keine Ausgabemittel mehr zur Verfügung, und kann sie selbst einen Ausgleich mit eingesparten anderen Mitteln nicht vornehmen, legt sie dem BMF/LMF einen Antrag auf Genehmigung zur überplanmäßigen Ausgabe vor. Dabei muß auch sie möglichst Einsparungen bei einem anderen Titel des Einzelplans anbieten. Dies ist deshalb notwendig, weil der BMF/LMF Anträgen der Ressortminister auf Freigabe gesperrter oder auf über- oder außerplanmäßige Ausgaben grundsätzlich nur zu entsprechen vermag, wenn sie eingehend begründet sind und wenn ihm Einsparungen in gleicher Höhe an anderer Stelle des Einzelplans angeboten werden.

2. Verteilung von Haushaltsmitteln

a) Allgemeines

Je nach dem Umfang der von den einzelnen Dienststellen zu verwaltenden Ausgabemittel sehen die Haushaltsordnungen[5] drei Formen der Verteilung von Haushaltsmitteln an die nachgeordneten mittelbewirtschafteten Dienststellen vor:

1) *den für sie maßgebenden Teil des Einzelplans* in beglaubigter Form. Diese Art der Verteilung kommt nur in Betracht, wenn eine Behörde ein vollständiges Kapitel zur alleinigen Bewirtschaftung zugewiesen bekommt,

2) den *Kassenanschlag*, eine Zusammenstellung aller von ihnen zu bewirtschaftenden Haushaltsmittel, getrennt nach den einzelnen Titeln des Haushaltsplans (einschl. der für sie bestimmten Planstellen).

3) die *besondere Verfügung* der übergeordneten Verteilungsstelle, – für jede (nachträgliche) einzelne Zuweisung eine Einzelzuweisung.

---

5 S. Vorl.. VV Nr. 1.2 zu § 34 BHO/LHO.

Von den Obersten Verwaltungsbehörden werden den nachgeordneten Dienststellen die Haushaltsmittel, unter Zusammenfassung aller Mittel, die von der betroffenen Dienststelle bewirtschaftet werden, als *Kassenanschlag* zugewiesen. Nur in besonderen Fällen, z.B. bei einer nachträglichen Zuweisung von Haushaltsmitteln für einen bestimmten Zweck – etwa gegen Ende des Haushaltsjahres – wird eine "besondere Verfügung" verwendet.

Bei der ersten Verteilung der Haushaltsmittel wird regelmäßig ausdrücklich verfügt, daß die Zuweisung auch für die Ausgaben gilt, die im Rahmen der vorläufigen Haushaltsführung aufgrund der Ausgabeermächtigung bereits geleistet worden sind, und daß die Ausgabeermächtigung damit gegenstandslos geworden ist.

Zur Vereinfachung der Mittelbewirtschaftung werden Haushaltsmittel für solche Ausgaben nicht nach festen Beträgen zugewiesen, die infolge ihrer Bindung an gesetzliche Bestimmungen, Richtlinien usw. festliegen, somit zwangsläufig anfallen, und bei denen eine Bewirtschaftung daher nicht möglich ist; sie halten sich aufgrund der danach vorgenommenen Berechnung im Rahmen der Ansätze des Einzelplans.

Für Titel dieser Art, die nicht der allgemeinen Bewirtschaftung unterliegen, werden im jährlichen Haushaltsführungserlaß "*allgemeine Ausgabebewilligungen*" erteilt.

Allgemeine Ausgabebewilligungen werden bei den auf Rechtsvorschriften bzw. Tarifvertrag beruhenden Personalausgaben (Hauptgruppe 4) erteilt, die zwangsläufig anfallen, und bei denen eine Bewirtschaftung daher nicht möglich ist. Sie werden nicht im einzelnen zugewiesen; sie gelten mit der Ausgabe als zugewiesen. Der Begriff "Personalausgaben" umfaßt alle Ausgaben der Hauptgruppe 4.

Über die verteilten Ausgabemittel führen die mittelbewirtschaftenden Dienststellen Haushaltsüberwachungslisten.

b) Verfahren der Mittelverteilung

Die *erste* Zuweisung von Haushaltsmitteln wird mit *Kassenanschlag* vorgenommen, d.h. unter Zusammenfassung der Mittel aller Haushaltsansätze, die von einer Dienststelle bewirtschaftet werden.

Der Kassenanschlag (bzw. die Zuweisungsverfügung) wird in doppelter Ausfertigung erteilt. Die Erstausfertigung ist für die mittelverwaltende Dienststelle, die Zweitausfertigung für die zuständige rechnungslegende Kasse bestimmt. Daher fügt die letztverteilende Dienststelle der Zuweisungsverfügung an die mittelbewirtschaftende Dienststelle (Endverbraucher) lediglich eine Nebenausfertigung des Kassenanschlags bzw. der Zuweisungsverfügung für die zuständige Kasse bei.

Weitere Ausfertigungen werden nicht – auch nicht nachrichtlich – versandt.

Nach Ablauf des Haushaltsjahres werden Haushaltsmittel grundsätzlich nicht mehr zugewiesen. In besonderen Ausnahmefällen kann von diesem Grundsatz abgesehen werden, wenn die Zuweisung einer Dienststelle bereits fernmündlich vor Ablauf des Haushaltsjahres zugesichert war und die schriftliche Zuweisung nachgeholt werden muß, oder wenn eine unabwendbare Zahlung zu einer Überschreitung der zugewiesenen Mittel führt, die Zuweisung des überschreitenden Betrages aber nicht mehr rechtzeitig bis zum Schluß des Haushaltsjahres möglich war.

3. Nachweis der zugewiesenen und verbrauchten Haushaltsmittel

Die Erstausfertigung der Zuweisung erhält der zuständige *Titelverwalter*. Er trägt den zugewiesenen Betrag der Haushaltsmittel in die Haushaltsüberwachungsliste ein und setzt in der HÜL-A den Betrag der Ausgabeermächtigung ab.

Die *zweite* für die rechnungslegende Kasse bestimmte Ausfertigung des Kassenanschlags bzw. der Zuweisungsverfügung leitet die mittelbewirtschaftende Stelle sogleich unverzüglich der zuständigen Kasse zu. Sie dürfen nicht erst am Schluß des Haushaltsjahres gesammelt an die Kasse gegeben werden.

Die zugewiesenen Ausgabemittel (Ausgabeermächtigungen, Haushaltsmittel) werden beim entsprechenden Titel als "Haushaltsbuchung" (Einnahmespalte des Ausgabetitels) sofort gebucht.

Der zuständige Buchhalter der rechnungslegenden Kasse erhält von jedem Kassenanschlag und jeder Zuweisungsverfügung die zweite Ausfertigung, um den Verbrauch der Haushaltsmittel durch die mittelbewirtschaftenden Dienststellen zu überwachen. Er stellt laufend den jeweiligen Haushaltsmittelzuweisungen den Gesamtbetrag der Auszahlungsanordnungen der einzelnen Buchungsstellen gegenüber. Dadurch wird die ordnungsgemäße Haushaltsführung überwacht. Der Buchhalter prüft vor der Ausführung der ihm zugehenden Auszahlungsanordnungen, die auf einen zu bewirtschaftenden Ausgabetitel lauten, u.a., ob sich die angeordneten Beträge im Rahmen der verfügbaren Haushaltsmittel halten[6]. Diese Kontrolle bietet Gewähr dafür, daß im Rahmen der zugewiesenen Haushaltsmittel gewirtschaftet wird und Haushaltsüberschreitungen vermieden werden.

Stellt *die Kasse* fest, daß die einer Dienststelle zugewiesenen Haushaltsmittel bei der Ausführung einer ihr zugegangenen Auszahlungsanordnung überschritten würden, darf sie die Kassenanordnung nicht ausführen. In einem solchen Falle gibt sie die Kassenanordnung der anordnenden Dienststelle mit einem entsprechenden Vermerk zurück.

---

6 Vgl. § 76 (2) RKO.

Es ist Sache der mittelbewirtschaftenden Dienststelle, bei einem unabweisbaren Bedürfnis weitere Haushaltsmittel nachzufordern[7].

Der Kassenanschlag bzw. die Zuweisungsverfügung bildet für die rechnungslegende Kasse die Grundlage der Buchführung und die Unterlage für die Rechnungslegung[8].

4. Bewirtschaftung der Haushaltsmittel

a) Allgemeines

Mit der Verteilung (Zuweisung) von Haushaltsmitteln zur selbständigen Bewirtschaftung ist der mittelbewirtschaftenden Dienststelle die Ermächtigung zur Bewirtschaftung erteilt, – d.h., ihr ist somit die Bewirtschaftungsbefugnis erteilt[9]. Somit besitzt der Behördenleiter aufgrund seiner Direktionsbefugnis mit der Verteilung der Haushaltsmittel die Bewirtschaftungsbefugnis kraft seiner Funktion.

Die Bewirtschaftung der veranschlagten Haushaltseinnahmen und -ausgaben ist eine der wichtigsten Aufgaben der Verwaltung beim Vollzug des Haushaltsplans.

Der für die Bewirtschaftung von Haushaltsmitteln fundamentale Grundsatz besagt, daß die Einnahmen rechtzeitig und vollständig erhoben werden müssen und die zugewiesenen Ausgabemittel nur soweit (= sachlich) und nicht eher (= zeitlich) gleistet werden dürfen, als sie zur wirtschaftlichen und sparsamen Verwaltung *erforderlich* sind; im übrigen dürfen die zugewiesenen Ausgabemittel nicht überschritten werden[10].

Die dem Bund/Land zustehenden Einnahmen sind – bei Fälligkeit – zu erheben, unabhängig davon, ob sie im Haushaltsplan überhaupt oder in entsprechender Höhe veranschlagt sind. Anspruchsgrundlagen für die zu erhebenden Einnahmen sind die geltenden Bundes-/Landesgesetze über Steuern und andere öffentlicherechtliche Abgaben sowie Verträge oder Verwaltungsvereinbarungen.

Die Bewirtschaftung der Ausgabemittel umfaßt in erster Linie die Befugnis, verantwortlich zu entscheiden, für welche Zwecke und in welcher Höhe die einer Dienststelle zugewiesenen Ausgabemittel im einzelnen verwendet werden dürfen. Es sind darunter alle Maßnahmen zu verstehen, die sich mit der Verwendung der Mittel befassen, z.B. die Beachtung der fachlichen und haushaltsrechtlichen Bestimmungen, die Planung, die Ausschreibungen, das Auftragswesen, die Überprüfung der Leistungen, die laufende Überwachung des Verbrauchs der Mittel usw.

---

7 Vgl. § 9 BHO/LHO.
8 S. §§ 107 und 110 RRO.
9 Vgl. Vorl. VV Nr. 7 zu § 34 BHO/LHO.
10 Vgl. § 34 i.V.m. § 9 BHO/LHO.

Von der "Bewirtschaftungsbefugnis" ist die "Anordnungsbefugnis" zu unterscheiden; beide sind für sich selbständig.

b) Mittelbewirtschaftende Stellen

Die Regierung vollzieht den Haushaltsplan durch die Organe ihrer Verwaltung. Die vom Parlament bewilligten Haushaltsmittel werden über die Ressortminister auf die nachgeordneten Verwaltungsbehörden verteilt.

Die Behörde, die durch die Zuweisungsverfügung einer übergeordneten Behörde Haushaltsmittel zur selbständigen Bewirtschaftung zugewiesen erhält, darf über diese Mittel nach den Haushaltsgrundsätzen verantwortlich verfügen. Sie "verwaltet" oder "bewirtschaftet" die Haushaltsmittel als "mittelbewirtschaftende Stelle".

Die mittelbewirtschaftende Dienststelle hat die Aufgabe, alle Haushaltseinnahmen in ihrem Bereich vollständig zu erfassen und die ihr zugewiesenen Ausgabemittel sowie die ihr zur Verfügung übertragenen Einrichtungen nach haushaltsrechtlichen und fachlichen Vorschriften unter Beachtung größter Wirtschaftlichkeit und Befolgung der maßgebenden Verwaltungsgrundsätze zu bewirtschaften[11].

Die mittelbewirtschaftende Stelle darf die ihr zugewiesenen Ausgabemittel nur zu dem im Haushaltsplan bezeichneten Zweck verwenden, soweit und solange dieser fortdauert[12]. Sie muß die Mittel so verwalten, daß sie zur Deckung aller Ausgaben in dem Haushaltsjahr ausreichen, die unter die Zweckbestimmung fallen[13]. Dabei dürfen die Mittel bei den einzelnen Zweckbestimmungen nur soweit und nicht eher in Anspruch genommen werden, als es zur wirtschaftlichen und sparsamen Verwaltung erforderlich ist.

Die mittelbewirtschaftende Dienststelle (hier: der zuständige Titelverwalter) darf die zugewiesenen Haushaltsmittel nicht überschreiten. Reichen die einer Dienststelle zugewiesenen Ausgabemittel trotz sparsamster Wirtschaftsführung nicht aus, um unvorhergesehene und unabweisbare Haushaltsausgaben zu leisten, so beantragt sie, sobald sie dies erkennt, unter eingehender Begründung, die Zuweisung der von ihr noch benötigten Ausgabemittel. Es genügt nicht, die Notwendigkeit der Überschreitung zugewiesener Haushaltsmittel am Schluß des Haushaltsjahres zu begründen.

---

11 S. § 90 BHO/LHO.
12 S. § 45 (1) BHO/LHO.
13 S. § 34 (2) BHO/LHO.

Läßt die mittelbewirtschaftende Dienststelle – entgegen den Vorschriften – der Kasse eine Auszahlungsanordnung zugehen, durch die der ihr zugewiesene Betrag an Haushaltsmitteln überschritten würde, ist die Kasse verpflichtet, die Anweisung der anordnenden Dienststelle mit einem entsprechenden Hinweis zurückzugeben. Leitet daraufhin die anordnende Dienststelle die Auszahlungsanordnung der Kasse mit einer schriftlichen Weisung erneut zu, die Anweisung *dennoch* auszuführen, so *muß* die Kasse dieser Anordnung nachkommen[14]. Die Verantwortung für die Überschreitung der zugewiesenen Haushaltsmittel trägt in diesem Falle der Beamte, der die zweite – ausdrückliche – schriftliche Weisung vollzogen hat.

c) Bewirtschaftungsgrundsätze

Die Einnahmen müssen rechtzeitig und vollständig erhoben werden; Ausgaben dürfen nur soweit (sachlich) und nicht eher (zeitlich) geleistet werden, als sie zur wirtschaftlichen und sparsamen Verwaltung erforderlich sind. Die Ausgabemittel sind so zu bewirtschaften, daß sie zur Deckung aller Ausgaben ausreichen, die unter die einzelne Zweckbestimmung fallen (§ 34 BHO).

Zu den "Bewirtschaftungsgrundsätzen" zählen auch die Haushaltsgrundsätze
- der zeitlichen Spezialität
- des Bruttonachweises
- der Wirtschaftlichkeit und Sparsamkeit
- der sachlichen Spezialität
- der Berücksichtigung der Erfordernisse des gesamtwirtschaftlichen Gleichgewichts.

d) Überplanmäßige und außerplanmäßige Haushaltseinnahmen und -ausgaben

Überplanmäßige Haushaltseinnahmen sind Einnahmen, die im Haushaltsplan ihre Art nach vorgesehen sind, jedoch den dort ausgebrachten Betrag – einschließlich aus dem abgelaufenen Haushaltsjahr übertragener Einnahmereste – überschreiten;

überplanmäßige Haushaltsausgaben sind Ausgaben, die im Haushaltsplan ihrer Art nach vorgesehen sind, jedoch den dort ausgebrachten Betrag – einschließlich aus dem abgelaufenen Haushaltsjahr übertragener Ausgabereste oder abzüglich der Haushaltsvorgriffe – überschreiten[15].

---

14 S. § 76 (2) RKO.
15 Vgl. Vorl.. VV Nr. 1 zu § 37 BHO/LHO.

Der Wesensgehalt der überplanmäßigen Haushaltseinnahmen und -ausgaben liegt also darin, daß diese Beträge ihrer Art nach (– mit Titelnummer und Zweckbestimmung –) im Haushaltsplan vorgesehen sind, ihrer Höhe nach jedoch den dort veranschlagten Betrag – unter Berücksichtigung von Einnahmeresten (Haushaltseinnahmen) und Ausgaberesten sowie Haushaltsvorgriffen (Haushaltsausgaben) übersteigen; das Ist-Ergebnis der Haushalts- und Wirtschaftsführung geht somit über den Planansatz hinaus.

Wenn in diesem Zusammenhang vom Haushaltsplan die Rede ist, so ist darunter – naturgemäß – der Titelansatz im jeweiligen Einzelplan zu verstehen. Überplanmäßige Haushaltseinnahmen und -ausgaben können daher nur vom Titelverwalter der obersten Verwaltungsbehörde (= Bewirtschafter) ermittelt werden. Dessen ungeachtet gilt das grundsätzliche Verbot von Mehrausgaben für jeden Titelverwalter im gesamten dem Ministerium nachgeordneten Bereich in sinngemäß gleichem Maße.

Außerplanmäßige Haushaltseinnahmen sind solche, die im Haushaltsplan weder ihrer Art, noch ihrer Höhe nach vorgesehen sind und auch nicht als Einnahmereste aus dem abgelaufenen Haushaltsjahr zu behandeln sind;

außerplanmäßige Haushaltsausgaben sind solche, die im Haushaltsplan weder ihrer Art, noch ihrer Höhe nach vorgesehen sind und auch nicht als Ausgabereste aus dem abgelaufenen Haushaltsjahr zu behandeln sind[16].

Der Wesensgehalt der außerplanmäßigen Haushaltseinnahmen und -ausgaben liegt darin, daß diese Beträge ihrer Art nach ursprünglich im Haushaltsplan weder mit einer Titelnummer und einer Zweckbestimmung noch mit einem Ansatz veranschlagt waren, im Laufe des Haushaltsjahres auftreten, ihrem Inhalt nach jedoch zu den Haushaltseinnahmen und -ausgaben zählen.

Über- und außerplanmäßige Haushaltseinnahmen sind im Haushaltsrecht problemlos, da sie entweder beim entsprechenden Titel zusätzlich (überplanmäßig) gebucht oder aber bei einem neuzuschaffenden Titel (außerplanmäßig) nachzuweisen sind.

Mit der Verabschiedung des Haushaltsgesetzes und der gleichzeitigen Feststellung des Haushaltsplans ist die Bundesregierung bei der jährlichen Haushaltsführung an die bewilligten Ausgabemittel (Ansätze) gebunden, d.h. es dürfen durch die Bundesbehörden grds. nicht mehr Ausgaben geleistet werden, als im Haushaltsplan veranschlagt und somit parlamentarisch bewilligt sind.

Der BMF übt jedoch kraft unmittelbar geltendem Verfassungsrecht gem. Art. 112 GG das “Notermächtigungsrecht” aus, (nicht zu verwechseln mit dem “Nothaus-

16 Vgl. Vorl. VV Nr. 2 zu § 37 BHO/LHO.

haltsrecht" der Bundesregierung im Rahmen der vorläufigen Haushaltsführung auf der Grundlage des Art. 111 GG). Nach dem "Notermächtigungsrecht" kann der BMF anstelle der gesetzgebenden Körperschaften in den Fällen eines unvorhergesehenen und unabweisbaren Bedürfnisses oder auch, wenn sofortiges Handeln zur Abwehr einer dem Bund drohenden Gefahr oder zur Abwendung von erheblichen Schäden erforderlich ist[17], sog. "Ausgabeermächtigungen" zur Leistung von über und auch außerplanmäßigen Haushaltsausgaben erteilen. Das BVerfG hat festgestellt (BVerfGE 45, 1), daß die im Rahmen des Notermächtigungsrechts des BMF von diesem auf der Grundlage des Art. 112 GG erteilten "Ausgabeermächtigungen" den von den gesetzgebenden Körperschaften durch die Verabschiedung des Haushaltsgesetzes festgestellten Haushaltsmitteln gleichzusetzen sind; das bedeutet, daß der BMF aufgrund des "Notermächtigungsrechts" in der Lage ist, den bereits parlamentarisch festgestellten Haushaltsplan und somit auch das bereits verabschiedete Haushaltsgesetz *nachträglich zu ändern.*

Diese gegenüber dem parlamentarischen Budgetbewilligungsrecht subsidiäre exekutive Bewilligungsbefugnis dient für dringende Notfälle der Sicherung eines geordneten Aufgabenvollzugs.

5. Zuwendungen[18]

a) Begriff der Zuwendungen

Zuwendungen sind Ausgaben und Verpflichtungsermächtigungen für Leistungen an Stellen außerhalb der Bundes-/Landesverwaltung zur Förderung wissenschaftlicher, wirtschaftlicher, kultureller oder sonstiger Zwecke an deren Durchführung der Bund bzw. das Land ein besonderes Interesse hat. Dazu gehören zweckgebundene Zuschüsse, Zuweisungen, Schuldendiensthilfen und andere nicht rückzahlbare Leistungen sowie zweckgebundene Darlehen und andere bedingt oder unbedingt rückzahlbare Leistungen.

Keine Zuwendungen sind insbesondere
- Sachleistungen
- Leistungen, auf die der Empfänger einen dem Grund und der Höhe nach unmittelbar durch Rechtsvorschriften begründeten Anspruch hat
- Ersatz von Aufwendungen
- Entgelte auf Grund von Verträgen, die den Preisvorschriften für öffentliche Aufträge unterliegen
- satzungsmäßige Mitgliedsbeiträge einschließlich Pflichtumlagen.

---

17 Vgl. § 37 BHO/LHO.
18 Vgl. §§ 14 u. 26 HGrG sowie §§ 23, 26, 44, 44 a, 91 BHO.

b) Zuwendungsarten

Zuwendungen können entweder
- zur Deckung von Ausgaben des Zuwendungsempfängers für einzelne abgegrenzte Vorhaben (Projektförderung) oder
- zur Deckung der gesamten Ausgaben oder eines nicht abgegrenzten Teils der Ausgaben des Zuwendungsempfängers (institutionelle Förderung)

bewilligt werden.

c) Grundsätze für die Veranschlagung von Zuwendungen

Ausgaben für Zuwendungen sollen nur veranschlagt werden, wenn der Zuwendungszweck durch die Übernahme von Bürgschaften, Garantien oder sonstigen Gewährleistungen nicht erreicht werden kann. Ausgaben für nicht rückzahlbare Zuwendungen sollen nur veranschlagt werden, soweit der Zweck nicht durch unbedingt oder bedingt rückzahlbare Zuwendungen erreicht werden kann.

6. Die Haushaltsmittel
– Kurzfassung –

Der BMF erläßt die Verwaltungsvorschriften zur vorläufigen und zur endgültigen Haushalts- und Wirtschaftsführung (§ 5 BHO).

1) *BMF/LMF*: übersendet nach dem Wirksamwerden des Haushaltsgesetzes und des Haushaltsplans zusammen mit einem an die Obersten Verwaltungsbehörden gerichteten Rundschreiben über die (endgültige) "Haushalts- und Wirtschaftsführung 19.."
a) dem Präsidenten des BRH/LRH eine Ausfertigung des Hpl (zu Kontrollzwekken),
b) den Ressortministern und sonstigen Obersten Verwaltungsbehörden einen beglaubigten Abdruck des für sie maßgebenden Epl sowie eine Mitteilung über Gruppen von Einnahmen und Ausgaben, Planstellen, Stellen und VE, die für *mehrere* Geschäftsbereiche gelten (z.B. Versorgung, Epl 33).

2) *Oberste Verwaltungsbehörde:* Erlaß über die Haushalts- und Wirtschaftsführung 19.. (Haushaltsführungserlaß).

Der Erlaß über die "*vorläufige* Haushaltsführung im Hj. 19.." wird darin aufgehoben.

Abt. H leitet die Haushaltsmittel und Planstellen den zuständigen Referaten innerhalb des Ministeriums zu. Sofern die einer einzelnen Verwaltungsbehörde zur Bewirtschaftung zuzuweisenden Haushaltsmittel, Verpflichtungsermächtigun-

gen, Planstellen und Stellen sich auf ein gesamtes Kapitel erstrecken, wird diese Haushaltsmittelzuweisung in Form eines
- beglaubigten Abdruckes eines Teiles des Epl (Kap)
vorgenommen.

Im übrigen verteilen die Bewirtschafter des Ministeriums die Haushaltsmittel an den unmittelbar nachgeordneten Bereich und diese Verwaltungsdienststellen wiederum an die Dienststellen der Ortsinstanz, und zwar in Form von:
a) Kassenanschlag (erstmalige, umfassende Zuweisung) oder
b) besondere Verfügung (als Einzelzuweisung).

Ausgabeermächtigungen, die als Zuweisungen im Rahmen der *vorläufigen* Haushaltsführung (Nothaushaltsrecht) zur Verfügung standen, sind somit hinfällig; bereits geleistete Beträge sind auf die zugewiesenen Haushaltsmittel anzurechnen.

Allgemeine Ausgabebewilligungen werden bei den auf Rechtsvorschriften bzw. Tarifvertrag beruhenden Personalausgaben (Hauptgruppe 4) erteilt, die zwangsläufig anfallen, und bei denen eine Bewirtschaftung daher nicht möglich ist. Sie werden nicht im einzelnen zugewiesen; sie gelten mit der Ausgabe als zugewiesen.

Die *Haushaltsmittelzuweisung* wird in 2facher Ausfertigung vorgenommen.

1. Ausfertigung = für die mittelbewirtschaftende Dienststelle (Titelverwalter – HÜL),
2. Ausfertigung = für die rechnungslegende Kasse (Buchhalter – Titelkonto – Haushaltsbuchungen).

Die “*Bewirtschaftungsbefugnis*” ist das Recht, verantwortlich zu entscheiden, für welche Zwecke und in welcher Höhe Haushaltsmittel im einzelnen verwendet werden dürfen.

Die Bewirtschaftungsbefugnis ist gem. Vorl. VV Nr. 1.9. zu § 34 BHO/LHO *mit der Zuweisung des Haushaltsmittel erteilt.*

Bewirtschaftungsgrundsätze:
- Die Einnahmen müssen rechtzeitig und vollständig erhoben werden.
- Ausgaben dürfen nur soweit (sachlich) und nicht eher (zeitlich) geleistet werden, als sie zur wirtschaftlichen und sparsamen Verwaltung erforderlich sind.
- Die Ausgabemittel sind so zu bewirtschaften, daß sie zur Deckung aller Ausgaben ausreichen, die unter die einzelne Zweckbestimmung fallen.

Zu den “Bewirtschaftungsgrundsätzen” zählen auch die Haushaltsgrundsätze
- der zeitlichen Spezialität
- des Bruttonachweises

- der Wirtschaftlichkeit und Sparsamkeit
- der sachlichen Spezialität
- der Berücksichtigung der Erfordernisse des gesamtwirtschaftlichen Gleichgewichts.

Mittelbewirtschaftende Dienststellen sind solche, denen Ausgabemittel zur selbständigen Bewirtschaftung zugewiesen worden sind.

Haushaltsmittel sind Beträge, die im Haushaltsplan mit Titelnummer und Zweckbestimmung *als Ansatz* ausgebracht sind.

Zweckbestimmung ist die Bezeichnung des Gegenstandes der Ausgabe bzw. des Grundes der Einnahme.

Ansatz ist der im Haushaltsplan für das Haushaltsbezugsjahr veranschlagte Betrag.

Überplanmäßige Haushaltseinnahmen und -ausgaben sind solche, die ihrer Art nach im Hpl zwar vorgesehen sind, ihrer Höhe nach jedoch den dort veranschlagten Betrag übersteigen.

Außerplanmäßige Haushaltseinnahmen und -ausgaben sind solche, die weder ihrer Art noch ihrer Höhe nach im Hpl vorgesehen sind, im Laufe des Haushaltsjahres unerwartet auftreten und ihrem Wesen nach doch zu den Haushaltseinnahmen und -ausgaben zählen.

Zuwendungen sind staatliche Leistungen an Stellen *außerhalb* der Bundes-/Landesverwaltung zur Förderung wirtschaftlicher, kultureller, wissenschaftlicher oder sonstiger Zwecke an deren Durchführung der Bund (das Land) ein besonderes Interesse hat.

B. Personen, die Haushaltsmittel bewirtschaften

1. Leiter der Behörde

Mit der Verteilung (Zuweisung) von Haushaltsmitteln ist der mittelbewirtschaftenden Dienststelle die Bewirtschaftungsbefugnis erteilt[19]. Somit besitzt der Behördenleiter aufgrund seiner Direktionsbefugnis mit der Verteilung der Haushaltsmittel die Bewirtschaftungsbefugnis kraft seiner Funktion.

Bei jeder mittelbewirtschaftenden Dienststelle ist ein "Beauftragter für den Haushalt" zu bestellen, soweit der Leiter der Dienststelle diese Aufgabe nicht selbst

19 Vgl. Vorl. VV Nr. 1.9 zu § 34 BHO/LHO.

wahrnimmt. Der Beauftragte soll dem Leiter der Dienststelle unmittelbar unterstellt werden[20].

2. Stellvertreter/Abwesenheitsvertreter des Behördenleiters

Da der Stellvertreter/Abwesenheitsvertreter des Behördenleiters im Vertretungsfall den Platz des Behördenleiters einnimmt, hat er bei der Führung der Behörde die gleichen Befugnisse (Bewirtschaftungsbefugnis) und Pflichten sowie die sich daraus ergebende Verantwortung wie der Behördenleiter selbst.

Da in jeder mittelbewirtschaftenden Dienststelle ein Stellvertreter/Abwesenheitsvertreter des Behördenleiters von der vorgesetzten Behörde benannt ist, bedeutet dies im haushaltsrechtlichen Sinn, daß die "Bewirtschaftungsbefugnis" – für den Vertretungsfall – nicht übertragen wird, da der Vertreter bereits mit allen Aufgaben (Pflichten und Befugnissen – so auch: Bewirtschaftungsbefugnis –) für den Vertretungsfall betraut ist.

3. Beauftragter für den Haushalt

a) Allgemeines

Bei jeder mittelbewirtschaftenden Dienststelle ist vom Behördenleiter ein "Beauftragter für den Haushalt" zu bestellen, soweit der Leiter der Dienststelle diese Aufgabe nicht selbst wahrnimmt; nimmt er sie selbst wahr – das ist bei kleineren Dienststellen regelmäßig der Fall – so ist er selbst "Beauftragter für den Haushalt" für diese Dienststelle[21].

"Diese Vorschrift geht auf die Regelung in den bisherigen Reichswirtschaftsbestimmungen über den (damals sogenannten) Sachbearbeiter des Haushalts zurück. Die zunehmende Bedeutung dieser Stelle, die nunmehr "*Beauftragter für den Haushalt*" genannt wird, läßt eine gesetzliche Normierung als angebracht erscheinen"[22].

Bei "kleineren" Dienststellen nimmt der Leiter der Dienststelle die Aufgaben des Beauftragten für den Haushalt wahr.

Bei "größeren" Behörden, die der zuständige Ressortminister als solche ausdrücklich bestimmt, wird ein besonderer Beamter zum Beauftragten für den Haushalt benannt.

---

20 Vgl. § 9 (1) BHO/LHO.
21 Vgl. Vorl. VV Nr. 1.3 zu § 9 BHO/LHO.
22 Vgl. BT-Drucks. V/3040.

Der Beauftragte für den Haushalt kann die Bewirtschaftung der Haushaltsmittel zu seiner Entlastung anderen Bediensteten übertragen, die somit zum "Titelverwalter" (= "Mittelverwender") werden.

Der Beauftragte für den Haushalt trägt neben dem Leiter der Behörde die Verantwortung für die sparsame und wirtschaftliche Verwendung der Haushaltsmittel und die Bewirtschaftung der Vermögenswerte der Behörde und ihrer Einrichtungen. Seine Zuständigkeit erstreckt sich auf alle Fragen der Mittel- und Stellenbewirtschaftung einer Behörde und auf alle organisatorische und verwaltungstechnische Maßnahmen von geldlicher Tragweite. Darunter fallen auch die mit der Stellenbewirtschaftung zusammenhängenden Maßnahmen, insbesondere die Planstellenüberwachung.

Der Beauftragte für den Haushalt ist berechtigt, bei der Wahrnehmung seiner Aufgaben von allen Beamten, Angestellten und Arbeitern der Behörde (mit Ausnahme des Behördenleiters) Auskunft über alle Angelegenheiten, die sich auf die Bewirtschaftung der Haushaltsmittel beziehen, zu verlangen.

Von ihm hängt es ab, wie die Mittel seiner Behörde bewirtschaftet werden. Um alles übersehen zu können, was sich auf die Haushalts- und Wirtschaftsführung seiner Dienststelle auswirkt, ist es notwendig, daß er von allen Maßnahmen mit geldlichen Auswirkungen rechtzeitig vorher Kenntnis erhält. Er muß gegen jeden vermeidbaren Aufwand einschreiten. Er soll seinen Einfluß auf alle verwaltungsmäßigen Vorgänge von wirtschaftlicher Bedeutung so zur Geltung bringen, daß die Grundlage für die Bewirtschaftung öffentlicher Mittel von allen Angehörigen der Behörde beachtet werden.

Aus diesem Grunde kommt es auf eine vertrauensvolle Zusammenarbeit des Beauftragten für den haushalt mit allen Bediensteten, insbesondere aber mit den Titelverwaltern an, die zu seiner Entlastung mit der Verwaltung von Haushaltsmitteln ihres Sachgebietes beauftragt sind.

b) Aufgaben des Beauftragten für den Haushalt

Der Beauftragte für den Haushalt ist dafür verantwortlich,
daß alle Maßnahmen auf dem Gebiet der Haushaltsführung in formeller und materieller Hinsicht sowie verfahrensmäßig bestimmungsgemäß und einwandfrei durchgeführt werden.

Neben den allgemeinen haushaltsmäßigen Aufgaben zeichnet der Beauftragte für den Haushalt nach den Bestimmungen der Vorl. VV zu § 9 BHO/LHO insbesondere für folgende haushaltsrechtliche Maßnahmen:

- Aufstellung der Unterlagen für die Finanzplanung und den Entwurf des Haushaltsplans (Voranschläge);

- Übertragung der Bewirtschaftungsbefugnis über Einnahmen, Ausgaben, Verpflichtungsermächtigungen, Planstellen und Stellen der von ihm bewirtschafteten Ausgabemittel an andere Bedienstete der Dienststelle oder an andere Dienststellen;
- Mitwirkung bei allen Maßnahmen von finanzieller Bedeutung:

Je nach dem Umfang der Behörde wird der Beauftragte für den haushalt nicht sämtliche der aufgezählten Funktionen selbst ausüben. Er wird sie ggf. teilweise auf geeignete Beamte und Angestellte übertragen. Die Verantwortung verbleibt ihm aber auch in diesen Fällen.

Der Beauftragte für den Haushalt soll darüber wachen,
- daß die Haushaltsmittel im gesamten Geschäftsbereich der Behörde nach den ergangenen Vorschriften und Bestimmungen bewirtschaftet werden,
- daß die Verwaltungseinnahmen richtig erhoben und die zugewiesenen Ausgabemittel nicht überschritten werden.

Außerdem soll er prüfen,
- ob die Haushaltseinnahmen durch geeignete Maßnahmen erhöht
- die Haushaltsausgaben verringert werden können; ggf. soll er entsprechende Vorschläge machen[23].

Er soll überwachen,
- daß keine Auszahlungen geleistet oder Maßnahmen, die zu Auszahlungen führen können, getroffen werden, die nicht auch bei strenger Prüfung als notwendig anerkannt werden müssen[24]
- daß die im laufenden Haushaltsjahr voraussichtlich zu ersparenden Ausgabemittel nicht zur Beschaffung von Vorräten über das Haushaltsjahr hinaus verwendet werden.

Bei der Vorbereitung der Voranschläge zum Haushaltsplan wird er jährlich sämtliche Verträge der Dienststelle daraufhin prüfen, ob sich die ihnen zugrunde liegenden Verhältnisse im Laufe des letzten Haushaltsjahres soweit verändert haben, daß die Einnahmen (z.B. aus Mieten) oder die Ausgaben (z.B. für die Reinigung von Maschinen) neu bemessen werden müssen.

Bei Anbringen von Automaten in Kantinen usw. wird er die Angemessenheit der Gebühren prüfen. In Verträgen wird er für die verspätete Entrichtung von Einnahmen Verzugszinsen, bei Lieferungsverträgen Skontoabzüge und Rabatte vereinbaren. Er wird sich davon überzeugen, daß bei schuldhafter Beschädigung von Bundes-/Landeseigentum (Ausstattungsgegenständen und sonstigem Material) unverzüglich Ersatzansprüche gegen die Ersatzpflichtigen geltend gemacht werden.

---

23 Vgl. Vorl. VV Nr. 3.3.1 zu § 9 BHO/LHO.
24 Vgl. Vorl. Nr. 5.1. zu § 9 BHO/LHO.

Um die Ausgaben für Fernsprechgebühren, Porto und dergl. so niedrig wie möglich zu halten, sorgt er für eine wirksame Überwachung der Richtlinien über das Führen von Ferngesprächen für dienstliche und private Zwecke, für Orts- und Ferngespräche sowie über den Versand von Drucksachen, Postkarten und Briefen (Sammelpost, usw.). Zur Entlastung der Fernsprechanlage und insbesondere zur Vermeidung der Verwaltungsarbeit der Einbeziehung von Fernsprechgebühren für Privatgespräche wird er veranlassen, daß die Bundespost in größeren Dienststellen eigene Fernsprechzellen aufstellt.

Er überzeugt sich davon, daß bei Vermietungen und Verpachtungen die anteiligen Kosten für Heizung, Licht und Wasserverbrauch usw. in richtiger Höhe erhoben werden. Er veranlaßt, daß der Verbrauch von Strom, Gas und Wasser für Kantinenpächterwohnungen usw. durch Sonderzähler ermittelt und zur Vermeidung von Verwaltungsarbeit von den Verbrauchern unmittelbar an die Versorgungsbetriebe bezahlt wird.

Er überwacht, daß von Angehörigen der Verwaltung für die in Schuppen, Hallen und unter Schleppdächern ständig untergestellten Kraftfahrzeuge angemessene Benutzungsgebühren erhoben werden.

Um Vorratsbeschaffungen, insbesondere gegen Ende des Haushaltsjahres zu vermeiden, läßt er sich vorsorglich von den einzelnen Titelverwaltern nach Ablauf der ersten neun Monate des Haushaltsjahres den durchschnittlichen Monatsverbrauch aufgeben. Für die restlichen drei Monate wird er die Mittel im allgemeinen nur in Höhe des Durchschnittsverbrauchs freigeben und sich für weitergehende Ausgaben im Einzelfall seine Zustimmung vorbehalten.

Der Beauftragte für den Haushalt soll ferner dafür sorgen, daß
- Voranschläge für den Haushaltsplan nach Form und Inhalt richtig aufgestellt und rechtzeitig vorgelegt werden. Bei der Aufstellung aller Haushaltsanforderungen ist er federführend beteiligt[25],
- die Haushaltsüberwachungsliste für angeordnete Einnahmen (HÜL-E) ordnungsgemäß geführt wird und jederzeit Aufschluß über die Verwaltungseinnahmen der Dienststellen gibt,
- Haushaltsüberwachungslisten für Ausgaben (HÜL-A) ordnungsgemäß geführt werden und jederzeit Aufschluß über den Stand der Ausgabemittel geben,
- die Anzeigen, Nachweisungen und Übersichten in Haushaltsangelegenheiten ordnungsgemäß und rechtzeitig fertiggestellt werden,
- Maßnahmen, zu denen die Zustimmung übergeordneter Behörden oder des BMF/LMF erforderlich ist, nicht ohne diese in Angriff genommen werden,

---

25 Vgl. Vorl. VV Nr. 2 zu § 9 BHO/LHO.

- die bei der Einrichtung und Feststellung der Rechnungsbelege und in der Führung der Nachweisungen über die Bewirtschaftung der Haushaltsmittel vorgeschriebenen Förmlichkeiten beachtet werden.

Durch schriftliche Anordnung der Termine und ihrer laufenden Überwachung trifft er Vorsorge, daß ihm sämtliche Nachweisungen, Übersichten und Berichte in Haushaltsangelegenheiten so rechtzeitig vorgelegt werden, daß sie erforderlichenfalls noch geändert, berichtigt und ohne Überschreitung der Vorlagefristen den übergeordneten Behörden vorgelegt werden können.

Er fordert die Haushaltsmittel und – soweit erforderlich – die Betriebsmittel an und hält sich über den Stand der Mittel auf dem laufenden.

Sein besonderes Augenmerk richtet er darauf, daß die Kassenanordnungen in formeller Hinsicht den an sie zustellenden Anforderungen entsprechen.

Der Beauftragte für den Haushalt prüft außerdem,
- ob die veranschlagten Haushaltseinnahmen in voller Höhe tatsächlich zu erwarten und die zu erwartenden Haushaltseinnahmen vollständig in den Voranschlag aufgenommen sind[26] und
- ob bei den Haushaltsausgaben die Anforderungen an Planstellen und Ausgabemitteln in ihrem Grund und ihrer Höhe noch notwendig sind.

Vor der Zusammenstellung der Beiträge der einzelnen Titelverwalter zu dem Voranschlag der Behörde prüft er im einzelnen die Ansätze und ihre Berechnungen an Hand der Berechnungsunterlagen. Anforderungen neuer Planstellen und neuer Ausgabemittel wird er nur zustimmen, wenn er sich durch gründliche Prüfung der Verhältnisse von der Notwendigkeit des Mehrbedarfs überzeugt hat.

Der Beauftragte für den Haushalt wirkt mit,
- wenn Haushaltsmittel auf nachgeordnete Behörden verteilt werden,
- wenn die Bewirtschaftung von Haushaltsmitteln anderen Bediensteten der Behörde (Titelverwalter) übertragen wird,
- wenn Planstellen umgewandelt oder künftig wegfallen werden,
- wenn die Bewilligung neuer Planstellen oder Stellen beantragt wird und
- wenn Betriebsmittel angefordert oder zur Verfügung gestellt werden,
- beim Jahresabschluß und bei der Aufstellung der Beiträge zur Haushaltsrechnung[27],
- bei der Prüfung der Frage, ob in dem abgelaufenen Haushaltsjahr verbliebene Ausgabereste auf die Ausgabemittel des laufenden Haushaltsjahres übertragen

---

26 Vgl. Vorl. VV Nr. 2.2.3 zu § 9 BHO/LHO.
27 Vgl. Vorl. VV Nr. 3.3.5 zu § 9 BHO/LHO.

und ob sie im Falle der Übertragung noch verwendet werden müssen oder in Abgang gestellt werden können und
- bei der Erledigung der Prüfungsbemerkungen und -mitteilungen der Vorprüfungsstelle und des BRH/LRH[28].

Die Beantwortung der Prüfungsbemerkungen der Vorprüfungsstelle und der Prüfungsmitteilungen des BRH/LRH bereitet er selbst vor.

Anträge und Voranschläge, die zu neuen oder höheren finanziellen Belastungen des Bundes/Landes führen, wird der Behördenleiter regelmäßig zunächst dem Beauftragten für den Haushalt zur Prüfung und Stellungnahme zuleiten.

Der Beauftragte für den haushalt ist dem Leiter der Behörde für die Richtigkeit des Jahresabschlusses und der Beiträge zur Haushaltsrechnung verantwortlich. Er unterbreitet ihm Vorschläge, ob und in welchem Umfange die in dem abgelaufenen Haushaltsjahr verbliebenen Ausgabereste und die Ausgabemittel des laufenden Haushaltsjahres übertragen und verwendet werden müssen.

Der Beauftragte für den Haushalt soll vom Behördenleiter beteiligt werden,
- wenn Maßnahmen von geldlicher Tragweite insbesondere organisatorischer oder verwaltungstechnischer Art in die Wege geleitet werden, bevor die Ausgaben entstanden sind, oder Zusagen gemacht oder in Aussicht gestellt werden, die sofort oder später zu Haushaltsausgaben führen,
- wenn Berichte über Maßnahmen von geldlicher Tragweite an übergeordnete Behörden erstattet werden. Um die Beteiligung der Beauftragten bei allen Maßnahmen von geldlicher Tragweite sicherzustellen, sollen alle an den BMF/LMF gerichteten Schreiben über derartige Maßnahmen den Vermerk tragen: "§ 9 BHO/LHO ist beachtet worden."

Wichtig ist, daß der Beauftragte für den Haushalt bei Maßnahmen von größerer geldlicher Tragweite stets so rechtzeitig beteiligt wird, daß er in finanzieller Hinsicht noch seinen Einfluß darauf geltend machen kann.

Er kann solchen Maßnahmen, und, wenn sich bei der Bewirtschaftung von Haushaltsmitteln Zweifel haushaltsrechtlicher Art ergeben[29], *widersprechen.* Im Falle des Widerspruchs muß der Behördenleiter die Entscheidung der vorgesetzten Dienststelle einholen. Die widersprochene Maßnahme darf nur in dringenden Fällen auf ausdrückliche Weisung des Behördenleiters fortgeführt werden[30].

Ist die Bewirtschaftung von Haushaltsmitteln zur Entlastung des Beauftragten für den Haushalt Titelverwaltern übertragen, führt der Beauftragte für den Haushalt

---

28 Vgl. Vorl. VV Nr. 5.3 zu § 9 BHO/LHO.
29 Vgl. Vorl. VV Nr. 5.4 zu § 9 BHO/LHO.
30 Vgl. Vorl. VV Nr. 5.4.1 zu § 9 BHO/LHO.

eine Nachweisung über die dem einzelnen Titelverwalter zugewiesenen Ausgabemittel, getrennt nach den einzelnen Titeln. In diesen Fällen wirkt der Beauftragte für den Haushalt mit

- bei Anforderung weiterer Ausgabemittel,
- beim Abschluß von Verträgen,
- bei Änderungen von Verträgen.

c) Bestellung zum Beauftragten für den Haushalt

In den obersten Verwaltungsbehörden ist der jeweilige Haushaltsreferatsleiter "Beauftragter für den Haushalt". Wenn es der Geschäftsumfang erfordert, kann eine Haushaltsabteilung, -unterabteilung oder -gruppe gebildet werden, deren Leiter und Referenten für das ihnen zugewiesene Sachgebiet die Aufgabe des Beauftragten für den Haushalt in eigener Verantwortung wahrnehmen; die Referatsleiter sind an Weisungen des Leiters der Haushaltsabteilung, -unterabteilung oder -gruppe gebunden.

Die obersten Verwaltungsbehörden bestimmen, in welchen Dienststellen ihres Geschäftsbereichs der Leiter die Aufgabe des Beauftragten für den Haushalt nicht selbst wahrnimmt. In diesen Fällen ist für diese Aufgabe der für Haushaltsangelegenheiten zuständige Bedienstete oder einer seiner Vorgesetzten zu bestellen[31]. Nimmt der Behördenleiter diese Aufgabe jedoch selbst wahr – das ist bei kleineren Dienststellen regelmäßig der Fall –, so ist *er* für die Haushalts- und Wirtschaftsführung dieser Dienststelle verantwortlich; somit *ist er* in solchen Fällen "Beauftragter für den Haushalt";

Die Bestellung zum Beauftragten für den Haushalt ist der zuständigen Kasse schriftlich mitzuteilen[32].

4. Titelverwalter

a) Allgemeines

Der Beauftragte für den Haushalt kann die Bewirtschaftung der seiner Dienststelle zugewiesenen Einnahmen, Ausgaben, Verpflichtungsermächtigungen, Planstellen und andere Stellen zu seiner Entlastung anderen Bediensteten übertragen[33]. Diese werden im Regelfall die Sachgebietsleiter bzw. Sachbearbeiter der Dienststelle sein. Der Umfang der Übertragung der Bewirtschaftungsbefugnis wird in den Geschäftsverteilungsplan aufgenommen.

---

31 Vgl. Vorl. VV Nr. 1.1 und 1.2 zu § 9 BHO/LHO.
32 Vgl. Vorl. VV Nr. 1.3 zu § 9 BHO/LHO.
33 Vgl. Vorl. VV Nr. 3.1 zu § 9 BHO/LHO.

Diese Bediensteten bewirtschaften die ihnen zugewiesenen Mittel des entsprechenden Titels in ihrem Sachgebiet und werden durch die Übertragung der Bewirtschaftungsbefugnis zum "Titelverwalter" (auch: "Mittelverwender").

b) Bestellung zum Titelverwalter

Es empfiehlt sich, bei der Bestellung der Titelverwalter einer Dienststelle gleichzeitig deren Vertreter für den Fall zu bestellen, daß die Titelverwalter durch Urlaub, Krankheit, Dienstreisen usw. vorübergehend verhindert sind, die ihnen obliegenden Aufgaben selbst wahrzunehmen.

Ihre Bestellung und der Umfang der ihnen damit im einzelnen verliehenen Befugnisse bedarf der Schriftform.

In den Bundes- und Landesministerien sind in der Regel die sachlich zuständigen Referatsleiter zu selbständigen Titelverwaltern (= "Bewirtschafter") für die Planstellen und Haushaltsmittel im Rahmen ihrer Aufgaben bestellt.

In den Dienststellen der Mittelinstanz sind es regelmäßig die zuständigen Dezernatsleiter.

In den Ortsinstanzen werden die Aufgaben des Titelverwalters regelmäßig den Leitern der verschiedenen Sachgebiete übertragen, was nicht ausschließt, daß auch andere Angehörige dieser Dienststelle zum Titelverwalter bestellt werden können.

Der Titelverwalter ist – unbeschadet seines sonstigen dienstlichen Unterstellungsverhältnisses – hinsichtlich der ihm als Titelverwalter übertragenen Aufgaben an die fachlichen Weisungen des Beauftragten für den Haushalt *gebunden*.

5. Personen, die Haushaltsmittel bewirtschaften
– Kurzfassung –

"*Mittelbewirtschaftende Dienststellen*" sind solche, denen Ausgabemittel zur *selbständigen Bewirtschaftung* zugewiesen worden sind.

Mit der Zuweisung von Ausgabemitteln zur *selbständigen* Bewirtschaftung wird eine Dienststelle "mittelbewirtschaftende Dienststelle"; ihr ist damit die "*Bewirtschaftungsbefugnis*" erteilt.

Somit besitzt der Behördenleiter aufgrund seiner Direktionsbefugnis mit der Zuweisung der Ausgabemittel die Bewirtschaftungsbefugnis.

Da der Stellvertreter/Abwesenheitsvertreter des Behördenleiters im Vertretungsfall die Aufgaben des Behördenleiters übernimmt, hat er dann die gleichen Befugnisse (hier: Bewirtschaftungsbefugnis) und Pflichten wie der Behördenleiter selbst.

Da in *jeder* mittelbewirtschaftenden Dienststelle ein Stellvertreter/Abwesenheitsvertreter des Behördenleiters von der übergeordneten Behörde benannt ist, bedeutet dies, daß die Bewirtschaftungsbefugnis – für den Vertretungsfall – nicht übertragen wird, da der Stellvertreter/Abwesenheitsvertreter des Behördenleiters bereits mit allen Aufgaben (Pflichten und Befugnissen – so auch: Bewirtschaftungsbefugnis –) für den Vertretungsfall betraut ist.

Die "Bewirtschaftungsbefugnis" ist das Recht, verantwortlich zu entscheiden, für welche Zwecke und in welcher Höhe Ausgabemittel im einzelnen verwendet werden dürfen.

Bei jeder mittelbewirtschaftenden Dienststelle ist ein "Beauftragter für den Haushalt" zu bestellen, soweit der Behördenleiter diese Aufgabe nicht *selbst* wahrnimmt.

Bei "kleineren" Dienststellen i.S. des § 9 BHO/LHO ist der Behördenleiter nach der Geschäftsordnung selbst "Beauftragter für den Haushalt".

Der "Beauftragte für den Haushalt" nimmt bei einer jeden Behörde eine außerordentliche, herausragende Position ein. Er ist für alle Fragen der Haushaltswirtschaft und der Haushaltsmittelbewirtschaftung verantwortlich; er ist bei allen Maßnahmen von geldlicher Tragweite zu beteiligen (Vorl. VV zu § 9 BHO/LHO).

Aufgaben des "Beauftragten für den Haushalt":
- Aufstellen der Voranschläge,
- Verteilen der zugewiesenen Ausgabemittel auf andere Bedienstete und nachgeordnete Behörden,
- Mitwirkung bei der Bewirtschaftung von Ausgabemitteln durch Titelverwalter,
- bestimmungsgemäße Bewirtschaftung der Ausgabemittel,
- Anforderung weiterer Ausgabemittel,
- Anforderung und Verteilen von Betriebsmitteln (sofern erforderlich)
- Bearbeitung der Prüfungsbemerkungen der Vorprüfungsstellen und der Prüfungsmitteilungen des BRH/LRH,
- Mitwirkung bei allen Maßnahmen von geldlicher Tragweite, insbesondere bei:
  - Gewährung von Zuwendungen,
  - Abschluß und Änderung von Verträgen,
  - Stundung, Niederschlagung, Erlaß,
  - Vorhaben organisatorischer und verwaltungstechnischer Art, die sich finanziell auswirken.

Darüber hinaus überwacht und überprüft er:
- daß die Einnahmen vollständig erhoben werden,
- ob die Einnahmen erhöht,
- die Ausgaben verringert werden können,
- daß die zugewiesenen Haushaltsmittel nicht überschritten werden,

- ob die HÜL, sonstige Nachweisungen und Übersichten ordnungsgemäß geführt und termingerecht erstellt werden.

Der “Beauftragte für den Haushalt” kann in der Wahrnehmung seiner Aufgaben von allen Bediensteten des Hauses – mit Ausnahme des Behördenleiters – Auskunft über deren Tätigkeit verlangen sowie örtliche Überprüfungen vornehmen.

Bei “größeren Behörden” ist ein besonderer “Beauftragter für den Haushalt” vom Behördenleiter einzusetzen.

“Größere Behörden” sind die von der Obersten Verwaltungsbehörde als solche benannten Behörden.

Bei den Obersten Verwaltungsbehörden ist der Beauftragte für den Haushalt der Abt.Ltr.H (= Haushalt) sowie die Referatsleiter der Abt. H jeweils für ihren Aufgabenbereich.

Die obersten Verwaltungsbehörden bestimmen, in welchen Dienststellen ihres Geschäftsbereichs der Leiter die Aufgabe des Beauftragten für den Haushalt *nicht selbst* wahrnimmt. In diesen Fällen ist für diese Aufgabe der für Haushaltsangelegenheiten zuständige Bedienstete zu bestellen.

Bei der Ausführung des Haushaltsplans kann der “Beauftragte für den Haushalt” zu seiner Entlastung der von *ihm* zu bewirtschaftende Einnahmen, Ausgaben, Verpflichtungsermächtigungen, Planstellen und Stellen anderen Bediensteten oder anderen Dienststellen zur Bewirtschaftung übertragen. Die somit mit der Bewirtschaftungsbefugnis Betrauten werden auf diese Weise zum “Titelverwalter” (= “Mittelverwender”).

Die Übertragung der Bewirtschaftungsbefugnis ist in den Geschäftsverteilungsplan aufzunehmen.

“Titelverwalter” sind somit Bedienstete, die die Bewirtschaftungsbefugnis für einen oder mehrere Titel besitzen.

Die Titelverwalter führen
- die “Haushaltsüberwachungsliste für angeordnete Einnahmen (HÜL-E)”
- die “Haushaltsüberwachungsliste für Ausgaben (HÜL-A)”.

Zuweisung von Haushaltsmittel

Formen:
1. begl. Abdruck des Epl; ggf. Mitteilung über Gruppen von E/A, die für mehrere Geschäftsbereiche gelten
2. begl. Abdruck eines Teiles des Epl (= Kapitel)
3. Kassenanschlag
4. besondere Verfügung

↓ ↓

mittelbewirtschaftende Dienststellen

sind solche, denen Ausgabemittel **zur Bewirtschaftung** zugewiesen worden sind; sie üben folgende Befugnisse aus:

↓ ↓

Bewirtschaftungsbefugnis – § 9 BHO/LHO –	**Anordnungsbefugnis – § 34 BHO/LHO –**
ist das Recht, verantwortlich zu entscheiden, für welche Zwecke und in welcher Höhe Ausgabemittel im einzelnen verwendet werden dürfen.	**ist das Recht, die zuständige rechnungslegende Amtskasse anzuweisen, Einzahlungen anzunehmen, bzw. Auszahlungen zu leisten un diese zu buchen.**

↓ ↓

diese Befugnisse besitzen:

Behördenleiter

und

Beauftragter für den Haushalt

1. im Ministerium:	Abteilungsleiter H; Referatsleiter der Abteilung H jeweils für ihren Aufgabenbereich
2. in der Mittelinstanz:	Abteilungspräsident I (Vizepräsident)
3. bei Ortsbehörden:	Behördenleiter
4. bei "größeren Behörden":	Sachgebietsleiter I

er kann diese Befugnisse delegieren auf:

↓ ↓

andere Bedienstete	andere Bedienstete
– mit der Übertragung der Bewirtschaftungsbefugnis wird der Bedienstete zum "**Titelverwalter**" – Aufnahme in den Geschäftsverteilungsplan – Titelverwalter führt verantwortlich HÜL E/A	– "Unterschriftsmitteilung" an die zuständige Kasse, ZSt – Jeder Anordnende unterzeichnet die Kassenanordnung ohne jeden Zusatz!

C. Überwachung der Bewirtschaftung der Haushaltsmittel

1. Haushaltsüberwachungsliste für angeordnete Einnahmen (HÜL-E)

Jede mittelbewirtschaftende Dienststelle hat gem. § 34 BHO/LHO über die angeordneten Haushaltseinnahmen – nach Einnahmetiteln getrennt – jeweils eine HÜL-E zu führen.

Die HÜL-E ist der haushaltsmäßige (verwaltungsmäßige) Nachweis über angeordnete Haushaltseinnahmen.

Die HÜL-E wird für ein Haushaltsjahr geführt. Sie ist jedoch *vierteljährlich* fortzuführen (nicht: aufzurechnen) und dem Kassenaufsichtsbeamten der zuständigen Amtskasse zuzusenden. Die laufende Nummer ist weiterzuführen.

Für jeden von der Dienststelle zu verwaltenden Einnahmetitel und für jeden Buchungsabschnitt hierzu wird eine "*Titelkarte*" mit "*Fortsetzungskarten*" (ggf. dv-mäßig) angelegt.

Die HÜL-E stellt somit eine vollständige Übersicht über alle zu erhebenden Haushaltseinnahmen einer Dienststelle dar.

Der zuständige Bundesminister kann – im Einvernehmen mit dem BMF – zulassen, daß für bestimmte Einnahmen von der Führung der HÜL-E abgesehen wird.

In die HÜL-E werden *nicht* eingetragen:
- *allgemeine* Annahmeanordnungen für Mahngebühren
- vorgerichtliche Kosten und Auslagen
- Zinsen
- Gebühren für Fotokopien für nicht dienstliche Zwecke
- die von den Wehrersatzbehörden verhängten Verwarnungs- und Bußgelder
- schwebende Forderungen, für die noch keine Annahmeanordnung erteilt sind.

Die HÜL-E ist in Karteiform (ggf. als Datei) vom *Titelverwalter* zu führen. Das schließt nicht aus, daß auch andere Bedienstete Eintragungen in dieser HÜL-E vornehmen dürfen; die Verantwortung verbleibt jedoch stets bei dem die HÜL-E führenden Titelverwalter.

Die Annahmeanordnungen (bei "Erstattungen": Auszahlungsanordnungen) müssen, *bevor* sie kassenreif erstellt der zuständigen, rechnungslegenden Kasse zugeleitet werden, in die HÜL-E eingetragen werden. Die Eintragung ist unter Angabe der lfd. Nr. mit dem Namenszeichen des Eintragenden in der Kassenanordnung (oben, rechts) zu bestätigen.

Führung der HÜL-E

a) *Einzelhaushaltseinnahmen:* Die Eintragung erfolgt der *Zeitfolge nach* einzeln in die HÜL-E. *Absetzungen werden in* der Einnahmespalte vorgenommen. Die HÜL-E wird *nicht* aufgerechnet.

Einzelhaushaltseinnahmen werden von der Kasse zum Soll gestellt. Nach Abschluß des Haushaltsjahres erhält die HÜL-führende Dienststelle von der Kasse eine Liste über die im abgelaufenen Haushaltsjahr nicht ausgeführten Annahmeanordnungen.

b) *Laufende und gleichzubehandelnde Einzel*haushaltseinnahmen: *Laufende* Haushaltseinnahmen werden aufgrund ihrer erstmaligen Anordnung mit ihrem Jahresbetrag, *Einzel*haushaltseinnahmen, die wie laufende behandelt werden, mit ihrem Anordnungsbetrag in die HÜL-E eingetragen. Bei *Einstellungen* wird der ursprüngliche Betrag *in* der Einnahmespalte abgesetzt. "*Erstattungen*" werden aufgrund einer *Auszahlungsanordnung* in der HÜL-E *in* der Einnahmespalte *abgesetzt.*

2. Haushaltsüberwachungsliste für Ausgaben (HÜL-A)

Jede mittelbewirtschaftende Dienststelle hat gem. § 34 BHO/LHO über die *angeordneten und festgelegten Haushaltsausgaben* – nach Ausgabetiteln getrennt – jeweils eine HÜL-A zu führen.

Die HÜL-A ist der haushaltsmäßige (verwaltungsmäßige) Nachweis über angeordnete und festgelegte Haushaltsausgaben.

Für jeden von der Dienststelle zu bewirtschaftenden Ausgabetitel und für jeden Buchungsabschnitt hierzu wird eine "Titelkarte" mit "Fortsetzungskarten" angelegt; das gilt sowohl für
- Einzelhaushaltsausgaben, als auch für
- laufende Haushaltsausgaben und für
- Einzelhaushaltsausgaben, die wie laufende behandelt werden.

Ausnahme: Für die auf Rechtsvorschriften bzw. Tarifvertrag beruhenden persönlichen Ausgaben, die zwangsläufig entstehen (Dienstbezüge, Vergütungen, Löhne usw.), wird keine HÜL-A angelegt; Haushaltsmittel werden ebenfalls nicht zugewiesen.

Die Titel, für die keine HÜL-A zu führen ist, werden jeweils im Haushaltsführungserlaß bekanntgegeben.

Die einer Dienststelle zur selbständigen Bewirtschaftung zugewiesenen Haushaltsmittel (einschließlich der Ausgabeermächtigungen und Zurückziehungen) werden auf der Vorderseite der Titelkarte eingetragen.

Sinn und Zweck der Führung der HÜL-A ist es, alle angeordneten und festgelegten, d.h. somit, alle verfügten Beträge mit den zugewiesenen Haushaltsmitteln gegenüberzustellen, um den Verbrauch an Haushaltsmitteln zu überwachen und Haushaltsüberschreitungen zu vermeiden.

Die HÜL-A ist in Karteiform vom Titelverwalter für ein Haushaltsjahr zu führen. Das schließt nicht aus, daß auch andere Bedienstete Eintragungen in dieser HÜL-A vornehmen dürfen; die Verantwortung verbleibt jedoch stets bei dem die HÜL-A führenden Titelverwalter.

Der Beauftragte für den Haushalt kann Teile der zugewiesenen Ausgabemittel anderen Bediensteten zur Bewirtschaftung übertragen.

Die Auszahlungsanordnungen (bei "Rückeinnahmen": Annahmeanordnungen) müssen, *bevor* sie kassenreif erstellt der zuständigen Kasse zugeleitet werden, in die HÜL-A eingetragen werden. Die Eintragung ist unter Angabe der lfd. Nr. mit dem Namenszeichen des Eintragenden in der Kassenanordnung (oben, rechts) zu bestätigen.

In die HÜL-A werden eingetragen:

1) mittelbewirtschaftende Dienststelle, Schlüssel-Nr., Buchungsstelle, Zweckbestimmung, Seite;
2) Ausgabeermächtigungen, zugewiesene Ausgabemittel, Zurückziehungen (rot);
3) alle Festlegungsbeträge aufgrund von Bestellscheinen/Aufträgen;
4) alle mit förmlichen Auszahlungsanordnungen zur Zahlung angewiesenen Haushaltsausgaben;
5) alle Zulagen;
6) alle Abschläge;
7) alle Rückeinnahmen (d.h., Beträge, die von der Ausgabe abgesetzt werden);
8) alle Beträge, die aufgrund allgemeiner Kassenanordnung geleistet werden.

Führung der HÜL-A

Die aufgrund von Aufträgen, Verträgen, Bestellungen usw. *festgelegten* Beträge sind in die HÜL-A einzutragen.

Wurde der Betrag einer *Einzel*haushaltsausgabe festgelegt, so ist bei der späteren Eintragung des angewiesenen Anordnungsbetrages (Sp. 6) oder bei Aufhebung der Festlegung der zuvor festgelegte Betrag in Spalte 5 rot abzusetzen.

Wird der Betrag einer *Einzel*haushaltsausgabe zur Zahlung angeordnet, der zuvor nicht festgelegt war, so ist der Betrag nur als Anordnungsbetrag (Sp. 6) einzutragen. Änderungen von Festlegungen sind auszugleichen. "*Rückeinnahmen*" sind *in der Ausgabespalte* abzusetzen.

Fällt eine Festlegung von Einzelhaushaltsausgaben gänzlich weg, so ist der festgelegte Betrag in der HÜL-A wieder abzusetzen.

a) *Einzelhaushaltsausgaben*: Die Eintragungen erfolgen der Zeitfolge nach einzeln nacheinander.

Abschläge sind nachrichtlich einzutragen. Bei der *Schluß*auszahlung sind die *damit abgerechneten Abschläge in der Abschlagsspalte abzusetzen*; es sind gegenseitige Hinweise aufzunehmen.

Zum Monatsabschluß sind die Beträge der HÜL-A als fortgeschriebene Summe *aufzurechnen.*

Am Ende des Haushaltsjahres sind die von der Kasse nicht ausgeführten Auszahlungsanordnungen von der Kasse an die anweisenden Stellen zurückzugeben. Dazu sind

- die von der Kasse nicht ausgezahlten Beträge einzeln vom Gesamtbetrag abzusetzen
- die Nummern der Eintragungen, auf die sich die Absetzungen beziehen, anzugeben
- die Auszahlungsanordnungen für diese Auszahlungen in die HÜL-A des nächsten Haushaltsjahres zu übernehmen
- auf der Kassenanordnung das Haushaltsjahr und der Vermerk über die Eintragung in die HÜL-A zu berichtigen.

b) *Laufende und gleichzubehandelnde Einzelhaushaltsausgaben*: *Laufende* Haushaltsausgaben sowie Einzelhaushaltsausgaben, die *wie laufende* behandelt werden, sind mit dem auf das laufende Haushaltsjahr tatsächlich entfallenden Betrag nur in Spalte 6 (Anordnungsbetrag) einzutragen.

Bei der Aufhebung einer Auszahlungsanordnung ist in Spalte 6 der nicht auszuzahlende Betrag rot abzusetzen. "Rückeinnahmen" werden aufgrund einer Annahmeanordnung in der HÜL-A in der Ausgabespalte abgesetzt.

3. Kontrolle über die Verwendung von Verpflichtungsermächtigungen

Zugewiesene Verpflichtungsermächtigungen sind von den mittelbewirtschaftenden Dienststellen *zu bewirtschaften* und in einer HÜL nachzuweisen.

In Anspruch genommene Verpflichtungsermächtigungen sind monatlich mit einer entsprechenden "Übersicht" zu melden.

Mehr: S. *Wiesner*: Das staatliche Haushalts-, Kassen- und Rechnungswesen, 3. Aufl., Decker's Verlag, Heidelberg.

D. Personalbedarf

1. Personalanforderungen

Der Personalbedarf der einzelplanführenden Obersten Verwaltungsbehörden wird jährlich durch die "Übersicht über die Personalanforderungen zum Voranschlag (Entwurf) des Bundeshaushaltsplans" mit dem Voranschlag zum Einzelplan .. angefordert.

Mehrstellenanforderungen gegenüber dem Vorjahr bedürfen einer eingehenden Begründung.

Die Stellenanforderungen von Beamten und Angestellten der jeweiligen Besoldungs- und Vergütungsgruppe werden in den Erläuterungen aufgegliedert nach:

1) Verwaltungsdienst
2) technischer Dienst und
3) Dienst der sonstigen Fachrichtungen.

Die vom Ministerium ermittelten personellen Anforderungen werden zunächst vom BMF/LMF und dem BRH/LRH beraten. Aufgrund des Ergebnisses dieser Beratungen wird die "Übersicht über die Personalanforderungen" zum Voranschlag des Einzelplanes .. ausgestellt.

"Die Übersicht über die Personalanforderungen", die das Ministerium mit seinem Voranschlag zum Einzelplan .. dem BMF/LMF vorlegt, gilt nicht als Organisations- und Dienstpostenplan i.S. des § 21 (2) BBesG. Ihr werden für alle sog. Personaltitel des Einzelplans, auch wenn keine Personalveränderungen eintreten, Übersichten über die Anforderungen nach vorgeschriebenem Muster sowie Verzeichnisse über die Stellen beigefügt, die als "kw" und "ku" ausgebracht sind.

Der Bedarf an Beamten berechnet sich haushaltsmäßig nach Planstellen. Die Haushaltsmittel für die Dienstbezüge der Beamten werden zentral nach den bereitgestellten Planstellen berechnet. Voraussetzung für die Inanspruchnahme der Mittel für einen Beamten ist die durch den Haushaltsplan bewilligte freie Planstelle, in die der Beamte eingewiesen wird[38].

Die Planstelle ist eine für einen bestimmten Dienstposten ausgebrachte Stelle im Haushaltsplan, durch die festgelegt wird, mit welcher Dotierung (nach Besoldungsgruppen) sie für diesen Dienstposten haushaltsmäßig zur Verfügung steht.

Die systematische Trennung zwischen dem organisatorischen und personalwirtschaftlichen Begriff "Dienstposten" und dem Haushalts- und besoldungsrechtlichen Begriff "Planstelle/Stelle" dient dem Zweck, das Bewirtschaften der Per-

---

38 Vgl. §§ 48 und 49 BHO/LHO.

sonalstellen (Planstelle und Stellen) im Rahmen des Haushaltsrechts beweglich zu gestalten.

Der zur Erfüllung der gestellten Aufgaben notwendige Personalbedarf wird nach "Dienstposten" bemessen. Dienstaufgaben, die einen Beamten oder Arbeitnehmer voll auslasten, werden in Dienstposten (Aufgaben- und Tätigkeitsbereich) zusammengefaßt. Je nach der Aufgabe wird zwischen Beamten-, Angestellten- und Arbeiterdienstposten unterschieden. Die Dienstposten werden in "Organisations- und Dienstplänen" ausgebracht. Der Organisations- und Dienstpostenplan (ODP) gibt den zur Erfüllung der Aufgaben einer Dienststelle anerkannten Personalbedarf wieder.

"Planstellen" sind nach Besoldungsgruppen und Amtsbezeichnungen im Haushaltsplan anzubringen. Sie dürfen nur für Aufgaben eingerichtet werden, zu deren Wahrnehmung die Begründung eines Beamtenverhältnisses zulässig ist und die in der Regel Daueraufgaben sind[39]. Der Begriff "Planstelle" hat somit haushalts-, beamten- und besoldungsrechtlichen Charakter.

"Leerstellen" sind eine besondere Art von Planstellen. Es sind Planstellen mit Auffangwirkung für jene Beamte, die vorübergehend aus ihrer bisherigen Tätigkeit ausgeschieden sind, denen aber die Rückkehr in ihre früher innegehabte Planstelle für den Fall ihrer Besetzung durch einen anderen Beamten offengehalten werden soll.

Für Beamte, die bei einer Vertretung des Bundes oder des Landes im Ausland verwendet werden, kann der BMF/LMF in besonders begründeten Ausnahmefällen für die Dauer von höchstens sechs Monaten eine Leerstelle schaffen[40].

"Stellen" sind andere Stellen als Planstellen[41]; sie sind in den Erläuterungen des Hpl nachzuweisen; Stellen werden im Hpl eingerichtet:

1) für nichtbeamtete Angehörige des öffentlichen Dienstes (das sind Angestellte und Arbeiter),

2) für beamtete Hilfskräfte (das sind Bedienstete, die hoheitliche oder Sicherungsaufgaben wahrnehmen, und zwar Beamte auf Probe bis zur Anstellung und zu Hilfsleistungen abgeordnete Beamte anderer Behörden). Hierunter fallen alle beamtete Hilfskräfte der eigenen Verwaltung, die noch nicht in eine Planstelle eingewiesen sind, weil sie die beamtenrechtlichen Voraussetzungen noch nicht erfüllen, z.B. Assessoren, Regierungsinspektoren zur Anstellung (z.A.), Regierungsassistenten zur Anstellung (z.A.) sowie Beamte, die von anderen Behörden (auch Behörden anderer Personalkapitel) zu Hilfsleistungen abgeordnet sind und

39 Vgl. § 17 (5) BHO/LHO.
40 Vgl. § 50 (5) BHO/LHO.
41 Vgl. § 17 (6) BHO/LHO.

für die Dauer ihrer Abordnung ihre Planstelle bei ihrer abordnenden Behörde beibehalten; beamtete Hilfskräfte erhalten ihre Dienstbezüge aus den im Haushaltsansatz bei Titel 422 02 veranschlagten Haushaltsmitteln.

Der Grund für die unterschiedliche haushaltsmäßige Behandlung von Planstellen für Beamte und Stellen für nichtbeamtete Angehörige des öffentlichen Dienstes und beamtete Hilfskräfte liegt in der unterschiedlichen Rechtsposition zwischen den in einem öffentlich-rechtlichen Dienst- und Treueverhältnis stehenden Beamten einerseits und den in einem privat-rechtlichen Rechtsverhältnis stehenden Angestellten und Arbeitern andererseits. Eine gleichartige Bindung des Dienstherrn bzw. Arbeitgebers an Bestimmungen des Haushaltsplans ist allein schon deshalb ausgeschlossen, weil Beförderungen von Beamten und Höhergruppierungen von Angestellten und Arbeitern anderer Rechtsnatur sind. Während der Beamte bei Leistungen höherwertiger Tätigkeit keinen Rechtsanspruch auf Beförderung hat, besitzt der Angestellte und auch der Arbeiter bei Änderung seiner Tätigkeitsmerkmale einen im BAT (für Angestellte) bzw. MTB (für Arbeiter) festgelegten Rechtsanspruch auf höhere Vergütung (Angestellte) bzw. höheren Lohn (Arbeiter).

2. Zuweisung der Planstellen und Stellen

Die Grundlage für die Zuweisung und Bewirtschaftung der Planstellen und Stellen sowie der hierfür ausgebrachten Besoldungsmittel für Bedienstete eines Ressorts bildet der jeweilige Einzelplan.

Nach der Verabschiedung des Haushaltsgesetzes und der damit verbundenen Feststellung des Haushaltsplans weist der BMF/LMF den einzelplanbewirtschaftenden Stellen Planstellen und Stellenmittel (und Haushaltsmittel) zu durch Übersenden eines beglaubigten Abdrucks des für die Oberste Verwaltungsbehörde zuständigen Einzelplans.

Die personalbewirtschaftende Oberste Verwaltungsbehörde verteilt die Planstellen und Stellenmittel, soweit sie diese nicht selbst bewirtschaftet, auf die nachgeordneten Behörden und Dienststellen (Bedarfsträger), indem sie ihnen die Stellenpläne (Planstellen) mit Kassenanschlag übersenden.

Mit der Zuweisung der Planstellen und Stellen gelten die Haushaltsmittel für die dadurch entstehenden Personalausgaben als genehmigt und zugewiesen.

3. Haushaltsmäßiger Nachweis der Planstellen und Stellen

Die vom Parlament genehmigten Mittel für den Personalbedarf werden im Haushaltsplan in den jeweiligen Titeln der Personalkapitel der Einzelpläne ausgewiesen. Die Mittel werden für die Besoldung der planmäßigen Beamten, für Hilfsleistungen durch Beamte und für Hilfsleistungen durch nichtbeamtete Kräfte (Angestellte und Arbeiter) voneinander und von anderen Ausgaben getrennt veranschlagt, und zwar für Beamte nach der Zahl der im Haushaltsplan insgesamt ausgewiesenen Planstellen der einzelnen Besoldungsgruppen sowie für Angestellte und Arbeiter (auch für beamtete Hilfskräfte) nach der Zahl der in den Erläuterungen zu diesen Haushaltsansätzen angegebenen Stärken.

4. Organisations- und Dienstpostenpläne

Die Oberste Verwaltungsbehörde stellt im Rahmen des ihr durch den Haushaltsplan genehmigten Personalbedarfs Organisations- und Dienstpostenpläne (ODP) nach haushaltsrechtlichen, personalwirtschaftlichen und organisatorischen Überlegungen auf.

5. Personalbedarf
– Kurzfassung –

a) Dienstposten

"*Dienstposten*" ist ein *organisatorischer* und *personalwirtschaftlicher* Begriff. Sie werden nach dem Aufgaben- und Tätigkeitsbereich bei einer Dienststelle bemessen. Der Personalbedarf, der zur Erfüllung der Aufgaben einer Dienststelle notwendig ist, wird in Beamten-, Angestellten- und Arbeiterdienstposten ausgewiesen. Die Dienstposten werden im Organisations- und Dienstpostenplan (ODP) ausgebracht.

b) Planstellen

"*Planstelle*" *ist ein beamten- und besoldungsrechtlicher* Begriff. Planstellen sind die für bestimmte Dienstposten (Beamte) ausgebrachten Stellen im Haushaltsplan. Sie werden nach Besoldungsgruppen und Amtsbezeichnungen im Haushaltsplan (Einzelplan) dargestellt.

c) Stellen

"*Stelle*" ist ein *Vergütungs-* und *lohnrechtlicher* Begriff. "*Stellen*" sind andere Stellen als Planstellen; sie werden im Haushaltsplan nachgewiesen. "*Stellen*" sind im Haushaltsplan eingerichtet
1) für Angestellte und Arbeiter,
2) für beamtete Hilfskräfte.

d) Zuweisung der Planstellen und Stellen

Der BMF/LMF weist – nach der Verabschiedung des Haushaltsgesetzes – den einzelplanbewirtschaftenden Stellen

1) für Beamte die Zahl der ausgewiesenen Planstellen,
2) für Angestellte und Arbeiter die bereitgestellten Haushaltsmittel als "Stellenmittel"

zu durch Übersenden eines beglaubigten Abdrucks des zuständigen Einzelplans. Diese verteilen sie weiter durch Kassenanschlag.

e) Organisations- und Dienstpostenpläne

Nach Verabschiedung des Haushaltsgesetzes und der Zuweisung der Haushaltsmittel, Planstellen und Stellenmittel stellt die Oberste Verwaltungsbehörde im Rahmen des durch den Haushaltsplan genehmigten Personalbedarfs Organisations- und Dienstpostenpläne (ODP) nach haushaltsrechtlichen, personalwirtschaftlichen und organisatorischen Überlegungen auf; sie begrenzen den Bedarf an Beamten, Angestellten und Arbeitern.

E. Bindung an den Haushaltsplan

1. Bindung an den Haushaltsplan bei mittelbewirtschaftenden Beamten und Angestellten

Der Beamte oder Angestellte, dem Haushaltsmittel zur verantwortlichen Bewirtschaftung anvertraut worden sind, ist an den Haushaltsplan (an die Haushaltsmittelzuweisung) und an die haushaltsrechtlichen Vorschriften gebunden. Neben den sonstigen Pflichten, die ihm bei der Bewirtschaftung der Haushaltsmittel obliegen, trägt er insbesondere die Verantwortung dafür, daß die Mittel zur Deckung aller bei der jeweiligen Zweckbestimmung im Laufe des Haushaltsjahres anfallenden Ausgaben ausreichen (§ 34 (2) BHO/LHO).

Er darf demzufolge keine Zahlung anordnen und keine Maßnahmen treffen, durch welche er erkennt oder erkennen muß, daß diese Maßnahme oder Zahlung später unvermeidlich zu einer Überschreitung der zugewiesenen Mittel führt, oder eine nachträgliche Bewilligung von Mitteln für die gleiche Zweckbestimmung notwendig macht (§ 34 BHO/LHO).

Er darf ferner keine Maßnahme veranlassen, die unmittelbar zu einer überplanmäßigen Ausgabe (Haushaltsüberschreitung einschließlich Haushaltsvorgriff gem. § 37 (6) BHO/LHO) oder zu einer außerplanmäßigen Ausgabe führt, der der BMF/LMF noch nicht zugestimmt hat, oder durch die Ausgabebewilligungen, die ohne nähere Angabe des Verwendungszwecks einer Stelle zur Verfügung gestellt sind (sog. Dispositionsfonds), oder für außerordentliche Vergütungen und Unterstützungen bereitstehen, überschritten werden.

Bei Gefahren, die eine Ersatzpflicht bei Haushaltsüberschreitungen und bei der Leistung außerplanmäßiger Ausgaben ausschließen, kann es sich z.B. um Maßnahmen zur Verhütung oder Beschränkung von Schäden durch Naturkatastrophen (Hochwasser, Deichbruch, Unwetter usw.), aber auch um finanzielle Aufwendungen zur Abwendung von Nachteilen handeln, die dem Bund bzw. dem Land sonst entstehen würden, z.B. Kauf und Ersatz eines defekten Heizungsventils.

Das durch die Notlage gebotene Maß der Abwendung einer drohenden dringenden Gefahr wird gewahrt, wenn die getroffene Maßnahme zweckmäßig, ausreichend und angemessen war und der beabsichtigte Erfolg erreicht wurde.

Die Haftung richtet sich
- bei Beamten nach § 78 BBG,
- bei Angestellten nach § 14 BAT,
- bei Arbeitern nach §§ 276 ff. BGB.

Danach haftet der Bedienstete, der hoheitliche Tätigkeit ausübt nur, wenn er vorsätzlich oder grob fahrlässig gehandelt hat. Der Umfang der Haftung ergibt sich aus den Vorschriften des BGB über Schadensersatzleistungen wegen unerlaubter Handlung.

2. Bindung an den Haushaltsplan bei anderen Personen

Im Gegensatz zu der Bindung der mittelbewirtschaftenden Stellen werden durch den Haushaltsplan Ansprüche oder Verbindlichkeiten Dritter weder begründet noch aufgehoben[42].

Durch die Einstellung von Einnahmen oder Ausgabebeträgen für bestimmte Zwecke in den Haushaltsplan oder durch die Nichtaufnahme von Mitteln oder aber durch die Aufnahme bzw. Fortlassung von besonderen Haushaltvermerken, können Rechtsansprüche oder Verbindlichkeiten Dritter – natürlicher oder juristischer Personen des privaten oder öffentlichen Rechts – weder begründet noch aufgehoben werden.

Das Rechtsgeschäft eines Beamten, das gegen haushaltsrechtliche Vorschriften verstößt, weil beispielsweise die erforderlichen Ausgabemittel im Haushaltsplan fehlen, ist und bleibt Dritten gegenüber verbindlich.

Deshalb dürfen Rechtsgeschäfte, die mit finanziellen Leistungen des Bundes/ Landes verbunden sind, erst abgeschlossen werden, wenn die dafür erforderlichen Ausgabemittel im Haushaltsplan bereitgestellt sind[43] und der Dienststelle zur Bewirtschaftung zur Verfügung stehen.

---

42 Vgl. § 3 (2) BHO/LHO.
43 Vgl. § 38 (1) BHO/LHO.

X. Die Betriebsmittelbewirtschaftung

A. Allgemeines

Von den Haushaltsmitteln (Ausgabebewilligung nach Zweckbestimmung und Ansatz) werden die Betriebsmittel unterschieden.

"*Haushaltsmittel*" sind Beträge, die im Haushaltsplan mit Titelnummer und Zweckbestimmung als Ansatz ausgebracht sind.

Haushaltsmittel werden mit Kassenanschlag – also schriftlich – den mittelbewirtschaftenden Dienststellen zur Bewirtschaftung (Beauftragter für den Haushalt, Titelverwalter) zugewiesen.

Haushaltsmittel sind kein Geld!

"*Betriebsmittel*" sind die Beträge, bis zu deren Höhe der BMF die Obersten Bundesbehörden ermächtigt, innerhalb eines bestimmten Zeitraumes (Monat) in ihrem Verwaltungsbereich Auszahlungen leisten zu lassen[1].

Betriebsmittel werden mit Ermächtigungsschreiben – also schriftlich – den Kassen zugewiesen, so daß diese Auszahlungen leisten dürfen.

Betriebsmittel sind kein Geld!

Die eigenen Einnahmen der meisten Bundeskassen reichen bei weitem nicht aus, ihre Ausgaben davon zu bestreiten.

Den Bundeskassen müssen daher die erforderlichen Betriebsmittel in ausreichender Höhe rechtzeitig zur Verfügung gestellt werden. Andererseits müssen die Ausgaben des Bundes auf seine Einnahmen aus Steuern, Zöllen, Gebühren, Beiträge und Verwaltungseinnahmen abgestellt werden, nicht nur hinsichtlich der Höhe, sondern insbesondere auch hinsichtlich ihrer Fälligkeit; denn die Einnahmen entstehen in der Regel nicht zu den gleichen Zeitpunkten, in denen die Ausgaben fällig werden.

Der Steuerung der Bundeseinnahmen und -ausgaben und der Zuteilung der erforderlichen Betriebsmittel an die Bundeskassen kommt außer der finanzpolitischen eine hohe Bedeutung in währungspolitischer Hinsicht zu. Ohne eine planmäßige Lenkung bestände die Gefahr, daß die Ausgaben des Bundes seine Einnahmen erheblich übersteigen würden, zumindest zu Beginn des Haushaltsjahres, wenn die effektiven Einnahmen hinter dem Bedarf zurückbleiben. Die Mehrausgaben

1 S. § 43 (1) BHO/LHO.

müßten dann durch kurzfristige Anleihen[2] finanziert werden. Abgesehen davon, daß dem Bund dadurch Kosten (Zinsen) erwachsen würden, bergen Anleihen die Gefahr einer geldausweitenden Bedeutung in sich; sie könnte u.U. zu Schwierigkeiten am Kapitalmarkt und zu Störungen des volkswirtschaftlichen Gleichgewichts führen.

Die Verwaltung der Geldmittel des Bundes liegt in der Hand des BMF. Er verfügt über das Konto der Bundeshauptkasse, der Zentralkasse des Bundes.

Auf dem Konto der Bundeshauptkasse bei der DBBk fließen die Einnahmen des Bundes zusammen. Im Rahmen der dem BMF zur Verfügung stehenden Einnahmen ermächtigt er die Oberfinanzdirektionen und den BMVg jeweils monatlich, durch die Kassen ihres Bereichs (Bundeskassen, Bundeswehrkassen) Ausgaben bis zu einem von ihm festgesetzten Höchstbetrag zu leisten. Diese Behörden teilen die Bewilligungsermächtigung auf die Kassen ihres Bereichs auf.

B. Anforderung von Betriebsmitteln

Alle Bundesbehörden, die Ausgabemittel bewirtschaften, haben ihren Bedarf an Betriebsmitteln, d.h. den Geldbedarf für die im nächsten Monat voraussichtlich zu leistenden Ausgaben auf dem Dienstwege beim BMF monatlich zu bestimmten Terminen anzumelden[3].

Alle anfordernden Dienststellen müssen ihren Bedarf an Betriebsmitteln sorgfältig und gewissenhaft ermitteln, da in die Betriebsmittelanmeldung nur der tatsächlich zu erwartende Geldbedarf aufgenommen werden darf.

In die Bedarfsanmeldung sind nur die Beträge aufzunehmen, die für die im Bezugsmonat zu leistenden Auszahlungen (mit Ausnahme der Ablieferungen, Umbuchungen, Verrechnungen und Buchausgleiche) erforderlich sind.

Die angeforderten Beträge müssen sich im Rahmen der zur Verfügung stehenden Haushaltsmittel halten. Mit der Anmeldung der Betriebsmittel wird dies ausdrücklich bestätigt.

Bei den Bedarfsmeldungen für den Monat Dezember werden die Betriebsmittel für Ausgaben des neuen Haushaltsjahres (Monat Januar), die bereits im Monat Dezember gezahlt werden (z.B. Gehaltszahlungen für Januar), von denen für das auslaufende Haushaltsjahr anzufordernden Betriebsmitteln getrennt angemeldet.

---

2 S. Art. 111 (2) GG.

3 Vgl. Vorl. VV Nr. 1 zu § 43 BHO/LHO.

Der zuständige Finanzminister kann auf die monatliche Anmeldung der Betriebsmittel gänzlich verzichten (Anlage zur Vorl. VV Nr. 8 zu § 43 BHO).

C. Bereitstellung von Betriebsmitteln

Die Betriebsmittel werden den Kassen monatlich zur Verfügung gestellt.

Rechtzeitig vor Beginn eines jeden Monats ermächtigt der BMF/LMF die beteiligten Stellen, Ausgaben in der festgelegten Höhe zu leisten[4].

Der BMF verteilt die Betriebsmittel auf seine Oberfinanzdirektionen und auf den BMVg durch Ermächtigungsschreiben und ermächtigt sie, in dem folgenden Monat durch die Kassen ihres Bereichs Auszahlungen bis zur Höhe des ihnen jeweils zugeteilten Ermächtigungsbetrages (angemeldeter Ausgabenbedarf, ggf. in gekürzter Höhe) leisten zu lassen.

Die Behörden der Mittelinstanz ermächtigen die Kassen ihres Bereichs, in dem folgenden Monat Auszahlungen bis zur Höhe der ihnen gesonderten Ermächtigungsschreiben mitgeteilten Beträge zu leisten[5].

Die jeweilige Kasse erhält ihre Betriebsmittel für den folgenden Monat also nicht in einer Summe im voraus oder in Teilbeträgen von der Bundeshauptkasse "überwiesen", sondern in Form einer Ermächtigung, bei Bedarf die erforderlichen Kassenbestandsverstärkungen (gegen Hingabe eines Verstärkungsauftrages zu Lasten des Kontos der Bundeshauptkasse zu erheben, und zwar insgesamt bis zu der Höhe des ihr mitgeteilten Ermächtigungsbetrages.

Erhalten die nachgeordneten Dienststellen keine Mitteilung, so dürfen sie annehmen, daß ihnen der angeforderte Betrag zugebilligt worden ist.

Die anweisenden Dienststellen und Kassen haben zu beachten, daß
1) Auszahlungsanordnungen an die Kasse monatlich nur bis zur Höhe des jeweiligen Ermächtigungsbetrages erteilt werden dürfen,
2) die Kasse keine Auszahlungen mehr leisten darf, wenn die Betriebsmittel in Höhe des Ermächtigungsbetrages verbraucht sind.

Der zuständige Finanzminister kann auf die monatliche Bereitstellung der Betriebsmittel gänzlich verzichten (Anlage zur Vorl. VV Nr. 8 zu § 43 BHO).

---

4 S. § 43 (1) BHO/LHO.
5 S. Vorl. VV zu § 43 BHO/LHO.

D. Nachforderung von Betriebsmitteln

Nach § 43 BHO/LHO können Dienststellen, die feststellen, daß die ihr zur Verfügung gestellten Betriebsmittel infolge unvorhersehbarer Veränderungen für den laufenden Monat nicht ausreichen, den voraussichtlichen Mehrbedarf nachträglich anfordern.

Nachforderungen müssen eingehend begründet werden. Dabei müssen die anfordernden Stellen versichern, daß ein Ausgleich innerhalb der Gesamtsumme der für den Bedarfsmonat zur Verfügung gestellten Betriebsmittel nicht möglich ist. Außerdem sollen die Nachforderungen Angaben über die Fälligkeit der Zahlungsverpflichtungen enthalten. Vor jeder Nachforderung muß insbesondere geprüft werden, ob die Zahlungen nicht in den folgenden Monaten verlegt werden können, um sie aus den Betriebsmitteln des nächsten Monats zu decken.

Um so mehr kommt es darauf an, daß die mittelverwaltenden Stellen ihren Betriebsmittelbedarf besonders sorgfältig ermitteln.

Nachforderungen von unabdingbar erforderlich gehaltenen Betriebsmitteln sind auf dem Dienstweg anzuzeigen.

E. Rückmeldung von Betriebsmitteln

Die am Ende eines Monats nicht in Anspruch genommenen Betriebsmittel verfallen; sie stehen der Kasse nach Ablauf des Monats nicht mehr zur Verfügung und dürfen nicht auf den nächsten Monat übertragen werden. Dafür besteht auch kein Bedürfnis; denn für den neuen Monat sind neue Betriebsmittel verfügbar.

Eine Ausnahme von diesem Grundsatz bildet der Abschlußmonat Dezember. Die Kassen dürfen aus den ihnen für Dezember zugeteilten Betriebsmitteln nach dem jährlichen Erlaß über die Jahresabschlußtermine regelmäßig auch noch die bis zum 4. Januar des folgenden Haushaltsjahres für das abgelaufene Haushaltsjahr anfallenden Ausgaben bestreiten. Für diese 4 Tage führt sie – nebeneinander – zwei Kontrollen über den Betriebsmittelverbrauch.

Die mittelbewirtschaftenden Dienststellen müssen die Kasse unverzüglich in Kenntnis setzen, sobald sie übersehen, daß der von ihnen angeforderte Bedarf an Betriebsmitteln nicht benötigt wird.

Sobald die Kasse erkennt, daß die ihr zugeteilten Betriebsmittel nicht voll in Anspruch genommen werden, meldet sie den voraussichtlich nicht benötigten Betrag, falls dieser nicht geringfügig ist, so rechtzeitig wie möglich auf dem Dienstweg zurück. Es empfiehlt sich, die Meldung fernschriftlich oder fernmündlich im voraus zu erstatten, damit der noch erforderliche Ausgleich innerhalb des Geschäftsbereichs vorgenommen werden kann.

Die zurückgemeldeten Betriebsmittel gelten als zurückgezogen, ohne daß es einer besonderen Bestätigung bedarf.

Der zuständige Finanzminister kann auf die Anmeldung, Bereitstellung, Nachforderung und Rückmeldung der Betriebsmittel ganz oder teilweise verzichten (§ 43 BHO).

Der *BMVg* hat für seinen Geschäftsbereich Sonderregelungen in Form der DB zu den Vorl. VV zu § 43 BHO herausgegeben (Erl. BMVg – H I 2 – Az. 27-01-02 v. 30.03.1984).

F. Die Betriebsmittelbewirtschaftung

– Kurzfassung –

Betriebsmittel sind keine Zahlungsmittel (kein Geld!), sondern eine in einem besonderen Schreiben genannte Summe, über die eine Kasse innerhalb eines Monats verfügen darf (Auszahlungen leisten darf).

Betriebsmittel sind monatlich auf dem Dienstwege anzumelden.

Betriebsmittel werden durch "*Ermächtigungsschreiben*" bereitgestellt.

Nicht benötigte Betriebsmittel sind zurückzumelden.

Der zuständige Finanzminister kann auf die monatliche Anmeldung und Bereitstellung der Betriebsmittel gänzlich verzichten.

– Regelung im Geschäftsbereich des BMVg: s. Abschnitt X, E (S. 210).

XI. Die Formen und Arten der Kassenanordnungen

A. Förmliche Kassenanordnungen

1. Allgemeines

Die Kassen des Bundes erheben Einnahmen und leisten Ausgaben aufgrund schriftlicher Anordnungen der zuständigen (anordnungsbefugten) Dienststellen[1]. Auszahlungsanordnungen sind stets schriftlich zu erteilen.

Annahmeanordnungen *sollen* zum Zeitpunkt der Zahlung schriftlich erteilt sein; ist dies nicht der Fall, so sind Einzahlungen dennoch anzunehmen, wenn ein sachlicher Grund für die Einzahlung anzuerkennen ist (§ 34 (2) RKO). Selbst bei Giroeinzahlungen, bei denen kein sachlicher Grund anzuerkennen ist (z.B. "Irrläufer", deutlich erkennbare Fehlüberweisungen) muß der Betrag als Einnahme (Verwahrung) gebucht werden, da die Zahlung (Veränderung des Kassenistbestandes in Form der Einzahlung) schon vollzogen ist. In diesem Falle würde der Betrag, sofern die richtige endgültige Verwendung zweifelsfrei erkennbar ist, an die zuständige Stelle weitergeleitet; der Absender erhält eine Abgabennachricht.

Buchungsunterlagen sind in einem solchen Fall ein "Einzahlungsschein" (§ 34 (2) RKO) und ein "Auszahlungsschein" (§ 37 (3) RKO); diese werden von der Kasse erstellt. In allen anderen Fällen, in denen eine bare oder unbare Einzahlung *ohne* entsprechende Annahmeanordnung vorliegt, fertigt die Kasse – unbedingt am selben Tage – einen "Einzahlungsschein", der als vorläufiger Buchungsbeleg bei den Verwahrungen nachzuweisen ist.

Die zuständige mittelbewirtschaftende Dienststelle wird mit einer "Kassenanzeige" (Verwahrungsanzeige) aufgefordert, die erforderliche Annahmeanordnung nachträglich zu erstellen und diese mit der Kassenanzeige, die die Buchungsunterlage für die Vw-Ausgabebuchung ist, der Kasse zuzusenden.

Der BMF hat gemeinsam mit den BRH für die Anordnung der verschiedenen Arten von Einnahmen und Ausgaben Vordruckmuster für alle Bundesbehörden festgelegt[2].

Um Verwechslungen bei der Behandlung von Einnahmen und Ausgaben weitgehend zu vermeiden, sind die Formblätter der verschiedenen Kassenanordnungen farblich unterschiedlich gestaltet.

---

1 § 70 BHO/LHO, §§ 49 ff. u. 68 RRO, §§ 34 (1) und 37 RKO.
2 S. MinBlFin 1984, S. 270.

Auszahlungsanordnungen müssen stets schriftlich erteilt werden. Annahmeanordnungen sollen in der Regel schriftlich erteilt werden[3].

Für diese Beurteilung, ob eine Einnahme oder Ausgabe zu dem Haushaltsjahr gehört, dessen Abschluß bevorsteht, ist ihre Fälligkeit maßgebend[4]. Sie muß wirtschaftlich zu dem ablaufenden Haushaltsjahr gehören. Darunter fallen alle Einnahmen und Ausgaben, deren Entstehung in diesen Zeitraum fällt. Für die Entscheidung dieser Frage ist bei Leistungen grundsätzlich die Lieferung, nicht die Bestellung maßgebend.

Am Jahresschluß von der Kasse nicht ausgeführte Kassenanordnungen gibt sie mit entsprechender Begründung an die anordnende Dienststelle unerledigt zurück.

Die Dienststelle berichtigt daraufhin ihre Haushaltsüberwachungslisten und läßt der Kasse die Kassenanordnungen für das neue Haushaltsjahr zugehen. Bei Annahmeanordnungen nimmt die mittelbewirtschaftende Dienststelle die Anordnungsbeträge in die Nachweisung der am Schluß des Haushaltsjahres bestehenden Forderungen[5].

2. Inhalt der förmlichen Kassenanordnung

a) Bestandteile der förmlichen Kassenanordnung nach § 49 (2) RRO

Gem. § 49 (2) RRO muß die förmliche Kassenanordnung folgende Angaben enthalten:

– *Bezeichnung der Kasse (§ 49 [2] RRO):* Die Kassenanordnungen müssen an die zuständige rechnungslegende Kasse gerichtet sein, die über die Einnahmen und Ausgaben der mittelbewirtschaftenden Dienststelle den rechnungsmäßigen Nachweis aller Zahlungen führt und für die sie Rechnung legt. Wenn eine Zahlstelle die Zahlung annehmen oder ausführen soll, bedarf sie dazu einer ausdrücklichen Anordnung in der Anschrift. In diesen Fällen fügt die anordnende Dienststelle der Anschrift den Zusatz "über die Zahlstelle" an. Die Zahlstellen leiten die Kassenanordnungen nach der Ausführung der Zahlungen an die zuständige Kasse weiter.

– *Die Anordnung zu Annahme oder Leistung (§ 49 [2] RRO):* Die Kassenanordnungen enthalten die folgende Anordnungsklausel:

– *bei Annahmeanordnungen*

"Der Betrag ist, wie angegeben, anzunehmen und – durch Absetzen von der Ausgabe – zu buchen";

---

3 S. § 70 BHO/LHO u. § 37 RKO i.V.m. § 34 (1) RKO.
4 S. § 72 (2) BHO/LHO.
5 S. § 27 RRO.

– *bei Auszahlungsanordnungen*
"Der Betrag ist, wie angegeben, auszuzahlen und – durch Absetzen von der Einnahme – zu buchen".

Dieser Text bedarf in allen Fällen, in denen es sich bei den Zahlungen nicht um Erstattungen oder Rückeinnahmen handelt – also in den weitaus überwiegenden Fällen – einer Richtigstellung durch entsprechendes Streichen des entfallenden Textes. Die Anordnung zur Annahme oder Leistung entfällt bei Umbuchungsanordnungen, da in diesen Fällen keine Beträge gezahlt werden.

– *Der anzunehmende oder zu leistende Betrag (§ 50 RRO):* Als Geldbetrag muß der DM-Betrag außer in Ziffern auch "in Buchstaben" ausgeschrieben sein. Die Pfennigbeträge werden nicht wiederholt.

Lautet die Kassenanordnung auf eine fremde Währung, so soll die Umrechnung auf die Bundeswährung der bei der Annahme oder Auszahlung in Anspruch genommenen Geldanstalt beigefügt werden. Ist das nicht möglich, so muß der Geldwert in Bundeswährung von der anordnenden Stelle auf der Kassenanordnung vermerkt werden[6].

– *Der Einzahlungspflichtige oder der Empfangsberechtigte:* Die anordnenden Dienststellen müssen in Auszahlungsanordnungen für Giroüberweisungen (unbare Zahlungen) außer der genauen Bezeichnung des Empfängers in jedem Fall auch das Geldinstitut, die Bankleitzahl sowie die Kontonummer des Empfängers angeben.

Die anordnenden Dienststellen haben auf der Auszahlungsanordnung für unbare Zahlungen ferner die Empfängernummer, unter der die Adreßdaten gespeichert sind, unmittelbar vor der Bezeichnung des Empfängers einzutragen und mit Rotstift kenntlich zu machen.

– *Fälligkeitstag (§ 52 RRO):* Alle zur Zahlung angeordneten Einzelhaushaltseinnahmen und -ausgaben sollen innerhalb der gesetzlichen, normalen oder im Einzelfall vereinbarten Zahlungsfrist erhoben oder beglichen werden. Ein Fälligkeitstag braucht in der Kassenanordnung daher nur dann angegeben zu werden, wenn die Zahlung nicht sofort in voller Höhe fällig wird[7] oder wenn wegen Skontogewährung eine vorzeitige Zahlung vorgenommen werden soll.

Als *Einzahlungstag* gilt (§ 35 RKO):
– bei Übergabe oder Übersendung von Zahlungsmitteln an die Kasse: der Tag des Geldeinganges

6 S. § 50 (2) RRO.
7 S. § 52 (1) RRO und § 37 (2) RKO.

- bei Überweisung auf das LZB-Girokonto bzw. auf das Post-Girokonto der Kasse – auch bei Einzahlungen durch Postscheck an die Kasse: der Tag, der sich aus dem Tagesstempelabdruck der LZB bzw. des PGiroA ergibt
- bei Einzahlungen mit Zahlkarte oder Postanweisung an die Kasse: der Tag, der sich aus dem Tagesstempelabdruck der Aufgabepostanstalt ergibt.

Als *Auszahlungstag* gilt (§ 38 RKO):
Auszahlungen, für die durch Rechtsvorschrift oder Vereinbarung ein Fälligkeitstag bestimmt ist, unterliegen grundsätzlich den schuldrechtlichen Vorschriften des Privatrechts. Nach ständiger Rechtsprechung zu § 270 BGB gelten Auszahlungen bereits dann als geleistet, wenn der Zahlungspflichtige seiner Bank oder seinem Postgiroamt den Überweisungsauftrag übermittelt hat. Die Banklaufzeit ist hier für die Einhaltung des Fälligkeitstages ohne Bedeutung. Fälligkeitstag und Auszahlungstag (§ 38 RKO) stimmen überein.

Ist gesetzlich bestimmt oder wurde besonders vereinbart, daß Zahlungen zu einem bestimmten Zeitpunkt dem Konto des Empfängers gutgeschrieben sein müssen (Terminzahlungen), oder müssen Zahlungen zu feststehenden Terminen auf den Konten des Empfängers sein (z.B. Dienst- und Versorgungsbezüge), hat die Kasse sie so rechtzeitig zu bewirken, daß der Zahlungsbetrag dem Zahlungsempfänger am Fälligkeitstag zur Verfügung steht. Der Auszahlungstag liegt hier vor dem Fälligkeitstag.

Bei laufenden Haushaltseinnahmen und -ausgaben wird genau angegeben, wann die periodischen Teilzahlungen anzunehmen oder zu leisten sind.

Wenn die Dauer der laufenden Zahlungen bereits bei der Ausfertigung der Kassenanordnung bekannt ist (z.B. bei langfristigen Verträgen), wird sie in der dafür vorgesehenen Spalte des Vordrucks vermerkt; sonst lautet der Vermerk "bis auf Widerruf"[8].

Für die Angaben zur Fälligkeit in der Kassenanordnung ist der Feststeller der sachlichen Richtigkeit verantwortlich. Wird in der Auszahlungsanordnung kein Fälligkeitstag angegeben, bescheinigt der Feststeller mit der Unterzeichnung des Feststellungsvermerkes, daß die Haushaltsausgabe sofort fällig ist (VMBl. 1985 S. 303).

– *Die Buchungsstelle (§§ 53 und 54 RRO):* Alle Haushaltseinnahmen und -ausgaben werden in der Titeldatei der zuständigen Kasse bei der angegebenen Buchungsstelle (Haushaltsstelle) gebucht und rechnungsmäßig nachgewiesen[9].

---

8 S. § 52 (2) RRO.
9 S. § 14 RRO i.V.m. § 35 (1) BHO/LHO.

Für die richtige Buchungsstelle von Haushaltseinnahmen und -ausgaben gibt der Gruppierungsplan i.V.m. dem jährlichen Haushaltsführungserlaß Aufschluß.

"Fremdbewirtschafter" sind Oberste Bundesbehörden (Nummer des Einzelplans), denen Teile anderer Einzelpläne zur Fremdbewirtschaftung zusätzlich zum eigenen Einzelplan zugewiesen wurden (z.B. Mittel aus Epl 33 für BMI).

– *Die Begründung förmlicher Kassenanordnungen (§§ 55 RRO):* Jede Einnahme und Ausgabe muß so ausreichend begründet werden, daß später eine Nachprüfung der Maßnahmen, die ihr zugrunde liegen, ohne Rückfrage bei der anweisenden Stelle möglich ist. Die Kassenanordnungen müssen alle Angaben enthalten, die zum Verständnis der Zahlung notwendig sind.

Für die Begründung der Zahlung ist der Kassenanordnung im allgemeinen ein ausreichender Raum vorgesehen[10]. Reicht dieser Raum ausnahmsweise nicht aus, kann die Begründung auf der Rückseite der Anordnungen fortgesetzt werden.

Der Verwendungszweck (z.B. Datum/Nummer der Rechnung) ist
- bei Einzelanordnungen im oberen Teil des Feldes "Begründung",
- bei Verwendung der als Kassenanordnung in Listenform[11] jeweils unmittelbar unterhalb der Kontobezeichnung vorzunehmenden und mit Rotstift kenntlich zu machen.

Als Unterlagen sollen den Kassenanordnungen grundsätzlich Urschriften oder von den zuständigen (anfordernden) Stellen erteilte Ausfertigungen beigefügt werden.

Wenn eine zahlungsbegründende Unterlage eine solche für eine größere Anzahl von Zahlungen ist (z.B. Verträge), so wird diese nicht jedesmal von der Verwaltung neu erstellt, sondern vor der erstmaligen Zahlung bereits getrennt von der Kassenanordnung der zuständigen Kasse zur Zahlung vorgelegt, und zwar
- als "Sammelbeleg" (S.-Beleg), wenn sich diese zahlungsbegründende Unterlage bei Einzelhaushaltseinnahmen oder -ausgaben auf mehrere Zahlungen (Buchungen) innerhalb eines Haushaltsjahres bezieht,
- als "Dauerbeleg" (D.-Beleg), wenn sie sich bei Einzelhaushaltseinnahmen oder -ausgaben auf mehrere Zahlungen (Buchungen) über das laufende Haushaltsjahr *hinaus* erstreckt,
- als "Beleg zur Daueranordnung" (DA.-Beleg) bei Unterlagen über laufende Haushaltseinnahmen und -ausgaben.

– *Bezeichnung der anordnenden Behörde, des Ortes und Tages der Anordnung sowie die Unterschrift des Anordnungsbefugten (§ 56 RRO):* In den Kassenan-

10 S. § 55 (1) RRO.
11 S. § 49 (4) RRO.

ordnungen muß – oben links – die *anordnende Dienststelle angegeben sein. Die Schlüsselnummer* ist die Zählnummer der *mittelbewirtschaftenden* Dienststelle und laufende Nummer der von der Kasse für sie geführten – in sich geschlossenen – Titeldatei. Eine Kasse hat somit soviel – selbständige – Titeldateien, wie ihr mittelbewirtschaftende Dienststellen geldwirtschaftlich und rechnungslegungsmäßig angeschlossen sind.

Eine Kassenanordnung ist erst "kassenreif" und darf erst dann ausgeführt werden, wenn sie mit dem Ort und Datum versehen und von dem zuständigen Anordnungsbefugten unterschrieben ist.

Der Unterschrift des die Zahlung anordnenden Beamten wird nicht seine Amtsbezeichnung zugesetzt. Sie erübrigt sich, da der zuständigen Kasse (Zahlstelle) die Namen und Amtsbezeichnungen der Anordnungsbefugten schriftlich mitgeteilt worden sind.

Kassenanordnungen sind vom Behördenleiter, Stellvertreter/Abwesenheitsvertreter des Behördenleiters, vom Beauftragten für den Haushalt bzw. vom sonstigen Anordnungsbefugten *stets ohne jeden Zusatz* (ohne "In Vertretung", ohne "Im Auftrag" und auch ohne Amtsbezeichnung) unterschriftlich zu vollziehen (s. Abschnitt "Anordnungsbefugnis").

b) Vorschriften über sonstige Bestandteile der förmlichen Kassenanordnung

– *Nachweis der Eintragung der Kassenanordnung in die Haushaltsüberwachungsliste:* Jede Kassenanordnung über zu bewirtschaftende Beträge muß eine Bescheinigung enthalten, daß der angewiesene Betrag von der anordnenden Dienststelle in einer Überwachungsliste erfaßt worden ist. Zum erkennbaren Nachweis, daß die Vorschrift beachtet worden ist, müssen

- Annahmeanordnungen die Nummer der Haushaltsüberwachungsliste für angeordnete Einnahmen (HÜL-E) sowie das Handzeichen des Eintragenden,
- Auszahlungsanordnungen die Nummer der Haushaltsüberwachungsliste für Ausgaben (HÜL-A) sowie das Handzeichen des Eintragenden

aufweisen.

Hierbei ist jedoch zu beachten, daß Rückzahlungen als Rückeinnahmen aufgrund von Annahmeanordnungen in die HÜL-A – durch Absetzen von der Ausgabe – eingetragen werden, während Rückzahlungen als Erstattungen aufgrund von Auszahlungsanordnungen in die HÜL-E - durch Absetzen von der Einnahme – eingetragen werden.

– *Der vermögensrechtliche oder bestandsmäßige Nachweis beim Erwerb von Sachen:* Auf jeder Rechnung über den Erwerb von Sachen muß bescheinigt werden, für welchen Zweck und an welcher Stelle (Karte, Abschnitt, lfd. Nr.) die Sachen in der Vermögenskartei oder in den Bestands- bzw. Verwendungsnachweisen erfaßt (vereinnahmt) worden sind[12].

Sämtliche Bescheinigungen über den vermögensrechtlichen, bestandsmäßigen oder Verwendungsnachweis werden mit dem Namenszeichen des mit der Bestands- oder Materialverwaltung jeweils Beauftragten unter Angabe des Datums versehen.

Gem. § 3 (1) Ziff. 5 VBRO werden alle vermögenswirksamen Haushaltseinnahmen und -ausgaben, die den Wert des in der Vermögensrechnung nachzuweisenden Vermögens und der nachzuweisenden Schulden verändern, in der Vermögensrechnung (Vermögenskartei) erfaßt. Der Nachweis der Eintragung in die Vermögenskartei wird bei vermögenswirksamen Zahlungen unter Angabe der beteiligten Vermögensgruppen in die Kassenanordnungen eingetragen.

Nach § 28 VBRO werden bewegliche Sachen im einzelnen in Bestandsverzeichnissen (Gerätekartei, Bücherkartei usw.) nachgewiesen. In diesen Fällen erhält der Rechnungsbeleg eine entsprechende Bescheinigung, aus der zu ersehen ist, in welcher Kartei und an welcher Stelle (Blatt Nr./lfd. Nr.) das Gerät usw. in Zugang oder Abgang gestellt worden ist.

In die Gerätekartei werden Gebrauchs- und Einrichtungsgegenstände, Geräte und Ausrüstungsgegenstände, Maschinen, Apparate, Instrumente, Werkzeuge und dgl. eingetragen.

Gebrauchsgüter von geringem Wert oder von kurzer Lebensdauer und Verbrauchsgüter (z.B. Schreib-, Zeichen-, Laboratoriums- und Werkstattbedarf, Reinigungsmittel usw.)[13] werden in die Verbrauchsmittelkartei eingetragen, wenn sie in größerem Umfang oder zur weiteren Verteilung beschafft werden.

Als Gebrauchsgüter von geringem Wert gelten Gebrauchsgüter mit einem Anschaffungswert bis zu 40,– DM im einzelnen (z.B. kleine Locher, Heftmaschinen usw.)[14]. Als Gebrauchsgüter von kurzer Lebensdauer gelten solche, deren regelmäßige Gebrauchsfähigkeit nicht mehr als 3 Jahre beträgt. Werden sie einzeln oder in geringer Anzahl beschafft, erhält die Rechnung den Hinweis "geringwertige Gebrauchsgüter" oder "Gebrauchsgüter von kurzer Lebensdauer". Sie werden dann nicht in die Gerätekartei aufgenommen, weil es sich nicht lohnt, sie so lange in Bestandsnachweisungen zu führen, bis sie unbrauchbar geworden sind.

Bei Verbrauchsmitteln, die alsbald vollständig verwendet werden, tritt auf der Rechnung an die Stelle des Bestandsnachweises in der Verbrauchsmittelkartei die

---

12 S. § 114 RRO.
13 S. § 4 (2) VBRO.
14 BMF II A6 – H 3015 – 9/73 v. 19.9.1973.

Bescheinigung "Zum alsbaldigen, restlosen Verbrauch", wobei gleichzeitig der Verwendungszweck angegeben wird[15]. Im allgemeinen fallen unter diese Bestimmungen Materialien, die innerhalb eines Vierteljahres – vom Endverbraucher – restlos verbraucht werden. In gleicher Weise wird bei geringwertigen oder kurzlebigen Gebrauchsgütern verfahren, die sofort in Gebrauch genommen werden (z.B. einzeln beschaffte Locher, Lineale, Federschalen usw. bis zu einem Wert von je 40,– DM). Hier lautet der Verwendungszweck: "Dem ... (Amtsbezeichnung und Name des Empfängers) zum Gebrauch überlassen."

Wird an Stelle vereinnahmungspflichtiger Gegenstände, Material zur Selbstanfertigung von Gegenständen beschafft (z.B. Holz, Beschläge, Schrauben, Nägel usw. für die Anfertigung von Gerätekisten, so werden die fertiggestellten Gegenstände in den Bestandsnachweisen vereinnahmt. Auf der Rechnung des Materials muß der Verwendungszweck angegeben werden.

Bei der Beschaffung von Gummistempeln wird ein Abdruck der beschafften Stempel auf die Rechnung oder auf eine Anlage gesetzt, die der Rechnung als Belegunterlage beigefügt ist.

Sind Einzelausgaben von Gesetzesblättern, Tabellen (z.B. Lohnsteuertabellen) usw. für den Handgebrauch beschafft worden, so genügt auf der Rechnung der Vermerk "Zum Handgebrauch für den Sachbearbeiter ..."

3. Förmliche Kassenanordnungen über Einzelhaushaltseinnahmen und -ausgaben

Die Annahmeanordnung über Einzelhaushaltseinnahmen und die Auszahlungsanordnung über Einzelhaushaltsausgaben dienen zur Anordnung von Einzel-Haushaltseinnahmen und -ausgaben, zum Unterschied von den laufenden Haushaltseinnahmen und -ausgaben. *Einzel*haushaltseinnahmen und -ausgaben sind solche, die mit ihrem Anordnungsbetrag in voller Höhe mit einem Male fällig werden.

Dagegen besagt die Bezeichnung "Einzel"-Haushaltseinnahmen und -ausgaben nicht, daß mit den Kassenanordnungen für diese Zahlungen jeweils nur eine einzelne Haushaltseinnahme und -ausgabe für nur eine Buchungsstelle zur Zahlung angewiesen wird, sie finden auch Anwendung für die Anordnung mehrerer Einzelhaushaltseinnahmen und -ausgaben für eine oder mehrere Buchungsstellen. Von der Zusammenfassung mehrerer Rechnungen durch eine Kassenanordnung soll möglichst weitgehend Gebrauch gemacht werden.

Der Bundesrechnungshof hat bei der Rechnungsprüfung wiederholt festgestellt, daß Dienststellen, die laufend Kleinverbrauchsgüter von verhältnismäßig gerin-

---

15 Vgl. § 114 (1) RRO.

gerem Einzelwert regelmäßig von den gleichen Firmen beziehen, alle Einzelrechnungen für sich angewiesen haben. Ein solches Verfahren ist zu umständlich und erfordert vermeidbare Verwaltungsarbeit. In solchen Fällen sollte zur Verwaltungsvereinfachung und zur Erleichterung für die Lieferfirmen die Aufstellung von Sammelrechnungen (z.B. Monatsrechnungen) vereinbart werden. Außerdem sollten noch mehr als bisher Rechnungen verschiedener Lieferanten mit Sammelanordnungen zur Zahlung angewiesen werden.

Voraussetzung für die Vereinfachung ist jedoch, daß die Buchungsstellen zum gleichen Teil der Titeldatei (Rechnungslegungsbuch)[16] gehören. Als gleicher "Teil" der Titeldatei gelten die Konten einer Titeldatei, über die gleichzeitig Rechnung gelegt wird und die jeweils durch eine Rechnungsnachweisung zusammengefaßt werden.

Die jeweils zu einer Rechnungsnachweisung zusammengefaßten Einnahmen und Ausgaben (Kapitel und Titel) werden in dem alljährlichen Rechnungslegungserlaß bekanntgegeben.

Diese Vereinfachung ermöglicht es, einzelne oder mehrere Rechnungen gleicher oder verschiedener Zahlungsempfänger, die sich auf die gleiche oder auf mehrere Buchungsstellen des gleichen Teiles der Titeldatei beziehen, mit einer Kassenanordnung zur Zahlung anzuweisen.

Die RRO sieht ausdrücklich vor, für die Anweisung mehrerer Ausgaben auf verschiedene Buchungsstellen des gleichen Teils des Rechnungslegungsbuches (der Titeldatei) nur eine Kassenanordnung zu verwenden (§ 44 (1) RRO). Die Einschränkung, daß sich die Ausgaben auf den gleichen Teil des Rechnungslegungsbuches (der Titeldatei) beziehen müssen, beruht darauf, daß die verschiedenen Teile der Titeldateien von verschiedenen Prüfgruppen der Vorprüfungsstelle und des Bundesrechnungshofs je für sich geprüft werden.

Sollen dagegen mehrere Haushaltsausgaben verschiedener Buchungsstellen zur Zahlung angewiesen werden, die zu verschiedenen Teilen der Titeldatei gehören, so ist nach § 44 (2) RRO für jeden betroffenen Teil der Titeldatei – im vorstehenden Sinne – ein besonderer Rechnungsbeleg erforderlich. Deshalb müssen in diesen Fällen die jeweils zu einem Teil der Titeldatei gehörenden Ausgaben für sich – je auf einer Auszahlungsanordnung – zur Zahlung angewiesen werden.

Am häufigsten werden mehrere Rechnungen für eine Buchungsstelle zusammengefaßt. In diesen Fällen wird in der Spalte "Empfänger" auf der Kassenanordnung der Name (die Firmenbezeichnung) des ersten der auf der Liste (Anlage zur Auszahlungsanordnung) aufgeführten Zahlungsempfänger mit dem Zusatz "und andere" eingetragen.

---

16 S. § 44 (1) RRO.

Die mit der Kassenanordnung fest verbundenen Rechnungen werden als "Unterbelege" bezeichnet und fortlaufend numeriert als "U 1", "U 2" usw.[17]. In der Begründung einer solchen Kassenanordnung wird auf die Anzahl der Unterbelege hingewiesen. Besteht ein Unterbeleg aus mehreren Teilen, so werden diese in sich fortlaufend numerisch bezeichnet als "lfd. Nr. ... zu U-Beleg ..."

Sämtliche Anlagen einer Kassenanordnung werden mit ihr fest verbunden (geheftet), damit sie nicht nochmal verwendet werden können[18].

Rückzahlungen als Erstattungen aus Haushaltseinnahmen (durch Absetzungen von der Einnahme) werden als Ausgaben, Rückzahlungen als Rückeinnahmen bei den Haushaltsausgaben (durch Absetzungen von der Ausgabe) werden als Einnahmen behandelt[19]. Daher werden für Erstattungen Auszahlungsanordnungen, für Rückeinnahmen Annahmeanordnungen erteilt. Hierbei ist der Begriff "Rückzahlung" ein rein zahlungstechnischer Begriff, der den Zahlungsverkehr und somit den Kassenistbestand betrifft. "Rückeinnahmen" und "Erstattungen" dagegen sind buchungstechnischer Natur und wirken sich auf den Kassensollbestand aus.

In allen Annahmeanordnungen und Auszahlungsanordnungen, durch die keine Rückzahlungen in Form von Rückeinnahmen bzw. Erstattungen angewiesen werden, müssen die Worte "durch Absetzen von der Einnahme (bzw. Ausgabe)", gestrichen werden.

Bei Verwahrungen und Vorschüssen gibt es derartige Absetzungen nicht. Hier werden in solchen Fällen vereinnahmte Beträge durch Ausgaben, ausgezahlte Beträge durch Einnahmen ausgeglichen.

Hieraus ist zu erkennen, daß es Rückeinnahmen und Erstattungen nur bei *Haushalts*stellen gibt.

4. Förmliche Kassenanordnungen über laufende Haushaltseinnahmen und -ausgaben

Bei laufenden Haushaltseinnahmen und -ausgaben handelt es sich um Einzahlungen und Auszahlungen, die – im Gegensatz zu den Einzelhaushaltseinnahmen und -ausgaben – ihrer Natur nach nicht mit einem Male mit dem vollen Anordnungsbetrag fällig werden, sondern in bestimmten, regelmäßigen Zeitabständen (z.B. monatlich, viertel- oder halbjährlich) in gleichen Teilbeträgen fortlaufend zu erheben oder zu leisten sind (z.B. Mieten und vertragliche gleichbleibende Leistungen für Bewachung, Reinigung usw.).

---

17 S. § 93 RRO.
18 S. § 47 RRO.
19 S. § 74 (1) RKO.

Diese Kassenanordnungen werden ohne Rücksicht auf die Dauer ihrer Laufzeit nur einmal gefertigt, selbst wenn sich die Einnahmen oder Ausgaben über mehrere Jahre erstrecken. Diese Einnahmen und Ausgaben werden von der Kasse "zum Soll gestellt", um die Zahlungen überwachen zu können.

Die Anordnung und Sollstellung laufender Haushaltseinnahmen und -ausgaben ist einheitlich geregelt[20].

Steht bei der Fertigung der Kassenanordnungen fest, bis wann die Einnahmen erhoben oder die Ausgaben geleistet werden sollen (z.B. bei kurzfristigen Verträgen), sind in die Spalte "Dauer der Zahlung" des Anweisungsvordrucks die feststehenden Daten und in der Spalte "Haushaltsjahr" die bekannten Jahre einzutragen.

Beispiel:
Haushaltsjahr: 1992 und 1993
Dauer der Zahlung: 1.10.1992 bis 31.5.1993

Ist dagegen die Dauer der Zahlung bei der Erstellung der Kassenanordnungen nicht bekannt, so wird in die Spalte "Haushaltsjahr" das Jahr des Beginns der Zahlungen mit dem Zusatz "und folgende" und in die Spalte "Dauer der Zahlung" die erste Fälligkeit mit dem Zusatz "bis auf Widerruf" eingetragen.

Beispiel:
Haushaltsjahr: 1992 und folgende
Dauer der Zahlung: 1.10.1992 bis auf Widerruf

Sofern bei der Erstellung der Kassenanordnung bereits exakt feststeht, bis zu welchem Datum diese Kassenanordnung gültig sein wird, so ist eine Einstellung (Aufhebung) dieser Kassenanordnung nicht erforderlich; sie läuft mit dem angegebenen Zeitpunkt aus.

Ist dagegen die Gültigkeitsdauer dieser Kassenanordnung über laufende Haushaltseinnahmen bzw. -ausgaben nicht bekannt, und soll die Zahlung von einem bestimmten Zeitpunkt an eingestellt werden, so wird dies mit einer *Einstellungsanordnung* verfügt.

Erhöht oder vermindert sich die Höhe der in der Kassenanordnung über laufende Haushaltseinnahmen bzw. -ausgaben festgesetzten regelmäßigen Teilbeträge während ihrer Laufzeit, so ist eine neue Kassenanordnung über laufende Haushaltseinnahmen bzw. -ausgaben mit den neuen regelmäßigen Teilbeträgen zu erstellen; die bis dahin geltende Kassenanordnung wird mit der neuen Kassenanordnung aufgehoben.

20 Vgl. § 62 (3) RKO.

In der neuen Kassenanordnung wird außerdem vermerkt, mit welchem Zeitpunkt die bisherige Kassenanordnung ihre Wirksamkeit verliert und von wann an die in ihrer Höhe veränderten Beiträge einzuziehen bzw. auszuzahlen sind.

Die Vordrucke der Annahme- und Auszahlungsanordnungen über laufende Haushaltseinnahmen und -ausgaben enthalten eine besondere Zeile für den Betrag (Anordnungsbetrag)[21] und eine Zeile für die Höhe der jeweils zu entrichtenden Teilbeträge sowie deren Fälligkeitstermine.

Es ist die Aufgabe der Kasse, sich das Rechnungssoll, d.h. die für die jeweiligen Haushaltsjahre zur erhebenden oder auszuzahlenden Beträge selbst zu errechnen.

Die erforderlichen Angaben für die Berechnung entnimmt sie den Kassenanordnungen für laufende Haushaltseinnahmen und -ausgaben (Betrag, Teilbeträge, Fälligkeit, Beginn und Ende der Zahlungen) und überträgt sie in die Kontokarten für laufende Zahlungen.

Die Kassenanordnungen für laufende Zahlungen enthalten somit für die Kassen alle erforderlichen Angaben für die Sollstellungen; sie bilden die Berechnungsgrundlage für die Ermittlung des Rechnungssolls für das laufende Haushaltsjahr und für die künftigen Haushaltsjahre.

5. Einzelhaushaltseinnahmen und -ausgaben, die wie laufende Haushaltseinnahmen und -ausgaben behandelt werden

a) Einzelhaushaltseinnahmen und -ausgaben, die in regelmäßigen und gleichen Teilbeträgen erhoben oder geleistet werden, bis der Gesamtbetrag erreicht ist, (z.B. monatliche Einnahmen aus Schadenersatzleistungen) werden wie laufende Haushaltseinnahmen bzw. -ausgaben behandelt[22]. Auch in diesen Fällen wird nur eine Kassenanordnung erteilt.

Die Bestimmungen über die einheitliche Verwendung von Kassenanordnungen sehen für regelmäßige Zahlungen Kassenanordnungen über *laufende* Haushaltseinnahmen und -ausgaben vor. Bei der Erhebung oder Auszahlung von Beträgen, die in Teilbeträge (in Raten) geleistet werden, kann aber auf eine deutliche Aussage der Gesamtschuld oder -forderung nicht verzichtet werden.

Daher sind für die Anordnung von Einzelhaushaltseinnahmen und -ausgaben, die "wie" laufende Haushaltseinnahmen und -ausgaben behandelt werden, nur
- "Annahmeordnung über laufende Haushaltseinnahmen und wie laufende zu behandelnde Einzelhaushaltseinnahmen" und

---

21 S. § 62 (3) RKO i.V.m. MinBlFin, Nr. 12/1984, S. 359.
22 Vgl. 62 (5) RKO i.V.m. MinBlFin, Nr. 12/1984.

– “Auszahlungsanordnungen über laufende Haushaltsausgaben und wie laufende zu behandelnde Einzelhaushaltsausgaben”
zu benutzen.

Sollen diese Kassenanordnungen über mehrere Haushaltsjahre gelten, so müssen hinter dem Text “Haushaltsjahr 19..” die Worte und “und folgende” eingesetzt werden.

In die Geldbetragsspalte wird bei *diesen* Haushaltseinnahmen und -ausgaben der Gesamtbetrag der Forderung oder der Schuld, d.h. der Anordnungsbetrag eingesetzt. Aus den Eintragungen müssen die für die Sollstellung der Kasse erforderlichen Angaben (Zeitdauer und Zahlungsverpflichtung, die Höhe des Anordnungsbetrages und die Fälligkeiten der Teilbeträge usw.) hervorgehen.

b) Zum Unterschied von den Einzelhaushaltseinnahmen und -ausgaben, die regelmäßig und in gleichen Teilbeträgen erhoben oder geleistet werden, entstehen des öfteren Einzelhaushaltseinnahmen und -ausgaben, die zwar regelmäßig (z.B. monatlich) aber nicht in stets gleicher Höhe anfallen, z.B. Kosten für Strom, Gas, Wasser usw.

Sie werden von der Kasse auch *wie laufende* Haushaltseinnahmen und -ausgaben behandelt.

6. Förmliche Kassenanordnungen über Abschlagsauszahlungen und Schlußauszahlungen

a) Allgemeines

Bei der Bewirtschaftung der Haushaltsmittel spielt die Leistung von Abschlagsauszahlungen eine große Rolle. Sie erfordert die besondere Aufmerksamkeit aller Dienststellen, die für die Abwicklung der Abschläge verantwortlich sind. Das sind in erster Linie die anordnenden Stellen, daneben die Kassen.

Bei *Abschlags*auszahlungen handelt es sich in der Regel um (Teil-)Vorauszahlungen auf geldliche Ansprüche, die wohl dem Grunde nach, meist aber nicht ihrer endgültigen Höhe nach, feststehen (z.B. Gehalt, Reisekostenvergütung, handwerkliche Leistungen usw.). Im allgemeinen sind die Forderungen noch nicht in voller Höhe fällig.

b) Haushaltsmäßige Behandlung von Abschlagsauszahlungen

Zum Unterschied von den Vorschüssen handelt es sich bei den Abschlagsauszahlungen um Haushaltsausgaben, die von der zuständigen anordnungsbefugten Dienststelle beim Ausgabetitel zur Buchung angeordnet werden.

Abschlagszahlungen sollen nur geleistet werden, wenn hierfür ein echtes Bedürfnis besteht. Diese Frage läßt sich nur im Einzelfall entscheiden. Die Kassenanordnungen über Abschlagsauszahlungen müssen alle Angaben enthalten, die für die Zahlung von Bedeutung sind und eine Nachprüfung der Angemessenheit der Abschlagsbeträge ermöglichen.

Die Höhe der Abschlagsauszahlung darf nur im angemessenen Verhältnis zu dem Anspruch des Empfängers im Zeitpunkt der Zahlung stehen; sie darf ihn auf keinen Fall überschreiten. Zum Nachweis dafür, daß die einzelnen Abschlagsauszahlungen sowohl sachlich, als auch der Höhe nach berechtigt sind, muß aus der Kassenanordnung oder einer Anlage dazu die Begründung der Abschlagsauszahlung und die voraussichtliche Höhe der endgültigen Zahlung hervorgehen[23].

Da Abschläge grundsätzlich sogleich bei den in Frage kommenden Titeln gebucht werden, wird die Kontrolle ihrer Abrechnung auf die Schlußzahlung erschwert. Aus Gründen der Sicherheit müssen sie deshalb ausreichend kenntlich gemacht werden.

Aus diesem Grunde wird für die Anordnung von Abschlagsauszahlungen und Schlußauszahlungen eine besondere Kassenanordnung (hellblau) verwendet.

Diese Anordnungen sollen nicht mit anderen Kassenanordnungen zu Sammelanordnungen zusammengefaßt werden. Es ist dagegen zulässig, mehrere Abschlagsauszahlungen für sich zusammenzustellen und durch eine Kassenanordnung (Sammelanordnung) zur Zahlung anzuweisen.

Die Abschlagsauszahlungen müssen von dem zuständigen Titelverwalter in die Haushaltsüberwachungsliste bei den in Betracht kommenden Haushaltsstellen eingetragen werden; zweckmäßigerweise unter Angabe der laufenden Nummer der jeweiligen Abschlagsauszahlung (1., 2., 3. Abschlagsauszahlung auf ... usw.).

c) Abrechnung von Abschlagsauszahlungen

Abschlagsauszahlungen werden mit der Schlußauszahlung auf die Gesamtforderung abgerechnet. Das geschieht in der Form, daß von der festgestellten Gesamtforderung der Gesamtbetrag der vorangegangenen Abschlagsauszahlungen abgezogen wird. Der Unterschied ist der Betrag der Schlußauszahlung.

Diese Abrechnung wird auf die Rückseite der Kassenanordnung für Abschlagsauszahlungen vorgenommen. Der Gesamtbetrag der – in dem Vordruck einzeln aufgeführten – Abschlagsauszahlungen wird in der Abrechnung dem Gesamtbetrag der Zahlungsverpflichtung gegenübergestellt.

---

23 S. § 55 RRO.

Der für die rechnerische Feststellung der Anordnung über die Schlußauszahlung zuständige Bedienstete bescheinigt zugleich, daß alle geleisteten Abschlagsauszahlungen abgerechnet worden sind[24]. In der Haushaltsüberwachungsliste werden die Abschlagsauszahlungen und die Schlußauszahlungen mit gegenseitigen Hinweisen versehen.

Die "Auszahlungsanordnung über Abschlagsauszahlungen und Schlußauszahlungen" ist zu benutzen

- bei *allen* Abschlagsauszahlungen
- bei Schlußauszahlungen: jedoch *nicht* bei *Schluß*auszahlungen von Reisekostenvergütung, Umzugskostenvergütung, Beihilfen.

Abschläge sollen so bald wie möglich abgerechnet werden.

Der zuständige Sachbearbeiter (Titelverwalter) und die Kasse müssen rechtzeitig vor dem Jahresabschluß überprüfen, ob alle Abschläge abgewickelt sind, damit keine Rückstände entstehen.

Beim Schluß des Haushaltsjahres werden die Abschlagsauszahlungen, die noch nicht abgerechnet werden konnten, von der Kasse in das nächste Haushaltsjahr übertragen und in einer besonderen Nachweisung zusammengestellt, die der Rechnungsnachweisung beigefügt wird[25].

Nach Abschluß der Bücher zu entrichtende Schlußauszahlungen sind – wie vorstehend beschrieben – mit einer "Auszahlungsanordnung über Abschlagsauszahlungen und Schlußauszahlungen" anzuordnen und beim entsprechenden Titel zu buchen; der aus dem Vorjahr übertragene Abschlag wird – in voller Höhe – als abgewickelt abgesetzt.

Wurde im abgelaufenen Haushaltsjahr ein Abschlag gezahlt, in die Titelkartei des neuen Haushaltsjahres übernommen, und stellt sich heraus, daß der Abschlag bereits zu hoch war, so ist der zurückgezahlte Betrag mit einer förmlichen Annahmeanordnung anzunehmen und bei den vermischten Einnahmen zu buchen; die Kasse ist mit einem vom Anordnungsbefugten unterzeichneten formlosen Schreiben aufzufordern, den Abschlag buchmäßig abzuwickeln.

7. Formen der Umbuchungen

Stellt sich nachträglich heraus, daß ein Rechnungsbetrag bei einer unrichtigen Haushaltsstelle angewiesen und gebucht wurde, so muß er bei dem unrichtigen Titel abgesetzt und beim richtigen Titel neu gebucht werden. Einen solchen Ausgleich, der als "Umbuchung" bezeichnet wird, nimmt die Kasse nur auf besondere

24 S. § 59 (1) RRO.
25 S. § 26 RRO.

Anordnung – Umbuchungsanordnung – vor. Umbuchungsanordnungen müssen eingehend begründet werden, wenn sich der Grund der Umbuchung nicht aus der Natur der Sache ergibt[26].

Neben dem Umbuchungsverfahren durch selbständige Umbuchungsanordnung[27] besteht die Möglichkeit der Umbuchung in Form eines Nachtrages zur ursprünglichen Kassenanordnung[28].

Die Umbuchung darf sich nur auf das Umbuchen einer bereits geleisteten und gebuchten Zahlung (Einnahme oder Ausgabe) beziehen. Nach dem Wortlaut der förmlichen Umbuchungsanordnung sind die Anordnungsbeträge, "wie angegeben, zu buchen", also *nicht zu zahlen oder zu vereinnahmen* und zu buchen. Es dürfen deshalb nicht, wie es vielfach noch geschieht, Erstattungen zwischen verschiedenen Titeln oder verschiedenen Dienststellen, die derselben Kasse angehören durch Umbuchungsanordnungen vorgenommen werden. In *diesen* Fällen müssen die zu erstattenden Beträge aufgrund förmlicher *Auszahlungs- und Annahmeanordnungen von den beteiligten Dienststellen* zur Auszahlung und zur Annahme angewiesen werden.

Die Umbuchungsanordnung wird, da stets zwei oder mehr Titel von einer Umbuchung berührt werden, in der gleichen Anzahl angefertigt, wie Buchungsstellen von der Umbuchung betroffen sind.

Werden unrichtige Buchungen durch Umbuchungsanordnungen richtiggestellt, wird die Erstausfertigung der Umbuchungsanordnung mit der berichtigten Kassenanordnung verbunden; die Nebenausfertigungen werden zu den Belegen der übrigen betroffenen Buchungsstellen genommen.

Der Rechnungsbeleg der zu der unrichtigen Buchung geführt hat, begründet in Fällen der Berichtigung einer unrichtigen Buchung nur noch die Buchung des Anordnungsbetrages bei der neuen Buchungsstelle[29]. Er wird daher zu den Belegen der neuen Buchungsstelle genommen.

Dieser Grundsatz gilt *nicht*, wenn sich die Umbuchung nur auf einen Teil der gebuchten Haushaltseinnahme oder -ausgabe bezieht. In diesem Falle wird die alte und die neue Buchung je durch einen Beleg begründet. Zu der neuen Buchungsstelle wird alsdann eine beglaubigte Abschrift des von der Umbuchung betroffenen Teiles des Rechnungsbelegs genommen, sofern nicht beide (oder mehrere) Buchungsstellen zu *einer* Titeldatei gehören.

---

26 S. § 57 (2) RRO.
27 S. § 45 (2) RRO.
28 S. § 57 (1) RRO.
29 S. § 44 (3) RRO.

Findet die Umbuchung zwischen Buchungsstellen innerhalb *einer* Titeldatei statt, so kann die Kassenanordnung berichtigt werden[30]. Von dieser Möglichkeit wird jedoch in der Praxis kaum Gebrauch gemacht.

Werden bei übertragbaren Ausgabemitteln Auszahlungen, die bereits in einem abgelaufenen Haushaltsjahr in der Titeldatei (Rechnungslegungsbuch) gebucht waren, im *neuen* Haushaltsjahr umgebucht, so wird die Umbuchung bei der neuen Buchungsstelle stets durch einen Rechnungsbeleg begründet. In die Vermerkspalte der Kontokarten der Titeldatei werden bei der Absetzung und bei der neuen Eintragung gegenseitige Hinweise aufgenommen (§ 45 (2) RRO).

Stellt ein Buchhalter nachträglich fest, daß *er* irrtümlich eine Kassenanordnung an einer anderen als in der Anordnung angegebenen Buchungsstelle gebucht hat, so wird der unrichtig gebuchte Betrag auf die richtige Haushaltsstelle umgebucht. In *diesem* Falle wird der Umbuchung ein "Umbuchungsbeleg" als ein vom Buchhalter selbst gefertigter Hilfsbeleg der Kasse – zum Unterschied von der Umbuchungs*anordnung* der anordnenden Dienststelle – zugrunde gelegt, den ausnahmsweise der Buchhalter ausfertigt.

Enthält eine Kassenanordnung eine unrichtige Buchungsstelle, und ist dieser Fehler auch von der Kasse nicht bereits *vor* der Buchung der Anordnung erkannt worden, dann kann er nachträglich nur dadurch behoben werden, daß die anordnende Stelle der Kasse eine selbständige Umbuchungsanordnung zukommen läßt.

8. Berichtigung förmlicher Kassenanordnungen

In einer förmlichen Kassenanordnung darf die Höhe des angeordneten Betrages – d.h. des Anordnungsbetrages und auch des in Buchstaben wiederholten Betrages – *nicht geändert* werden[31].

Wird eine Berichtigung des angeordneten Betrages notwendig, kann sie nur entweder durch eine vollständige Nachtragsanordnung vorgenommen werden, die unter Angabe des Ortes, des Tages und der Dienststelle von dem anordnungsbefugten Beamten zu unterschreiben ist, oder durch die Ausfertigung einer neuen Kassenanordnung ausgeführt werden. In einem solchen Fall ist die Nachtragskassenanordnung oder die neue Kassenanordnung von dem Anordnungsbefugten zu vollziehen, der die berichtigte Kassenanordnung zur Zahlung und Buchung angeordnet hatte[32]. Auch der Tag des Beginns und des Endes einer angeordneten laufenden Haushaltsausgabe darf in der Kassenanordnung nicht geändert werden;

30 S. § 57 (2) RRO.
31 Vgl. § 57 (1), Satz 1 RRO.
32 S. § 57 RRO.

wird eine solche Berichtigung dennoch notwendig, so ist in gleicher Weise zu verfahren wie bei einer Änderung des Betrages.

Wird eine *neue* Kassenanordnung erteilt, so dient die unrichtige, wenn sie bereits ausgeführt ist, zur Begründung der unrichtigen Buchung; sie verbleibt an der ursprünglichen Stelle der Rechnungsbelege. In diesem Falle erhalten beide Kassenanordnungen gegenseitige Hinweise. Außerdem wird in der Titelkartei auf die berichtigende Buchung hingewiesen.

Sonstige Berichtigungen einer Kassenanordnung (z.B. im Text oder im Zahlenwerk) und Änderungen von Unterlagen der förmlichen Kassenanordnungen müssen so ausgeführt werden, daß die ursprünglichen Eintragungen lesbar bleiben. Bei der Berichtigung von Aufrechnungen oder sonstigen Beträgen (mit Ausnahme des Anordnungsbetrages) wird nicht nur die unrichtige Ziffer, sonder die ganze Zahl durchgestrichen.

Ist – in förmlichen Kassenanordnungen – die Bezeichnung der Buchungsstelle geändert worden, so muß die Änderung von dem, der sie vorgenommen hat, durch Beifügen des Namenszeichens unter Angabe des Datums bescheinigt werden[33]. Änderungen in *Kassenbüchern müssen stets* mit dem Namenszeichen und dem Datum versehen sein.

Radieren, Ausschaben, Überkleben und Überschreiben ist nicht nur bei Kassenanordnungen, sondern bei allen Unterlagen (Büchern, Nachweisungen, Kontrollen usw.), die dem haushalts-, kassen- und rechnungsmäßigen Nachweis dienen, verboten[34].

Soll eine unrichtige Buchungsstelle geändert werden, nachdem die Kassenanordnung bereits ausgeführt (gebucht) ist, so bedarf es einer besonderen Anordnung, entweder in Form eines *Nachtrags* zu der zu berichtigenden Kassenanordnung nach § 57 (1) RRO oder einer selbständigen Umbuchungsanordnung, die mit der berichtigten Kassenanordnung zu verbinden ist. Bei Umbuchungen von Auszahlungen übertragbarer Ausgabemittel, die bereits in einem abgelaufenen Haushaltsjahr gebucht waren, bedarf es stets einer selbständigen Umbuchungsanordnung.

Gelangt eine Kassenanordnung mit Formfehlern der anordnenden Dienststelle zur Kasse, so gibt sie die Anordnung zur Berichtigung zurück. Für Nachteile, die sich aus der dadurch entstehenden verspäteten Zahlung ergeben (z.B. entgangener Skontoabzug), haftet der anordnende Bedienstete.

---

33 S. § 57 (2) RRO.
34 Vgl. § 74 (4) RKO und § 57 (2) RRO.

9. Regelungen im Geschäftsbereich des BMVg

Der BMVg hat – über die allgemeinen Vorschriften des § 57 RRO hinaus – für seinen Geschäftsbereich angeordnet (VMBl. 1984 S. 249 mit DB zu Nr. 11 der Anlage zur Vorl. VV Nr. 2.6 zu § 34 BHO):

a) Berichtigung noch nicht unterzeichneter Kassenanordnungen: Eine noch nicht unterzeichnete Kassenanordnung ist neu zu fertigen, wenn
- der Anordnungsbetrag,
- die Bezeichnung des Einzahlungspflichtigen oder Empfangsberechtigten,
- die Angaben zur Kontobezeichnung,
- bei laufenden Haushaltseinnahmen und -ausgaben der Tag des Beginns oder des Endes der Zahlung

nicht zutreffen.

b) Berechtigung bereits unterzeichneter Kassenanordnungen: Eine bereits unterzeichnete Kassenanordnung ist *ungültig* zu machen, wenn
- sie nicht ausgeführt werden soll,
- die Bezeichnung des Einzahlungspflichtigen oder Empfangsberechtigten, die Angaben zur Kontobezeichnung und bei laufenden Haushaltseinnahmen und -ausgaben der Tag des Beginns oder des Endes der Zahlung oder der Anordnungsbetrag *zu ändern* sind.

Die ungültige Kassenanordnung ist zu durchkreuzen und mit dem Vermerk in Rot "Ungültig" zu versehen, den der Anordnungsbefugte unterschreibt. Sie ist sodann der *neuen* Kassenanordnung *beizufügen* oder, wenn keine neue Kassenanordnung erteilt wird, zu den Akten zu nehmen.

c) Berichtigung listenmäßiger Zusammenstellungen: Listenmäßige Zusammenstellungen sind Bestandteil der Kassenanordnung. Bei einer Änderung ist wie folgt zu verfahren:

Sollen aus der listenmäßigen Zusammenstellung Einzelbeträge *nicht* angenommen oder *nicht* ausgezahlt oder *berichtigt* werden, versieht der Feststeller der sachlichen Richtigkeit die betreffenden Beträge in der Liste mit dem Hinweis "Nicht einziehen" oder "Nicht auszahlen" und mit seinem Namenszeichen und dem Datum.

d) Ist die Kassenanordnung noch nicht unterzeichnet, stellt der Feststeller der rechnerischen Feststellung die nicht anzunehmenden oder nicht auszuzahlenden oder die zu berichtigenden Beträge unter Angabe der laufenden Nummer besonders dar und setzt die Summe in der listenmäßigen Zusammenstellung ab und ggf. die richtigen Beträge dazu. Überträge sind nicht zu ändern. In die Kassenanordnung ist der tatsächlich anzunehmende oder auszuzahlende Betrag einzutragen.

e) Ist die Kassenanordnung bereits unterzeichnet, gilt

– *bei Annahmeanordnungen*: Die Feststeller der sachlichen und rechnerischen Richtigkeit verfahren, wie vorstehend zu Ziffer c) und d) ausgeführt. Die bisherige Kassenanordnung ist, wie vorstehend zu Ziffer b) dargestellt, ungültig zu machen und der neu zu fertigenden Annahmeanordnung beizufügen;

– *bei Auszahlungsanordnungen*: Der Feststeller der sachlichen Richtigkeit verfährt, wie vorstehend zu Ziffer c) ausgeführt und leitet die Auszahlungsanordnung und die Liste ohne Änderung an die Kasse weiter. Über den Unterschiedsbetrag ist sodann ein "Nachtrag zur Kassenanordnung" zu erteilen (s. § 57 Abs. 1 Satz 2 RRO);
oder
die Feststeller der sachlichen und rechnerischen Richtigkeit verfahren, wie vorstehend zu Ziffer c) und d) ausgeführt. Die bisherige Kassenanordnung ist – wie oben dargestellt – ungültig zu machen und der neu zu fertigenden Auszahlungsanordnung beizufügen.

f) Sonstige Berichtigungen. Sonstige Änderungen in der Kassenanordnung und in den sie begründenden Unterlagen bescheinigt der Feststeller der sachlichen bzw. der rechnerischen Richtigkeit mit Namenszeichen und Datum. Die Änderungen sind so auszuführen, daß die ursprünglichen Angaben lesbar bleiben. Ausschaben, Radieren, Überkleben oder Übermalen von Angaben ist unzulässig.

g) Berichtigung bereits ausgeführter Kassenanordnungen. Sind Angaben in einer bereits ausgeführten Kassenanordnung oder in den sie begründenden Unterlagen zu ändern, ist

- *bei einem nicht zutreffenden Anordnungsbetrag*:
  ein "Nachtrag zur Kassenanordnung" über den Differenzbetrag oder eine neue Kassenanordnung
- *bei Änderung der Bezeichnung des Empfangsberechtigten oder seines Kontos*:
  eine Annahmeanordnung und
  eine neue Auszahlungsanordnung mit den zutreffenden Angaben
- *bei einer nicht zutreffenden Zähl-Nummer oder Buchungsstelle*:
  eine Umbuchungsanordnung
- *bei nicht zutreffenden Angaben über Zahlungsbeginn oder -ende laufender Haushaltseinnahmen oder -ausgaben*:
  eine neue Kassenanordnung

zu erteilen.

B. Abgekürzte förmliche Kassenanordnungen

Außer den vollständigen förmlichen Kassenanordnungen gibt es die abgekürzten förmlichen Kassenanordnungen für Haushaltseinnahmen und -ausgaben. Die Bestimmungen über die einheitliche Verwendung von Vordrucken für Kassenanordnungen sehen hierfür an Stelle eines Formblattes die Verwendung eines Anordnungsstempels vor.

In den Fällen, in denen aus den Rechnungsbelegen, die Angaben über

1) den anzunehmenden oder zu leistenden Betrag,

2) den Einzahlungspflichtigen oder den Empfänger,

3) den Fälligkeitstag und

4) eine ausreichende Begründung der Anordnung zweifelsfrei zu erkennen sind (in der Regel bei Firmenrechnungen über Lieferungen oder Leistungen), darf an Stelle einer besonderen förmlichen Kassenanordnung eine *abgekürzte* (vereinfachte) Kassenanordnung in Form eines Anordnungsstempels verwendet werden[35].

Die abgekürzte förmliche Kassenanordnung enthält lediglich Angaben über

1) die Bezeichnung der Kasse, die die Einzahlung annehmen oder die Auszahlung leisten soll, (in den Fällen, in denen über die zuständige Kasse keine Zweifel bestehen, entfällt die Bezeichnung),

2) den Anordnungsbetrag in Ziffern und in Buchstaben. Obgleich der Anordnungsbetrag nach § 66 (1) RRO in der abgekürzten förmlichen Kassenanordnung nicht vorgesehen ist, bestand der BRH aufgrund seiner Erfahrungen wegen der Kassensicherheit darauf, daß der angeordnete Betrag in der Kassenanordnung mit aufgenommen wird;

3) die Anordnung zur Annahme oder Leistung,

4) die Buchungsstelle und das Haushaltsjahr, und

5) den Ort, den Tag und die anordnende Dienststelle sowie die Unterschrift des zur Ausübung der Anordnungsbefugnis berechtigten Beamten.

Außerdem erhält der Stempel die beiden Feststellungsvermerke "Sachlich richtig" und "Rechnerisch richtig".

Der Anordnungsstempel darf nur in Verbindung mit einem zweiten Stempel verwendet werden, der Angaben über den Zahlungsbeweis vorsieht. Der Zahlungsbeweis ist der Nachweis (Beweis) der Kasse, daß und auf welchem Wege die Zahlung tatsächlich geleistet worden ist[36].

---

35 S. § 66 RRO.

36 S. §§ 40 und 44 RKO.

Der Anordnungsstempel der "abgekürzten förmlichen Kassenanordnung" **darf jedoch z.Z. nicht benutzt werden**, da die Voraussetzungen für eine EDV-gerechte Benutzung fehlen.

C. Allgemeine Kassenanordnungen

In den in § 68 (1) RRO geregelten Fällen kann aus Gründen der Verwaltungsvereinfachung auf die Ausfertigung förmlicher Kassenanordnungen ausnahmsweise verzichtet werden.

An die Stelle der förmlichen Kassenanordnung tritt in diesen Fällen eine allgemeine Anordnung der zuständigen Dienststelle an die Kasse, der *Gattung nach* bestimmte Zahlungen im Einzelfall zu leisten bzw. anzunehmen.

Zum Unterschied von der förmlichen Kassenanordnung, die sich auf die in ihr bestimmten Zahlungen bezieht, bei denen der Einzahlungspflichtige oder Empfänger und die Höhe des Anordnungsbetrages genau bezeichnet sind, ist die allgemeine Kassenanordnung *formlos und allgemein* gehalten. Hier sind weder die Einzahlungspflichtigen oder Empfänger noch die zu zahlenden Beträge aufgeführt. Aus der Anordnung muß aber zu ersehen sein, auf welche Buchungsstelle sie sich bezieht und für welchen Zeitraum sie gelten soll.

Aufgrund einer solchen formlosen Kassenanordnung zahlt die Kasse gegen eine schriftliche Unterlage mit ausreichender Begründung den darauf eindeutig vermerkten Betrag der näher bezeichneten Ausgabengattung (Einnahmegattung) – z.B. Mahngebühren, Frachtkosten – und bucht ihn ohne weitere Mitwirkung der anordnenden Stelle. Die Kasse versieht den Beleg (z.B. den Frachtbrief) lediglich mit einem Stempelabdruck, aus dem die Buchungsstelle, das Haushaltsjahr und die Belegnummer hervorgeht.

Die Kasse muß sicherstellen, daß auch die Eintragung in die HÜL erfolgt.

Die allgemeinen Kassenanordnungen bewahrt die Kasse als D-Belege bis zu ihrem Widerruf auf. Sie finden hauptsächlich Verwendung für die Anordnung
- kleiner Haushaltseinnahmen und -ausgaben, die aufgrund amtlicher Gebührentarife oder amtlicher Festsetzungen zu leisten sind (z.B. Zinsen, Rollgeldgebühren, Frachtgebühren, Zustellgebühren) und für
- Auszahlungen gegen sofortigen Empfang von Kleinhandelsware in geringeren Mengen gegen die im allgemeinen Verkehr üblichen Empfangszettel (Kassenzettel) als Quittung[37].

---

37 S. § 42 (4) RKO.

Die schriftliche Unterlage für die jeweilige Zahlung (z.B. Frachtbrief, Quittung der Rundfunkgebühr usw.) ist für die Kasse der Beleg für die Rechnungslegung. Es muß eine Prüfung der Rechtsmäßigkeit und der Zulässigkeit der Zahlung ermöglichen. Aus ihm müssen der Geldbetrag, der Empfänger und erforderlichenfalls der Zeitraum, für den die Ausgabe gilt, zu ersehen sein.

Belege dieser Art werden ausnahmsweise vom Buchhalter der Kasse (nicht vom Kassier) mit der Feststellung der rechnerischen Richtigkeit versehen.

Einer Feststellung der sachlichen Richtigkeit der Rechnungsbelege bedarf es in diesen Fällen grds. nicht[38].

– *Regelung im Geschäftsbereich des BMVg:* Der *BMVg* hat im Einvernehmen mit dem BMF und dem BRH mit Erlaß vom 15.11.1984 (VMBl. 1984 S. 259) für folgende Einzahlungen und Auszahlungen “*Allgemeine Annahme- und Auszahlungsanordnungen*” erteilt:

Allgemeine Annahmeanordnung für:
- Mahngebühren
- vorgerichtliche Kosten und Auslagen
- Zinsen
- Gebühren von Fotokopien für nichtdienstliche Zwecke
- Kassenüberschüsse bis zu 10,– DM.

Dies gilt für bare und unbare Zahlungen.

Die anzunehmenden Beträge werden *nicht* in die HÜL-E eingetragen.

Allgemeine Auszahlungsanordnung für:
- Frachtgebühren
- Rollgeldgebühren
- Benachrichtigungskosten für dienstliche Sendungen
- Gebühren die durch den Anschluß der Kassen, Hauptzahlstellen, Zahlstellen und Nebenzahlstellen an Geldanstalten entstehen
- Kassenfehlbeträge bis zu 10,– DM.

Dies gilt für bare Zahlungen und unbare Zahlungen im Abbuchungsverfahren.

Die auszuzahlenden Beträge sind in die HÜL-A einzutragen.

Für die Abrechnung und Buchung der vorgenannten Zahlungen sind die dort angegebenen Vordrucke zu benutzen.

Die zahlungsbegründenden Unterlagen (z.B. Frachtbriefe, Quittungen usw.) sind dem Buchungsbeleg als Anlagen beizufügen oder auf seiner Rückseite aufzukleben.

---

38 S. § 77 (2) RRO.

Der Buchungsbeleg ist grundsätzlich sachlich und rechnerisch festzustellen. Die Feststellung der sachlichen Richtigkeit *entfällt*, wenn

- die zahlungsbegründenden Unterlagen nur aus dem Zahlungsbeweis bestehen oder
- die Unterschriften auf den zahlungsbegründenden Unterlagen zugleich als Teilbescheinigung der sachlichen Richtigkeit gelten.

Fertigt die *Kasse* den Buchungsbeleg, stellt der Buchhalter diesen rechnerisch fest.

Die Kasse gibt einen Buchungsbeleg für Einnahmen, der am Ende des Haushaltsjahres nicht ausgeführt ist, mit Begleitschreiben an die anordnende Stelle zurück. Diese Stelle nimmt den Betrag in die Nachweisung der Forderungen nach § 27 RRO auf und leitet den Buchungsbeleg wieder der Kasse zu, nachdem sie das Haushaltsjahr und ggf. die Buchungsstelle berichtigt hat. Die Kasse überwacht die Rückgabe der Buchungsbelege anhand einer Durchschrift des Begleitschreibens.

Der Buchungsbeleg ist mit der dazugehörenden zahlungsbegründenden Unterlage für die Kasse Beleg für die Rechnungslegung.

D. Die Formen und Arten der Kassenanordnungen

– Kurzfassung –

1. Kassenanordnungen über Einzahlungen und Auszahlungen

Die Kassen des Bundes erheben Einnahmen und leisten Ausgaben aufgrund schriftlicher Anordnung der zuständigen, anordnungsbefugten Dienststellen (§ 70 BHO/LHO, § 49 RRO).

Auszahlungsanordnungen sind schriftlich zu erteilen.

Annahmeanordnungen *sollen* grundsätzlich zum Zeitpunkt der Zahlung schriftlich erteilt sein; ist zu diesem Zeitpunkt eine Annahmeanordnung nicht schriftlich erteilt, so sind Einzahlungen dennoch anzunehmen, wenn ein sachlicher Grund für die Einzahlung anzuerkennen ist (§ 34 (2) RKO). Die Kasse fertigt in einem solchen Fall einen “Einzahlungsschein”, der vorläufiger Buchungsbeleg bei den Verwahrungen wird.

Die zuständige mittelbewirtschaftende Dienststelle wird mit einer “Kassenanzeige” aufgefordert, die erforderliche Annahmeanordnung nachträglich zu erstellen und diese mit der “Kassenanzeige”, die die Buchungsunterlage für die Vw-Ausgabebuchung ist, der Kasse zuzusenden.

Es gibt drei verschiedene *Formen* von Kassenanordnungen:

1) Förmliche Kassenanordnungen

- Annahmeanordnung über Einzelhaushaltseinnahmen (rosa),
- Auszahlungsanordnung über Einzelhaushaltsausgaben (weiß),
- Annahmeanordnung über laufende Haushaltseinnahmen und wie laufende zu behandelnde Einzelhaushaltseinnahmen (rosa),
- Auszahlungsanordnung über laufende Haushaltsausgaben und wie laufende zu behandelnde Einzelhaushaltsausgaben (weiß),
- Umbuchungsanordnung (grün),
- Einstellungsanordnung über laufende Haushaltseinnahmen/Haushaltsausgaben (gelb),
- Auszahlungsanordnung über Abschlagsauszahlungen und Schlußauszahlungen (hell-blau),
  diese Kassenanordnung ist zu benutzen
  a) bei allen Abschlagszahlungen
  b) bei *Schluß*auszahlungen; jedoch nicht bei *Schluß*auszahlungen von Reisekostenvergütung, Umzugskostenvergütung, Beihilfen.
  - u.a.

Nach § 49 (2) RRO muß eine förmliche Kassenanordnung folgende – in den §§ 50 bis 56 RRO näher erläuterte – Angaben enthalten:
a) die Bezeichnung der anordnenden Behörde,
b) die Bezeichnung der zuständigen rechnungslegenden Kasse,
c) den Einzahlungspflichtigen bzw. den Empfänger,
d) die Buchungsstelle und Haushaltsjahr,
e) den anzunehmenden oder zu leistenden Betrag,
f) die Begründung,
g) den Fälligkeitstag (sofern es erforderlich ist),
h) die Anordnung zur Annahme oder Auszahlung,
i) die Angabe des Ortes und des Datums,
j) die Unterschrift des Anordnenden.

Bei der kassenreifen Erstellung einer "Auszahlungsanordnung über *Einzel*haushaltsausgaben" bedeutet dies:

zu a): Im Kopf der Kassenanordnung (oben links) ist die Bezeichnung der *anordnenden* Behörde einzusetzen, d.h. die Dienststelle, der der Anordnende angehört.

Soll die Zahlstelle dieses Hauses die bare Auszahlung leisten, so ist hier der Zusatz "über Zahlstelle" anzubringen.

Als "Schlüsselnummer" ist die Zähl-Nummer als laufende Nummer, unter der die Kasse die Titelkartei der *mittelbewirtschaftenden* Dienststelle führt, anzugeben.

zu b): Die zuständige rechnungslegende Kasse muß mit dem vollen Wortlaut genannt sein.

zu c): Der Empfänger ist genau zu bezeichnen.

Bei *unbaren Aus*zahlungen ist hier in jedem Fall die Kontonummer sowie das Kreditinstitut (mit Bankleitzahl) bzw. das Postgiroamt des Empfangsberechtigten einzusetzen.

zu d): Als Buchungsstelle ist anzugeben:
- die Haushaltsstelle:
  z.B. 14 04/511 01

Sollte ein Titel in einen oder mehrere Buchungsabschnitte untergliedert sein, so ist der Buchungsabschnitt hinter der Titel-Nummer anzugeben,
  z.B. 14 04/453 01 BA 001
  – sonstige Buchungsstellen:
  z.B. V 51.

zu e): Der zu leistende Betrag (Anordnungsbetrag) ist in Ziffern anzugeben und in Buchstaben zu wiederholen.

Bei der Wiederholung des zu zahlenden Betrages ist nur der DM-Betrag einzusetzen!

Diese Beträge (in Ziffern und in Buchstaben) dürfen *niemals* geändert werden.

Ist in Kassenanordnungen die *Buchungsstelle* geändert worden, so *muß* diese Änderung mit dem Namenszeichen und dem Datum versehen werden. Es empfiehlt sich jedoch, auch in allen anderen Fällen von Streichungen auf Kassenanordnungen die Änderung mit dem Namenszeichen und dem Datum zu versehen; in den *Büchern der Kasse muß* dies in jedem Falle geschehen.

zu f): Die Begründung soll knapp, jedoch hinreichend und erschöpfend sein, so daß eine spätere Prüfung durch die Vorprüfungsstelle bzw. den BRH *ohne Rückfrage* sichergestellt ist.

Bei *Auszahlungs*anordnungen für *unbare* Zahlungen ist der *Verwendungszweck* (z.B. Datum/Nummer der Rechnung)
- bei Einzelanordnungen oberhalb des Feldes "Begründung",
- bei Verwendung der Kassenanordnung *mit Anlage* zur Auszahlungsanordnung (Listenform) jeweils unmittelbar unterhalb der Kontobezeichnung

vorzunehmen und mit Rotstift kenntlich zu machen.

zu g) *Einzel*haushaltseinnahmen und -ausgaben sind grundsätzlich *sofort und in voller Höhe fällig*, es sei denn, daß – wie auch bei den laufenden Haushaltseinnahmen und -ausgaben – ein besonderer Fälligkeitstag in der Kassenanordnung angegeben ist.

zu h) Der Anordnungstext einer "Auszahlungsanordnung über Einzelhaushaltsausgaben" lautet:

“Der Betrag ist, wie angegeben, auszuzahlen und – durch Absetzen von der Einnahme – zu buchen”.

Der “Zwischensatz” ... – durch Absetzen von der Einnahme – ...” wird im Regelfall gestrichen, so daß sich die Anordnung auf die Auszahlung und die Buchung des in der Kassenanordnung angegebenen Betrages beschränkt.

Zuviel erhobene Beträge, die von der Kasse wieder zurückgezahlt werden, sind jedoch – sofern die Bücher noch nicht abgeschlossen sind – “... – durch Absetzen von der Einnahme – ...” vom Einnahmetitel wieder abzusetzen; das ist eine “Rückzahlung” als “Erstattung”. Der Betrag wird aufgrund einer Auszahlungsanordnung beim Einnahmetitel als Minusbetrag gebucht (von der ursprünglichen Einnahmebuchung abgesetzt).

Der Anordnungstext einer “Annahmeordnung über Einzelhaushaltseinnahmen” lautet:

“Der Betrag ist, wie angegeben, anzunehmen und – durch Absetzen von der Ausgabe – zu buchen”.

Der Zwischensatz “... – durch Absetzen von der Ausgabe –...” wird im Regelfall gestrichen.

Zu viel geleistete Beträge, die an die Kasse wieder zurückgezahlt werden, sind jedoch – sofern die Bücher noch nicht abgeschlossen sind – “... durch Absetzen von der Ausgabe – ...” vom Ausgabetitel wieder abzusetzen; das ist eine “Rückzahlung” als “Rückeinnahme”. Der Betrag wird aufgrund einer Annahmeanordnung beim Ausgabetitel als Minusbetrag gebucht (von der ursprünglichen Ausgabebuchung abgesetzt).

zu i): Außer der Ortsangabe ist das Datum auszuschreiben.

zu j): Mit der Unterschrift des Anordnenden wird die Kassenanordnung “kassenreif”.

Der Anordnungsbefugte vollzieht die Kassenanordnung *ohne* jeglichen Zusatz.

– **Umbuchungen**: Umbuchungen sind Buchungen, durch die gebuchte Zahlungen von einer Stelle auf eine andere übertragen werden (§ 2 Nr. 10 b RKO).

Durch Umbuchungen werden überwiegend Titelverwechslungen richtiggestellt.

Das setzt voraus, daß eine Haushaltseinnahme oder -ausgabe *zuvor* bei einem unrichtigen Titel zur Zahlung und Buchung mit einer entsprechenden Kassenanordnung *angeordnet und gebucht war* und der Betrag nun von diesem (unrichtigen) Titel auf die richtige Haushaltsstelle umzubuchen ist.

Der Betrag ist beim unrichtigen Titel durch Minusbuchung abzusetzen und beim richtigen Titel neu zu buchen.

Umbuchungen von den Verwahrungen werden im Vw-Buch in Ausgabe, Umbuchungen von den Vorschüssen werden im V-Buch in Einnahme gebucht.

Soll nun ein Betrag von den Verwahrungen zu einem Titel umgebucht werden, so gilt auch hier der Grundsatz, daß nur dann eine förmliche (grüne) Umbuchungsanordnung zu erstellen ist, wenn der Betrag zuvor mit einer Annahmeanordnung der Dienststelle zur Annahme und Buchung bei Vw angeordnet war.

Wurde der Betrag jedoch ohne Annahmeanordnung – mit kasseninternem Einzahlungsschein – angenommen und bei Vw gebucht, so wird die Umbuchung mit einer "*Kassenanzeige*", die mit der angeforderten Kassenanordnung der Kasse vorgelegt wird, vorgenommen.

Der Anordnungstext der Umbuchungsanordnung lautet: "die Bcträge sind, wie angegeben, zu buchen". Demnach dürfen aufgrund von Umbuchungsanordnungen keine Zahlungen angenommen oder geleistet werden.

Aus diesem Grunde dürfen Rückzahlungen als Erstattungen zwischen verschiedenen Dienststellen nicht durch Umbuchungsanordnungen vorgenommen werden. In diesen Fällen müssen die beteiligten Dienststellen Annahmeanordnung und Auszahlungsanordnung erstellen.

Die Annahmeanordnungen über Einzelhaushaltseinnahmen und die Auszahlungsanordnungen über Einzelhaushaltsausgaben haben dabei in dem nur von der Kasse auszufüllenden Zahlungswegkästchen den Hinweis: "Umbuchung".

Die Weisung, daß ein bestimmter Betrag umzubuchen sei, sagt nicht, wie und auf welche Weise umgebucht werden muß.

Die Umbuchungsanordnung ist in sovielfacher Ausfertigung auszustellen, wie Buchungsstellen beteiligt sind.

Die *Erstausfertigung* der Umbuchungsanordnung wird mit der zu berichtigenden Kassenanordnung verbunden und bei der richtigen Stelle gebucht und abgelegt.

Die *Zweitausfertigung* begründet lediglich eine Absetzungsbuchung.

Wurde eine ordnungsgemäß erstellte Kassenanordnung vom Buchhalter irrtümlich beim falschen Titel gebucht, so wird der Betrag mit einem vom *Buchhalter* gefertigten – kasseninternen – "Umbuchungsbeleg" umgebucht.

Demnach dürfen förmliche (grüne) Umbuchungsanordnungen nur erstellt werden, wenn folgende Voraussetzungen erfüllt sind:
- Der Betrag mußte zuvor bei einer Buchungsstelle mit entsprechender Kassenanordnung angeordnet, gezahlt und gebucht sein,
- innerhalb der Dienststelle (Anordnungsbereich),
- innerhalb des Haushaltsjahres.

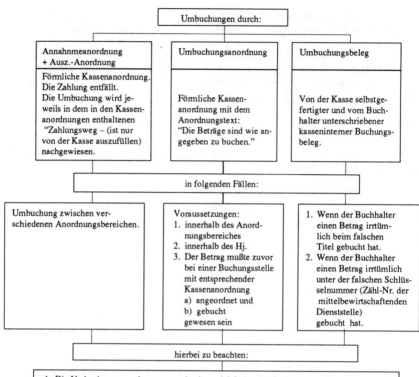

Umbuchungen durch:

Annahmeanordnung + Ausz.-Anordnung	Umbuchungsanordnung	Umbuchungsbeleg
Förmliche Kassenanordnung. Die Zahlung entfällt. Die Umbuchung wird jeweils in dem in den Kassenanordnungen enthaltenen "Zahlungsweg – (ist nur von der Kasse auszufüllen) nachgewiesen.	Förmliche Kassenanordnung mit dem Anordnungstext: "Die Beträge sind wie angegeben zu buchen."	Von der Kasse selbstgefertigter und vom Buchhalter unterschriebener kasseninterner Buchungsbeleg.

in folgenden Fällen:

Umbuchung zwischen verschiedenen Anordnungsbereichen.	Voraussetzungen: 1. innerhalb des Anordnungsbereiches 2. innerhalb des Hj. 3. Der Betrag mußte zuvor bei einer Buchungsstelle mit entsprechender Kassenanordnung a) angeordnet und b) gebucht gewesen sein	1. Wenn der Buchhalter einen Betrag irrtümlich beim falschen Titel gebucht hat. 2. Wenn der Buchhalter einen Betrag irrtümlich unter der falschen Schlüsselnummer (Zähl-Nr. der mittelbewirtschaftenden Dienststelle) gebucht hat.

hierbei zu beachten:

1. Die Umbuchungsanordnungen werden in soviel-facher Ausfertigung erstellt, wie Buchungsstellen beteiligt sind.
2. Die **Erstausfertigung** der Umbuchungsanordnung wird mit der zu berichtigenden Kassenanordnung /Beleg) verbunden und zur neuen, endgültigen Buchungsstelle genommen. Die **Nebenausfertigungen** der Umbuchungsanordnung werden zu den übrigen Buchungsstellen genommen und begründen dort lediglich die Absetzungsbuchungen.
3. Bei Umbuchungen von **Haushalts**-Einnahmen und -Ausgaben ist der Betrag beim unrichtigen Titel durch Rotbuchung abzusetzen und beim richtigeen Titel neu zu buchen. Umbuchungen von den **Verwahrungen** werden im Vw-Buch in Ausgabe, Umbuchungen von den *Vorschüssen* werden im V-Buch in Einnahme gebucht.
4. Wurde ein Betrag – ohne Annahmeanordnung – mit Einzahlungsschein angenommen und bei Vw gebucht, so hat die zuständige Dienststelle lediglich eine Annahmeanordnung zugunsten des betreffenden Titels zu erstellen. Die Ausgabebuchung bei Vw wird in diesen Fällen kassenintern vorgenommen.
5. Für Umuchungen nach Abschluß der Bücher gelten besondere Bestimmungen (§ 76 BHO)

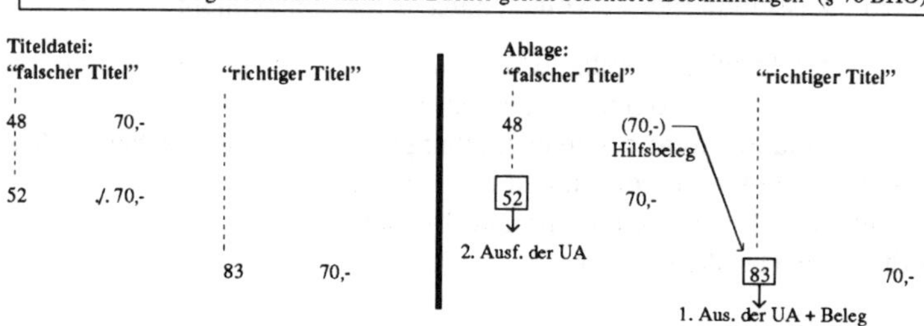

Dann können Umbuchungsanordnungen erstellt werden aus Anlaß von:
- Titelverwechslungen
- Umbuchungen von V/Vw auf einen Titel

- *Abschlagszahlungen* sind *Titel*zahlungen, die wohl dem Grunde nach, nicht aber in endgültiger Höhe feststehen.

Zu benutzen ist bei ausnahmslos allen Abschlägen das hellblaue Formblatt "Auszahlungsanordnung über Abschlagsauszahlungen und Schlußauszahlungen".

Das gleiche Formblatt ist auch bei fast allen *Schluß*auszahlungen zu benutzen; jedoch nicht bei Schlußauszahlungen von Reisekostenvergütung, Umzugskostenvergütung, Beihilfen.

- *Berichtigung förmlicher Kassenanordnungen:* Für die Berichtigung förmlicher Kassenanordnungen gelten allgemein die Vorschriften des § 57 RRO.

Darüber hinaus hat der BMVg für seinen Geschäftsbereich mit den DB zu Nr. 11 der Anlage zur Vorl. VV Nr. 2.6 zu § 34 BHO ressortinterne Bestimmungen geschaffen (VMBl. 1984 S. 249); *s. Abschnitt XI A, Ziffer 9 (S. 230).*

2) Abgekürzte förmliche Kassenanordnungen

In den Fällen, in denen aus einer zahlungsbegründenden Unterlage die Angaben über
- den anzunehmenden bzw. auszuzahlenden Betrag,
- den Einzahlungspflichtigen bzw. den Empfangsberechtigten,
- den Fälligkeitstag (sofern erforderlich) und
- eine ausreichende Begründung der Anordnung

zweifelsfrei zu erkennen sind (z.B. bei Rechnungen); ist anstelle der förmlichen Kassenanordnung eine abgekürzte förmliche Kassenanordnung in Form eines *Anweisungsstempels* vorgesehen, der jedoch z.Z. nicht angewendet werden darf.

Hierbei ist jedoch zu beachten, daß gemeinsam mit dem Anordnungsstempel der abgekürzten förmlichen Kassenanordnung – sei es auf der Vorderseite oder auf der Rückseite einer zahlungsbegründenden Unterlage – der Zahlungswegstempel verwendet wird.

3) Allgemeine Kassenanordnungen

Nach § 68 RRO kann zur Annahme bzw. zur Auszahlung von kleineren Beträgen, die aufgrund amtlicher Gebührentarife oder amtlicher Festsetzungen anzunehmen bzw. zu leisten sind, auf die Ausfertigung förmlicher Kassenanordnungen verzichtet werden; in solchen Fällen ist eine allgemeine (nichtförmliche) Kassenanordnung zu erstellen.

Allgemeine Annahmeanordnungen und allgemeine Auszahlungsanordnungen sind solche, durch die die Kasse allgemein, d.h. für eine grundsätzlich unbestimmte Zahl von Fällen angewiesen wird, bestimmte Einzahlungen (z.B. gefundenes Geld oder von Bediensteten zu entrichtende Fernmeldegebühren) anzunehmen bzw. bestimmte Auszahlungen öffentlicher Gebühren (z.B. Rollgeldgebühren, Zeitungsgebühren) zu leisten.

Die allgemeine Kassenanordnung darf darüber hinaus als "allgemeine Auszahlungsanordnung" *nur* erstellt werden zur Auszahlung von
- Rollgeldgebühren,
- Frachtgebühren,
- Zeitungsgebühren,
- Rundfunk- und Fernsehgebühren,
- Postgebühren und
- Kleinhandelswaren bis zu 10,– DM im Einzelfall.

- *Besonderheiten der allgemeinen Kassenanordnung:*
- sie darf nur für die o.g. Zweckbestimmungen erstellt werden,
- sie wird nur einmal erstellt und gilt bis auf Widerruf,
- sie wird als D.-Beleg von der Kasse aufbewahrt,
- sie ist formlos – dennoch eine Kassenanordnung,
- es ist kein Empfangsberechtigter genannt,
- es ist kein Betrag angegeben,
- die Kasse zahlt, gegen Vorlage einer schriftlichen Unterlage (Frachtbrief, Gebührenzettel usw.) ohne Mitwirkung der anordnenden Dienststelle, aufgrund der einmal erstellten allgemeinen Kassenanordnung regelmäßig sofort Zug um Zug.

Der *BMVg* hat für seinen Geschäftsbereich "Allgemeine Annahme- und Auszahlungsanordnungen" erteilt (VMBl. 1984 S. 259); *s. Abschnitt XI C (S. 234).*

– *Haushaltseinnahmen und -ausgaben:* Die förmlichen, die abgekürzten förmlichen und die allgemeinen Kassenanordnungen sind solche über Haushaltseinnahmen und -ausgaben.

Die Haushaltseinnahmen und -ausgaben sind zu untergliedern in
a) *Einzel*haushaltseinnahmen und -ausgaben; das sind solche, die mit einem Male mit dem vollen Anordnungsbetrag sofort (sofern nicht anders angegeben) fällig sind,
b) *laufende* Haushaltseinnahmen und -ausgaben; das sind solche, die in regelmäßigen Zeitabständen und in gleicher Höhe wiederkehren (Mieten, Pachten).

Der im Anordnungstext einer Kassenanordnung angeführte Hinweis "Der Betrag ist, *wie angegeben ...*" erstreckt sich auf alle in der Kassenanordnung enthaltenen Angaben, so auch auf die Weisung, wie angegeben

– in dieser Höhe,
– an diesen Empfangsberechtigten,
– an dieses Geldinstitut,
– auf dieses Konto

zu zahlen und wie angegeben

– in dieser Summe,
– bei dieser mittelbewirtschaftenden Dienststelle,
– bei dieser Buchungsstelle

zu buchen.

Darüber hinaus erstreckt sich der Hinweis " ... wie angegeben ..." auf die Art der Kontokarte, in der der Buchhalter diesen Betrag zu buchen hat.

Wenn ein Betrag mit einer "Annahmeanordnung über *Einzel*haushaltseinnahmen" zur Zahlung und Buchung angeordnet wurde, so bedeutet das, daß die Kasse diesen Betrag – weisungsgemäß – auf einem "Titelkonto" (für Einzelhaushaltseinnahmen) buchen muß; wurde der Betrag mit einer "Auszahlungsanordnung über Einzelhaushaltsausgaben" zur Zahlung und Buchung angeordnet, so muß die Kasse diesen Betrag – weisungsgemäß – auf einem "Titelkonto" (für Einzelhaushaltsausgaben) nachweisen.

Das gleiche gilt sinngemäß für *laufende* Haushaltseinnahmen und -ausgaben, die von einer geldwirtschaftlich angeschlossenen Dienststelle zur Zahlung und Buchung angeordnet wurden und somit – weisungsgemäß – von der Kasse auf "Titelkonten – Personenkonto –" (für laufende Haushaltseinnahmen) bzw. auf "Titelkonten – Personenkonto –" (für laufende Haushaltsausgaben) zum "Soll" zu stellen sind.

Die Titelkonten für laufende Haushaltseinnahmen und die Titelkonten für laufende Haushaltsausgaben werden auch "Personenkonto", "Einzelkonto" genannt.

Verwaltung weist *an* mit	Kasse *zahlt* und *bucht* – weisungsgemäß – in:
1) Annahmeanordnung über *Einzel*haushaltseinnahmen 2) Auszahlungsanordnung über *Einzel*haushaltsausgaben	1) Titelkonto (für *Einzel*haushaltseinnahmen) 2) Titelkonto (für *Einzel*haushaltsausgaben)
3) Annahmeanordnung über *laufende* Haushaltseinnahmen 4) Auszahlungsanordnuung über *laufende* Haushaltsausgaben	3) Titelkonto – Personenkonto – (lfd. HE) 4) Titelkonto – Personenkonto – (lfd. HA)

*Einzel*haushaltseinnahmen und -ausgaben, die jedoch in *regelmäßigen Zeitabständen* und *in gleicher Höhe* erhoben oder geleistet werden, bis der Gesamtbetrag erreicht ist (z.B. ratenweise Zahlung aus Anlaß einer Schadenersatzleistung), werden *kassenmäßig wie laufende* Haushaltseinnahmen bzw. -ausgaben behandelt.

Die ordnungsgemäße Zahlung der aufgrund von Stundungen ratenweise eingehenden Beträge kann vom Buchhalter einer Kasse *nur allein* auf einem Personenkonto (Einzelkonto), das nur für den Einzahlungspflichtigen geführt wird, bis die Schuld restlos beglichen ist, überwacht werden.

In der “Annahmeanordnung über laufende Haushaltseinnahmen und wie laufende zu behandelnde Einzelhaushaltseinnahmen” werden in einem solchen Fall die Fälligkeitsdaten angegeben, so daß diese – haushaltsmäßig gesehen – *Einzel*haushaltseinnahme nunmehr – weisungsgemäß – *kassenmäßig wie* eine laufende Haushaltseinnahme behandelt wird; das bedeutet, daß dieser Betrag auf einem “Titelkonto – Personenkonto –” (für laufende Haushaltseinnahmen) zum “Soll” gestellt wird.

“Einzelhaushaltseinnahmen und -ausgaben, die wie laufende behandelt werden”, sind demnach solche, die zwar ihrer Natur nach mit einem Male, mit dem vollen Anordnungsbetrag sofort fällig werden, bedingt durch die ratenweise Zahlung jedoch von der Verwaltung als “wie laufende zu behandelnde Einzelhaushaltseinnahmen und -ausgaben” angewiesen werden und demzufolge kassenmäßig mit ihrem Anordnungsbetrag auf “Titelkonten – Personenkonto –” (für laufende Haushaltseinnahmen bzw. -ausgaben) zum “Soll” gestellt werden.

XII. Der Rechnungsbeleg

A. Allgemeines

Zahlungen dürfen nur von Kassen und Zahlstellen und nur aufgrund schriftlicher Anordnungen angenommen oder geleistet werden[1].

Über alle Zahlungen ist nach der Zeitfolge und nach der im Haushaltsplan oder sonst vorgesehenen Ordnung Buch zu führen[2].

Der BMF hat dem Bundestag und dem Bundesrat über alle Einnahmen und Ausgaben sowie über das Vermögen und die Schulden im Laufe des nächsten Haushaltsjahres *zur Entlastung der Bundesregierung* Rechnung zu legen[3]. Diese Entlastung steht in unmittelbarem Zusammenhang mit der vorgegebenen Belastung, das vom Parlament beschlossene Haushaltsgesetz und den von ihm somit gesetzlich festgestellten Haushaltsplan nach den finanzverfassungsgesetzlichen Haushaltsvorschriften ordnungsgemäß auszuführen.

Die im *Haushalts*plan veranschlagten Beträge sind *Haushalts*-Einnahmen und *Haushalts*-Ausgaben; über *diese* ist die Rechnung zu legen.

B. Bestandteile des Rechnungsbelegs

Zu einem Rechnungsbeleg gehören gemäß § 48 RRO:

a) die der Kasse erteile Annahme- oder Auszahlungsanordnung über Haushaltseinnahmen und Haushaltsausgabe,

b) die sonstigen, die Zahlung begründenden Unterlagen – Unterbelege – (soweit nicht in §§ 68 bis 70 RRO etwas anderes bestimmt ist), z.B. Rechnungen und Kostenaufstellungen über Lieferungen und Leistungen, Verträge, Gerichtsurteile usw. Sie werden mit der Kassenanordnung fest verbunden und damit Bestandteile des Beleges,

c) der Zahlungsbeweis nach §§ 71 und 72 RRO (oder eine an ihre Stelle tretende Bescheinigung der Kasse gem. § 44 RRO).

Nicht zu den Rechnungsbelegen gehören somit die Unterlagen für die Buchung von Beträgen, die nicht zu den Haushalts-Einnahmen und Haushalts-Ausgaben zählen, z.B. Vorschüsse und Verwahrungen.

---

1 Vgl. § 70 BHO/LHO.
2 Vgl. § 71 (1) BHO/LHO.
3 Vgl. Art. 114 GG/LV und § 114 BHO/LHO.

Aus jedem Rechnungsbeleg muß eindeutig zu ersehen sein, welche Buchung durch ihn begründet werden soll.

C. Verwendung eines Rechnungsbelegs für mehrere Buchungen

Ein Rechnungsbeleg kann als Unterlage für mehrere Zahlungen (Buchungen) sowohl aus einer als auch aus mehreren Buchungsstellen dienen, und zwar
a) im gleichen Haushaltsjahr (§ 44 RRO),
   im gleichen Teil der Titeldatei (Rechnungslegungsbuch),
b) für mehrere Haushaltsjahre (§ 45 RRO),
   im gleichen Teil der Titeldatei (Rechnungslegungsbuch).

a) Verwendung eines Rechnungsbelegs für mehrere Buchungen im gleichen Haushaltsjahr

Bezieht sich *ein* Rechnungsbeleg auf mehrere Buchungen im gleichen Teil der Titeldatei eines Haushaltsjahres, so wird er zur Begründung der ersten Buchung verwendet. Bei den anderen Buchungen, die der gleiche Rechnungsbeleg begründet, sollen gem. §§ 44 (1) RRO vom Buchhalter in der Vermerkspalte der Titeldatei und in der Belegsammlung Hinweis auf die erste Buchung aufgenommen werden.

Es soll jedoch in den Fällen, in denen durch *eine* Rechnung *mehrere* Ausgaben *verschiedener* Buchungsstellen im gleichen Teil der Titeldatei (Rechnungslegungsbuch) belegt werden, für jede Buchungsstelle eine Ausfertigung der gleichen Kassenanordnung in Durchschrift gefertigt werden. Die Rechnung und eventuelle sonstige die Zahlung begründende Unterlagen werden der ersten Ausfertigung der Kassenanordnung (der ersten Buchungsstelle) beigefügt.

In jeder Ausfertigung der Kassenanordnung soll die anteilige Buchungsstelle unterstrichen werden.

Zur Begründung der Ausgaben bei den verschiedenen Buchungsstellen soll in den Mehrausfertigungen der Kassenanordnung auf die Rechnung und eventuelle Unterlagen hingewiesen werden, die der ersten Kassenanordnung beigefügt sind.

b) Verwendung des Rechnungsbelegs für mehrere Buchungen in mehreren Haushaltsjahren

Eine Ausnahme von obigem Grundsatz bilden die laufenden Haushaltseinnahmen und -ausgaben und die ihnen gleichzubehandelnden Einzelhaushaltseinnahmen und -ausgaben. Bei ihnen werden nur die Buchungen im ersten Haushaltsjahr durch Rechnungsbelege belegt. Für die Buchungen in den folgenden Haushaltsjahren werden keine Rechnungsbelege angefertigt, da die Kasse die Anordnungsbeträge und alle für die weiteren Zahlungen erheblichen Eintragungen auf Grund der einmal erteilten Kassenanordnung von der Titeldatei des abgelaufenen Haushaltsjahres in die Titeldatei des neuen Haushaltsjahres überträgt. Die Richtigkeit und Vollständigkeit der Übertragung wird durch den Kassenaufsichtsbeamten bescheinigt[4].

D. Gleichlautende Rechnungsbelege für mehrere Zahlungen aus verschiedenen Buchungsstellen verschiedener Teile des Rechnungslegungsbuches

Wenn – im Gegensatz zu den vorerwähnten Fällen – durch eine Kassenanordnung mehrere Zahlungen aus verschiedenen Buchungsstellen geleistet werden sollen, die verschiedenen Teilen des Rechnungslegungsbuches (Titeldatei) angehören, wird die Kassenanordnung in mehreren Ausfertigungen erstellt, und zwar je eine für jeden Teil des Rechnungslegungsbuches (Titeldatei) zur Begründung des auf ihn entfallenden Betrages.

Dabei wird in der gleichen Weise wie im vorangehenden Abschnitt verfahren.

E. Ersatz für verlorengegangene Rechnungsbelege

Verlorengegangene Rechnungsbelege müssen ersetzt werden, damit die Kasse ihre Einnahmen und Ausgaben lückenlos belegen kann. In einem solchen Falle fertigt die zuständige Dienststelle als Ersatz für den verlorengegangenen Beleg eine neue Kassenanordnung aus. Sie muß die Aufschrift tragen "Zweite Ausfertigung an Stelle der in Verlust geratenen und für ungültig erklärten ersten Ausfertigung"[5]. Ihr werden die gleichen Unterlagen beigefügt, die der Erstausfertigung angefügt waren, ggf. als beglaubigte Abschriften. Wenn dies nicht möglich ist, muß der Grund der Zahlung in der Ersatzanweisung eingehend erläutert werden. Außerdem sollen die Hindernisse, die der Erneuerung der Unterlagen entgegenstehen, angegeben werden. Die Kasse erneuert den Zahlungsbeweis.

Findet sich der in Verlust geratene Rechnungsbeleg wieder an, dann wird der neugefertigte Beleg (die 2. Ausfertigung) zweimal (diagonal) durchstrichen, mit

---

4 S. § 45 (1) Satz 2 RRO.
5 Vgl. § 46 (2) RRO.

einem entsprechenden Vermerk versehen, der ursprünglichen Ausfertigung beigefügt.

F. Sammlung der Rechnungsbelege

Die Rechnungsbelege werden von der rechnungslegenden Kasse gesammelt[6] und bis zur Rechnungslegung sicher aufbewahrt.

Die Rechnungsbelege werden nach der Reihenfolge ihrer Bezeichnung in Mappen geordnet, die mit einer den Inhalt kennzeichnenden Aufschrift zu versehen sind.

Für jeden Buchungsabschnitt eines Rechnungslegungsbuchs ist eine besondere Mappe anzulegen.

G. Sammel- und Dauerbelege

Nicht selten bilden Schriftstücke (z.B. Verträge) die Unterlagen für mehrere Buchungen einer oder mehrerer förmlicher Kassenanordnungen.

Grundsätzlich sollen Schriftstücke nur als Unterlage für Haushaltseinnahmen oder -ausgaben verwendet werden, die im gleichen Teil der Titeldatei gebucht werden, auch wenn dieser Teil der Titeldatei in mehrere Zeitabschnitte desselben Haushaltsjahres aufgeteilt wird. Dadurch wird eine ordnungsgemäße Prüfung jedes Teiles der Rechnung gewährleistet.

Sollen Buchungen in verschiedenen Teilen der Titeldatei durch *nur ein* Schriftstück belegt werden, müssen für die übrigen Teile der Titeldatei weitere Ausfertigungen oder beglaubigte Abschriften des Schriftstücks angefertigt werden.

Werden nur einige Kassenanordnungen über Haushaltseinnahmen oder -ausgaben des gleichen Haushaltsjahres durch *ein* Schriftstück begründet, wird es als Unterlage mit der ersten Kassenanordnung fest verbunden. In den weiteren Kassenanordnungen für den gleichen Teil der Titeldatei wird als Begründung der Zahlungen auf die Unterlage der ersten Kassenanordnung Bezug genommen[7].

Schriftstücke, die innerhalb eines Haushaltsjahres zur Begründung für mehrere Kassenanordnungen über Einzelhaushaltseinnahmen oder -ausgaben dienen, sind als "Sammelbelege" zu behandeln.

---

6 Vgl. § 95 RRO.
7 S. § 64 (1) RRO.

Schriftstücke, die auch in späteren Haushaltsjahren zur Begründung von Kassenanordnungen über Einzelhaushaltseinnahmen oder -ausgaben dienen, sind als "Dauerbelege" zu behandeln.

Schriftstücke, die zur Begründung einer Kassenanordnung über laufende Haushaltseinnahmen oder -ausgaben dienen, sind als "Belege zur Daueranordnung" zu behandeln.

Sammel- und Dauerbelege sind bei den zahlungsanordnenden Dienststellen zu führen, und zwar getrennt nach mittelbewirtschafteten Dienststellen,

Sammelbelege sind in einfacher Ausfertigung zu führen. Sie sind innerhalb eines Haushaltsjahres fortlaufend zu benummern. Der laufenden Nummer sind die Schlüssel-(Zähl-)Nummer der *mittelbewirtschaftenden* Dienststelle und der Buchstabe "S" voranzusetzen.

Beispiel:

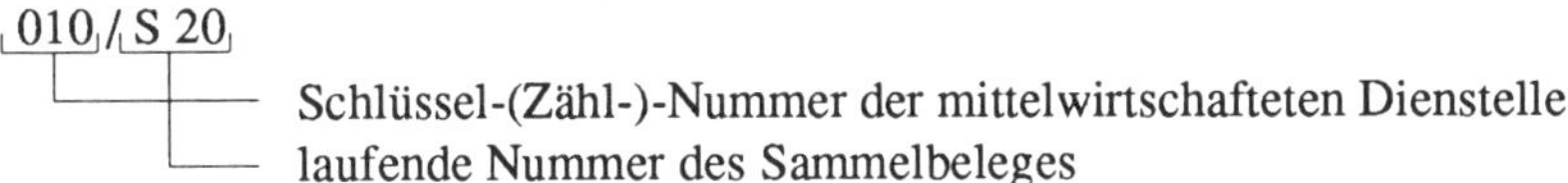

Dauerbelege sind in einfacher Ausfertigung zu führen. Sie sind ohne Rücksicht auf das Haushaltsjahr fortlaufend zu benummern. Der laufenden Nummer sind die Schlüssel-Nummer der *mittelbewirtschaftenden* Dienststelle und der Buchstabe "D" voranzusetzen.

Beispiel:

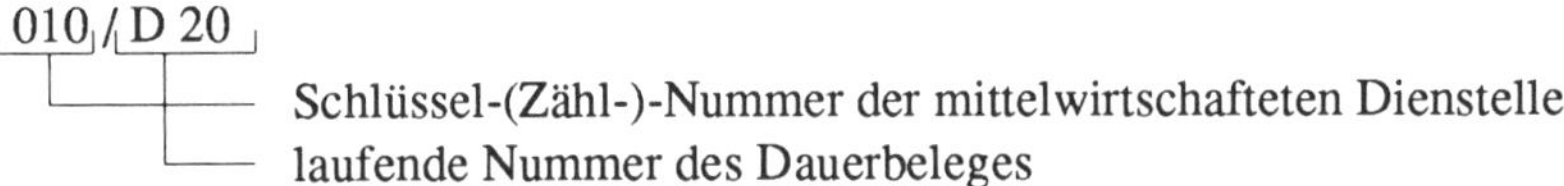

Die Dauerbelege sind neu zu numerieren, wenn eine größere Zahl ausgesondert worden ist.

Sammel- und Dauerbelege sind – je für sich – in Mappen abzulegen. Auf den Mappen sind die Bezeichnung und die Schlüssel-Nummer der mittelbewirtschaftenden Dienststelle sowie der Inhalt anzugeben. Den Mappen ist jeweils ein Inhaltsverzeichnis voranzustellen, das in zweifacher Ausfertigung zu führen und stets auf dem laufenden zu halten ist.

Auf Kassenanordnungen über Einzelhaushaltseinnahmen und -ausgaben, die durch einen Sammel- oder Dauerbeleg begründet werden, ist die jeweilige Sammel- bzw. Dauerbeleg-Nummer anzugeben.

Die Sammelbelege sind nach Abschluß eines Haushaltsjahres der zuständigen Kasse zur Vorlage an die Vorprüfstelle zu übersenden. Bei der Übersendung der Belege ist eine Ausfertigung des Inhaltsverzeichnisses beizufügen.

Dauerbelege, die für die Rechnungsprüfung benötigt werden, werden vom Bundesrechnungshof (BRH) oder der zuständigen Vorprüfungsstelle bei der zahlungsanordnenden Dienststelle angefordert. Bei der Übersendung der Belege ist eine Ausfertigung des Inhaltsverzeichnisses beizufügen.

Belege zur Daueranordnung sind bei den Kassen zu führen, und zwar getrennt nach mittelbewirtschaftenden Dienststellen. Als Belege zur Daueranordnung kommen z.B. Mietverträge in Betracht. Belege zur Daueranordnung sind der Kasse zusammen mit der Kassenanordnung über laufende Haushaltseinnahmen oder -ausgaben zu übersenden.

Belege zur Daueranordnung sind in einfacher Ausfertigung zu führen. Sie sind ohne Rücksicht auf das Haushaltsjahr fortlaufend zu benummern. Der laufenden Nummer sind die Kenn-Nummer der *mittelbewirtschaftenden* Dienststelle und die Buchstaben "DA" voranzusetzen.

Beispiel:

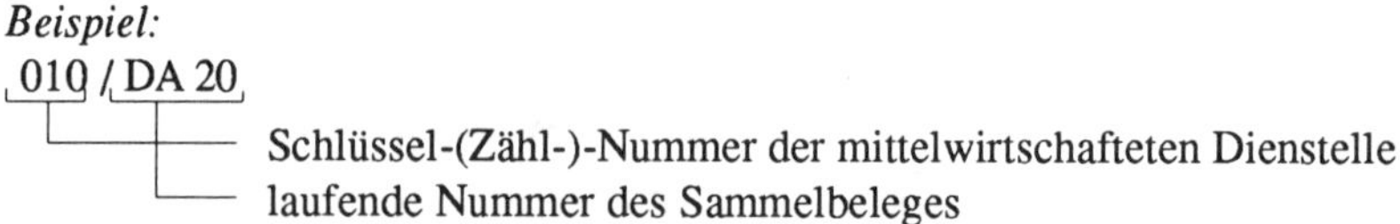

Die Belege zur Daueranordnung sind neu zu numerieren, wenn eine größere Zahl ausgesondert worden ist.

Belege zur Daueranordnung sind in besonderen Mappen abzulegen. Die Nummer des Beleges zur Daueranordnung ist auf der Kassenanordnung, dem Buchungsbeleg und der Titelkarte (Personenkonto) anzugeben. Belege zur Daueranordnung, die für die Rechnungsprüfung benötigt werden, werden vom BRH oder der zuständigen Vorprüfungsstelle bei der Kasse angefordert. Bei der Übersendung der Belege ist eine Ausfertigung des Inhaltsverzeichnisses beizufügen. Belege zur Daueranordnung, die zur Begründung von Zahlungen nicht mehr benötigt werden, sind aus den Belegmappen herauszunehmen, im Inhaltsverzeichnis zu streichen und den Rechnungsbelegen des Haushaltsjahres zuzuordnen, in dem die letzte Zahlung fällig ist.

H. Zahlungsbeweis

Der Zahlungsbeweis wird durch die Unterschrift des Einzahlers bzw. des Empfangsberechtigten erbracht,

1) bei barer Einzahlung gilt als Zahlungsbeweis die Unterschrift des Einzahlers. Dieser muß durchaus nicht der Einzahlungspflichtige sein. Auch jeder andere Be-

dienstete (auch Nicht-Bedienstete) kann den zu entrichtenden Betrag einzahlen; er unterschreibt mit seinem Namen[8].

2) bei baren Auszahlungen gilt als Zahlungsbeweis die Unterschrift des Empfangsberechtigten. Der Empfangsberechtigte kann eine andere Person, jedoch nicht den Kassier, Zahlstellenverwalter usw., durch eine von ihm unterschriebene Vollmacht zum Geldempfang ermächtigen. Der Bevollmächtigte quittiert beim Geldempfang mit seinem Namen und dem Zusatz: "In Vollm.". Die Vollmacht ist dem Beleg beizufügen[9].

Handelt es sich bei der Kassenanordnung um eine *Einzel*anordnung, so ist die Unterschrift (der Zahlungsbeweis) auf der Vorderseite der Kassenanordnung (Betrag eingezahlt: Ort, Datum: Unterschrift des Einzahlers bzw. Betrag erhalten: Ort, Datum: Unterschrift des Empfangsberechtigten) abzugeben. Handelt es sich jedoch um eine Sammelanordnung mit mehr als einem Einzahlungspflichtigen bzw. Empfänger, so ist der Zahlungsbeweis auf der Rückseite der Kassenanordnung zu erbringen; sollte eine Einzahlungsliste bzw. Auszahlungsliste erstellt worden sein, so ist auf dieser der Zahlungsbeweis zu vollziehen.

3) Bei Überweisungen gelten als Zahlungsbeweis die Unterschriften (Prüfvermerke) von zwei Kassenbediensteten[10].

I. Der Rechnungsbeleg
– Kurzfassung –

Ein Beleg ist eine schriftliche Unterlage über eine bereits vollzogene Maßnahme.

Über alle *Haushalts*einnahmen und -ausgaben ist Rechnung zu legen.

Ein Rechnungsbeleg ist somit ein Beleg, mit dem Rechnung gelegt wird, d.h. ein Rechnungsbeleg ist eine schriftliche Unterlage über eine bereits angenommene *Haushalts*einnahme bzw. geleistete *Haushalts*ausgabe, mit der Rechnung gelegt wird.

Zu einem Rechnungsbeleg gehören:
1) eine Kassenanordnung
2) eine zahlungsbegründende Unterlage,
3) der Zahlungsbeweis.

8 S. § 36 RKO.
9 S. § 40 RKO.
10 S. § 44 RKO.

Ein Rechnungsbeleg kann mehrere Titel (des gleichen Rechnungslegungsbuches) zum Inhalt haben.

Eine zahlungsbegründende Unterlage (z.B. ein Vertrag), die für eine Anzahl von Zahlungen gilt, wird bei den einzelnen Zahlungen nicht jedesmal neu erstellt, – vielmehr wird sie vor der erstmaligen Zahlung bereits getrennt von der Kassenanordnung der Kasse vorgelegt, und zwar

1) als “Sammelbeleg” (S.-Beleg), wenn sich die Unterlage bei Einzelhaushaltseinnahmen oder -ausgaben auf mehrere Zahlungen innerhalb eines Haushaltsjahres bezieht; z.B. 010/S 20

2) als “Dauerbeleg” (D.-Beleg), wenn sich die Unterlage bei Einzelhaushaltseinnahmen oder -ausgaben auf mehrere Zahlungen über das laufende Haushaltsjahr hinaus erstreckt; z.B. 020/D 35

3) als “Belege zur Daueranordnung” (DA-Beleg) bei Unterlagen über laufende Haushaltseinnahmen oder -ausgaben; z.B. 050/DA 25.

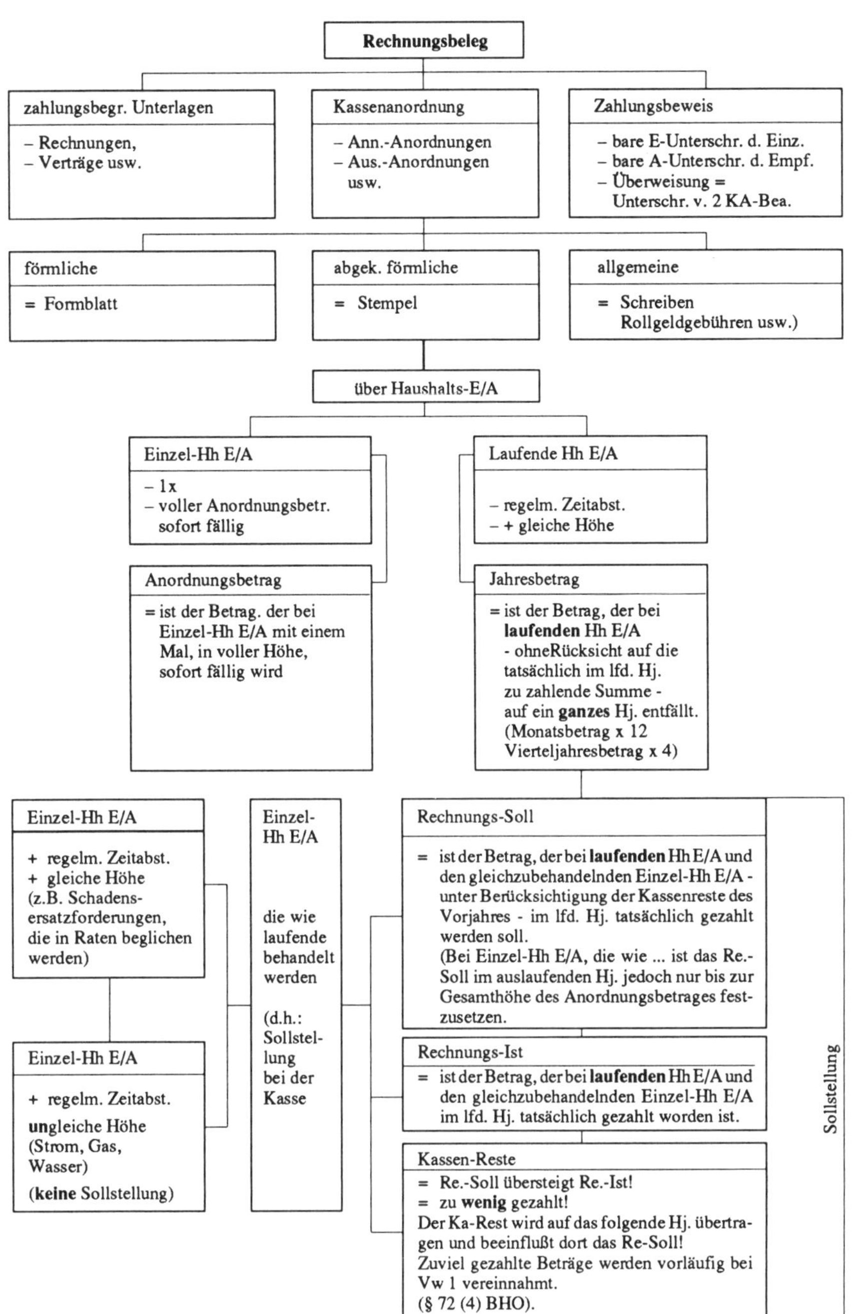
Rechnungsbeleg
zahlungsbegr. Unterlagen
– Rechnungen,
– Verträge usw.
Kassenanordnung
– Ann.-Anordnungen
– Aus.-Anordnungen
usw.
Zahlungsbeweis
– bare E-Unterschr. d. Einz.
– bare A-Unterschr. d. Empf.
– Überweisung = Unterschr. v. 2 KA-Bea.
förmliche
= Formblatt
abgek. förmliche
= Stempel
allgemeine
= Schreiben Rollgeldgebühren usw.)
über Haushalts-E/A
Einzel-Hh E/A
– 1x
– voller Anordnungsbetr. sofort fällig
Laufende Hh E/A
– regelm. Zeitabst.
– + gleiche Höhe
Anordnungsbetrag
= ist der Betrag. der bei Einzel-Hh E/A mit einem Mal, in voller Höhe, sofort fällig wird
Jahresbetrag
= ist der Betrag, der bei **laufenden** Hh E/A - ohneRücksicht auf die tatsächlich im lfd. Hj. zu zahlende Summe - auf ein **ganzes** Hj. entfällt. (Monatsbetrag x 12 Vierteljahresbetrag x 4)
Einzel-Hh E/A
+ regelm. Zeitabst.
+ gleiche Höhe
(z.B. Schadensersatzforderungen, die in Raten beglichen werden)
Einzel-Hh E/A
+ regelm. Zeitabst.
ungleiche Höhe (Strom, Gas, Wasser)
(**keine** Sollstellung)
Einzel-Hh E/A
die wie laufende behandelt werden
(d.h.: Sollstellung bei der Kasse
Rechnungs-Soll
= ist der Betrag, der bei **laufenden** Hh E/A und den gleichzubehandelnden Einzel-Hh E/A - unter Berücksichtigung der Kassenreste des Vorjahres - im lfd. Hj. tatsächlich gezahlt werden soll.
(Bei Einzel-Hh E/A, die wie ... ist das Re.-Soll im auslaufenden Hj. jedoch nur bis zur Gesamthöhe des Anordnungsbetrages festzusetzen.
Rechnungs-Ist
= ist der Betrag, der bei **laufenden** Hh E/A und den gleichzubehandelnden Einzel-Hh E/A im lfd. Hj. tatsächlich gezahlt worden ist.
Kassen-Reste
= Re.-Soll übersteigt Re.-Ist!
= zu **wenig** gezahlt!
Der Ka-Rest wird auf das folgende Hj. übertragen und beeinflußt dort das Re-Soll!
Zuviel gezahlte Beträge werden vorläufig bei Vw 1 vereinnahmt.
(§ 72 (4) BHO).
Sollstellung

XIII. Die Feststellung und Bescheinigung der sachlichen und rechnerischen Richtigkeit[1]

A. Allgemeines

Die Bestimmungen des Bundesministers der Finanzen zur Feststellung der sachlichen und rechnerischen Richtigkeit und die hierzu geltenden Durchführungsbestimmungen des Bundesministers der Verteidigung (DB) sind ab 1. Januar 1985 anzuwenden.

Der Beauftragte für den Haushalt hat dafür zu sorgen, daß die zur Feststellung befugten Personen über die Bedeutung der Feststellung und über die Verantwortung, die sie mit der Feststellung übernehmen, unterrichtet werden. Entsteht durch eine fehlerhafte Prüfung bei der sachlichen oder rechnerischen Feststellung dem Bund ein Schaden, haftet der Feststeller hierfür nach Maßgabe der gesetzlichen Bestimmungen. Dabei ist es grundsätzlich ohne Bedeutung, ob der Schaden durch Nachlässigkeit, Zeitmangel oder Vertrauensseligkeit entstanden ist.

Vor der Unterzeichnung der förmlichen Kassenanordnungen durch den Anordnungsbefugten ist die *sachliche* und auch die *rechnerische* Richtigkeit der in den Kassenanordnungen und den sie begründenden Unterlagen enthaltenden Angaben von den dazu befugten Bediensteten festzustellen und zu bescheinigen.

Jeder Rechnungsbeleg muß auf der Vorderseite der Kassenanordnung sachlich und rechnerisch festgestellt werden.

B. Feststellung und Bescheinigung der sachlichen Richtigkeit

1. Personenkreis, der zur Bescheinigung der sachlichen Richtigkeit befugt ist

a) Allgemeines

Zur Feststellung der sachlichen Richtigkeit sind befugt:
- der Leiter der Dienststelle
- der Beauftragte für den Haushalt
- andere Bedienstete, denen diese Befugnis vom Beauftragten für den Haushalt für ihren Verantwortungsbereich allgemein oder im Einzelfall schriftlich übertragen worden ist

1 Die Vorschriften über die Feststellung der sachlichen und rechnerischen Richtigkeit sind in der "Anlage zur Vorl. VV Nr. 2.6 zu § 34 BHO/LHO" neu geregelt worden.

– sonstige Personen (= Außenstehende) im Rahmen der Abgabe von Teilbescheinigungen.

Die Befugnis zur Ausübung der sachlichen Feststellung ist nicht von laufbahn-, vergütungs- oder lohngruppenrechtlichen Voraussetzungen abhängig.

Mit der Bescheinigung der sachlichen Richtigkeit darf vom Beauftragten für den haushalt nur beauftragt werden, wer dazu fähig ist, alle Sachverhalte zu überblikken und zu beurteilen, deren Richtigkeit er zu bescheinigen hat.

Die Übertragung der Befugnis zur Feststellung der sachlichen Richtigkeit setzt nicht voraus, daß der Feststeller zugleich auch Titelverwalter sein muß und die Bewirtschaftungsbefugnis besitzen muß[2]; unabhängig hiervon wird in aller Regel der Titelverwalter die Richtigkeit der sachlichen Feststellung bescheinigen.

Bedienstete dürfen die sachliche Feststellung in Angelegenheiten, die ihre eigene Person oder ihre Angehörigen betreffen, nicht abgeben.

Aus Gründen der Kassensicherheit dürfen ferner die sachliche Richtigkeit nicht feststellen:
– zum Kassenpersonal gehörende Bedienstete,
– Hauptzahlstellenverwalter, Zahlstellenverwalter, Nebenzahlstellenverwalter und Handvorschußverwalter,
– Zahlungsbeauftragte[3].

b) Zusätzliche Regelungen im Geschäftsbereich des BMVg

Der BMVg hat hierzu in seinen DB zu Nr. 2 der Feststellungsbestimmungen für seinen Geschäftsbereich bestimmt (VMBl. 1984 S. 249):

Zur Feststellung der sachlichen Richtigkeit für ihr Aufgabengebiet sind – *ohne daß es einer Übertragung im Einzelfall bedarf* – befugt:

– Beamte und Angestellte, denen mindestens die *Funktion* eines Sachbearbeiters übertragen ist. Diese Vorschrift ist nicht nur auf "*den* Sachbearbeiter" als den Beamten des gehobenen Dienstes und vergleichbare Angestellte ausgerichtet, sondern auf alle Bedienstete, denen die "Funktion" eines Sachbearbeiters übertragen ist,

– Offiziere, die mit der Wahrnehmung eines Fachgebietes beauftragt sind. "Fachgebiete" im Sinne dieser Bestimmungen führen: S 1 bis S 4-Offinziere, Truppenärzte, technische Offiziere, Fernmeldeoffiziere sowie sonstige Offiziere in den gleichen Fachgebieten auf der Ebene der Kommandobehörden und Ämter. Offi-

---

2 Vgl. Vorl. VV Nr. 1.9 und 1.10 zu § 34 i.V.m. Nr. 3.1 zu § 9 BHO.
3 S. DB-BMVg, Abs. 4, zu Nr. 2 der Feststellungsbestimmungen.

ziere, die andere Tätigkeiten ausüben (z.B. Kompanieoffiziere, Sportoffiziere, Jugendoffiziere, Presseoffiziere, Betreuungsoffiziere) nehmen kein Fachgebiet im Sinne der Feststellungsbestimmungen wahr, sondern sind vielmehr "Offiziere mit Nebenaufgaben",

– Kompaniefeldwebel, S 1-Feldwebel und Unteroffiziere in entsprechender Dienststellung. "Unteroffiziere in entsprechender Dienststellung" sind solche im S 1-Bereich, d.h. im Bereich des militärischen Personalwesens.

– Soldaten, Beamte, Angestellte und Arbeiter in Funktionen, die besondere Fachkenntnisse (z.B. auf technischem Gebiet) und die Ausbildung und Prüfung als Meister oder eine entsprechende abgeschlossene Ausbildung voraussetzen.

Die Übertragung der Befugnis zur Feststellung der sachlichen Richtigkeit im Einzelfall an Soldaten und zivile Mitarbeiter im *militärischen* Bereich obliegt dem Leiter der mittelbewirtschaftenden Dienststelle.

Werden im *militärischen* Bereich Gebührnisse, Vorschüsse oder Leistungen nach dem Reise- oder Umzugskostengesetz, der Trennungsgeldverordnung oder den Beihilfevorschriften zahlbar gemacht, obliegt die Feststellung der rechnerischen Richtigkeit der in Kassenanordnungen und zahlungsbegründenden Unterlagen enthaltenen Angaben den Bediensteten der zuständigen Truppenverwaltung[4].

2. Inhalt der Bescheinigung der sachlichen Richtigkeit

Der Feststeller der sachlichen Richtigkeit übernimmt mit der Unterzeichnung des Feststellungsvermerks die Verantwortung dafür, daß

a) *nach den geltenden Vorschriften*, insbesondere nach den Grundsätzen der Wirtschaftlichkeit verfahren worden ist; das bedeutet, daß

- die Notwendigkeit und Rechtmäßigkeit der Maßnahmen anerkannt wird
- die Höhe und Angemessenheit des Preises überprüft wurde
- die für die Zahlung maßgebenden Angaben in der förmlichen Kassenanordnung und den sie begründenden Unterlagen richtig sind, soweit nicht deren Richtigkeit vom Feststeller der rechnerischen Richtigkeit zu bescheinigen ist
- die gemäß § 49 RRO erforderlichen übrigen Angaben, wie
  - die Bezeichnung der Kasse, die Einzahlungen annehmen oder Auszahlungen leisten soll
  - die Anordnung zur Annahme oder Leistung
  - der anzunehmende oder zu leistende Betrag
  - der Einzahlungspflichtige oder Empfangsberechtigte
  - ggf. der Fälligkeitstag

---

4 S. DB-BMVg, Abs. 3, zu Nr. 2 der Feststellungsbestimmungen.

  - die Buchungsstelle und das Haushaltsjahr
  - eine Begründung der Anordnung

  in der förmlichen Kassenanordnung enthalten sind,
- die Einnahmen vollständig und rechtzeitig erhoben werden
- Abschlagsauszahlungen, Vorauszahlungen, Abtretungen und Pfändungen vollständig und richtig berücksichtigt worden sind
- die Ersatzpflicht eines Dritten geprüft wurde,

b) *nach bestehenden Verträgen* die Lieferung oder Leistung entsprechend der zugrunde liegenden Vereinbarung oder Bestellung sachgemäß und vollständig ausgeführt worden ist, d.h. die Lieferung oder Leistung als solche und auch die Art ihrer Ausführung wirtschaftlich geboten war.

Die sachliche Richtigkeit darf – unter entsprechender Ergänzung des Feststellungsvermerks – auch bescheinigt werden, wenn bei nicht vertragsmäßiger Erfüllung

- ein Schaden nicht entstanden ist (z.B. Überschreitung der Ausführungsfristen ohne nachteilige Folgen) oder
- die erforderlichen Maßnahmen zur Abwendung eines Nachteils ergriffen worden sind (z.B. Verlängerung der Gewährleistungsfristen, Minderung des Rechnungsbetrages, Hinterlegung von Sicherheiten).

3. Form der Bescheinigung der sachlichen Richtigkeit

Die sachliche Richtigkeit ist auf der *Vorderseite der Kassenanordnung* vom Feststeller durch Unterzeichnung des Vermerks

Sachlich richtig
(Unterschrift)

zu bescheinigen. Die *Unterschrift* ist *ohne jeden Zusatz* (*ohne* Amtsbezeichnung, *ohne* "Im Auftrag") vorzunehmen.

Bei Mehrausfertigungen von Kassenanordnungen für mehrere Buchungsstellen ist der Vermerk der sachlichen Richtigkeit auf jede Ausfertigung in das dafür vorgesehene Feld auf der Vorderseite zu setzen.

Sind an der Feststellung der sachlichen Richtigkeit neben dem Feststeller noch andere Bedienstete beteiligt, die z.B. die vollständige Lieferung einer Ware bescheinigen oder über die zur Feststellung erforderlichen Fachkenntnisse z.B. auf rechtlichem, medizinischem oder technischem Gebiet verfügen, so muß aus deren Bescheinigung (Teilbescheinigungen) der *Umfang der Verantwortung* ersichtlich sein. Diese Teilbescheinigung auf einer Zahlungsunterlage kann eine eingeschränkte Bescheinigung (z.B.: Die Ware ist vollzählig geliefert worden), oder aber auch eine uneingeschränkte Bescheinigung (= sachlich richtig) sein.

Stellt der Anordnungsbefugte auch die sachliche Richtigkeit fest, so kann dessen Bescheinigung mit der Anordnung verbunden werden. Der Feststellungsvermerk ist *vor* die Unterschrift zu setzen.

Für die Bescheinigung der sachlichen Richtigkeit dürfen nur urkundenechte Schreibmittel in schwarzer oder blauer Farbe verwendet werden.

C. Feststellung und Bescheinigung der rechnerischen Richtigkeit

1. Personenkreis, der zur Bescheinigung der rechnerischen Richtigkeit befugt ist

Zur Feststellung der rechnerischen Richtigkeit sind Bedienstete befugt, die mindestens
- dem mittleren Dienst (Beamte)
- der Laufbahngruppe der Unteroffiziere (Soldaten)
- der Vergütungsgruppe VIII BAT (Angestellte)

angehören und aufgrund der ihnen übertragenen Funktion in der Lage sind, die Richtigkeit der Angaben und Ansätze zu bescheinigen. Der Beauftragte für den Haushalt kann die Befugnis auf bestimmte Bedienstete beschränken.

In Ausnahmefällen darf der Beauftragte für den Haushalt die Befugnis der rechnerischen Feststellung Arbeitern in herausgehobener Funktion übertragen, wenn andere Befugte nicht zur Verfügung stehen und aufgrund der Vorbildung oder Berufserfahrung die hierfür erforderliche Befähigung vorliegt.

"Arbeiter in herausgehobener Funktion" sind z.B. Vorarbeiter, Vorhandwerker, Schichtführer, Gruppenleiter und Gruppenführer.

Die Befugnis zur Ausübung der rechnerischen Feststellung setzt nicht die Bewirtschaftungsbefugnis voraus.

Der Anordnungsbefugte darf die rechnerische Richtigkeit nicht selbst feststellen.

Bedienstete dürfen die rechnerische Feststellung in Angelegenheiten, die ihre eigene Person oder ihre Angehörigen betreffen, nicht abgeben.

Aus Gründen der Kassensicherheit dürfen ferner die rechnerische Richtigkeit *nicht* feststellen:
- zum Kassenpersonal gehörende Bedienstete (Ausnahme: Buchhalter im Rahmen der allgemeinen Kassenanordnungen)
- Hauptzahlstellenverwalter, Zahlstellenverwalter, Nebenzahlstellenverwalter und Handvorschußverwalter,
- Zahlungsbeauftragte.

Im Geschäftsbereich des BMVg ist zusätzlich geregelt:

Kann bei kleinen Truppenverwaltungen die rechnerische Richtigkeit von keinem anderen dazu befugten Bediensteten als dem Anordnungsbefugten festgestellt werden, darf der Anordnungsbefugte ausnahmsweise auch die rechnerische Richtigkeit feststellen und bescheinigen[5].

2. Inhalt der Bescheinigung der rechnerischen Richtigkeit

Der Feststeller der rechnerischen Richtigkeit übernimmt mit der Unterzeichnung des Feststellungsvermerks die Verantwortung dafür, daß
- der anzunehmende oder auszuzahlende Betrag sowie
- alle auf Berechnungen beruhenden Angaben

in der förmlichen Kassenanordnung und den sie begründenden Unterlagen richtig sind.

Die Feststellung der rechnerischen Richtigkeit erstreckt sich mithin auch auf die Richtigkeit der den Berechnungen zugrunde liegenden Ansätze (z.B. Bestimmungen, Tarife, Verträge).

Die Feststellung der rechnerischen Richtigkeit entfällt, soweit betraglose Kassenanordnungen auf Berechnungen beruhende Angaben nicht enthalten.

Kassenanordnungen mit Lieferantenrechnungen mit Skontoabzug sind – am oberen Rand – mit dem Stempel "Skonto" kenntlich zu machen.

Das "Anhaken" der geprüften Zahlen ist nicht mehr vorgeschrieben – dennoch erscheint es sinnvoll!

3. Form der Bescheinigung der rechnerischen Richtigkeit

Die rechnerische Richtigkeit ist auf der *Vorderseite der Kassenanordnung* vom Feststeller durch Unterzeichnung des Vermerks

Rechnerisch richtig
(Unterschrift)

zu bescheinigen. Die *Unterschrift* ist *ohne jeden Zusatz* (*ohne* Amtsbezeichnung, *ohne* "Im Auftrag") vorzunehmen.

---

5 S. DB-BMVg, Abs. 5, zu Nr. 2 der Feststellungsbestimmungen.

Sind an der Feststellung der rechnerischen Richtigkeit neben dem Feststeller noch andere Bedienstete beteiligt, so muß aus deren Teilbescheinigungen der Umfang der Verantwortung ersichtlich sein.

Sind die *Endbeträge* in begründenden Unterlagen *geändert worden, so muß der Vermerk lauten*

Rechnerisch richtig mit ... DM ... Pf.
(Unterschrift)

Der Betrag ist nur in Ziffern anzugeben.

Absetzungen von zugestandenen Rabatt- und Skontobeträgen gelten nicht als Änderungen.

Bei Mehrausfertigungen von Kassenanordnungen für mehrere Buchungsstellen ist der Vermerk der rechnerischen Richtigkeit auf jede Ausfertigung auf das dafür vorgesehene Feld auf der Vorderseite zu setzen.

Wird die rechnerische Richtigkeit auf Unterlagen zur Kassenanordnung bescheinigt, so wird der Vermerk *neben* oder *unter* die Gesamtsumme gesetzt.

Für die Bescheinigung der rechnerischen Richtigkeit dürfen nur urkundenechte Schreibmittel in schwarzer oder blauer Farbe verwendet werden.

D. Teilbescheinigungen

Der Feststeller, der auf der Vorderseite der förmlichen Kassenanordnung oder in den sie begründenden Unterlagen die sachliche oder rechnerische Richtigkeit bescheinigt, ist für die Richtigkeit der Angaben nicht verantwortlich, soweit *andere Feststeller Teil*bescheinigungen abgegeben oder in den begründenden Unterlagen die Richtigkeit bescheinigt haben.

Sind *Teil*bescheinigungen aufgrund schriftlicher Verträge oder sonstiger Vereinbarungen von anderen – außenstehenden – Personen (z.B. Architekten, Ingenieuren) abgegeben worden, so gilt das Vorgenannte entsprechend.

Wenn in Verträgen oder sonstigen Vereinbarungen die Anwendung der Verwaltungsvorschriften zur BHO vorgesehen ist, sind die Teilbescheinigungen nach diesen Vorschriften abzugeben; anderenfalls sind Inhalt und Form der Teilbescheinigungen in den Verträgen oder sonstigen Vereinbarungen festzulegen.

Der Umfang der übernommenen Verantwortung bei der Abgabe von Teilbescheinigungen muß eindeutig festgelegt und erkennbar sein. Hierzu ist eine erschöpfende verbale Beschreibung oder die Verwendung eines Farbstiftes erforderlich (z.B. "die grün unterstrichenen Angaben entsprechen den vertraglichen Vereinbarungen").

Treffen andere Bedienstete als der Feststeller Maßnahmen, die zu förmlichen Kassenanordnungen führen (T. bestellt die Ware und unterschreibt den Bestellschein; F. zeichnet "sachlich richtig"), so erstreckt sich die Verantwortung des Feststellers nicht auf den Inhalt der Maßnahmen. Die Unterschriften auf den die Maßnahme betreffenden Schriftstücken (hier: Bestellschein) gelten insoweit zugleich als Feststellung *und Teilbescheinigung* im Sinne dieser Bestimmungen.

Wurde auf einer *Unterlage* eine Teilbescheinigung (des T.) abgegeben z.B.
- die Ware wurde vollständig geliefert
- die in Grün unterstrichenen Angaben sind geprüft worden (= *eingeschränkte* Teilbescheinigung)
- sachlich richtig (als *uneingeschränkte* Bescheinigung der Richtigkeit der zahlungsbegründenden Unterlagen ist dies somit eine *Teil*bescheinigung des Beleges!),

so erstreckt sich die sachliche Feststellung auf der *Vorderseite* der Kassenanordnung (des F.) *nicht auf diese Teilbescheinigung*.

Wurde *die Unterlage un*eingeschränkt sachlich richtig gezeichnet (von T.), so erstreckt sich die sachliche Feststellung (des F.) auf der Vorderseite der Kassenanordnung nur darauf, daß
- die Angaben in der Kassenanordnung richtig sind
- der sachliche Feststeller der zahlungsbegründenden Unterlage hierzu befugt ist
- der Anordnungsbetrag von der zahlungsbegründenden Unterlage richtig auf die Vorderseite der Kassenanordnung übernommen worden ist.

Auch im Rahmen der Feststellung der rechnerischen Richtigkeit sind Teilbescheinigung möglich, z.B. "Ansätze richtig" oder "Rechenwerk richtig".

Geben Bedienstete der eigenen Dienststelle Teilbescheinigungen ab, prüft der Feststeller, der die sachliche oder rechnerische Richtigkeit in der Kassenanordnung bescheinigt, ob die Bediensteten zur Feststellung der sachlichen und rechnerischen Richtigkeit befugt sind. Werden Teilbescheinigungen von Bediensteten anderer Stellen abgegeben, sind diese Stellen dafür verantwortlich, daß nur Befugte derartige Bescheinigungen abgeben.

Die sachliche *Teilbescheinigung* ist zu setzen
a) bei Kassenanordnungen in das Feld Begründung oder auf die Rückseite oder an das Ende der Zahlliste,
b) bei Unterlagen an die dafür vorgesehene Stelle oder jeweils auf die letzte Seite.

Werden im militärischen Bereich Gebührnisse zahlbar gemacht, muß der Kompaniefeldwebel, der S 1-Feldwebel oder ein Unteroffizier in entsprechender Dienststellung die Richtigkeit der Angaben über den Zahlungsempfänger, der Angaben des Zahlungsempfängers, soweit die Zahlung darauf beruht, und des Zahlungsanspruchs in Form einer Teilbescheinigung feststellen.

Die rechnerische *Teilbescheinigung* ist zu setzen
a) bei Kassenanordnungen auf die Rückseite neben oder unter die Gesamtsumme
b) bei Unterlagen neben oder unter die Gesamtsumme.

E. Verantwortung des Feststellers in besonderen Fällen

Ist eine lückenlose Nachprüfung von Angaben nicht möglich, so beschränkt sich die Verantwortung des Feststellers der sachlichen Richtigkeit darauf, daß bei sorgfältiger Prüfung Bedenken gegen die Richtigkeit dieser Angaben nicht bestehen.

In diesem Fall ist bei der Bescheinigung der sachlichen Richtigkeit *kein* Vermerk anzubringen. Die Einschränkung der Verantwortung bei der Bescheinigung der sachlichen Feststellung ergibt sich aus der Natur der Sache (z.B. bei genormten Verpackungseinheiten: 100 Blatt Schreibpapier in Folie verpackt).

Entsprechendes gilt, wenn
- Leistungen durch Zähler, Uhren oder sonstige Kontrolleinrichtungen abgelesen werden oder
- Leistungen nur unmittelbar an Dritte erbracht werden können (z.B. Sachleistungen an Heiminsassen).

Muß ausnahmsweise (z.B. bei Erkrankung oder Ausscheiden des zuständigen Feststellers) die sachliche Richtigkeit von einem Bediensteten bescheinigt werden, der den Inhalt nicht in vollem Umfang überblicken und beurteilen kann (= Vertreter des zunächst Zuständigen), so beschränkt sich die Verantwortung des Feststellers der sachlichen Richtigkeit darauf, daß bei sorgfältiger Prüfung Bedenken gegen die Richtigkeit dieser Angaben nicht bestehen; der Feststeller hat in diesen Fällen in der Bescheinigung der sachlichen Richtigkeit *mit einem Vermerk* anzugeben, *in welchem Umfang* und *weshalb* die Angaben nicht nachgeprüft werden konnten.

Hier bietet sich folgender Vermerk an:

Sachlich richtig

Folgende Angaben konnten jedoch nicht überprüft werden:

1. ....
2. ....

Begründung: ....

Unterschrift

Die auf diese Weise aus der Bescheinigung – und Haftung – der Feststellung der sachlichen Richtigkeit ausgeschlossenen Angaben sind somit *nicht* Inhalt der

Feststellung der sachlichen Richtigkeit. In einem solchen Fall entscheidet der *Anordnungsbefugte*, ob der Beleg ausgezahlt werden soll (er vollzieht die Kassenanordnung) oder nicht (er vollzieht sie nicht). Die Verantwortung – und Haftung – für die Richtigkeit der im Ausschlußvermerk des sachlichen Feststellers aufgeführten Angaben geht auf den Anordnenden über, sofern dieser die Kassenanordnung als Anordnender unterschreibt.

F. Feststellung bei Anwendung automatisierter Verfahren

Die Abgrenzung der Aufgaben- und Verantwortungsbereiche sowie die Form der Feststellungsbescheinigung bei Kassenanordnungen und ihren begründenden Unterlagen, die in einem automatisierten Verfahren erstellt oder nachgeprüft worden sind, regelt der Bundesminister der Finanzen im Einvernehmen mit dem Bundesrechnungshof.

Die Verantwortung der Feststeller der sachlichen und der rechnerischen Richtigkeit von förmlichen Kassenanordnungen erstreckt sich nicht auf den Inhalt der Datenträger, die im automatisierten Verfahren erstellt worden sind.

Werden begründende Unterlagen in einem automatisierten Verfahren erstellt, so kann bei juristischen Personen des öffentlichen Rechts und Energieversorgungsunternehmen allgemein von der rechnerischen Feststellung abgesehen werden.

– Die DB des BMVg zu Nr. 7 der Feststellungsbestimmungen sehen hierzu vor:
Das Rechenwerk von *Strom-, Gas-, Wassergeld- und Fernmelderechnungen*, die in einem automatisierten Verfahren erstellt worden sind, ist im allgemeinen nicht zu prüfen. Zur Kontrolle ist jedoch jährlich eine Verbrauchsrechnung je Zähler und eine Fernmelderechnung je Fernmeldegebührenkonto nachzurechnen. Der Vermerk über die rechnerische Feststellung lautet in diesem Fall "Einschließlich Rechenwerk rechnerisch richtig".

Die vereinfachte rechnerische Feststellung gilt nur für das Rechenwerk; die Richtigkeit der den Berechnungen zugrunde liegenden Ansätze ist anhand der maßgeblichen Berechnungsunterlagen (alter und neuer Zählerstand, Tarif usw.) in jedem Fall festzustellen.

In einem automatisierten Verfahren erstellte *Auftragnehmerrechnungen* dürfen mit folgenden Maßgaben vereinfacht rechnerisch festgestellt werden:

a) Rechenwerk

Auf die rechnerische Prüfung des Rechenwerks kann verzichtet werden, wenn die Rechnung den vom Auftragnehmer unterschriebenen Vermerk "Mit programmgesteuertem Rechenwerk erstellte Rechnung" trägt.

Bei jeder Rechnung ist einmal zu prüfen, ob die Ergebnisse aus der Multiplikation, Division und Prozentrechnung richtig sind. Enthalten mehrseitige Rechnungen Zwischensummen, ist auch die Addition einmal nachzuprüfen.

Manuelle Berechnungen sind immer nachzurechnen.

b) Ansätze

Jährlich sind 10 % der Rechnungen jeder Firma – mindestens aber 2 Rechnungen je Quartal – vollständig zu prüfen. Alle Positionen mit Wertangaben über 10000 DM in der Summenspalte sind zu prüfen.

Bei Differenzen zwischen Listenpreisen und Preisansatz in der Rechnung sind sämtliche Preisansätze aller Rechnungen des betroffenen Auftragnehmers, die in demselben Monat erstellt wurden oder noch erstellt werden, zu prüfen.

Bei Differenzen zwischen Listenpreisen und Preisansatz in der Rechnung sind sämtliche Preisansätze aller Rechnungen des betroffenen Auftragnehmers, die in demselben Monat erstellt wurden oder noch erstellt werden, zu prüfen.

Der Vermerk über die vereinfachte Feststellung lautet "Rechnerisch richtig. Die Ansätze und das Rechenwerk wurden vereinfacht geprüft".

Das vereinfachte Feststellungsverfahren gilt nicht, wenn ein Anlaß zu Zweifeln an der Vertrauenswürdigkeit eines Auftragnehmers gegeben ist.

G. Zusammengefaßte Bescheinigung der sachlichen und rechnerischen Richtigkeit

Die Bescheinigungen der sachlichen und rechnerischen Richtigkeit können zusammengefaßt werden, wenn der Feststeller die erforderlichen Voraussetzungen erfüllt.

In diesem Falle muß der Feststellungsvermerk lauten

Sachlich und rechnerisch richtig
(Unterschrift)

oder

Sachlich und rechnerisch richtig mit ... DM ... Pf.
(Unterschrift)

Sind an der zusammengefaßten Bescheinigung neben dem Feststeller noch andere Bedienstete beteiligt, so muß aus deren Teilbescheinigung der *Umfang der Verantwortung* ersichtlich sein.

H. Feststellungen durch Beamte im Vorbereitungsdienst während der praktischen Ausbildung

Das Bundesministerium der Verteidigung stellt klar, daß Angehörigen der o.g. Personengruppen von jeweils zuständigen Beauftragten für den Haushalt die Befugnis zur Ausübung sowohl der sachlichen als auch der rechnerischen Feststellung übertragen werden kann, sofern dem einzelnen Anwärter zuvor ein abgegrenzter Aufgaben- und Verantwortungsbereich (z.B. vertretungsweise) übertragen worden ist[6].

I. Die Feststellung und Bescheinigung der sachlichen und rechnerischen Richtigkeit

– Kurzfassung –

1. Allgemeines

Vor der Unterzeichnung der förmlichen Kassenanordnung durch den Anordnungsbefugten ist die sachliche und die rechnerische Richtigkeit der
- in der Kassenanordnung und
- in den sie begründenden Unterlagen

enthaltenen Angaben festzustellen und auf der *Vorderseite* der Kassenanordnung zu bescheinigen.

2. Feststellung der sachlichen Richtigkeit

a) Personenkreis:
- der Leiter der Dienststelle,
- der Beauftragte für den Haushalt,
- *andere Bedienstete*, denen diese Befugnis vom Beauftragten für den Haushalt übertragen worden ist,
- *sonstige Personen*, die Teilbescheinigungen abgeben (z.B. Architekten, Ingenieure usw.).

Regelung im Geschäftsbereich des BMVg: s. Abschnitt XIII B, Ziffer 1.b) (S. 255).

---

6 Auf Anfrage: BMVg – H I 3 – vom 31.07.1987 (nicht veröffentlicht; Vermerk liegt dem Verfasser vor).

b) Inhalt:

Beachtung der geltenden Vorschriften, insbesondere der der Wirtschaftlichkeit, d.b.:

- Notwendigkeit und Rechtmäßigkeit der Maßnahme,
- Höhe und Angemessenheit des Preises,
- Richtigkeit der für die Zahlung maßgebenden Angaben der sachlichen Richtigkeit,
- Richtigkeit der in der Kassenanordnung enthaltenen Angaben,
- Vollständige und rechtzeitige Erhebung der Einnahmen,
- Berücksichtigung von Abschlagsauszahlungen usw.,
- Prüfung der Ersatzpflicht eines Dritten.

Beachtung eines zugrunde liegenden Vertrages
– sachgemäße und vollständige Lieferung.

c) Form:

Sachlich richtig (Unterschrift)	Text und Abgrenzung einer *Teil*bescheinigung (z.B. auf technischem Gebiet) (Unterschrift)

3. Feststellung der rechnerischen Richtigkeit

a) Personenkreis:

- Beamte vom mittleren Dienst an aufwärts,
- Soldaten ab Unteroffizier an aufwärts,
- Angestellte von der VergGr VIII BAT an aufwärts,
- *in Ausnahmefällen*:
  - *Arbeiter in herausgehobener Funktion.*

b) Inhalt:

- Richtigkeit der Ansätze und Zahlenangaben,
- Richtigkeit des Rechenwerkes,
- Richtigkeit des angeordneten Betrages.

c) Form:

Rechnerisch richtig (Unterschrift)	Rechnerisch richtig mit .. DM .. Pf. (Unterschrift) Dies gilt jedoch nicht bei Abzug von Skonti und Rabatten

4. Teilbescheinigungen

– Sind *Teil*bescheinigungen (z.B. “Die Ware ist vollzählig geliefert worden”) von anderen Bediensteten abgegeben worden, so ist der Inhalt dieser Teilbescheinigung *nicht* Gegenstand der sachlichen Feststellung; fehlt diese Teilbescheinigung, so übernimmt der Feststeller die volle Verantwortung auch für diesen Sachverhalt.

– Sind Teilbescheinigungen aufgrund schriftlicher *Verträge* von "anderen Personen" (Architekten, Ingenieuren etc.) abgegeben worden, so gilt das gleiche. Inhalt und Form der Teilbescheinigungen sind in den Verträgen festzulegen.

– Treffen andere Bedienstete Maßnahmen, die zu förmlichen Kassenanordnungen führen (z.B. schriftliche Bestellung), so erstreckt sich die Verantwortung des Feststellers *nicht* auf den Inhalt der Maßnahme.

5. Verantwortung des Feststellers in besonderen Fällen

– Ist eine lückenlose Nachprüfung von Angaben nicht möglich, so beschränkt sich die Verantwortung des Feststellers der sachlichen Richtigkeit darauf, daß bei sorgfältiger Prüfung Bedenken gegen die Richtigkeit dieser Angaben nicht bestehen. In diesem Fall ist zur sachlichen Richtigkeitsbescheinigung *kein* zusätzlicher Vermerk anzubringen. Die Einschränkung der Verantwortung bei der sachlichen Feststellung ergibt sich aus der Natur der Sache (z.B. bei genormten Verpakkungseinheiten).

– Muß ausnahmsweise (z.B. bei Erkrankung des zuständigen Feststellers) die sachliche Richtigkeit von einem anderen Bediensteten bescheinigt werden, dem der Sachverhalt nicht oder nicht hinreichend bekannt ist, so beschränkt sich die Verantwortung des Feststellers der sachlichen Richtigkeit darauf, daß bei sorgfältiger Prüfung Bedenken gegen die Richtigkeit dieser Angaben nicht bestehen; der Feststeller hat jedoch in der Bescheinigung der sachlichen Richtigkeit in einem *Vermerk* anzugeben, *weshalb* und *in welchem Umfang* die Angaben nicht nachgeprüft werden konnten.

6. Feststellung bei Anwendung automatisierter Verfahren

Die Verantwortung der Feststeller der sachlichen und rechnerischen Richtigkeit von förmlichen Kassenanordnungen erstreckt sich nicht auf den Inhalt der Datenträger, die im automatisierten Verfahren erstellt worden sind.

Werden *begründende Unterlagen* in einem automatisierten Verfahren erstellt, so kann bei juristischen Personen des öffentlichen Rechts und Energieversorgungsunternehmen die rechnerische Feststellung entfallen.

Regelung im Geschäftsbereich des BMVg: s. Abschnitt XIII. F (S. 263).

7. Zusammengefaßte Bescheinigung der sachlichen und rechnerischen Richtigkeit

a) sachliche Richtigkeit	=	Sachlich richtig (Unterschrift)
b) rechnerische Richtigkeit	=	Rechnerisch richtig (Unterschrift)
bei Änderung von Endbeträgen in begründenden Unterlagen	=	Rechnerisch richtig mit ... DM .. Pf. (Unterschrift)

Wenn von *einer* Person die Richtigkeit *beider* Feststellungsarten bescheinigt sind, so zeichnet diese:

Sachlich und rechnerisch richtig
(Unterschrift)

oder

Sachlich und rechnerisch richtig mit ... DM .. Pf.
(Unterschrift)

XIV. Die Anordnungsbefugnis[1]

A. Allgemeines

Mit der Verteilung (Zuweisung) von Ausgabemitteln zur selbständigen Bewirtschaftung ist diese Dienststelle "mittelbewirtschaftende Dienststelle" geworden: ihr ist *damit die Ermächtigung zur Bewirtschaftung erteilt*. Die Dienststelle hat somit die *Bewirtschaftungsbefugnis*[2].

Die Anordnungsbefugnis umfaßt die Berechtigung einer anordnungsbefugten Dienststelle, die für sie zuständige rechnungslegende Kasse anzuweisen, Einzahlungen anzunehmen sowie Auszahlungen zu leisten und die Beträge nach näherer Angabe zu buchen.

Die Kassen des Bundes/Landes dürfen Einzahlungen regelmäßig nur aufgrund schriftlicher Annahmeanordnungen der zuständigen anordnungsberechtigten Dienststelle oder aufgrund gesetzlicher Vorschriften annehmen[3] und Auszahlungen nur aufgrund schriftlicher Auszahlungsanordnungen der zuständigen anordnungsberechtigten Dienststelle oder aufgrund gesetzlicher Vorschriften leisten[4].

Auszahlungsanordnungen dürfen nur erteilt werden, wenn der mittelbewirtschaftenden Dienststelle hinreichende Ausgabemittel für diesen Zweck zur Verfügung stehen[5], oder wenn die Voraussetzungen für überplanmäßige oder außerplanmäßige Haushaltsausgaben erfüllt sind.

Die förmliche Kassenanordnung ist vom Anordnungsbefugten – ohne jeden Zusatz – zu unterschreiben. In *eigener Sache* oder der eines *Angehörigen* darf die Anordnungsbefugnis nicht ausgeübt werden[6].

Der Anordnungsbefugte hat sich vor der Unterzeichnung der förmlichen Kassenanordnung davon zu überzeugen, daß für die einzelne Maßnahme hinreichend Ausgabemittel und – soweit erforderlich – Betriebsmittel zur Verfügung stehen und bei der angegebenen Buchungsstelle verausgabt werden dürfen. Er ist dafür *verantwortlich*, daß

---

1 Die "Anordnungsbefugnis" ist mit der Neufassung der Vorl. VV Nr. 2 zu § 34 BHO neu geregelt worden (MinBlFin Nr. 6/1984, S. 82 ff.).
2 Vgl. Vorl. VV Nr. 1.9 zu § 34 BHO/LHO.
3 S. § 34 (1) RKO.
4 Vgl. § 37 (1) RKO und § 70 BHO/LHO.
5 S. Vorl. VV Nr. 2.4 zu § 34 BHO/LHO.
6 S. Vorl. VV Nr. 2.3 zu § 34 BHO/LHO.

– die sachliche Richtigkeit von ihm festgestellt oder von den dazu befugten Bediensteten sowie
– die rechnerische Richtigkeit von den dazu befugten Bediensteten

bescheinigt ist.

Hiervon unberührt bleiben etwaige andere Verpflichtungen z.B. hinsichtlich der Dienst- und Fachaufsicht.

Die Verantwortung des Anordnungsbefugten erstreckt sich nicht auf den Inhalt der sachlichen und rechnerischen Richtigkeitsbescheinigung sowie der im selben Arbeitsvorgang mit der förmlichen Kassenanordnung erstellten maschinell lesbaren Datenträger[7].

B. Ausübung der Anordnungsbefugnis

Bei jeder mittelbewirtschaftenden Dienststelle ist ein Beauftragter für den Haushalt eingesetzt, sofern der Behördenleiter diese Aufgabe nicht selbst wahrnimmt.

Die Obersten Bundesbehörden bestimmen, in welchen Dienststellen ihres Geschäftsbereichs die Dienststellenleiter die Funktion des Beauftragten für den Haushalt nicht selbst wahrnehmen, so daß in solchen "größeren Behörden" ein besonderer Beamter oder eine Abteilung als Beauftragter für den Haushalt vom Dienststellenleiter zu benennen ist.

Dem Beauftragten für den Haushalt obliegt neben der Aufstellung der Unterlagen für die Finanzplanung und der Unterlagen für den Entwurf des Haushaltsplans (Voranschläge) auch die Ausführung des Haushaltsplans[8].

Nach den Bestimmungen der Vorl. VV Nr. 2.1 zu § 34 BHO besitzt lediglich der "Beauftragte für den Haushalt" die Befugnis, förmliche Kassenanordnungen zu erteilen (= Anordnungsbefugnis); der Behördenleiter bleibt hier unerwähnt. Das Bundesministerium der Finanzen stellte hierzu klar:
Der Behördenleiter besitzt die Anordnungsbefugnis kraft seiner Dienststellung[9].

Da der Abwesenheitsvertreter/Stellvertreter des Behördenleiters im Vertretungsfall den Platz des Behördenleiters einnimmt, hat er bei der Führung der Behörde die gleichen Befugnisse (hier: Anordnungsbefugnis) und Pflichten sowie die sich daraus ergebende Verantwortung wie der Behördenleiter selbst.

---

7 S. Vorl. VV Nr. 2.5 zu § 34 BHO/LHO.
8 Vgl. § 9 BHO/LHO.
9 Auf Anfrage: Protokoll BMF – II A 3 – H 1005 – 39/82 über die Sitzung der Arbeitsgruppe "Haushaltsreform" vom 12.11.1982 (nicht veröffentlicht; liegt dem Verfasser vor).

Da in jeder mittelbewirtschaftenden Dienststelle ein Abwesenheitsvertreter/Stellvertreter des Behördenleiters von der vorgesetzten Behörde benannt ist, bedeutet dies im haushaltsrechtlichen Sinn, daß die Anordnungsbefugnis – für den Vertretungsfall – nicht übertragen wird, da der Abwesenheitsvertreter/Stellvertreter des Behördenleiters bereits mit allen Aufgaben (Pflichten und Befugnissen – so auch: Anordnungsbefugnis) für den Vertretungsfall betraut ist.

Der Behördenleiter besitzt somit die Anordnungsbefugnis kraft seiner Dienststellung;
der Beauftragte für den Haushalt besitzt diese Befugnis kraft Verwaltungsvorschrift[10].

Der Beauftragte für den Haushalt kann die Anordnungsbefugnis – zu seiner Entlastung – ganz oder teilweise auf andere Bedienstete delegieren; hierzu ist es nicht erforderlich, daß diese bereits die Bewirtschaftungsbefugnis besitzen.

Die Übertragung der Anordnungsbefugnis bedarf in jedem Falle der Schriftform. In der Verfügung des Beauftragten für den Haushalt muß klar zum Ausdruck kommen, für welche Haushaltsstellen, für welche Zeit, und bis zu welcher Höhe die erteilte Befugnis gilt. Es empfiehlt sich, gleichzeitig die Frage der Vertretung im Falle der Verhinderung oder vorübergehenden Abwesenheit des anordnungsberechtigten Bediensteten zu regeln. Ohne eine solche ausdrückliche Befugnis darf niemand eine Kassenanordnung – auch nicht vertretungsweise – vollziehen.

Bei den Verwaltungsdienststellen wird in der Regel der jeweilige Titelverwalter die Kassenanordnungen sachlich und rechnerisch feststellen und der Beauftragte für den Haushalt die Kassenanordnungen vollziehen.

Das jahrzehntelang geübte Verfahren der unterschriftlichen Vollziehung (= Anordnung) von Kassenanordnungen war in dieser Form nicht korrekt. Die Anordnungsbefugnis entspricht nicht derivativem Zeichnungsrecht, wie es in Verwaltungsschreiben vorgesehen ist und dort die Vertretungs- und Auftragszeichnung erfordert!

Vielmehr stellt § 43 GGO I klar, daß – bei Ausübung der Anordnungsbefugnis – dem Zeichnungsberechtigten ein *originäres* Zeichnungsrecht aus der ihm nach § 9 BHO erteilten Anordnungsbefugnis zusteht; Zusätze wie "i.V." oder "i.A." sind daher unzulässig; sie könnten zu der Annahme führen, daß nicht der Anordnungsbefugte selbst, sondern unzulässigerweise ein Vertreter oder Beauftragter gezeichnet hat.

---

10 S. Vorl. VV Nr. 2.1 zu § 34 BHO.

Soll der Vertreter eines Anordnungsbefugten eine Kassenanordnung unterschriftlich vollziehen, so muß *ihm selbst* für diese Fälle die Anordnungsbefugnis erteilt sein.

Der Bundesminister der Finanzen hat – im Einvernehmen mit dem Bundesrechnungshof – entschieden, daß Kassenanordnungen *ohne jeden Zusatz* (ohne "Im Auftrag", ohne "In Vertretung", ohne Amtsbezeichnung) zu zeichnen (anzuordnen) sind[11,12]!

Die Kassenanordnungen werden vom Anordnungsbefugten eigenhändig unterschrieben. Die Verwendung von Faksimile – Namensstempeln ist nicht gestattet. Der Unterschrift wird nicht die Amtsbezeichnung beigefügt. Die Unterschrift ist der Kasse durch die Unterschriftsmitteilung bekannt[13].

C. Einschränkung der Anordnungsbefugnis

Die Zahl der Anordnungsbefugten soll möglichst eingeschränkt werden.

Der Beauftragte für den Haushalt kann sich für bestimmte Fälle vorbehalten, Annahme- und Auszahlungsanordnungen selbst zu vollziehen oder mitzuzeichnen.

Die Anordnungsbefugnis kann durch den Beauftragten für den Haushalt in ihrem Umfang, insbesondere hinsichtlich des Höchstbetrages, im Einzelfall eingeschränkt werden.

D. Mitteilung an die Kasse über die Erteilung der Anordnungsbefugnis

Der Beauftragte für den Haushalt teilt der zuständigen Kasse und Zahlstelle die Namen und Unterschriftsproben der zur Ausübung der Anordnungsbefugnis Berechtigten mit; dies gilt auch für ihn selbst[14]. Die Mitteilung ist von ihm zu unterschreiben und mit dem Abdruck des Dienstsiegels zu versehen.

Die Beamten und Angestellten, denen die Anordnungsbefugnis übertragen wurde, haben daher in eigener Verantwortung zu prüfen, welche Kassenanordnungen sie im Rahmen ihrer Zuständigkeit vollziehen.

---

11 Auf Anfrage: BMF – II A 6 – H 1005 – 5/89 vom 04.12.1989 (nicht veröffentlicht; liegt dem Verfasser vor).

12 Auf Hinweis: BMVg – H I 2 – Az 27-55 vom 26.04.1990 (nicht veröffentlicht; liegt dem Verfasser vor. Erl. BMVg – H I 2 – AZ 27-55 vom 10.08.1990).

13 S. Vorl. VV Nr. 2.2 zu § 34 BHO.

14 Vgl. Vorl. VV Nr. 2.2 zu § 34 BHO/LHO.

Der Buchhalter der Kasse (der Verwalter der Zahlstelle) prüft die von der Kasse (Zahlstelle) auszuführenden Kassenanordnungen, ob diese von anordnungsberechtigten Personen vollzogen sind. Kassenanordnungen, die von Nichtanordnungsberechtigten unterschrieben sind, darf die Kasse nicht ausführen, sondern muß sie zurückweisen[15].

Jede Veränderung der Anordnungsbefugnis muß der Kasse (Zahlstelle) ebenfalls sofort schriftlich mitgeteilt werden.

In der Unterschriftsmitteilung leistet der Anordnungsbefugte eine Unterschriftsprobe mit Tintenstift oder Pastenkugelschreiber in Urschrift. Die Unterschriftsmitteilung wird vom Beauftragten für den Haushalt unterschrieben und mit dem Dienstsiegelabdruck (Farbdruckstempel) versehen.

E. Einlieferung und Auslieferung von Wertgegenständen

Für die Einlieferung und Auslieferung von Wertgegenständen (§ 55 RKO) gelten sinngemäß die Bestimmungen der RKO über Einzahlungen (§ 34 RKO) und Auszahlungen (§ 37 RKO). Für sie müssen auch schriftliche Anordnungen erteilt werden. Soll einem Beamten oder Angestellten dafür die Anordnungsbefugnis erteilt werden, so teilt der Beauftragte für den Haushalt dies der zuständigen Kasse (ZSt) ebenso mit der Unterschriftsmitteilung, die die Unterschriftsprobe des Anordnungsbefugten trägt, schriftlich mit.

Als Wertgegenstände gelten gemäß § 55 (2) RKO Wertpapiere, Wertzeichen, verkäufliche Vordrucke, Kostbarkeiten und sonstige als Verwahrung zu behandelnde Sachen. Bis auf verkäufliche Vordrucke und Postwertzeichen (für deren Aufbewahrung und Verwendung Sonderbestimmungen gelten) werden alle Wertgegenstände bei der jeweils zuständigen Kasse eingeliefert und nachgewiesen.

Für die Einlieferung wird eine Einlieferungs-Anordnung (sinngemäß nach § 49 (2) RRO) gefertigt. Sie soll enthalten:

a) die Bezeichnung des Wertgegenstandes,
b) die Anordnung an die zuständige Kasse, den Wertgegenstand anzunehmen und im Verwahrungsbuch zu buchen,
c) den Wertgegenstand der Landeszentralbank (LZB) ins Depot zu übergeben und
d) die von der LZB ausgestellte Depotquittung als Beleg im Verwahrgelaß aufzubewahren.

---

15 S. § 76 (2) RKO.

Die Anordnung wird sachlich und rechnerisch festgestellt. Die Kasse erteilt dem Einlieferer über die als Sicherheit angenommenen Wertgegenstände eine Empfangsbestätigung, die sie bei der Auslieferung verwahrter Gegenstände zurückfordert. Die Kasse gibt die bei ihr eingelieferten Wertgegenstände unverzüglich der LZB zur kostenlosen Verwahrung.

Die LZB übernimmt Wertpapiere, die als Sicherheit angenommen worden sind, sowie Wertpapiere, deren Verbleib bei der Kasse nicht erforderlich ist, in ein offenes Depot. Wertpapiere und Kostbarkeiten, die keine Verwaltung erfordern, übernimmt die Kasse in ein verschlossenes Depot. Die LZB erteilt für die Einlieferung von Wertpapieren und Kostbarkeiten einen Hinterlegungsschein bzw. eine Depotquittung, die von der Kasse als Beleg verwahrt werden.

Werden in Ausnahmefällen Wertgegenstände nicht von der Kasse, sondern von der Dienststelle unmittelbar der LZB übergeben, so erhält die Kasse lediglich eine Buchungsanordnung unter Beifügung der Empfangsbescheinigung, von der LZB eine Depotgutschriftsanzeige.

Die Wertgegenstände werden nur von der Kasse ausgeliefert, und zwar aus offenen Depots nur gegen Rückgabe des Hinterlegungsscheines. Die Kasse liefert die Wertgegenstände nur gegen schriftliche Auslieferungsanordnung (sinngemäß nach § 49 (2) RRO) der anordnungsbefugten Dienststelle aus.

Für *Einlieferungs*anordnungen und *Auslieferungs*anordnungen sind förmliche Kassenanordnungen vorgeschrieben.

F. Die Anordnungsbefugnis

– Kurzfassung –

Die Anordnungsbefugnis ist das Recht, die zuständige rechnungslegende Amtskasse anzuweisen, Einzahlungen anzunehmen, Auszahlungen zu leisten und diese zu buchen.

Die Anordnungsbefugnis besitzt der Beauftragte für den Haushalt.

Unbeschadet dieser Regelung besitzt der Behördenleiter aufgrund seiner Direktionsbefugnis die Anordnungsbefugnis kraft seiner Funktion.

Da der Stellvertreter/Abwesenheitsvertreter des Behördenleiters im Vertretungsfall den Platz des Behördenleiters einnimmt, hat er bei der Führung der Behörde die gleichen Befugnisse (so auch: Anordnungsbefugnis) wie der Behördenleiter selbst.

Da in jeder mittelbewirtschaftenden Dienststelle ein Stellvertreter/Abwesenheitsvertreter des Behördenleiters von der vorgesetzten Behörde benannt ist, bedeutet dies, daß die Anordnungsbefugnis – für den Vertretungsfall – nicht übertragen wird, da der Stellvertreter/Abwesenheitsvertreter des Behördenleiters bereits mit allen Aufgaben (Pflichten und Befugnissen – so auch: Anordnungsbefugnis –) für den Vertretungsfall betraut ist.

Der Beauftragte für den Haushalt übt jedoch die Anordnungsbefugnis gem. § 34 BHO/LHO regelmäßig aus.

Er kann diese Befugnis – ganz oder teilweise – auf andere Bedienstete delegieren; hierbei ist es *nicht* erforderlich, daß diese bereits die Bewirtschaftungsbefugnis besitzen.

Die Anordnungsbefugnis ist daher unabhängig von der Bewirtschaftungsbefugnis zu sehen.

Der Behördenleiter vollzieht die Kassenanordnung durch die Anordnung ohne jeden Zusatz nur mit seinem Namen; der Stellvertreter/Abwesenheitsvertreter des Behördenleiters und der Beauftragte für den Haushalt sowie diejenigen, auf die er die Anordnungsbefugnis delegiert hat, zeichnen ebenfalls *ohne jeden Zusatz*!

Der Name und die Unterschriftsprobe der Personen, die die Anordnungsbefugnis ausüben, also in erster Linie des Behördenleiters selbst und die des Beauftragten für den Haushalt, sind der zuständigen Kasse und Zahlstelle vom Beauftragten für den Haushalt mit einer "Unterschriftsmitteilung" gem. § 34 BHO/LHO bekanntzugeben.

In der an die zuständige Kasse usw. gerichteten Ausfertigung der "Unterschriftsmitteilung" werden die dem Bediensteten bei der Übertragung der Anordnungsbefugnis evtl. auferlegten Einschränkungen bei der Ausübung der Anordnungsbefugnis (Kapitel, Titel, Höhe des Betrages, Zeitdauer) nicht mitgeteilt.

Mit der Ausübung der Anordnungsbefugnis bestätigt der Anordnende
- daß Ausgabemittel und – soweit erforderlich – Betriebsmittel für die in der Kassenanordnung angegebene Buchungsstelle zur Verfügung stehen
- daß die sachliche Richtigkeit von ihm festgestellt oder von den dazu befugten Bediensteten bescheinigt wurde
- daß die rechnerische Richtigkeit von den dazu befugten Bediensteten bescheinigt wurde.

Der Anordnungsbefugte vollzieht die Kassenanordnung als letzter, so daß die Kassenanordnung mit der Unterschrift des Anordnenden "kassenreif" wird; d.h. sie kann zur zuständigen, rechnungslegenden Kasse zur Zahlung und Buchung übersandt werden.

Die Anordnungsbefugnis darf in *eigener Sache* oder der eines *Angehörigen nicht* ausgeübt werden.

XV. Titelverwechslungen

A. Allgemeines

Haushaltseinnahmen und -ausgaben müssen bei den für sie im Haushaltsplan vorgesehenen Zweckbestimmungen (Titeln) gebucht werden[1]. Ist eine an sich berechtigte Einnahme oder Ausgabe einem unrichtigen Titel zugeführt, so liegt eine Titelverwechslung vor.

Wenn durch eine Titelverwechslung ein Einnahme- oder Ausgabetitel begünstigt oder benachteiligt worden ist, so muß die unrichtige Buchung berichtigt werden, damit die Einnahmen und Ausgaben in der Jahresrechnung bei den richtigen Haushaltsstellen nachgewiesen werden.

Wird eine unrichtige Buchungsstelle bereits festgestellt, bevor die Kassenanordnung gebucht ist, wird lediglich die Anordnung berichtigt (§ 57 (2) RRO). Wenn die Kassenanordnung jedoch (unrichtig) gebucht wurde, die Titeldatei des betreffenden Haushaltsjahres aber noch nicht abgeschlossen ist, ist auch eine Berichtigung der Titeldatei erforderlich, die jedoch verhältnismäßig einfach ist. Schwieriger ist der Ausgleich einer unrichtigen Buchung durch eine Titelverwechslung nach dem Abschluß eines Haushaltsjahres (s. Abschnitt "Umbuchungen").

B. Berichtigung von Titelverwechslungen

a) Vor dem Abschluß der Titeldatei

Ist die Kassenanordnung bereits gebucht, die Titeldatei der Kasse aber noch nicht abgeschlossen, wird die Berichtigung durch eine Umbuchung des falsch gebuchten Betrages im laufenden Haushaltsjahr vorgenommen.

Die Anordnung zur Umbuchung kann entweder in der Form eines Nachtrages zur Kassenanordnung oder durch Umbuchungsanordnung vorgenommen werden[2]. Es empfiehlt sich, regelmäßig die Umbuchungsanordnung zu wählen. Der Rechnungsbetrag wird in jedem Falle zu der neuen (richtigen) Buchungsstelle genommen.

1 S. § 45 (1) BHO/LHO.
2 S. §§ 57 und 45 (2) RRO.

b) Nach dem Abschluß der Titeldatei

Titelverwechslungen werden nach Abschluß der Kassenbücher nur ausgeglichen, wenn durch sie der Abschluß einer der beteiligten Bewilligungen wesentlich beeinflußt ist, und es sich mindestens bei einem der beteiligten Titel handelt um:

a) übertragbare Ausgabemittel (§ 19 BHO/LHO)
b) zur Selbstbewirtschaftung zugewiesene Ausgabemittel (§ 15 BHO/LHO)
c) Einnahmen, deren Verwendung für bestimmte Ausgabezwecke beschränkt ist oder
d) Einnahmen des Bundes aus öffentlichen Abgaben, an deren Ertrag andere öffentlich-rechtliche Körperschaften (z.B. die Länder) beteiligt sind.

Im Gegensatz zu den jährlich abzuschließenden Einnahme- und Ausgabebewilligungen, bei denen unrichtig gebuchte Beträge am Schluß des Haushaltsjahres endgültig in die allgemeine Rechnung aufgehen, wirken sich Begünstigungen oder Nachteile durch Titelverwechslungen bei den vorbezeichneten Bewilligungen noch nach dem Abschluß des Haushaltsjahres aus. Deshalb kann auf einen nachträglichen Ausgleich nicht verzichtet werden.

Titelverwechslungen werden in die vom BRH aufzustellenden Bemerkungen nur aufgenommen, wenn sie eine wesentliche Überschreitung einer Bewilligung vermieden oder verursacht haben oder wenn ihnen eine grundsätzliche oder sonst erhebliche Bedeutung zukommt.

Bei Titelverwechslungen sind die Regelungen des Haushaltsgesetzes oder des Haushaltsplans zu beachten.

C. Titelverwechslungen
– Kurzfassung –

Eine Titelverwechslung liegt vor, wenn eine Einnahme oder Ausgabe durch eine Kassenanordnung einem *unrichtigen* Titel zugeführt wurde.

Der Betrag ist – innerhalb des Haushaltsjahres – mit entsprechender Umbuchungsanordnung *beim falschen Titel abzusetzen und dem richtigen Titel zuzuführen.*

Das gilt sowohl für Einnahmetitel als auch für Ausgabetitel.

Diesen Vorgang nennt man Umbuchung.

– Siehe Abschnitt “Umbuchungen”.

XVI. Verwahrungen

A. Allgemeines

Bei den Einnahme-Beträgen, die von den Kassen als "Verwahrungen" (VW) bezeichnet und von ihnen im Verwahrungskonto (Vw-Konten) gebucht werden, handelt es sich um "Hinterlegungen"[1]; sie führten früher auch diese Bezeichnung.

Dieser Begriff deutet bereits darauf hin, daß diese Einnahmen – im Zeitpunkt ihres Eingangs bei der Kasse – *nicht* als *Haushalts*einnahmen gebucht werden können, weil die endgültige Buchungsstelle – noch – nicht feststeht, oder weil sie ihrer Natur nach keine Haushaltseinnahmen darstellen. Sie werden von der Kasse solange verwahrt, bis ihre endgültigen Buchungsstellen bekannt sind oder bis sie ausgezahlt werden. Sie haben den Charakter durchlaufender Posten.

In den häufigsten Fällen handelt es sich um Geldbeträge, die den Kassen ohne ausreichende Bezeichnung der Zweckverwendung unbar zugehen. Die Kassen behandeln auch die ihnen zugehenden Geldbeträge, die sie im Wege der Amtshilfe an inzwischen versetzte Personen auszahlen sollen, als Verwahrungen. Außerdem werden auf dem Vw-Konto Geldbeträge verwahrt, bis sie an die Empfänger ausgezahlt oder einer Haushaltsstelle zugeführt werden.

Der besseren Übersicht wegen wird das Vw-Konto der Kasse in verschiedenen Abschnitten geführt, die der jeweiligen Gattung der Einzahlungen entsprechen. Bei der Anweisung von Vw-Beträgen werden die einzelnen Abschnitte in den Kassenanordnungen bezeichnet.

Wenn die Kasse einen Verwahrungsbetrag der endgültigen Verwendung zuführt und ihn im "Vw-Konto" als Ausgabe absetzt, wird er "abgewickelt"[2]. Vw-Beträge sollen sobald wie möglich abgewickelt werden.

> Das "Vw-Konto" ist somit nie eine endgültige Buchungsstelle, es steht daher außerhalb des Haushalts. Das "Vw-Konto" ist kein Rechnungslegungsbuch i.S. der RRO, wie die Konten der Titeldateien. Die Vw-Beträge unterliegen nicht der Rechnungslegung und der Rechnungsprüfung. Sie erscheinen weder in der Kassenrechnung noch in der Haushaltsrechnung. Am Schluß des Haushaltsjahres werden lediglich die noch nicht abgewickelten Vw-Beträge von der Kasse in einer besonderen Nachweisung als Anlage zur Rechnungsnachweisung nachrichtlich ausgewiesen.

1 Vgl. § 60 BHO/LHO.
2 Vgl. § 2, Ziff. 8 RKO.

Dennoch besteht auch für die Vw-Beträge der Belegzwang. Die Kasse muß daher auch alle Einnahme- und Ausgabebuchungen im Vw-Konto belegen. Die Belege sind aber keine "Rechnungsbelege" im Sinne §§ 43 ff. RRO.

Da die Vw-Beträge den Charakter von nur durchlaufenden Posten haben, genügt es in der Regel, daß der Eingang und der Verbleib der Beträge von der Kasse ausreichend nachgewiesen (belegt) wird.

Das Vw-Konto dient dem Zweck, alle Einnahmen der Kasse, die sie nicht in den Titeldateien (Rechnungslegungsbüchern) buchen kann, ordnungsgemäß zu erfassen und nachzuweisen. Die Kasse darf die Annahme einer Einzahlung nicht ohne sachlichen Grund verweigern, wenn ihr keine Annahmeanordnung vorliegt[3].

B. Kassenmäßige Behandlung von Verwahrungen

a) Zur Einziehung angewiesene Vw-Beträge

Steht die Buchungsstelle einer Forderung im Zeitpunkt ihrer Einziehung – noch – nicht fest, wird die Kasse angewiesen, den Betrag zunächst dem Vw-Konto zuzuführen.

Sobald der Dienststelle die endgültige Buchungsstelle des im Vw-Konto nachgewiesenen Betrages bekannt wird, erteilt sie der Kasse eine förmliche Umbuchungsanordnung.

Im Interesse einer klaren Haushaltsführung ist es notwendig, jede Verwahrung unverzüglich bei der zuständigen Haushaltsstelle zu buchen, sobald feststeht, daß es sich um eine Haushaltseinnahme handelt. Die Um-Buchungen dürfen nicht bis zum Jahresschluß zurückgestellt werden, um sie alsdann aufgrund einer Gesamtannahmeanordnung durchzuführen.

Die Pflicht zur Abwicklung der Verwahrungen obliegt gleichermaßen den beteiligten Dienststellen wie den Kassen[4]. Zum Schluß des Haushaltsjahres sollen möglichst alle Vw-Beträge abgewickelt sein.

Die Behandlung von Einnahmen, deren haushaltsmäßige Buchungsstellen im Zeitpunkt der Anweisung noch nicht feststehen, ist das Gegenstück zur Vorschußzahlung, bei der die endgültige Buchungsstelle einer Haushaltsausgabe im Zeitpunkt der Anweisung noch nicht feststeht.

---

3 Vgl. § 34 (2) i.V.m. § 37 (3) RKO.
4 S. § 15 RKO.

b) Vorläufige Verwahrung angewiesener Beträge

Wenn eine Dienststelle beabsichtigt, von Auszahlungen Teilbeträge einzubehalten, um sie später meist an verschiedene Empfangsberechtigte auszuzahlen, weist sie die Kasse an, diese Teilbeträge zunächst auf einem besonderen Abschnitt des Vw-Kontos zu vereinnahmen. Zu gegebener Zeit erhält die Kasse von der gleichen Dienststelle förmliche Auszahlungsanordnungen, die einbehaltenen Teilbeträge aus dem Vw-Konto an die Empfänger auszuzahlen.

c) Beträge, die nicht sogleich an die Zahlungsempfänger ausgezahlt werden können

Bei einer großen Anzahl von Verwahrungen der Kassen handelt es sich um Beträge, die nicht an die Zahlungsempfänger ausgezahlt werden konnten, weil sie vorübergehend wegen Urlaub, Krankheit, Dienstreisen usw. nicht erreichbar waren oder weil sie inzwischen abgeordnet oder versetzt wurden.

In diesen Fällen wird von der Kasse, die über diese Ausgaben den rechnungsmäßigen Nachweis führt, der Zahlungsbeweis auf der Auszahlungsanordnung durch eine Bescheinigung ersetzt, daß diese Teilbeträge auf dem Vw-Konto vereinnahmt worden sind. Damit ist die kassenmäßige Behandlung der Auszahlung als Haushaltsausgabe abgeschlossen und der rechnungslegungsmäßige Nachweis erbracht.

Die Auszahlung dieser Vw-Beträge an die Zahlungsempfänger ist nur noch eine kassentechnische Angelegenheit.

d) Irrtümliche Einzahlungen

Einzahlungen bei der Kasse, die einwandfrei erkennen lassen, daß es sich bei ihnen um sogenannte “Irrläufer” handelt, vereinnahmt sie ebenfalls im Vw-Konto. Sie zahlt diese Beträge an die Einsender zurück oder leitet sie an die zuständige Kasse einer öffentlich-rechtlichen Körperschaft weiter, wenn diese aus der Zahlung (z.B. “Einkommensteuer”, “Hundesteuer”) zweifelsfrei zu erkennen ist. Für diese Ein- und Auszahlung benötigt die Kasse keine Kassenanordnungen, wohl aber kasseninterne Hilfsbelege[5].

5 Vgl. § 34 (2) und § 37 (3) RKO.

C. Verwahrungen

– Kurzfassung –

Einnahmen sind:

a) *Haushalts*einnahmen,
b) Verwahrungen,
c) Kassenbestandsverstärkungen,
d) Selbstbewirtschaftungsmittel.

Verwahrungen sind alle Beträge, die nicht als Haushaltseinnahmen bzw. als Kassenbestandsverstärkungen oder als S.-Mittel gebucht werden können.

Eingezahlte Beträge, bei denen die endgültige Buchungsstelle noch nicht feststeht, sind – vorübergehend – bei den Verwahrungen (Vw) zu buchen; ebenso durchlaufende Beträge und irrtümliche Einzahlungen.

Als Verwahrung gebuchte Beträge sind schnellstmöglich abzuwickeln.

XVII. Vorschüsse

A. Allgemeines

Ausgaben und Verpflichtungsermächtigungen dürfen nur zu dem im Haushaltsplan bezeichneten Zweck (= Ziel[1]), soweit und solange er fortdauert (= Appropriationsklausel[2]), und nur bis zum Ende des Haushaltsjahres[3] geleistet oder in Anspruch genommen werden darf[4].

Die Behörden des Bundes und der Länder dürfen daher Auszahlungen nur dann anordnen und Verpflichtungen nur dann eingehen, wenn ihnen Ausgabemittel für den Zweck, der zur Anordnung führt, bereitgestellt sind und die Maßnahme sachlich und zeitlich notwendig ist.

Nach einem weiteren haushaltsrechtlichen Grundsatz dürfen Zahlungen nicht vor Empfang der Gegenleistung (Dienst- und Werkleistung, Lieferung usw.) angeordnet werden[5].

In der Praxis ergibt sich aber des öfteren die Notwendigkeit, Ansprüche Dritter und Verbindlichkeiten des Bundes/Landes im voraus zu erfüllen, d.h. vor der Gegenleistung oder bevor die Buchungsstellen feststehen; darüber hinaus gibt es "Vorschußrichtlinien" als Verwaltungsvorschriften. In diesen Fällen spricht man von Vorschußzahlungen.

Bei den Vorschüssen handelt es sich, wie bei den Verwahrungen, um Zahlungen außerhalb des Haushalts.

Deshalb handelt es sich bei "Abschlägen" auf fällige Forderungen, für die Haushaltsmittel bereitstehen, um *Haushalts*ausgaben und nicht um Vorschüsse.

"Vorschüsse" dagegen sind Auszahlungen *außerhalb* des Haushalts und werden von der Kasse auf einem besonderen Konto – dem V-Konto – nachgewiesen. Das V-Konto ist kein "Rechnungslegungsbuch" im Sinne der RRO, wie die Konten der Titeldateien. Es unterliegt nicht der Rechnungslegung und Rechnungsprüfung. Die V-Zahlungen erscheinen weder in der Kassenrechnung noch in der Haushaltsrechnung.

---

1 Vgl. Vorl. VV Nr. 1 zu § 45 i.V.m. Vorl. VV Nr. 1.2 zu § 17 BHO/LHO.

2 So wird die Vorschrift bezeichnet, nach der die Regierung Steuergelder nur zu dem vom Parlament bewilligten Zweck verwenden darf (= qualitative und quantitative Spezialität, d.h. sachliche Bindung an den Haushalt).

3 Budgetpostulat der zeitlichen Spezialität, d.h. der zeitlichen Bindung der Exekutive an den Haushalt; Jährlichkeit).

4 Vgl. § 45 BHO/LHO.

5 S. § 56 BHO/LHO.

Am Ende des Haushaltsjahres werden von der Kasse lediglich die noch nicht abgewickelten Vorschußzahlungen in einer besonderen Nachweisung als Anlage zur Rechnungsnachweisung nachrichtlich ausgewiesen.

Das V-Konto der Kasse wird der besseren Übersicht wegen in verschiedenen Abschnitten mit einheitlichen Konto-Nummern für die verschiedenen Gattungen der Vorschüsse geführt. Die anordnenden Dienststellen setzen daher der Buchungsstelle "V-Konto" den jeweiligen Abschnitt und die Kontonummer hinzu.

Im Gegensatz zu Verwahrungen besteht für Vorschußzahlungen (Ausgabe und Einnahme) der Anordnungszwang. Die Kasse darf daher Vorschußzahlungen nur gegen förmliche Auszahlungsanordnungen der anordnungsbefugten Stellen leisten. Diese dürfen Auszahlungsanordnungen über Vorschüsse nur dann erteilen, wenn sie nach den bestehenden Vorschriften zulässig sind.

Vorschüsse nach § 60 (1) BHO/LHO dürfen nur vereinbart werden,
1) soweit dies im allgemeinen Verkehr üblich (branchenüblich) oder
2) durch besondere Umstände gerechtfertigt ist.

Diese Fragen lassen sich nur von Fall zu Fall entscheiden.

Die Vereinbarung einer Vorauszahlung gilt grundsätzlich nur dann wirtschaftlich als gerechtfertigt, wenn der Auftragnehmer den Vertrag mit eigenen oder fremden Mitteln zu einem angemessenen Teil selbst mitfinanziert. Die Höhe der Vorauszahlung richtet sich nach der üblichen oder zumutbaren finanziellen Eigenleistung des Auftragnehmers. Die Vorauszahlung wird auf die Mitfinanzierung des Auftrages durch den Auftragnehmer mit eigenen oder fremden Mitteln abgestimmt.

Ist eine Vorauszahlung branchenüblich, so soll bei der Bemessung ihres Umfanges und bei der Festsetzung ihrer Teilbeträge über das branchenübliche Maß nicht hinausgegangen werden.

Die Branchenüblichkeit von Vorauszahlungen kann für keinen Wirtschaftszweig allgemein festgestellt werden. Sie richtet sich vielmehr nach den unterschiedlichen Marktbedingungen in den einzelnen Bereichen und den jeweiligen Stand der Wirtschaftsentwicklung. Sie liegt z.B. vor, wenn die maßgeblichen Betriebe eines Wirtschaftszweiges für Erzeugnisse mit langen Lieferfristen Vorauszahlungen in ständiger Übung vereinbaren. In diesen Fällen sind die Vorauszahlungen produktbezogen, da die gleichen Betriebe für andere von ihnen gefertigte Erzeugnisse Vorauszahlungen allgemein nicht vereinbaren. Ob Vorauszahlungen branchenüblich sind, ergibt sich in der Regel aus den allgemeinen Geschäftsbedingungen des Auftragnehmers.

Als "besondere Umstände", die eine Vereinbarung von Vorauszahlungen rechtfertigen, können der Umfang und die Eigenart des Auftrages gelten, wenn er über die normale Leistungsfähigkeit des Unternehmens hinausgeht, oder die Dringlichkeit des Auftrages, die finanzielle Struktur eines Unternehmens, das für die Durchführung des Auftrages unentbehrlich ist.

Bei der Vereinbarung von Vorschußzahlungen sind alle Umstände unter Wahrung des Grundsatzes sparsamer Haushaltsführung zu berücksichtigen.

In jedem Falle müssen folgende Voraussetzungen erfüllt sein:
1) die Kreditwürdigkeit des Unternehmens (Leistungsfähigkeit, Bonität und Liquidität) muß außer Zweifel stehen,
2) für die Vorauszahlungen sollen ausreichende Sicherheiten gewährt werden. Ausnahmen in begründeten Einzelfällen sind aktenkundig zu machen.

Vereinbarungen von Vorauszahlungen nach Vertragsabschluß sind Vertragsänderungen, die nach Maßgabe der Bestimmungen des § 58 BHO/LHO beurteilt werden. Sie bedürfen der Zustimmung des BMF.

In Zweifelsfällen haushaltsmäßiger Art entscheidet die übergeordnete Dienststelle.

Die Höhe, Teilbeträge und Zahlungstermine der Vorauszahlungen werden in den Verträgen festgelegt. Die Vorauszahlungen sollen sich der Auftragsdurchführung anpassen. Die Vorauszahlung ist ein Mittel der Vertragsgestaltung, das in den Verhandlungen nach dem Grundsatz von Leistung und Gegenleistung gehandhabt wird.

Grundsätzlich werden Vorauszahlungen verzinst. In begründeten Ausnahmefällen kann von diesem Grundsatz abgewichen werden. Statt der Verzinsung kann ein angemessener Preisnachlaß vereinbart werden.

Vorauszahlungen sollen grundsätzlich abgesichert werden. Von diesem Grundsatz kann in besonderen Fällen abgewichen werden. Der Auftrag für die Absicherung von Vorauszahlungen soll möglichst niedrig gehalten werden.

Auf keinen Fall dürfen die anordnenden Stellen Ausgaben als Vorschußzahlungen anweisen, wenn ihnen Ausgabemittel zu Beginn des Haushaltsjahres noch nicht oder gegen Ende des Haushaltsjahres nicht mehr zur Verfügung stehen, um diese Ausgaben später – im letzten Fall nach Bereitstellung neuer Haushaltsmittel im folgenden Haushaltsjahr – vom V-Konto auf die Haushaltsstelle umzubuchen.

In den Fällen, in denen zwar eine Verpflichtung zur Zahlung besteht, Haushaltsmittel dafür aber (zu Beginn des Haushaltsjahres) noch nicht oder (gegen Ende des Haushaltsjahres) nicht mehr zur Verfügung stehen, dürfen die Beträge niemals über ein Vorschußkonto angeordnet werden[6].

6 S. § 60 BHO/LHO.

B. Abwicklung der Vorschüsse

Vorschüsse müssen sobald wie möglich abgewickelt werden (§ 69 BHO). Zum Jahresabschluß sollen möglichst alle Vorschüsse ausgeräumt sein, damit keine Rückstände entstehen. Die Pflicht zur baldmöglichen Abwicklung der Vorschüsse obliegt in erster Linie den Dienststellen, die die Vorschußzahlungen angeordnet haben. Daneben müssen auch die Kassen auf eine baldige Abwicklung der Vorschüsse hinwirken[7].

Vorschüsse müssen bis zum Ablauf des zweiten auf ihre Entstehung folgenden Haushaltsjahres abgerechnet sein. Ausnahmen bedürfen der Zustimmung des BMF[8].

C. Vorschüsse

– Kurzfassung –

Vorschüsse sind Zahlungen, die *außerhalb des Haushalts* und außerdem

a) *vor* der Gegenleistung bzw.
b) aufgrund entsprechender Verpflichtungen des Bundes/Landes (Vorschußrichtlinien) bewirkt werden.

"Abschläge" dagegen sind *Titel*zahlungen *aus dem Haushalt*, die der Sache nach, jedoch nicht der endgültigen Gesamthöhe nach, feststehen.

7 S. § 15 RKO.
8 S. § 60 (1) BHO/LHO.

XVIII. Die Veränderung von Ansprüchen

A. Stundung von Forderungen

1. Allgemeines

Die Einnahmen des Bundes sind rechtzeitig und vollständig zu erheben (§ 34 (1) BHO/LHO). Die Bestimmungen über die Veränderung von Ansprüchen (§ 59 BHO/LHO) stellen hierzu Ausnahmen dar und legen die haushaltsrechtlichen Voraussetzungen fest, unter denen die auf Gesetz, Vertrag oder sonstigem Rechtsgrund beruhenden Einnahmeansprüche des Bundes in rechtlicher und auch zeitlicher Sicht verändert werden dürfen.

Für die Stundung, die Niederschlagung und den Erlaß von Forderungen des Bundes auf Zahlung von Gebühren, Auslagen und sonstige Nebenleistungen gelten die Vorschriften der BHO/LHO.

In den Fällen, in denen ein anderer Rechtsträger als der Bund oder das Land Kostengläubiger ist, gelten die für ihn verbindlichen, entsprechenden Vorschriften (§ 19 VwKostG).

Die Bestimmungen über die Veränderungen von Ansprüchen nach § 59 BHO/LHO sind nur anzuwenden, wenn sich der Hauptgrund der Veränderung von Ansprüchen auf Zahlungsansprüche des Bundes bezieht. Bezieht sich dagegen die Veränderung von Ansprüchen auf Sachleistungen zum Nachteil des Bundes oder des Landes, so sind die Bestimmungen des § 58 BHO/LHO anzuwenden.

Aufgrund der DB zur Vorl. VV zu § 59 BHO/LHO sind die Behörden und Dienststellen ermächtigt, die im Rahmen ihrer sachlichen Zuständigkeit festgelegten Fristen und Wertgrenzen über
- die Stundung
- befristete und unbefristete Niederschlagung sowie
- Erlaß

von Forderungen des Bundes selbständig zu entscheiden.

Nach §§ 9 und 59 BHO/LHO hat der Beauftragte für den Haushalt bei allen Entscheidungen von geldlicher Tragweite mitzuwirken. Er ist für die bestimmungsgemäße Erledigung verantwortlich und hat bei Stunden und befristet niedergeschlagenen Forderungen sicherzustellen, daß
- die wirtschaftlichen Verhältnisse des Schuldners laufend überwacht werden,
- die Verjährung rechtzeitig unterbrochen und ggf.
- die Einziehung der Forderung erneut versucht wird.

Zu diesem Zweck führt die Dienststelle eine Überwachungsliste.

Bei der Stundung von Zahlungsverbindlichkeiten handelt es sich um ein *Hinausschieben der Fälligkeit* der Forderung. Als Stundung gilt auch die Genehmigung zur Begleichung einer Schuld durch *Ratenzahlungen.*

Zahlungsverbindlichkeiten gegen den Bund dürfen nur ausnahmsweise, unter besonderen Umständen gestundet werden, sofern eine Stundung gleicher Forderungen nicht allgemein üblich ist.

Forderungen des Bundes dürfen nur gestundet werden, wenn die Erfüllung der Verbindlichkeiten dadurch nicht gefährdet wird (§ 59 (1) BHO/LHO). Stundungen über den Jahresabschluß hinaus unterliegen besonders erschwerenden Bedingungen. Die Kassen und Zahlstellen dürfen Schuldnern nicht von sich aus Stundungen gewähren oder Ratenzahlungen einräumen.

Die Stundung ist eine Maßnahme, durch die die Fälligkeit eines Anspruchs hinausgeschoben wird. Stundung wird nur auf Antrag gewährt. Bei Gewährung der Stundung ist eine Stundungsfrist festzulegen.

Die Entscheidungs- und Zeichnungsbefugnis obliegt ausschließlich dem Behördenleiter oder seinem Vertreter im Amt.

Voraussetzung für eine Stundung ist, daß
a) die sofortige Einziehung der fälligen Geldforderung mit erheblichen Härten für den Anspruchsgegner des Bundes verbunden wäre
b) der Anspruch des Bundes durch die Stundung nicht gefährdet wird.

Folglich kann eine Stundung nur gewährt werden, wenn beide Voraussetzungen tatbestandlich erfüllt sind.

Eine erhebliche Härte für den Anspruchsgegner ist dann anzunehmen, wenn er sich aufgrund ungünstiger wirtschaftlicher Verhältnisse vorübergehend in ernsthaften Zahlungsschwierigkeiten befindet oder im Falle der sofortigen Einziehung in diese geraten würde.

Wird Stundung durch Einräumung von Teilzahlungen gewährt, so ist in die entsprechende Vereinbarung eine Bestimmung aufzunehmen, nach der die jeweilige Restforderung sofort fällig wird, wenn die Frist für die Leistung von zwei Raten um eine in der Vereinbarung zu bestimmende Zeit überschritten wird[1].

2. Zuständigkeiten

Die Entscheidung des zuständigen Bundesministers über den Stundungsantrag bedarf in Fällen von grundsätzlicher oder von erheblicher finanzieller Bedeutung der Einwilligung des Bundesministers der Finanzen.

1 S. Vorl. VV Nr. 1.3 zu § 59 BHO/LHO.

Ein Fall von grundsätzlicher Bedeutung ist insbesondere anzunehmen, wenn die Entscheidung über den Einzelfall hinaus präjudizielle Auswirkungen haben kann.

3. Verzinsung gestundeter Beträge

Gestundete Beträge müssen verzinst werden[2].

Stundungszinsen, Kosten für außergerichtliche Mahnschreiben und Beträge zum Ersatz des entstehenden sonstigen Verzugsschadens werden zusammen mit dem Hauptbetrag eingezogen und bei dem für diesen in Betracht kommenden Titel gebucht, sofern im Haushaltsplan nicht etwas anderes bestimmt ist.

Die für die Stundung geltenden Vorschriften gelten sinngemäß auch für die Stundungszinsen. Entscheidungen über die Stundung der Forderung wirken sich daher – sowohl in materieller als auch in formeller Hinsicht – auch auf die Stundungszinsen aus.

Als angemessene Verzinsung sind regelmäßig 2 v.H. Zinsen über dem jeweils geltenden Diskontsatz der Deutschen Bundesbank anzusehen. Der Zinssatz kann je nach Lage des Einzelfalles herabgesetzt werden, insbesondere wenn seine Erhebung die Zahlungsschwierigkeiten verschärfen würde. Von der Erhebung von Zinsen kann abgesehen werden, wenn der Anspruchsgegner in seiner wirtschaftlichen Lage schwer geschädigt würde oder der Zinsanspruch sich auf nicht mehr als 10 DM belaufen würde[3].

4. Sicherheitsleistungen für gestundete Beträge

Wird Sicherheit verlangt, so kann diese geleistet werden durch
- Hinterlegung von Wertpapieren (§ 234 BGB),
- Verpfändung beweglicher Sachen (§ 237 BGB),
- Bestellung von Grundpfandrechten an inländischen Grundstücken (§§ 232, 1113 ff., 1191 ff. BGB),
- Verpfändung von Forderungen, für die eine Hypothek an einem inländischen Grundstück oder an einem eingetragenen Schiff besteht (§ 238 BGB),
- Verpfändung von Grundschulden oder Rentenschulden an inländischen Grundstücken (§ 238 BGB),
- Stellung eines tauglichen Bürgen unter Verzicht auf die Einrede der Vorausklage (§ 239 BGB),
- Abtretung von Forderungen (§ 398 BGB),
- Sicherheitsübereignung (§§ 929, 930 BGB),
- Eigentumsvorbehalt (§ 455 BGB).

---

2 Vgl. Vorl. VV Nr. 1.4 zu § 59 BHO/LHO.
3 S. Vorl. VV Nr. 1.4.1 und 1.4.2 zu § 59 BHO/LHO.

Sicherheiten an Grundstücken sollen nur bei längerfristigen Stunden und bei einem angemessenen Verhältnis zwischen den Kosten und der Höhe des Anspruchs gefordert oder angenommen werden.

Die Sicherheit ist zu erbringen, bevor die Stundung wirksam wird. Bei der Bestellung eines Grundpfandrechts genügt es, wenn bis zu diesem Zeitpunkt ein den Vorschriften der Grundbuchordnung entsprechender Eintragungsantrag nebst Bewilligung eingereicht wird[4].

B. Niederschlagung von Forderungen

1. Allgemeines

Stellt sich in einem Einziehungsverfahren heraus, daß eine Forderung des Bundes nicht einziehbar ist, so wird das Einziehungsverfahren eingestellt.

Die Niederschlagung ist eine verwaltungsinterne Maßnahme, mit der von der Weiterverfolgung eines fälligen Anspruchs abgesehen wird.

Die Niederschlagung bedarf keines Antrags des Anspruchsgegners. Durch die Niederschlagung erlischt der Anspruch nicht; die weitere Rechtsverfolgung wird daher nicht ausgeschlossen. Eine Mitteilung an den Anspruchsgegner ist nicht erforderlich. Wird dennoch eine Mitteilung gegeben, so ist darin das Recht vorzubehalten, den Anspruch später erneut geltend zu machen[5]. Der zuständige Bundesminister darf Ansprüche nur niederschlagen, wenn feststeht, daß die Einziehung keinen Erfolg haben wird, oder wenn die Kosten der Einziehung in keinem Verhältnis zur Höhe des Anspruchs stehen.

Mit dem Inkrafttreten der BHO/LHO und der Vorl. VV-BHO/LHO haben sich die Begriffsbestimmungen des § 59 dieser Bestimmungen gegenüber früheren Vorschriften grundlegend geändert.

Man unterscheidet:

1) die unbefristete Niederschlagung bei dauernd nicht einziehbaren Forderungen (Vorl. VV Nr. 2.4 zu § 59 BHO/LHO) und
2) die befristete Niederschlagung bei vorübergehend nicht einziehbaren Forderungen (Vorl. VV Nr. 2.3 zu § 59 BHO/LHO).

Der Anspruch des Bundes gegen den Schuldner wird durch die Niederschlagung nicht berührt. Durch eine interne Maßnahme werden lediglich die Kassenbücher

4 S. Vorl. Nr. 1.5 zu § 59 BHO/LHO.
5 S. Vorl. VV Nr. 2.2 zu § 59 BHO/LHO.

von den Resten bereinigt, mit deren Eingang überhaupt nicht oder vorübergehend zu rechnen ist. Der Schuldner erhält hiervon keine Kenntnis.

2. Voraussetzungen

a) Unbefristete Niederschlagung

Von einer Verfolgung des Anspruchs wird endgültig abgesehen, wenn
1) die Forderung fällig ist und
2) die Forderung *dauernd* nicht einziehbar ist.

Die Ursache hierfür können die wirtschaftlichen Verhältnisse des Schuldners oder andere Gründe (z.B. Tod, Auswanderung) sein[6].

Eine Niederschlagung kommt erst dann in Betracht, wenn nachweislich alle Möglichkeiten einer Beitreibung erfolglos geblieben sind oder weitere Beitreibungsmaßnahmen *dauernd* aussichtslos erscheinen. Als beweiskräftige Unterlagen dafür gelten u.a. fruchtlose Pfändungsprotokolle und Bescheinigungen der Vollstreckungsorgane (der Hauptzollämter), daß der Schuldner kein pfändbares Einkommen und Vermögen besitzt und auch nicht zu erwarten hat[7].

Da durch die unbefristete Niederschlagung die Gültigkeit des Anspruchs nicht berührt wird, kann dieser, sofern er noch nicht verjährt ist, später wieder geltend gemacht werden, wenn sich herausstellt, daß entweder die Voraussetzungen für die Niederschlagung nicht vorlagen, oder die Forderung aufgrund neuer Umstände doch noch einziehbar wird. Eine laufende Überwachung ist nicht erforderlich.

Ist anzunehmen, daß die Einziehung wegen der wirtschaftlichen Verhältnisse des Anspruchsgegners (z.B. mehrmalige fruchtlos gebliebene Vollstreckung) oder aus anderen Gründen (z.B. Tod) dauernd ohne Erfolg bleiben wird, so darf von einer weiteren Verfolgung des Anspruchs abgesehen werden (unbefristete Niederschlagung). Dasselbe gilt, wenn anzunehmen ist, daß die Kosten der Einziehung im Verhältnis zur Höhe des Anspruchs zu hoch sind. Zu den Kosten zählt neben den Ausgaben, die durch die Einziehung unmittelbar entstehen, auch der anteilige sonstige Verwaltungsaufwand[8].

Die Entscheidung des zuständigen Bundesministers bedarf in Fällen von grundsätzlicher oder von erheblicher finanzieller Bedeutung der Einwilligung des Bundesministers der Finanzen.

Ein Fall von grundsätzlicher Bedeutung ist insbesondere anzunehmen, wenn die Entscheidung über den Einzelfall hinaus präjudizielle Auswirkungen haben kann.

---

6 S. Vorl. VV Nr. 2.4 zu § 59 BHO/LHO.
7 S. § 76 (1) RRO.
8 Vgl. Vorl. VV Nr. 2.4 zu § 59 BHO/LHO.

Ein Fall von erheblicher finanzieller Bedeutung ist gegeben, wenn im Einzelfall Beträge von mehr als 150000,00 DM unbefristet niedergeschlagen werden sollen.

b) Befristete Niederschlagung

Von einer Verfolgung des Anspruchs kann einstweilen abgesehen werden, wenn
1) die Forderung fällig ist und
2) die Forderung aufgrund der wirtschaftlichen Verhältnisse des Schuldners vorübergehend nicht einziehbar ist[9].

Von der Weiterverfolgung des Anspruchs kann – ggf. auch ohne Vollstreckungshandlung – vorläufig abgesehen werden, wenn die Einziehung wegen der wirtschaftlichen Verhältnisse des Anspruchsgegners oder aus anderen Gründen vorübergehend keinen Erfolg haben würde und eine Stundung nicht in Betracht kommt (befristete Niederschlagung).

Die wirtschaftlichen Verhältnisse des Anspruchsgegners sind in angemessenen Zeitabständen zu überprüfen. Die Verjährung ist rechtzeitig zu unterbrechen.

Die Entscheidung des zuständigen Bundesministers bedarf in Fällen von grundsätzlicher oder von erheblicher finanzieller Bedeutung der Einwilligung des Bundesministers der Finanzen.

Ein Fall von grundsätzlicher Bedeutung ist insbesondere anzunehmen, wenn die Entscheidung über den Einzelfall hinaus präjudizielle Auswirkungen haben kann.

Ein Fall von erheblicher finanzieller Bedeutung ist gegeben, wenn im Einzelfall Beträge von mehr als 250000,00 DM befristet niedergeschlagen werden sollen.

3. Überwachung im Falle der befristeten Niederschlagung

Die zuständige Dienststelle – nicht die beteiligte Kasse – überwacht laufend die wirtschaftlichen Verhältnisse des Schuldners an Hand der Akten und trifft rechtzeitig Maßnahmen, die Verjährung der Forderung zu unterbrechen. Die Einziehung soll erneut versucht werden, wenn sie nach Lage der wirtschaftlichen Verhältnisse des Schuldners Erfolg verspricht.

Der Beauftragte für den Haushalt führt über die vorübergehend nicht einziehbaren Forderungen einen Nachweis.

---

9 Vgl. Vorl. VV Nr. 2.3 zu § 59 BHO/LHO.

4. Zuständigkeiten

Über die Niederschlagung von Forderungen entscheiden die in den von den Ressorts herausgegebenen DB zu den Vorl. VV zu § 59 BHO/LHO genannten Dienststellen.

Die Einziehung ist erneut zu versuchen, wenn sich Anhaltspunkte dafür ergeben, daß sie Erfolg haben wird.

5. Behandlung von Kleinbeträgen

Von der Anforderung und der Mahnung von Beträgen von weniger als 5 DM soll abgesehen werden. Werden mehrere Ansprüche auf einem Personenkonto nachgewiesen, gilt die Kleinbetragsgrenze von weniger als 5 DM für den Gesamtrückstand.

Ein beim Abschluß des Kontos nicht entrichteter Kleinbetrag von weniger als 5 DM ist als niedergeschlagen zu behandeln.

Beträge von weniger als 5 DM sind nur dann zur Auszahlung anzuordnen, wenn der Empfangsberechtigte die Auszahlung ausdrücklich verlangt; gleiches gilt für kasseninterne Auszahlungen[10].

Von der Vollstreckung oder dem Antrag auf Erlaß eines Mahnbescheides soll bei einem (Gesamt-)Rückstand von weniger als 20 DM abgesehen werden.

Ist der Anspruchsgegner ein Sondervermögen des Bundes (z.B. ERP-Sondervermögen, der LAG-Ausgleichsfonds, die Betriebssondervermögen der Deutschen Bundesbahn und Bundespost) oder eine juristische Person des öffentlichen Rechts, so kann ohne Einwilligung des Bundesministers der Finanzen allgemein von der Einziehung abgesehen werden, wenn sich im Einzelfall der Anspruch auf nicht mehr als 50,00 DM beläuft. Dies gilt jedoch nur, wenn Gegenseitigkeit besteht; anderenfalls ist der Betrag von 10,00 DM maßgebend.

Die Bestimmungen über die Behandlung von Kleinbeträgen finden keine Anwendung auf allgemeine Verwaltungsgebühren, Geldstrafen und Zahlungen, die aufgrund besonderer Rechtsvorschriften, allgemeiner Tarife oder Entgeltregelungen bewirkt werden.

Im Rahmen der Rechnungsprüfung einschließlich Vorprüfung festgestellte Ansprüche können nur nach Anhörung des Bundesrechnungshofes niedergeschlagen werden. Dieser kann auf die Anhörung verzichten[11].

---

10 Vgl. Vorl. VV Nr. 2.6 zu § 59 BHO/LHO.
11 S. § 96 (3) BHO/LHO.

C. Erlaß

1. Allgemeines

Der Erlaß einer Forderung i.S. des § 59 (1) BHO/LHO ist der endgültige Verzicht des Bundes auf eine einziehbare Forderung[12]. Die Begründung zum Erlaß ist in jedem Falle aktenkundig zu machen. Der Schuldner erhält den Verzicht mitgeteilt.

Der Erlaß ist eine Maßnahme, mit der auf einen fälligen Anspruch verzichtet wird. Durch den Erlaß einer Forderung erlischt der Anspruch auf diese Forderung.

Ein Erlaß ist nur dann möglich, wenn eine Stundung nicht in Betracht kommt.

Bei privatrechtlichen Ansprüchen ist der Erlaß zwischen dem Bund und dem Anspruchsgegner vertraglich zu vereinbaren; dasselbe gilt für Ansprüche aus öffentlich-rechtlichen Verträgen. In den übrigen Fällen ist der Erlaß durch einen dem Anspruchsgegner bekanntzugebenden Verwaltungsakt auszusprechen. Für einen Erlaß ist in der Regel ein Antrag des Anspruchsgegners erforderlich.

2. Voraussetzungen

Eine Forderung des Bundes darf auf Antrag des Schuldners nur erlassen werden, wenn
1) die Forderung einziehbar ist und
2) ihre Einziehung für den Schuldner eine besondere Härte bedeuten würde.

Die Forderung muß also rechtlich unbestritten sein. Aus diesem Grunde kann eine Forderung nicht mehr erlassen werden, wenn bei einem Widerspruch gegen eine Zahlungsaufforderung (z.B. Rückzahlung überzahlter Dienstbezüge), durch Aufrechnungsbescheid oder Leistungsbescheid der Fortfall der Bereicherung anerkannt wurde oder festgestellt worden ist, daß eine einziehbare Forderung nicht mehr besteht. Ferner muß die begründete Aussicht bestehen, daß die Forderung vom Schuldner erfüllt werden kann, selbst wenn sie vorübergehend auch zwangsweise nicht beitreibbar sein sollte. Die Einziehung der Forderung muß jedoch nach Lage des Einzelfalles für den Schuldner eine besondere Härte bedeuten. Die Erfüllung dieser Voraussetzung läßt sich nur von Fall zu Fall entscheiden.

Obgleich der Erlaß von Forderungen bestimmungsgemäß nicht davon abhängig gemacht wird, daß ein Teil der Schuld beglichen sein muß, besteht ein allgemeiner verwaltungsmäßiger Grundsatz, daß Forderungen nicht in voller Höhe erlassen werden sollten. Dem Schuldner wird grundsätzlich zugemutet, seinen Willen

---

12 Vgl. Vorl. VV Nr. 3 zu § 59 BHO/LHO.

zur Tilgung der Forderung dadurch zu beweisen, daß er zum mindesten einige Ratenzahlungen leistet.

Auch der BMF empfiehlt, bei Erlassen an der Verwaltungsübung festzuhalten, daß der Schuldner regelmäßig einen Teil der Forderung bezahlt, bevor der Erlaß des Restes ausgesprochen wird.

Vor dem Erlaß einer Forderung sollte in jedem Falle geprüft werden, ob nicht bereits durch eine Stundung oder durch die befristete Niederschlagung den Belangen des Schuldners hinreichend Rechnung getragen wird.

Der zuständige Bundesminister darf Ansprüche nur erlassen, wenn die Einziehung nach Lage des einzelnen Falles für den Anspruchsgegner eine besondere Härte bedeuten würde. Das gleiche gilt für die Erstattung oder Anrechnung von geleisteten Beträgen und für die Freigabe von Sicherheiten.

Eine besondere Härte ist insbesondere anzunehmen, wenn sich der Anspruchsgegner in einer unverschuldeten wirtschaftlichen Notlage befindet und daß die Weiterverfolgung des Anspruchs zu einer Existenzgefährdung führen würde.

Die Entscheidung des zuständigen Bundesministers bedarf in Fällen von grundsätzlicher oder von erheblicher finanzieller Bedeutung der Einwilligung des Bundesministers der Finanzen.

Ein Fall von grundsätzlicher Bedeutung ist insbesondere anzunehmen, wenn die Entscheidung über den Einzelfall hinaus präjudizielle Auswirkungen haben kann.

Ein Fall von erheblicher finanzieller Bedeutung ist gegeben, wenn im Einzelfall Beträge über 100000,00 DM erlassen werden sollen[13].

3. Zuständigkeiten

Über den Erlaß von Forderungen entscheiden die in dem Beiblatt zu den DB zu Vorl. VV zu § 59 BHO/LHO genannten Dienststellen.

Im Rahmen der Rechnungsprüfung einschließlich Vorprüfung festgestellte Ansprüche können nur nach Anhörung des Bundesrechnungshofes erlassen werden. Dieser kann auf die Anhörung verzichten (§ 96 Abs. 3 BHO/LHO).

Geleistete Beiträge können erstattet oder angerechnet werden, wenn die Voraussetzungen für einen Erlaß im Zeitpunkt der Zahlung oder innerhalb des Zeitraumes, für den eine im voraus geleistete Zahlung bestimmt ist, vorgelegen haben. Eine Erstattung oder Anrechnung kommt in der Regel nur in Betracht, wenn die Voraussetzung für den Erlaß auch im Zeitpunkt der Antragstellung noch vor-

---

13 Vgl. Vorl. VV Nr. 3.5 zu § 59 BHO/LHO.

liegen. Die Erstattung oder Anrechnung geleisteter Beträge bedarf in jedem Einzelfall der Einwilligung des BMF; er kann auf seine Befugnis verzichten.

Forderungen aus Beschaffungen sind Ansprüche des Bundes aus Kaufverträgen, Dienst- und Werkverträgen, ausgenommen Verträge über Bauleistungen.

Bei allen Entscheidungen über Stundung, Niederschlagung und Erlaß hat der Beauftragte für den Haushalt mitzuwirken, soweit er nicht darauf verzichtet[14].

Bei der Niederschlagung von Forderungen ist § 76 RRO zu beachten.

4. Benachrichtigung der Kasse

Die zuständige rechnungslegende Kasse erhält von der Entscheidung über den Erlaß der zum Soll gestellten Forderung eine beglaubigte Abschrift mit der Anordnung, den erlassenen Betrag abzusetzen. Die Mitteilung dient ihr als Beleg für die Rechnungslegung.

Zum Nachweis der erlassenen Forderungen fügen die Kassen alljährlich der Rechnung[15] eine Nachweisung über den Gesamtbetrag der aufgrund gesetzlicher Ermächtigung oder eines Beschlusses der Bundesregierung erlassenen Beträge bei.

D. Die Veränderung von Ansprüchen

– Kurzfassung –

Die Stundung der Forderung (§ 59 (1) BHO/LHO)

Die Stundung ist das Hinausschieben der Fälligkeit einer Forderung. Auch Ratenzahlungen zählen zu den Stundungen. Stundung wird nur auf Antrag gewährt. Es ist eine Stundungsfrist festzulegen.

Voraussetzung für eine Stundung ist, daß
a) die sofortige Einziehung der fälligen Geldforderung mit *erheblichen Härten* (persönliche wirtschaftliche Verhältnisse) für den Anspruchsgegner des Bundes verbunden wäre und
b) der Anspruch des Bundes durch die Stundung nicht gefährdet wird.

Beide Voraussetzungen müssen erfüllt sein. Zuständig für Entscheidungen über Stundung, Niederschlagung und Erlaß von Zahlungsansprüchen sind die mittelbewirtschaftenden Dienststellen (nicht etwa die Kassen).

---

14 Vgl. Vorl. VV Nr. 3.1.2 zu § 9 BHO/LHO.
15 Vgl. § 85, Ziff. 4 BHO/LHO.

Der Beauftragte für den Haushalt hat bei allen Entscheidungen von geldlicher Tragweite mitzuwirken; die Entscheidungs- und Zeichnungsbefugnis obliegt jedoch ausschließlich dem Behördenleiter oder seinem Vertreter im Amt.

Bei anerkannten Schadensersatzleistungen: Stundung darf nur gewährt werden, wenn der Schuldner nicht in der Lage ist, die Schuld sofort zu tilgen, und eine Zwangsvollstreckung eine *besondere Härte* für ihn bedeuten würde.

Die Niederschlagung von Forderungen (§ 59 (1), Ziffer 2 BHO/LHO)

Nur das Einziehungsverfahren ruht!

Der Anspruch des Bundes gegenüber dem Schuldner bleibt in jedem Fall bestehen.

a) befristete Niederschlagung: wenn der Betrag *vorübergehend* nicht einziehbar ist,
b) unbefristete Niederschlagung: wenn der Betrag *dauernd* nicht einziehbar ist.

Der Schuldner erhält in beiden Fällen *keine* Benachrichtigung (verwaltungsinterne Maßnahme).

Der Erlaß von Forderungen § 59 (1), Ziffer 3 BHO/LHO)

Der Erlaß ist der endgültige Verzicht des Bundes auf eine einziehbare Forderung.

Diese einziehbare Forderung muß jedoch für den Schuldner eine *besondere Härte* darstellen.

XIX. Die haushalts- und kassenmäßige Behandlung von Fehlbeständen am öffentlichen Vermögen und von sonstigen Vermögensschäden

A. Allgemeines

Über die haushalts- und kassenmäßige Behandlung von Fehlbeständen am öffentlichen Vermögen und sonstigen Vermögensschäden hat der BMF entsprechende Richtlinien aufgestellt[1].

Nach diesen Richtlinien werden im einzelnen folgende Fehlbestände unterschieden:

1) Kassenfehlbeträge,
2) Rechnungsfehlbeträge, d.h. Fehlbeträge, die durch Fehler bei der Erstellung der Rechnungsbelege entstehen,
3) Fehlbestände und Verluste an Wertgegenständen (§ 55 (2) RKO) und sonstigen Vermögenswerten und
4) sonstige Vermögensschäden; das sind alle übrigen, durch schuldhafte Amtspflichtverletzungen entstandenen Vermögensschäden.

Falls bei den Vermögensschäden der Verdacht einer strafbaren Handlung auftritt, muß die zuständige Verwaltungsstelle der Vorprüfungsstelle, bei Werten über 300,00 DM dem BRH Mitteilung machen.

Ansprüche des Bundes auf Ersatz festgestellter Schäden dieser Art werden in der Regel nach den Vorschriften des Erstattungsgesetzes verfolgt. Kann das Erstattungsgesetz im Ausnahmefall nicht angewendet werden, bleibt zu prüfen, ob der Anspruch im Verwaltungsgerichtsverfahren oder vor dem ordentlichen Gericht geltend zu machen ist.

Die Fehlbeträge werden nach den Richtlinien des BMF haushalts- und kassenmäßig wie folgt behandelt.

B. Kassenfehlbeträge

Ein "Kassenfehlbetrag" ist der Differenzbetrag zwischen dem – zahlungstechnischen – *Kassenistbestand* und dem – buchungstechnischen – *Kassensollbestand* anläßlich des Tagesabschlusses bei Kassen, Hauptzahlstellen,

1 Rdschr. BMF v. 16.9.1957 (MinBlFin S. 1166).

Zahlstellen, Nebenzahlstellen, Handvorschüssen sowie bei Zahlungsbeauftragten des Bundes/Landes.

Kassenfehlbeträge sind dem Dienststellenleiter und dem Kassen- bzw. Zahlstellenaufsichtsbeamten sowie bei Handvorschüssen dem Aufsichtsführenden schriftlich anzuzeigen.

Für den buchungsmäßigen Nachweis von Kassenfehlbeträgen bis zu 10,– DM liegt eine "allgemeine Auszahlungsanordnung" nach § 68 RRO vor. Kassenfehlbeträge bis zu 10,00 DM sind hiernach bei den "vermischten Verwaltungsausgaben" (Tit. 539 99 des jeweiligen Personalkapitels) nachzuweisen. Bei Kassenfehlbeträgen bis zu 10,00 DM kann von der Prüfung einer Schadensersatzpflicht abgesehen werden, sofern kein mißbräuchliches Verhalten erkennbar ist; ein Schadensbericht entfällt.

Ein Kassenfehlbetrag von *mehr* als 10,– DM ist zunächst im Vorschußkonto zu buchen.

Der Barkassier, Hauptzahlstellenverwalter, Zahlstellenverwalter, Nebenzahlstellenverwalter, Handvorschußverwalter sowie Zahlungsbeauftragter trägt den Kassenfehlbetrag als Auszahlung für den nächsten Tag in die von ihm zu führende Anschreibeliste ein. Er fertigt hierüber einen Hilfsbeleg, den der Kassenaufsichtsbeamte/Zahlstellenaufsichtsbeamte/Aufsichtsführende sowohl sachlich als auch rechnerisch feststellt.

Kassenfehlbeträge von mehr als 10,– DM sind als Vermögensschäden nach den Schadensbestimmungen zu bearbeiten.

C. Rechnungsfehlbestände

Rechnungsfehlbestände müssen dem Beauftragten für den Haushalt sofort nach ihrer Aufdeckung zur Kenntnis gebracht werden. Dieser prüft, ob auf die Einziehung des Fehlbetrages wegen Geringfügigkeit verzichtet werden darf.

Wenn ein Fehlbetrag nicht mehr eingezogen werden kann, weil z.B. der Empfänger gutgläubig war und nicht mehr bereichert ist, bleibt zu prüfen, ob ein Erstattungsverfahren gegen den verantwortlichen Bediensteten einzuleiten ist. Wird dieser für den Rechnungsfehlbetrag durch vollstreckbaren Erstattungsbeschluß oder vollstreckbare Unterwerfungserklärung haftbar gemacht, oder gibt er ein schriftliches Anerkenntnis ab, wird der Betrag bei der geschädigten Buchungsstelle in der Titeldatei vereinnahmt, falls er in Raten abgetragen wird, dort zu Lasten des Erstattungspflichtigen zum Soll gestellt (§ 62 RKO), d.h. wie eine laufende Einnahme behandelt. Die Abschrift des Erstattungsbeschlusses bzw. die Erklärung des Erstattungspflichtigen wird der Annahmeanordnung beigefügt.

D. Fehlbestände und Verluste an Wertgegenständen und sonstigen Vermögenswerten

Bei der haushalts- und kassenmäßigen Behandlung von Fehlbeständen und Verlusten an Wertgegenständen und sonstigen Vermögenswerten muß unterschieden werden, zwischen Wertgegenständen, deren Verwaltung und Nachweisung den Kassen obliegt und Vermögenswerten, deren Verwaltung nicht den Kassen obliegt.

1. Wertgegenstände, deren Verwaltung und Nachweisung den Kassen obliegt

Fehlbestände und Verluste an Wertgegenständen, deren Verwaltung und Nachweisung den Kassen obliegt (Wertpapiere, Wertzeichen, verkäufliche Vordrucke, Kostbarkeiten usw.) müssen dem Leiter der Behörde und dem Kassenaufsichtsbeamten durch den Kassenleiter unverzüglich angezeigt werden. Der Leiter der Behörde wird daraufhin prüfen, ob die Voraussetzungen für die Einleitung eines Erstattungsverfahrens erfüllt sind.

Wird der Erstattungspflichtige durch vollstreckbaren Erstattungsbeschluß oder vollstreckbare Unterwerfungserklärung haftbar gemacht oder gibt er ein schriftliches Anerkenntnis ab, so wird der von ihm zu erstattende Betrag aufgrund einer Annahmeanordnung bei den vermischten Einnahmen (Titel 119 99) oder bei einer besonders vorgesehenen Buchungsstelle vereinnahmt; falls er in Raten erstattet wird, dort zu Lasten des Erstattungspflichtigen zum Soll gestellt.

Gleichzeitig wird der Wertgegenstand unter Hinweis auf die Sollstellung im Verwahrungsbuch (Teilband-Wertgegenstände) ausgebucht, oder es wird die Wertminderung vermerkt. Die Abschrift der Mitteilung des Kassenleiters gilt als Beleg zum Verwahrungsbuch (Teilband-Wertgegenstände).

Der Berichtigung des Verwahrungsbuches (Teilband-Wertgegenstände) bedarf es auch, wenn ein Verschulden nicht festgestellt werden konnte.

Ist ein von der Kasse verwahrter Wertgegenstand eines Dritten untergegangen oder abhanden gekommen (z.B. eine als Sicherheit hinterlegte Briefmarkensammlung), so daß er an den Eigentümer oder Besitzer nicht mehr herausgegeben werden kann, so muß der Bund statt dessen Schadensersatz leisten. Das gleiche gilt für die Wertdifferenz bei einer Wertminderung, z.B. durch unsachgemäße Behandlung oder Lagerung. Die Geldleistung ist bei den vermischten Verwaltungsausgaben (Titel 539 99 des jeweiligen Personalkapitels) zu buchen.

Steht dem Bund aus den abhandengekommenen oder wertgeminderten Gegenständen nur ein Recht auf Befriedigung zu, z.B. aus gepfändeten Sachen, werden der Wert oder die Wertminderung als vermischte Verwaltungsausgabe gebucht und der Buchungsstelle als Einnahme zugeführt, der der Anspruch zusteht.

2. Vermögenswerte, deren Verwaltung nicht den Kassen obliegt

Fehlbestände an Vermögenswerten, deren Verwaltung nicht den Kassen obliegt (bewegliche und unbewegliche Sachen, die dem Bund gehören oder von ihm verwaltet werden), müssen dem Leiter der Dienststelle sofort schriftlich gemeldet werden. Falls es nicht gelingt, fehlende Gegenstände wiederzuerlangen, prüft er die Schuldfrage und die Voraussetzungen für die Durchführung eines Erstattungsverfahrens. Die Durchschrift der Anzeige gilt als vorläufiger Beleg zu dem Bestandsverzeichnis (Sachbuch für das Vermögen, Gerätekartei, Materialbuch usw.), in dem der Gegenstand verzeichnet ist.

Wird ein Erstattungspflichtiger durch vollstreckbaren Erstattungsbeschluß oder vollstreckbare Unterwerfungserklärung haftbar gemacht, oder gibt er ein schriftliches Anerkenntnis ab, so wird der von ihm zu erstattende Betrag aufgrund einer Annahmeanordnung bei der in Betracht kommenden Buchungsstelle (in der Regel bei Titel 119 99) vereinnahmt, falls er in Raten erstattet wird, dort zu Lasten des Erstattungspflichtigen als Einnahme zum Soll gestellt (§ 62 RKO). In diesem Falle wird der Erstattungsbetrag wie eine laufende Einnahme behandelt.

Die Kosten für die Ersatzbeschaffung werden vom Bund getragen und werden bei dem jeweils in Betracht kommenden Ausgabetitel gebucht.

XX. Anhang

1 Nachtragshaushaltsgesetz

2 Haushaltsgesetz

3 Gesamtplan
Teil I: Haushaltsübersicht
Teil II: Finanzierungsübersicht
Teil III: Kreditfinanzierungsplan

4 Auszug aus dem Bundeshaushalt

5 Graphische Darstellung des Bundeshaushaltsplans

Anhang 1: Nachtragshaushaltsgesetz 1991

Gesetz über die Feststellung eines Nachtrags zum Bundeshaushaltsplan für das Haushaltsjahr 1991 (Nachtragshaushaltsgesetz 1991)

Vom 20. Dezember 1991

Der Bundestag hat das folgende Gesetz beschlossen:

Artikel 1

Das Haushaltsgesetz 1991 vom 27. Juni 1991 (BGBl. I S. 1354) wird wie folgt geändert:

1. In § 2 Abs. 1 wird die Zahl „66 417 000 000" durch die Zahl „61 657 000 000" ersetzt.

2. § 24 wird wie folgt geändert:

   a) Der bisherige Text wird Absatz 1.

   b) Es wird folgender Absatz 2 angefügt:

      „(2) Der Bundesanstalt für Arbeit wird zur Auffüllung des liquiden Teils ihrer Rücklage nach § 220 Abs. 2 Arbeitsförderungsgesetz auf eine Höhe von 4 900 000 000 Deutsche Mark bis zu diesem Betrag eine einmalige Finanzzuweisung des Bundes gewährt."

3. Der Bundeshaushaltsplan wird nach Maßgabe des diesem Gesetz als Anlage beigefügten Nachtrags geändert.

Artikel 2

Dieses Gesetz tritt mit Wirkung vom 1. Januar 1991 in Kraft.

Die verfassungsmäßigen Rechte des Bundesrates sind gewahrt.

Das vorstehende Gesetz wird hiermit ausgefertigt und wird im Bundesgesetzblatt verkündet.

Bonn, den 20. Dezember 1991

Der Bundespräsident
Weizsäcker

Der Bundeskanzler
Dr. Helmut Kohl

Der Bundesminister der Finanzen
Theo Waigel

Anhang 2: Bundeshaushaltsgesetz 1992

Gesetz über die Feststellung des Bundeshaushaltsplans für das Haushaltsjahr 1992 (Haushaltsgesetz 1992)

Vom 20. Dezember 1991

Der Bundestag hat das folgende Gesetz beschlossen:

§ 1

Der diesem Gesetz als Anlage beigefügte Bundeshaushaltsplan für das Haushaltsjahr 1992 wird in Einnahmen und Ausgaben auf 422 100 000 000 Deutsche Mark festgestellt.

§ 2

(1) Der Bundesminister der Finanzen wird ermächtigt, zur Deckung von Ausgaben für das Haushaltsjahr 1992 Kredite bis zur Höhe von 45 330 000 000 Deutsche Mark aufzunehmen.

(2) Dem Kreditrahmen nach Absatz 1 wachsen die Beträge zur Tilgung von im Haushaltsjahr 1992 fällig werdenden Krediten zu, deren Höhe sich aus der Finanzierungsübersicht (Teil II des Gesamtplans) ergibt. Mehreinnahmen bei Titel 121 04 im Kapitel 60 02 sind zur Tilgung fälliger Schulden zu verwenden und vermindern die Ermächtigung nach Satz 1.

(3) Der Bundesminister der Finanzen wird ermächtigt, ab Oktober des Haushaltsjahres im Vorgriff auf die Kreditermächtigung des nächsten Haushaltsjahres Kredite bis zur Höhe von 4 vom Hundert des in § 1 festgestellten Betrages aufzunehmen. Die danach aufgenommenen Kredite sind auf die Kreditermächtigung des nächsten Haushaltsjahres anzurechnen.

(4) Auf die Kreditermächtigung ist bei Diskontpapieren der Nettobetrag anzurechnen.

(5) Der Bundesminister der Finanzen wird ermächtigt, zum Ankauf von Schuldtiteln des Bundes und von Anleihen aus Emissionen, die der Bund nach § 28 des Haushaltsgesetzes 1991 vom 27. Juni 1991 (BGBl. I S. 1354) als eigene Schulden mitübernommen hat, im Wege der Marktpflege Kredite bis zu 10 vom Hundert des Betrages der umlaufenden Bundesanleihen, Bundesobligationen und Bundesschatzanweisungen aufzunehmen, dessen Höhe sich aus der jeweils letzten im Bundesanzeiger veröffentlichten Übersicht über den Stand der Schuld der Bundesrepublik Deutschland ergibt.

§ 3

Der Bundesminister der Finanzen wird ermächtigt, Kassenverstärkungskredite bis zu 8 vom Hundert des in § 1 festgestellten Betrages aufzunehmen. Auf die Kreditermächtigung sind die Beträge anzurechnen, die auf Grund von Ermächtigungen früherer Haushaltsgesetze aufgenommen sind.

§ 4

(1) Innerhalb der einzelnen Kapitel können verwendet werden (einseitige Deckungsfähigkeit):

1. Einsparungen bei Titel 422 01 zur Verstärkung der bei Titel 422 02 veranschlagten Ausgaben,
2. Einsparungen bei Titel 423 01 zur Verstärkung der bei Titel 423 02 veranschlagten Ausgaben.
3. Einsparungen bei Titeln der Gruppen 422, 423, 425 und 426 zur Verstärkung der bei Titeln der Gruppen 443 und 453 veranschlagten Ausgaben,
4. Einsparungen bei Titeln der Gruppen 422, 423 und 425, die durch die Gewährung von Erziehungsurlaub entstehen, zur Verstärkung der bei Titel 427 01 veranschlagten Ausgaben.

(2) Innerhalb der einzelnen Kapitel sind die Ausgaben bei Titeln der Gruppen 422 und 425 gegenseitig deckungsfähig.

(3) Die Erläuterungen zu den Titeln der Gruppe 425 sind hinsichtlich der Zahl der für die einzelnen Vergütungsgruppen angegebenen Stellen verbindlich. Abweichungen bedürfen der Einwilligung des Bundesministers der Finanzen.

(4) Innerhalb der einzelnen Kapitel fließen die Einnahmen den Ausgaben bei folgenden Titeln – einschließlich der entsprechenden Titel in Titelgruppen – zu:

1. Titel 427 01
   aus Zuschüssen für die berufliche Eingliederung Behinderter sowie für Arbeitsbeschaffungsmaßnahmen,
2. Titel 441 01, 443 01 und 446 01
   aus Schadensersatzleistungen Dritter,
3. Titel 511 01 und 518 01
   aus der Veräußerung von ausgesondertem Schriftgut, aus der Anfertigung von Fotokopien für Dritte sowie aus der privaten Inanspruchnahme elektronischer Fachinformationszentren,
4. Titel 513 01 (im Kapitel 14 14 Titel 513 02)
   aus der privaten Inanspruchnahme dienstlicher Fernmeldeanlagen,
5. Titel 514 01 (im Kapitel 06 25 Titel 514 04, im Kapitel 14 15 Titel 553 04, im Kapitel 14 17 Titel 522 01)
   aus Schadensersatzleistungen Dritter insoweit, als sie zur Instandsetzung bestimmt sind, sowie aus der

Abgabe von Kraftstoffen (Betriebsstoffen) an andere Bedarfsträger.

(5) Innerhalb eines Kapitels dienen Einnahmen auf Grund der Schwerbehinderten-Ausgleichsabgabeverordnung vom 28. März 1988 (BGBl. I S. 484) zur Verstärkung der Ausgaben der Hauptgruppen 5 bis 8.

(6) Nach § 63 Abs. 3 Satz 2 der Bundeshaushaltsordnung wird zugelassen, daß von Bundesdienststellen im Bereich der Datenverarbeitung entwickelte Software unentgeltlich an Stellen der öffentlichen Verwaltung im Inland abgegeben wird, soweit Gegenseitigkeit besteht. Das gilt auch für von Bundesdienststellen erworbene Software. Für erworbene Lizenzen an Standard-Software ist die jeweilige Lizenzvereinbarung maßgebend.

(7) Die obersten Bundesbehörden können mit Einwilligung des Bundesministers der Finanzen die Deckungsfähigkeit der Ausgaben bei Titeln der Gruppen 511 bis 519, 527 und 539 innerhalb eines Kapitels anordnen, soweit die Mittel nicht übertragbar sind, die Mehrausgaben des Einzeltitels nicht mehr als 20 vom Hundert betragen und die Maßnahme wirtschaftlich zweckmäßig erscheint. Soweit eine Deckung nach Satz 1 nicht möglich ist, kann der Bundesminister der Finanzen in besonders begründeten Ausnahmefällen zulassen, daß Mehrausgaben bei Titeln der Gruppen 514 und 517 sowie des Titels 522 01 im Kapitel 14 17 bis zur Höhe von 30 vom Hundert des Ansatzes durch Einsparungen anderer Ausgaben innerhalb der Hauptgruppe 5 desselben Einzelplans gedeckt werden. In besonders begründeten Ausnahmefällen kann der Bundesminister der Finanzen zulassen, daß Mehrausgaben bei den Titeln 526 01 und 526 04 gegen Einsparungen bei anderen Ausgaben der Obergruppen 51 bis 54 desselben Einzelplans gedeckt werden.

(8) Der Bundesminister der Finanzen wird ermächtigt, mit Einwilligung des Haushaltsausschusses des Deutschen Bundestages innerhalb des Einzelplans 14 (Bundesminister der Verteidigung) die Deckungsfähigkeit der Ausgaben bei Titeln der Gruppen 551, 553 bis 559 der Kapitel 14 08 und 14 11 bis 14 20 sowie bei Titel 522 01 im Kapitel 14 17 anzuordnen, falls dies auf Grund später eingetretener Umstände wirtschaftlich zweckmäßig erscheint. Diese Regelung gilt auch für übertragbare Ausgaben.

(9) Die in den Kapiteln 14 14 bis 14 20 bei Titeln der Gruppen 551 und 554 veranschlagten Verpflichtungsermächtigungen sind in Höhe von 20 vom Hundert gesperrt. Die Inanspruchnahme der gesperrten Verpflichtungsermächtigungen bedarf der Einwilligung des Haushaltsausschusses des Deutschen Bundestages.

§ 5

§ 37 Abs. 1 Satz 3 bis 5 der Bundeshaushaltsordnung ist in folgender Fassung anzuwenden:

„Als unabweisbar ist ein Bedürfnis insbesondere nicht anzusehen, wenn nach Lage des Einzelfalles ein Nachtragshaushaltsgesetz rechtzeitig herbeigeführt oder die Ausgabe bis zum nächsten Haushaltsgesetz zurückgestellt werden kann. Eines Nachtragshaushaltsgesetzes bedarf es nicht, wenn die Mehrausgabe im Einzelfall einen Betrag von 10 000 000 Deutsche Mark nicht überschreitet oder wenn Rechtsverpflichtungen zu erfüllen sind."

§ 6

(1) Ausgaben und Verpflichtungsermächtigungen für Zuwendungen im Sinne des § 23 der Bundeshaushaltsordnung zur Deckung der gesamten Ausgaben oder eines nicht abgegrenzten Teils der Ausgaben einer Einrichtung außerhalb der Bundesverwaltung (institutionelle Förderung) sind gesperrt, wenn der Haushalts- oder Wirtschaftsplan des Zuwendungsempfängers nicht von dem zuständigen Bundesminister und dem Bundesminister der Finanzen gebilligt ist. Der Bundesminister der Finanzen hat vor der Aufhebung der Sperre die Einwilligung des Haushaltsausschusses des Deutschen Bundestages einzuholen, wenn die Zuwendungen des Bundes den Betrag von 1 000 000 Deutsche Mark im Haushaltsjahr überschreiten.

(2) Die in Absatz 1 genannten Zuwendungen zur institutionellen Förderung dürfen nur mit der Auflage bewilligt werden, daß der Zuwendungsempfänger seine Beschäftigten nicht besserstellt als vergleichbare Arbeitnehmer des Bundes; vorbehaltlich einer abweichenden tarifvertraglichen Regelung dürfen deshalb keine günstigeren Arbeitsbedingungen vereinbart werden, als sie für Arbeitnehmer des Bundes jeweils vorgesehen sind. Entsprechendes gilt bei Zuwendungen zur Projektförderung, wenn die Gesamtausgaben des Zuwendungsempfängers überwiegend aus öffentlichen Mitteln finanziert werden. Der Bundesminister der Finanzen kann bei Vorliegen zwingender Gründe Ausnahmen zulassen.

(3) Die in den Erläuterungen zu den Titeln, aus denen Verwaltungskosten erstattet oder Zuwendungen im Sinne des § 23 der Bundeshaushaltsordnung zur institutionellen Förderung geleistet werden, für andere als Projektaufgaben ausgebrachten Stellen für Angestellte sind hinsichtlich der Gesamtzahl und der Zahl der für die einzelnen Vergütungsgruppen angegebenen Stellen verbindlich. Die Wertigkeit übertariflicher Stellen ist durch Angabe der entsprechenden Besoldungsgruppen zu kennzeichnen. Der Bundesminister der Finanzen kann Abweichungen in den Wertigkeiten der Stellen des Tarifbereichs zulassen. Satz 1 gilt nicht für die Max-Planck-Gesellschaft zur Förderung der Wissenschaften e. V. (MPG) in Göttingen, die Deutsche Forschungsanstalt für Luft- und Raumfahrt e. V. (DLR) in Köln, das Kernforschungszentrum Karlsruhe GmbH (KfK) und das Hahn-Meitner-Institut Berlin GmbH (HMI). Die Sätze 1 und 2 gelten nicht für die Rechtsnachfolgerin der Sowjetisch-Deutschen Aktiengesellschaft Wismut im Bereich Bergbau.

§ 7

(1) Die Rückzahlung zuviel erhobener Einnahmen ist stets beim jeweiligen Einnahmetitel abzusetzen.

(2) Bei Unrichtigkeit einer Zahlung, bei Doppelzahlungen oder Überzahlungen darf die Rückzahlung von der Ausgabe abgesetzt werden, wenn die Bücher noch nicht abgeschlossen sind. Die Rückzahlung zuviel geleisteter Personalausgaben ist stets beim jeweiligen Ausgabetitel abzusetzen.

(3) Titelverwechslungen dürfen nur berichtigt werden, solange die Bücher noch nicht abgeschlossen sind oder durch die Titelverwechslung der Bundeshaushalt einer anderen Gebietskörperschaft oder der Haushalt der Europäischen Gemeinschaften betroffen sind.

§ 8

(1) Der Bundesminister der Finanzen wird ermächtigt, Bürgschaften, Garantien oder sonstige Gewährleistungen zu übernehmen

1. a) im Zusammenhang mit förderungswürdigen Ausfuhren zugunsten von Ausführern und zugunsten von Kreditgebern für Kredite an ausländische Schuldner. Die Gewährleistungen werden nach Richtlinien übernommen, die der Bundesminister für Wirtschaft im Einvernehmen mit dem Bundesminister der Finanzen, dem Bundesminister für wirtschaftliche Zusammenarbeit und dem Bundesminister des Auswärtigen festlegt;

   b) im Zusammenhang mit Ausfuhren, an deren Durchführung ein besonderes staatliches Interesse der Bundesrepublik Deutschland besteht, zugunsten von Ausführern und zugunsten von Kreditgebern für Kredite an ausländische Schuldner;

   c) zum Zwecke der Umschuldung nach Buchstabe a oder b gedeckter Forderungen deutscher Gläubiger. Dabei können die Selbstbeteiligungen nachträglich ermäßigt sowie in Ausnahmefällen Bürgschaften, Garantien oder sonstige Gewährleistungen für bisher ungedeckte Forderungen übernommen werden, wenn andernfalls die Umschuldungsmaßnahmen nicht durchgeführt werden können;

2 a) für Kredite an ausländische Schuldner, wenn dies der Finanzierung förderungswürdiger Vorhaben dient oder im besonderen staatlichen Interesse der Bundesrepublik Deutschland liegt;

   b) zum Zwecke der Umschuldung nach Buchstabe a gedeckter Forderungen deutscher Gläubiger. Dabei können die Selbstbeteiligungen nachträglich ermäßigt sowie in Ausnahmefällen Bürgschaften, Garantien oder sonstige Gewährleistungen für bisher ungedeckte Forderungen übernommen werden, wenn andernfalls die Umschuldungsmaßnahmen nicht durchgeführt werden können;

3. zur Absicherung des politischen Risikos bei förderungswürdigen Kapitalanlagen im Ausland, wenn zwischen der Bundesrepublik Deutschland und dem Land, in dem das Kapital angelegt wird, eine Vereinbarung über die Behandlung von Kapitalanlagen besteht oder, solange dies nicht der Fall ist, durch die Rechtsordnung des betreffenden Landes oder in sonstiger Weise ein ausreichender Schutz der Kapitalanlage gewährleistet erscheint. Die Gewährleistungen werden nach Richtlinien übernommen, die der Bundesminister für Wirtschaft im Einvernehmen mit dem Bundesminister der Finanzen, dem Bundesminister für wirtschaftliche Zusammenarbeit und dem Bundesminister des Auswärtigen festlegt;

4. gegenüber der Europäischen Investitionsbank für Kredite dieser Bank an Schuldner außerhalb der Europäischen Gemeinschaft.

(2) Der Höchstbetrag der Gewährleistungen nach Absatz 1 Nr. 1 wird auf 180 000 000 000 Deutsche Mark, der Höchstbetrag der Gewährleistungen nach Absatz 1 Nr. 2 bis 4 auf insgesamt 35 000 000 000 Deutsche Mark festgesetzt.

(3) Die Ermächtigungen nach Absatz 1 Nr. 1 bis 3 gelten für Ausführer, Kreditgeber und Investoren im Inland.

§ 9

Der Bundesminister der Finanzen wird ermächtigt, Bürgschaften, Garantien oder sonstige Gewährleistungen für Marktordnungs- und Bevorratungsmaßnahmen auf dem Ernährungsgebiet bis zur Höhe von 6 000 000 000 Deutsche Mark zu übernehmen.

§ 10

Der Bundesminister der Finanzen wird ermächtigt, Bürgschaften, Garantien oder sonstige Gewährleistungen bis zur Höhe von 91 500 000 000 Deutsche Mark zu übernehmen

1. zur Förderung der gewerblichen Wirtschaft und der freien Berufe, wenn eine anderweitige Finanzierung nicht möglich ist und ein allgemeines volkswirtschaftliches Interesse an der Durchführung der Maßnahmen besteht;

2. zur Förderung des Verkehrswesens;

3. zur Förderung von Investitionen, die der Herstellung von Produkten zur Vermeidung von Umweltbelastungen dienen, wenn eine anderweitige Finanzierung nicht möglich ist;

4. a) zur Förderung des Wohnungsbaues, insbesondere des öffentlich geförderten sozialen Wohnungsbaues;

   b) zur Förderung der Modernisierung und Instandsetzung von Wohnungen in dem in Artikel 3 des Einigungsvertrages genannten Gebiet;

   c) zur Förderung des Baues gewerblicher Räume, wenn der Bau der gewerblichen Räume im Zusammenhang mit dem Bau von Wohnungen steht;

   d) zur Förderung des Erwerbs vorhandener Wohnungen durch kinderreiche Familien und Schwerbehinderte;

5. für die Verbindlichkeiten, die der Deutschen Siedlungs- und Landesrentenbank aus der Ausgabe von Schuldverschreibungen erwachsen – § 3 des Gesetzes über die Deutsche Siedlungs- und Landesrentenbank vom 11. Juli 1989 (BGBl. I S. 1421);

6. für Maßnahmen gemäß § 5 des Landwirtschaftsgesetzes in der im Bundesgesetzblatt Teil III, Gliederungsnummer 780-1, veröffentlichten bereinigten Fassung, das durch Artikel 75 des Gesetzes vom 14. Dezember 1976 (BGBl. I S. 3341) geändert worden ist;

7. zur Förderung der Fischwirtschaft;

8. im Zusammenhang mit der Freigabe beschlagnahmter deutscher Auslandsvermögen;

9. für Verbindlichkeiten des Ausgleichsfonds aus der Eintragung der Schuldbuchforderungen oder der Aushändigung von Schuldverschreibungen nach § 252 Abs. 3 des Lastenausgleichsgesetzes in der Fassung der Bekanntmachung vom 1. Oktober 1969 (BGBl. I S. 1909), das zuletzt durch Artikel 14 des Gesetzes vom 17. Dezember 1990 (BGBl. I S. 2809) geändert worden ist;

10. im Zusammenhang mit der Abdeckung von Haftpflichtrisiken, die sich insbesondere aus Tätigkeiten ergeben, die in den Anwendungsbereich des Atomgesetzes oder der auf Grund dieses Gesetzes

ergangenen Rechtsverordnungen fallen, soweit dadurch eine Finanzierung aus Haushaltsmitteln vermieden wird;

11. für Kredite, die das vom Bundesminister für Arbeit und Sozialordnung im Einvernehmen mit dem Bundesminister der Finanzen beauftragte Kreditinstitut im Zusammenhang mit der Gewährung von Kapitalisierungsbeträgen an Versorgungsberechtigte nach dem Rentenkapitalisierungsgesetz-KOV vom 27. April 1970 (BGBl. I S. 413), das durch Artikel 2 des Gesetzes vom 4. Juni 1985 (BGBl. I S. 910) geändert worden ist, aufnimmt;
12. zur Förderung der Anpassung und der Gesundung des deutschen Steinkohlenbergbaues und der deutschen Steinkohlenbergbaugebiete;
13. zugunsten von Personen, die vom Bund an deutsche Auslandsvertretungen entsandt oder im Rahmen seiner Auslandskulturarbeit ins Ausland entsandt oder vermittelt werden, sowie zugunsten von Personen, die von der Gesellschaft für Außenhandelsinformationen (GfAI) zur Beschaffung von außenwirtschaftlichem Informationsmaterial ins Ausland entsandt werden, für ihre Verpflichtungen gegenüber den Zollbehörden des Aufnahmestaates im Zusammenhang mit der Ein- und Ausfuhr von Umzugsgut sowie für ihre sonstigen Verpflichtungen gegenüber Behörden und Personen des Aufnahmestaates, soweit dies gesetzlich vorgeschrieben oder nach den örtlichen Umständen unvermeidbar ist und im dienstlichen Interesse des Bundes liegt;
14. im Zusammenhang mit von institutionellen Zuwendungsempfängern des Bundes veranstalteten Ausstellungen im Bereich von Kunst und Kultur zur Dekkung des Haftpflichtrisikos gegenüber den Verleihern;
15. im Falle eines unvorhergesehenen, unabweisbaren Bedürfnisses, insbesondere für Notmaßnahmen.

§ 11

Der Bundesminister der Finanzen wird ermächtigt, im Zusammenhang mit der Beteiligung der Bundesrepublik Deutschland an der Europäischen Investitionsbank, der Internationalen Bank für Wiederaufbau und Entwicklung (Weltbank), der Europäischen Bank für Wiederaufbau und Entwicklung, der Afrikanischen, der Asiatischen, der Interamerikanischen und der Karibischen Entwicklungsbank, dem Wiedereingliederungsfonds des Europarates, dem Gemeinsamen Fonds für Rohstoffe sowie an der Multilateralen Investitions-Garantie-Agentur Gewährleistungen in der Form von abrufbarem Kapital (Haftungskapital) oder Garantien bis zur Höhe von 49 500 000 000 Deutsche Mark zu übernehmen.

§ 12

Gewährleistungen nach den §§ 8 bis 11 können auch in ausländischer Währung übernommen werden; sie sind zu dem Mittelkurs, der vor Ausfertigung der Urkunden zuletzt amtlich festgestellt worden ist, auf den Höchstbetrag anzurechnen.

§ 13

(1) Auf die Höchstbeträge der §§ 8 bis 11 werden jeweils die Gewährleistungen auf Grund der entsprechenden Ermächtigungen des Haushaltsgesetzes 1991 angerechnet, soweit der Bund noch in Anspruch genommen werden kann oder soweit er in Anspruch genommen worden ist und für die erbrachten Leistungen keinen Ersatz erlangt hat.

(2) Eine Bürgschaft, Garantie oder sonstige Gewährleistung ist auf den Höchstbetrag der entsprechenden Ermächtigung in der Höhe anzurechnen, in der der Bund daraus in Anspruch genommen werden kann. Zinsen und Kosten sind auf den jeweiligen Ermächtigungsrahmen nur anzurechnen, soweit dies gesetzlich bestimmt ist oder bei der Übernahme ein gemeinsamer Haftungsbetrag für Hauptverpflichtung, Zinsen und Kosten festgelegt wird.

(3) Soweit in den Fällen der §§ 8 bis 11 der Bund ohne Inanspruchnahme von seiner Haftung frei wird oder Ersatz für erbrachte Leistungen erlangt hat, ist eine übernommene Gewährleistung auf den Höchstbetrag nicht mehr anzurechnen.

(4) Die Ermächtigungsrahmen der §§ 8 bis 11 können mit Einwilligung des Haushaltsausschusses des Deutschen Bundestages auch für Zwecke der jeweils anderen Vorschriften verwendet werden.

§ 14

Die Bundesregierung wird ermächtigt, die Beteiligung der Bundesrepublik Deutschland am Kapital der Internationalen Bank für Wiederaufbau und Entwicklung (Weltbank), der Afrikanischen, der Asiatischen, der Interamerikanischen und der Karibischen Entwicklungsbank, der Europäischen Bank für Wiederaufbau und Entwicklung, des Gemeinsamen Fonds für Rohstoffe und der Multilateralen Investitions-Garantie-Agentur, die Beteiligung an der Auffüllung der Mittel der Internationalen Entwicklungsorganisation (IDA), des Internationalen Fonds für landwirtschaftliche Entwicklung (IFAD) sowie seines Sonderprogramms für Subsahara-Afrika und des Sonderfonds der Afrikanischen, der Asiatischen, der Interamerikanischen und der Karibischen Entwicklungsbank, die Beteiligung an der Globalen Umweltfazilität der Weltbank sowie freiwillige Beiträge zum Gemeinsamen Fonds für Rohstoffe durch Hingabe von unverzinslichen Schuldscheinen zu erbringen.

§ 15

Der Bundesminister der Finanzen wird ermächtigt, mit Einwilligung des Haushaltsausschusses des Deutschen Bundestages bei Aktiengesellschaften, an denen der Bund beteiligt ist, einem genehmigten Kapital im Sinne des § 202 des Aktiengesetzes zuzustimmen und sich zur Leistung des auf den Bundesanteil entfallenden Erhöhungsbetrages zu verpflichten.

§ 16

(1) Der Bundesminister der Finanzen wird ermächtigt, mit Einwilligung des Haushaltsausschusses des Deutschen Bundestages Planstellen für Beamte und Stellen zusätzlich auszubringen, wenn hierfür ein unabweisbares, auf andere Weise nicht zu befriedigendes Bedürfnis besteht.

(2) Die für den Einzelplan zuständige Stelle übersendet ihre Anträge auf Ausbringung der zusätzlichen Planstellen und Stellen auch dem Bundesrechnungshof. Er kann dazu Stellung nehmen.

(3) Die nach Absatz 1 neu ausgebrachten Planstellen und Stellen sind in entsprechender Zahl und Wertigkeit im Gesamthaushalt einzusparen.

(4) Bei der Ermittlung des Anteils der Planstellen der Besoldungsgruppe B 3 auf Grund der Fußnoten 12, 18, 19 und 21 zur Besoldungsgruppe B 3 des Bundesbesoldungsgesetzes sind die Planstellen der Besoldungsgruppe A 16, die mit dem Vermerk „künftig wegfallend" oder „künftig umzuwandeln" versehen sind, nicht zu berücksichtigen; dies gilt nicht, wenn der Vermerk „künftig wegfallend" den Zeitpunkt des Wegfalls näher bestimmt oder den Zusatz trägt „mit Wegfall der Aufgabe". Satz 1 gilt entsprechend bei Anwendung anderer gesetzlicher Obergrenzen für den Anteil der Planstellen der Beförderungsämter.

(5) Der Bundesminister der Finanzen wird ermächtigt, neue Planstellen und Stellen auszubringen, soweit ein unabweisbares Bedürfnis besteht, einen Dienstposten oder einen Arbeitsplatz wieder zu besetzen, dessen bisheriger Inhaber für einen Zeitraum von mindestens sechs Monaten zu einer Verwaltungseinrichtung eines anderen Dienstherrn in dem in Artikel 1 Abs. 1 des Einigungsvertrages genannten Gebiet abgeordnet worden ist. Über den weiteren Verbleib der Planstellen und Stellen ist im nächsten Haushaltsplan zu entscheiden.

(6) Der Bundesminister der Finanzen wird ermächtigt, Planstellen zu heben, soweit dies zur Umsetzung der strukturverbessernden Regelungen im Gesetz über die Anpassung von Dienst- und Versorgungsbezügen in Bund und Ländern 1991 erforderlich ist.

§ 17

(1) Wird ein planmäßiger Beamter im dienstlichen Interesse des Bundes mit Zustimmung seiner obersten Dienstbehörde im Dienst einer öffentlichen zwischenstaatlichen oder überstaatlichen Einrichtung oder für eine Tätigkeit bei einer Fraktion oder Gruppe des Deutschen Bundestages unter Wegfall der Dienstbezüge länger als ein Jahr verwendet und besteht ein unabweisbares Bedürfnis, die Planstelle des Beamten neu zu besetzen, so kann der Bundesminister der Finanzen für diesen Beamten eine Leerstelle der bisherigen Besoldungsgruppe des Beamten ausbringen. Das gleiche gilt für eine Verwendung beim Bundeskanzleramt und bei sonstigen juristischen Personen des öffentlichen Rechts. Das gleiche gilt ferner, wenn einem Beamten nach § 24 des Gesetzes über den Auswärtigen Dienst vom 30. August 1990 (BGBl. I S. 1842) unter Wegfall der Besoldung Urlaub für die Dauer der Tätigkeit des Ehepartners an einer Auslandsvertretung gewährt worden ist.

(2) Kehren mehrere Beamte gleichzeitig in den Bundesdienst zurück, kann der Bundesminister der Finanzen mit Einwilligung des Haushaltsausschusses des Deutschen Bundestages in besonderen Fällen zulassen, daß nur jede zweite freiwerdende Planstelle für die zurückkehrenden Beamten in Anspruch zu nehmen ist.

(3) Für Beamte, die demnächst zur Verwendung im Dienst einer öffentlich zwischenstaatlichen oder überstaatlichen Einrichtung ohne Dienstbezüge beurlaubt und die auf diese Verwendung vorbereitet werden sollen, kann der Bundesminister der Finanzen für die Zeit bis zum Wegfall der Dienstbezüge Planstellen ausbringen, wenn ein unabweisbares Bedürfnis besteht, ihre bisherigen Planstellen neu zu besetzen. Das gleiche gilt, wenn Ersatz für Beamte gewonnen werden soll, die ohne Wegfall der Dienstbezüge bei einer bestehenden oder erwarteten Einrichtung dieser Art verwendet werden oder künftig verwendet werden sollen oder die durch Teilnahme an zwischenstaatlichen oder überstaatlichen Konferenzen länger als ein Jahr an der Erfüllung ihrer dienstlichen Aufgaben verhindert sind.

(4) Absatz 1 findet entsprechend Anwendung, wenn ein Beamter nach § 79a Abs. 1 Nr. 2 oder § 89a Abs. 2 Nr. 2 des Bundesbeamtengesetzes langfristig beurlaubt wird.

(5) Absatz 1 findet entsprechend Anwendung, wenn ein Beamter gemäß § 1 der Erziehungsurlaubsverordnung für mindestens ein Jahr ohne Unterbrechung Erziehungsurlaub in Anspruch nimmt.

(6) Die Absätze 1, 2 und 3 gelten entsprechend, wenn ein planmäßiger Beamter im dienstlichen Interesse des Bundes mit Zustimmung seiner obersten Dienstbehörde zur Verwendung in einem Entwicklungsland oder bei einer Auslandshandelskammer oder als Auslandskorrespondent der Gesellschaft für Außenhandelsinformationen (GfAI) ohne Dienstbezüge länger als ein Jahr beurlaubt wird.

(7) Die Absätze 1 bis 6 gelten sinngemäß für Richter, Soldaten und Angestellte.

(8) Über den weiteren Verbleib der nach den Absätzen 1 bis 7 ausgebrachten Leerstellen und Planstellen ist im nächsten Haushaltsplan zu entscheiden.

§ 18

(1) Für einen planmäßigen Beamten, der nach § 72a des Bundesbeamtengesetzes ohne Dienstbezüge beurlaubt wird, gilt vom Beginn der Beurlaubung an eine Leerstelle der entsprechenden Besoldungsgruppe als ausgebracht.

(2) Absatz 1 gilt entsprechend bei Beurlaubungen nach § 48b des Deutschen Richtergesetzes und § 28a des Soldatengesetzes.

§ 19

Die Planstellen und Stellen, die in den Bundeshaushaltsplan 1991 aus den Mitarbeiternachweisen im Teil B des Dritten Nachtragshaushaltsplans 1990 umgesetzt worden sind, dürfen nur mit Bediensteten oder Bewerbern aus dem in Artikel 3 des Einigungsvertrages genannten Gebiet besetzt werden. Soweit geeignete Bedienstete und Bewerber aus diesem Gebiet nicht zur Verfügung stehen, können die Planstellen und Stellen mit Zustimmung der obersten Bundesbehörde mit anderen Bewerbern besetzt werden.

§ 20

Wird ein planmäßiger Bundesrichter an einem obersten Gerichtshof des Bundes zum Richter des Bundesverfassungsgerichts gewählt, kann der Bundesminister der Finanzen für diesen Richter im Einzelplan des abgebenden obersten Gerichtshofes des Bundes eine Leerstelle der bisherigen Besoldungsgruppe des Bundesrichters ausbringen.

§ 21

Abweichend von § 50 Abs. 3 der Bundeshaushaltsordnung können

1. mit Einwilligung des Bundesministers der Finanzen für Beamte und Angestellte, die zu einer Vertretung der Bundesrepublik Deutschland im Ausland abgeordnet sind,
2. für Beamte des höheren Dienstes, die nach § 8 Abs. 2 der Bundeslaufbahnverordnung in der Fassung der Bekanntmachung vom 8. März 1990 (BGBl. I S. 449, 863) zur Ableistung der Probezeit außerhalb einer obersten Dienstbehörde abgeordnet sind,
3. für Beamte, Angestellte, Richter und Staatsanwälte, die zu einer Verwaltung eines Landes in dem in Artikel 1 Abs. 1 des Einigungsvertrages genannten Gebiet abgeordnet sind,

von der abordnenden Verwaltung die Personalausgaben für die Dauer der Abordnung weitergezahlt werden.

§ 22

Es wird zugelassen, daß aus den Titeln 425 und 426 Umlagen an die Versorgungsanstalt des Bundes und der Länder auch für solche Arbeitnehmer weitergezahlt werden, die nach Beendigung des zusatzversorgungspflichtigen Arbeitsverhältnisses im früheren Bundesgebiet ein neues Arbeitsverhältnis im öffentlichen Dienst im Beitrittsgebiet begründen. Die Erstattungen durch den Arbeitgeber im Beitrittsgebiet fließen den Ausgaben der vorgenannten Titel zu; gleiches gilt hinsichtlich der Erstattungen für die Arbeitnehmer, die ohne Fortzahlung der Bezüge zu einem anderen Arbeitgeber im Beitrittsgebiet beurlaubt werden. Die vorstehende Regelung gilt auch für Umlagen, die nachträglich für die Jahre 1990 und 1991 entrichtet werden.

§ 23

Die Vorschriften des Haushaltsgrundsätzegesetzes, der Bundeshaushaltsordnung sowie die zu ihrer Änderung, Ergänzung und Durchführung erlassenen Bestimmungen sind auf die Anlagen E zu den Kapiteln 10 04 und 60 06 des Bundeshaushaltsplans entsprechend anzuwenden. Der Bundesminister der Finanzen kann Änderungen der Anlagen E, die auf Grund der endgültigen Feststellungen von Haushalts- oder Berichtigungshaushaltsplänen der Europäischen Gemeinschaften erforderlich werden, vornehmen und bekanntgeben. Der Haushaltsausschuß des Deutschen Bundestages ist unverzüglich zu unterrichten.

§ 24

Der Bund gewährt der Bundesanstalt für Arbeit bei kurzfristigen Liquiditätsschwierigkeiten zur Aufrechterhaltung einer ordnungsgemäßen Kassenwirtschaft zinslose Betriebsmitteldarlehen bis zur Höhe von 6 000 000 000 Deutsche Mark. Die Darlehen sind zurückzuzahlen, sobald und soweit die Einnahmen eines Monats die Ausgaben übersteigen und dieser Überschuß voraussichtlich im nächsten Monat des laufenden Haushaltsjahres nicht zur Deckung der Ausgaben benötigt wird, spätestens jedoch zum Schluß des Haushaltsjahres. § 187 Abs. 2 des Arbeitsförderungsgesetzes vom 25. Juni 1969 (BGBl. I S. 582), das zuletzt durch Artikel 1 des Gesetzes vom 21. Juni 1991 (BGBl. I S. 1306) geändert worden ist, findet insoweit keine Anwendung. Der Ermächtigungsrahmen darf wiederholt in Anspruch genommen werden.

§ 25

Das nach Artikel 1 des Straßenbaufinanzierungsgesetzes in der im Bundesgesetzblatt Teil III, Gliederungsnummer 912-3, veröffentlichten bereinigten Fassung, das zuletzt durch Artikel 4 des Gesetzes vom 24. Juni 1991 (BGBl. I S. 1318) geändert worden ist, und nach Artikel 3 des Verkehrsfinanzgesetzes 1971 vom 28. Februar 1972 (BGBl. I S. 201), das zuletzt durch Artikel 3 des Gesetzes vom 26. Juni 1981 (BGBl. I S. 537) geändert worden ist, für Zwecke des Straßenwesens gebundene Aufkommen an Mineralölsteuer ist auch für sonstige verkehrspolitische Zwecke im Bereich des Bundesministers für Verkehr zu verwenden.

§ 26

Erlöse aus Veräußerungen von Vermögenswerten des Verwaltungsvermögens, die nach Artikel 21 des Einigungsvertrages oder auf Grund eines Bundesgesetzes Bundesvermögen geworden sind, dienen der teilweisen Deckung von Ausgaben zur Erfüllung öffentlicher Aufgaben in dem in Artikel 3 des Einigungsvertrages genannten Gebiet.

§ 27

§ 19 Abs. 2 Satz 2 des Zweiten Wohnungsbaugesetzes in der Fassung der Bekanntmachung vom 14. August 1990 (BGBl. I S. 1730), das zuletzt durch Anlage I Kapitel XIV Abschnitt II Nr. 5 des Einigungsvertrages vom 31. August 1990 in Verbindung mit Artikel 1 des Gesetzes vom 23. September 1990 (BGBl. 1990 II S. 885, 1126) geändert worden ist, findet keine Anwendung.

§ 28

(1) Die Deutsche Bundespost wird verpflichtet, die im Haushaltsjahr 1992 fälligen Zinsen für die Ausgleichsforderung zu übernehmen, die der Postsparkasse auf Grund des § 10 der Bankenverordnung (Beilage Nr. 5/48 zum Gesetz- und Verordnungsblatt des Wirtschaftsrates des Vereinigten Wirtschaftsgebietes, S. 24) gegenüber dem Bund zusteht.

(2) Die Vermögensgegenstände, die der Bundesminister für Post und Telekommunikation zur Erfüllung seiner politischen und hoheitlichen Aufgaben nach § 1 Abs. 1 des Postverfassungsgesetzes vom 8. Juni 1989 (BGBl. I S. 1026), das zuletzt durch Artikel 3 des Gesetzes vom 24. Juni 1991 (BGBl. I S. 1314) geändert worden ist, aus dem Sondervermögen Deutsche Bundespost übernimmt, werden ohne Wertausgleich übertragen.

(3) Soweit der Bundesminister für Post und Telekommunikation ihm obliegende Aufgaben, die noch von den Unternehmen der Deutschen Bundespost wahrgenommen werden, erst nach dem 31. Dezember 1989 übernimmt, tragen die Unternehmen der Deutschen Bundespost die bis zur Übernahme entstehenden Personalausgaben und sächlichen Verwaltungsausgaben weiter, sofern der Haushaltsplan nicht deren Erstattung, auch für zurückliegende Jahre, vorsieht.

(4) Bei der Berechnung der Ablieferung gemäß § 63 Abs. 1 des Postverfassungsgesetzes werden die Betriebseinnahmen der Deutschen Bundespost aus dem in Artikel 3 des Einigungsvertrages genannten Gebiet nicht berücksichtigt. Die Ermäßigung der Ablieferung nach Satz 1 wird mit der Maßgabe verbunden, daß die Deutsche Bundespost den erlassenen Teilbetrag zur Verstärkung des Eigenkapitals verwendet.

§ 29

Der Präsident des Bundesausgleichsamtes wird ermächtigt, für den Ausgleichsfonds im Haushaltsjahr 1992 Kassenverstärkungskredite als Buchkredite bis zur Höhe von 100 Millionen Deutsche Mark aufzunehmen.

§ 30

§ 2 Abs. 5, die §§ 4, 5 und 6 Abs. 1 Satz 1, Abs. 2 und 3 sowie die §§ 7 bis 28 gelten bis zum Tage der Verkündung des Haushaltsgesetzes des folgenden Haushaltsjahres weiter.

§ 31

Dieses Gesetz tritt mit Wirkung vom 1. Januar 1992 in Kraft.

Die verfassungsmäßigen Rechte des Bundesrates sind gewahrt.

Das vorstehende Gesetz wird hiermit ausgefertigt und wird im Bundesgesetzblatt verkündet.

Bonn, den 20. Dezember 1991

Der Bundespräsident
Weizsäcker

Der Bundeskanzler
Dr. Helmut Kohl

Der Bundesminister der Finanzen
Theo Waigel

Anhang 3: Gesamtplan

Gesamtplan
des Bundeshaushaltsplans
1992

Teil I: Haushaltsübersicht
mit Anlage Übersicht über die Verpflichtungsermächtigungen

Teil II: Finanzierungsübersicht

Teil III: Kreditfinanzierungsplan

Epl.	Bezeichnung	Steuern und steuerähnliche Abgaben 1992 1000 DM
1	2	3
01	Bundespräsident und Bundespräsidialamt	—
02	Deutscher Bundestag	—
03	Bundesrat	—
04	Bundeskanzler und Bundeskanzleramt	—
05	Auswärtiges Amt	—
06	Bundesminister des Innern	—
07	Bundesminister der Justiz	—
08	Bundesminister der Finanzen	—
09	Bundesminister für Wirtschaft	—
10	Bundesminister für Ernährung, Landwirtschaft und Forsten	6 050
11	Bundesminister für Arbeit und Sozialordnung	—
12	Bundesminister für Verkehr	—
13	Bundesminister für Post und Telekommunikation	—
14	Bundesminister der Verteidigung	—
15	Bundesminister für Gesundheit	—
16	Bundesminister für Umwelt, Naturschutz und Reaktorsicherheit	—
17	Bundesminister für Frauen und Jugend	—
18	Bundesminister für Familie und Senioren	—
19	Bundesverfassungsgericht	—
20	Bundesrechnungshof	—
23	Bundesminister für wirtschaftliche Zusammenarbeit	—
25	Bundesminister für Raumordnung, Bauwesen und Städtebau	—
30	Bundesminister für Forschung und Technologie	—
31	Bundesminister für Bildung und Wissenschaft	—
32	Bundesschuld	—
33	Versorgung	—
35	Verteidigungslasten im Zusammenhang mit dem Aufenthalt ausländischer Streitkräfte	—
36	Zivile Verteidigung	—
60	Allgemeine Finanzverwaltung	344 337 000
	Summe Haushalt 1992 [1])	**344 343 050**
	Summe Haushalt 1991	317 480 850
	gegenüber 1991 — mehr(+)/weniger(−) —	+ 26 862 200

[1]) Zu Spalte 3: darin Steuereinnahmen in Höhe von 343,3 Milliarden DM.
Zu Spalten 4 und 5: Verwaltungseinnahmen sowie übrige Einnahmen (ohne Einnahmen aus Krediten = 450 330 Millionen DM) = 320 427 Millionen DM.

Verwaltungs-einnahmen 1992 1000 DM	Übrige Einnahmen 1992 1000 DM	Summe Einnahmen 1992 1000 DM	Summe Einnahmen 1991 1000 DM	gegenüber 1991 mehr (+) weniger (–) 1000 DM	Epl.
4	5	6	7	8	9
83	—	**83**	128	– 45	01
3 226	1	**3 227**	2 922	+ 305	02
18	—	**18**	18	—	03
1 488	—	**1 488**	1 451	+ 37	04
70 773	2 000	**72 773**	74 227	– 1 454	05
122 882	11 301	**134 183**	93 820	+ 40 363	06
300 762	211	**300 973**	294 904	+ 6 069	07
834 622	174 503	**1 009 125**	1 125 606	– 116 481	08
277 853	208 812	**486 665**	519 862	– 33 197	09
96 464	224 691	**327 205**	330 701	– 3 496	10
10 225	1 111 997	**1 122 222**	933 552	+ 188 670	11
1 967 928	127 631	**2 095 559**	1 399 181	+ 696 378	12
9 327 682	16 866	**9 344 548**	9 017 978	+ 326 570	13
558 735	176 310	**735 045**	860 715	– 125 670	14
85 606	1 149	**86 755**	78 062	+ 8 693	15
431 763	1 520	**433 283**	339 977	+ 93 306	16
10 716	13 637	**24 353**	22 582	+ 1 771	17
4 579	35 179	**39 758**	36 750	+ 3 008	18
378	—	**378**	487	– 109	19
24	865	**889**	1 531	– 642	20
76 672	1 290 540	**1 367 212**	1 287 767	+ 79 445	23
31 223	1 083 608	**1 114 831**	1 220 927	– 106 096	25
55 653	44 501	**100 154**	70 610	+ 29 544	30
5 637	387 700	**393 337**	353 767	+ 39 570	31
1 400 003	45 921 700	**47 321 703**	63 698 703	– 16 377 000	32
3 240	72 760	**76 000**	85 000	– 9 000	33
41 980	103 450	**145 430**	168 051	– 22 621	35
9 153	11 067	**20 220**	23 742	– 3 522	36
8 249 306	2 756 277	**355 342 583**	328 288 979	+ 27 053 604	60
23 978 674	**53 778 276**	**422 100 000**	410 332 000	+ 11 768 000	
22 586 684	70 264 466				
+ 1 391 990	– 16 486 190				

Epl.	Bezeichnung	Personal-ausgaben 1992 1000 DM	Sächliche Verwaltungs-ausgaben 1992 1000 DM	Militärische Beschaffungen, Anlagen usw. 1992 1000 DM	Schulden-dienst 1992 1000 DM
1	2	3	4	5	6
01	Bundespräsident und Bundespräsidialamt	14 737	8 417	—	—
02	Deutscher Bundestag	513 627	207 307	—	—
03	Bundesrat	16 154	9 027	—	—
04	Bundeskanzler und Bundeskanzleramt	107 749	434 892	—	—
05	Auswärtiges Amt	1 013 847	261 145	—	—
06	Bundesminister des Innern	2 722 826	1 003 381	—	—
07	Bundesminister der Justiz	386 277	149 487	—	—
08	Bundesminister der Finanzen	2 953 006	1 233 487	—	111 245
09	Bundesminister für Wirtschaft	543 267	294 004	—	—
10	Bundesminister für Ernährung, Landwirtschaft und Forsten	385 084	153 249	—	—
11	Bundesminister für Arbeit und Sozialordnung	197 809	131 081	—	—
12	Bundesminister für Verkehr	1 818 297	2 527 714	—	—
13	Bundesminister für Post und Telekommunikation	227 626	126 551	—	—
14	Bundesminister der Verteidigung	25 998 698	6 005 398	17 755 609	—
15	Bundesminister für Gesundheit	237 176	195 674	—	—
16	Bundesminister für Umwelt, Naturschutz und Reaktorsicherheit	181 370	312 922	—	—
17	Bundesminister für Frauen und Jugend	1 238 054	53 756	—	—
18	Bundesminister für Familie und Senioren	18 595	19 610	—	—
19	Bundesverfassungsgericht	17 663	3 272	—	—
20	Bundesrechnungshof	55 714	6 655	—	—
23	Bundesminister für wirtschaftliche Zusammenarbeit	50 764	22 575	—	—
25	Bundesminister für Raumordnung, Bauwesen und Städtebau	102 436	105 631	—	—
30	Bundesminister für Forschung und Technologie	85 487	36 158	—	—
31	Bundesminister für Bildung und Wissenschaft	43 920	30 661	—	—
32	Bundesschuld	22 747	511 118	—	44 614 559
33	Versorgung	9 424 191	—	—	—
35	Verteidigungslasten im Zusammenhang mit dem Aufenthalt ausländischer Streitkräfte	632 000	461 030	—	—
36	Zivile Verteidigung	159 237	263 824	—	—
60	Allgemeine Finanzverwaltung	2 142 695	770 950	569 000	—
	Summe Haushalt 1992	**51 311 053**	**15 338 976**	**18 324 609**	**44 725 804**
	Summe Haushalt 1991	50 740 108	14 896 908	20 121 037	42 536 222
	gegenüber 1991 — mehr(+)/weniger(−) —	+ 570 945	+ 442 068	− 1 796 428	+ 2 189 582

Zuweisungen und Zuschüsse (ohne Investitionen) 1992 1000 DM	Ausgaben für Investitionen 1992 1000 DM	Besondere Finanzierungsausgaben 1992 1000 DM	Summe Ausgaben 1992 1000 DM	Summe Ausgaben 1991 1000 DM	Summe Ausgaben gegenüber 1991 mehr (+) weniger (–) 1000 DM	Epl.
7	8	9	10	11	12	13
3 400	2 992	—	**29 546**	29 975	– 429	01
127 321	83 197	—	**931 452**	903 575	+ 27 877	02
252	3 265	—	**28 698**	25 588	+ 3 110	03
48 220	8 975	—	**599 836**	633 026	– 33 190	04
1 919 810	229 185	—	**3 423 987**	3 377 746	+ 46 241	05
3 937 669	904 916	—	**8 568 792**	8 458 370	+ 110 422	06
123 185	54 060	—	**713 009**	692 639	+ 20 370	07
843 630	642 663	—	**5 784 031**	5 532 252	+ 251 779	08
6 908 019	7 691 246	—	**15 436 536**	14 559 430	+ 877 106	09
11 530 807	1 868 330	1 700	**13 939 170**	13 869 532	+ 69 638	10
90 582 402	433 485	—	**91 344 777**	93 018 090	+ 1 673 313	11
12 936 759	22 691 247	—	**39 974 017**	35 459 067	+ 4 514 950	12
31 397	155 199	—	**540 773**	521 891	+ 18 882	13
2 105 960	258 130	—	**52 123 795**	52 534 704	– 410 909	14
485 683	131 772	—	**1 050 305**	1 156 618	– 106 313	15
100 018	827 736	—	**1 422 046**	1 279 125	+ 142 921	16
1 270 810	33 602	—	**2 596 222**	3 779 381	– 1 183 159	17
31 873 647	28 158	32	**31 940 042**	28 283 450	+ 3 656 592	18
—	2 238	—	**23 173**	22 431	+ 742	19
19	1 270	—	**63 658**	64 288	– 630	20
1 578 373	6 620 897	—	**8 272 609**	8 110 000	+ 162 609	23
4 531 630	3 445 920	—	**8 185 617**	8 091 197	+ 94 420	25
6 721 323	2 592 732	– 181 700	**9 254 000**	8 432 761	+ 821 239	30
3 477 317	2 941 657	– 42 500	**6 451 055**	6 174 256	+ 276 799	31
6 350 169	3 601 132	—	**55 099 725**	50 823 924	+ 4 275 801	32
2 614 922	—	—	**12 039 113**	10 790 680	+ 1 248 433	33
169 853	168 000	—	**1 430 883**	1 638 676	– 207 793	35
119 876	394 447	—	**937 384**	925 021	+ 12 363	36
36 232 534	9 780 570	400 000	**49 895 749**	51 144 307	– 1 248 558	60
226 625 005	**65 597 021**	**177 532**	**422 100 000**	410 332 000	+ 11 768 000	
224 544 568	65 986 137	– 8 492 980				
+ 2 080 437	– 389 116	+ 8 670 512				

Anlage zur Haushaltsübersicht

Übersicht über die Verpflichtungsermächtigungen im Bundeshaushaltsplan und deren Inanspruchnahme

Epl.	Bezeichnung	Verpflichtungsermächtigung 1992 1000 DM	Von dem Gesamtbetrag (Sp. 3) dürfen fällig werden 1993 1000 DM	1994 1000 DM	1995 1000 DM	Folgejahre 1000 DM	Für künftige Haushaltsjahre 1000 DM
1	2	3	4	5	6	7	8
01	Bundespräsidialamt	2 000	2 000	–	–	–	–
02	Deutscher Bundestag	16 189	10 629	2 750	1 250	1 560	–
03	Bundesrat	–	–	–	–	–	–
04	Bundeskanzleramt	5 900	5 900	–	–	–	–
05	Auswärtiges Amt	562 737	287 137	245 600	–	–	30 000
06	Bundesminister des Innern	1 553 070	599 147	387 509	301 600	173 731	91 083
07	Bundesminister der Justiz	36 463	28 253	480	480	–	7 250
08	Bundesminister der Finanzen	371 430	274 130	60 800	1 000	–	35 500
09	Bundesminister für Wirtschaft	25 410 475	3 801 540	3 386 345	1 590 590	168 000	16 464 000
10	Bundesminister für Ernährung, Landwirtschaft und Forsten	2 554 155	1 095 626	558 829	405 700	494 000	–
11	Bundesminister für Arbeit und Sozialordnung	570 905	306 905	196 950	65 050	2 000	–
12	Bundesminister für Verkehr	8 092 627	5 348 338	1 993 078	682 248	68 100	863
13	Bundesminister für Post und Telekommunikation	193 835	109 885	62 650	10 650	10 650	–
14	Bundesminister der Verteidigung	16 693 365	4 198 445	2 980 755	2 358 465	5 915 700	1 240 000
15	Bundesminister für Gesundheit	194 531	101 068	52 166	37 179	3 818	300
16	Bundesminister für Umwelt, Naturschutz und Reaktorsicherheit	548 740	219 160	151 850	62 830	–	114 900
17	Bundesminister für Frauen und Jugend	215 420	83 750	65 720	45 950	20 000	–
18	Bundesminister für Familie und Senioren	119 800	64 100	31 100	20 800	2 500	1 300
19	Bundesverfassungsgericht	560	400	160	–	–	–
20	Bundesrechnungshof	75	75	–	–	–	–
23	Bundesminister für wirtschaftliche Zusammenarbeit	6 579 150	489 843	430 900	280 600	114 200	5 263 607
25	Bundesminister für Raumordnung, Bauwesen und Städtebau	4 786 950	1 082 100	962 550	646 100	2 096 200	–
30	Bundesminister für Forschung und Technologie	4 631 277	1 366 080	1 214 027	948 030	564 440	538 700
31	Bundesminister für Bildung und Wissenschaft	670 830	377 976	163 001	89 601	20 252	20 000
32	Bundesschuld	1 960	980	980	–	–	–
35	Verteidigungslasten im Zusammenhang mit dem Aufenthalt ausländischer Streitkräfte	33 500	18 500	9 800	5 200	–	–
36	Zivile Verteidigung	255 534	185 031	62 101	5 001	–	3 401
60	Allgemeine Finanzverwaltung	2 799 500	199 500	251 000	211 000	1 918 000	220 000
	Summe	**76 900 978**	**20 256 498**	**13 271 101**	**7 769 324**	**11 573 151**	**24 030 904**

Gesamtplan: Teil II

Finanzierungsübersicht

		Betrag für 1992	Betrag für 1991
		– 1000 DM –	
	Ermittlung des Finanzierungssaldos		
1.	**Ausgaben** (ohne Ausgaben zur Schuldentilgung am Kreditmarkt, Zuführungen an Rücklagen und Ausgaben zur Deckung eines kassenmäßigen Fehlbetrags)	422 100 000	410 332 000
2.	**Einnahmen** (ohne Einnahmen aus Krediten vom Kreditmarkt, Mehreinnahmen bei Kap. 60 02 Tit. 121 04, Einnahmen aus Rücklagen, Einnahmen aus kassenmäßigen Überschüssen und Münzeinnahmen)	375 718 000	347 700 000
3.	**Finanzierungssaldo**	– 46 382 000	– 62 632 000
	Zusammensetzung des Finanzierungssaldos		
4.	**Nettoneuverschuldung/Nettotilgung am Kreditmarkt**		
4.1	Einnahmen	(124 820 000)	(153 296 300)
4.1.1	aus Krediten vom Kreditmarkt	124 820 000	152 031 274
4.1.2	aus Mehreinnahmen bei Kap. 60 02 Tit. 121 04	—	1 265 026
4.2	Ausgaben zur Schuldentilgung am Kreditmarkt	(79 490 000)	(91 560 000)
4.2.1	durch Kredite vom Kreditmarkt	79 490 000	90 294 974
4.2.2	durch Mehreinnahmen bei Kap. 60 02 Tit. 121 04	—	1 265 026
4.3	Ausgaben zur Deckung kassenmäßiger Fehlbeträge	—	—
	Saldo	– 45 330 000	– 61 736 300
5.	**Ausgaben zur Tilgung der Investitionshilfe-Abgabe**	—	79 300
6.	**Marktpflege**	—	—
7.	**Nettoneuverschuldung insgesamt**	– 45 330 000	– 61 657 000
8.	**Einnahmen aus kassenmäßigen Überschüssen**	—	—
9.	**Rücklagenbewegung**		
9.1	Entnahmen aus Rücklagen	—	—
9.2	Zuführungen an Rücklagen	—	—
10.	**Münzeinnahmen**	– 1 052 000	– 975 000
11.	**Finanzierungssaldo**	– 46 382 000	– 62 632 000

Gesamtplan: Teil III

Kreditfinanzierungsplan

		Betrag für 1992	Betrag für 1991
		– 1000 DM –	
1.	**Einnahmen**		
1.1	aus Krediten vom Kreditmarkt davon voraussichtlich		
1.1.1	langfristig	94 820 000	92 031 274
1.1.2	kürzerfristig	30 000 000	60 000 000
1.2	aus Mehreinnahmen bei Kap. 60 02 Tit. 121 04	—	1 265 026
	Summe 1	124 820 000	153 296 300
2.	**Ausgaben zur Schuldentilgung am Kreditmarkt**		
2.1	Tilgung langfristiger Schulden mit Laufzeiten von mehr als 4 Jahren	(61 734 000)	(71 921 000)
2.101	Schuldbuchforderungen der Träger der Sozialversicherung	—	—
2.102	Bundesanleihen (einschl. der Entschädigung für verspätet vorgelegte oder verlorengegangene Prämienschatzanweisungen)	13 650 000	8 650 000
2.103	Bundesschatzbriefe	6 046 000	10 344 000
2.104	Schuldbuchkredite	—	—
2.105	Schuldscheindarlehen	14 613 000	18 960 000
2.106	Bundesschatzanweisungen	10 209 000	8 955 000
2.107	Bundesobligationen	17 100 000	24 900 000
2.108	Ausgleichsforderungen nach dem Umstellungsergänzungsgesetz	12 000	12 000
2.109	Ablösungsschuld	—	—
2.110	Altsparerentschädigung	—	—
2.111	Bereinigte Auslandsschulden (Londoner Schuldenabkommen)	—	—
2.112	Auf Grund des Gesetzes zur näheren Regelung der Entschädigungsansprüche für Auslandsbonds (Auslandsbonds-Entschädigungsgesetz)	—	—
2.113	Nachkriegsschulden für Verbindlichkeiten der Koka aus Anschlußgebieten	—	—
2.114	Ausgleichsforderungen und Rentenausgleichsforderungen zur Aufbesserung von Versicherungsleistungen	104 000	100 000

		Betrag für 1992	Betrag für 1991
		– 1000 DM –	
2.2	Tilgung kürzerfristiger Schulden mit Laufzeiten bis zu 4 Jahren	(17 756 000)	(19 639 000)
2.201	Bundesschatzanweisungen	2 392 000	3 389 000
2.202	Unverzinsliche Schatzanweisungen	738 000	543 000
2.203	Finanzierungsschätze des Bundes	11 483 000	13 977 000
2.204	Schuldscheindarlehen	3 143 000	1 730 000
2.3	Deckung kassenmäßiger Fehlbeträge	—	—
	Summe 2	79 490 000	91 560 000
3.	**Ausgaben zur Tilgung der Investitionshilfe-Abgabe**	—	79 300
4.	**Ausgaben zur Schuldentilgung insgesamt**	79 490 000	91 639 300
5.	**Marktpflege**	—	—
6.	**Zusammen**	79 490 000	91 639 300
	Saldo aus 1. und 6. (im Haushaltsplan insgesamt veranschlagte Nettoneuverschuldung)	45 330 000	61 657 000
	Einnahmen aus Krediten von Gebietskörperschaften – einschließlich ERP-Sondervermögen und LA-Fonds (im Haushaltsplan veranschlagt)	—	—
	Ausgaben zur Schuldentilgung bei Gebietskörperschaften – einschließlich ERP-Sondervermögen und LA-Fonds (im Haushaltsplan veranschlagt)	—	—

Anhang 4: Auszüge aus dem Bundeshaushaltsplan

1404
Bundeswehrverwaltung und Personalausgaben für das Zivilpersonal bei den Kommandobehörden, Truppen usw.

Titel / Funktion	Zweckbestimmung	Soll 1992 1000 DM	Soll 1991 1000 DM	Ist 1990 1000 DM
	Sächliche Verwaltungsausgaben			
511 01 -031	Geschäftsbedarf, Bücher und Zeitschriften	7 000	7 810	7 035

Erläuterungen

1. Büromaterial	3 800 000 DM
2. Druck- und Buchbinderarbeiten	1 000 000 DM
3. Bücher, Landkarten, Zeitschriften, Zeitungen, Gesetz- und Verordnungsblätter	1 815 000 DM
4. Inanspruchnahme von elektronischen Fachinformationszentren	3 000 DM
5. Sonstiges	382 000 DM
Zusammen	7 000 000 DM

Weniger wegen Verkleinerung der Bundeswehr.

Titel / Funktion	Zweckbestimmung	Soll 1992 1000 DM	Soll 1991 1000 DM	Ist 1990 1000 DM
Tgr.02	Kosten der Datenverarbeitung Die Ausgaben sind gegenseitig deckungsfähig.	(164 000)	(170 000)	(161 805)

Erläuterungen

Von den Ausgaben sind für Maßnahmen für Sicherheit in der Informationstehnik vorgesehen:

1992	3 000 000 DM

Weitere Kosten der Datenverarbeitung im Einzelplan 14 - ohne Kosten für Führungsinformationssysteme und DV-Unterstützung in Waffeneinsatzsystemen - sind veranschlagt bei

Kap. 14 01 Titelgr. 02	1 250 000 DM
Kap. 14 17 Titelgr. 01	100 000 000 DM
Kap. 14 21 Titelgr. 03	19 000 000 DM
	120 250 000 DM

Weniger wegen Verkleinerung der Bundeswehr.

Titel / Funktion	Zweckbestimmung	Soll 1992 1000 DM	Soll 1991 1000 DM	Ist 1990 1000 DM
511 21 -031	Verbrauchsmaterial	4 500	7 300	4 859

Erläuterungen

Für Lochkarten, Lochstreifen, Endlospapier und Endlosformulare, Belegleserformulare, Disketten usw.

Titel / Funktion	Zweckbestimmung	Soll 1992 1000 DM	Soll 1991 1000 DM	Ist 1990 1000 DM
515 24 -031	Geräte, Ausstattungs- und Ausrüstungsgegenstände sowie Maschinen Die Ausgaben sind übertragbar.	6 000	7 100	4 414

Erläuterungen

1. Beschaffung von Peripherie-Geräten	- DM
2. Beschaffung von Magnetplattenstapeln und Magnetbändern	- DM
3. Beschaffung von Datenerfassungsgeräten und sonstigen Geräten usw.	- DM
4. Unterhaltung (Wartung)	6 000 000 DM
Zusammen	6 000 000 DM

Anhang 5: Zahlen zum Bundeshaushalt 1992

A. Einnahmen		Mio DM	in % der Ausgaben
1.	***Bundesanteil an den Gemeinschaftsteuern und der Gewerbesteuerumlage***		
1.1	Einkommen- und Körperschaftsteuer	140.406	33,2
	darunter:		
	Lohnsteuer und veranlagte Einkommensteuer	118.831	28,1
1.2	Steuern vom Umsatz[1]	106.261	25,1
	darunter:		
	Einfuhrumsatzsteuer	56.728	13,4
1.3	Gewerbesteuerumlage	2.920	0,7
Summe		248.642 [6]	58,8
2.	***Bundessteuern***		
2.1	Verbrauchsteuern	83.015	19,6
	darunter:		
	Mineralölsteuer	54.200	12,8
	Tabaksteuer	20.200	4,8
	Branntweinabgaben	5.000	1,2
	Kaffeesteuer	2.150	0,5
2.2	Kapitalverkehrsteuern	35	0,0
	darunter:		
	Gesellschaftsteuer	35	0,0
	Börsenumsatzsteuer	–	–
2.3	Versicherungsteuer	7.200	1,7
2.4	Ergänzungsabgabe	10.700	2,5
2.5	Übrige Steuern[2]	39	0,0
Summe		100.989	23,9
3.	***Ergänzungszuweisungen***	– 3.604	– 0,9
4.	***BSP-Eigenmittel der EG***	– 8.100	– 1,9
Steuereinnahmen insgesamt (Summe)		337.927	80,0
5.	***Sonstige Einnahmen***		
5.1	Einnahmen aus wirtschaftlicher Tätigkeit	17.775	4,2
5.2	Zinseinnahmen	1.423	0,3
5.3	Darlehensrückflüsse einschließlich Veräußerung von Beteiligungen	5.371	1,3
5.4	Verwaltungseinnahmen[3]	5.113	1,2
5.5	Erstattung von Verwaltungskosten[4]	1.183	0,3
5.6	Übrige Einnahmen	2.856	0,7
Summe		33.721	8,0
Einnahmen insgesamt[5]		***371.648***	***88,0***

[1] Einschließlich 2,55 Mrd DM Länderanteil am Fonds „Deutsche Einheit" aus deren Umsatzsteuer-Anteil
[2] Insbesondere Wechselsteuer
[3] Gebühren und Entgelte u. ä.
[4] Z. B. für die Erhebung der eigenen Einnahmen der EG
[5] Ohne Münzeinnahmen und Kredite
[6] Abzüglich steuerlicher Maßnahmen (– 943 Mio DM)

B. Ausgaben		Mio DM	in % der Ausgaben
1.	***Soziale Sicherung, soziale Kriegsfolgeausgaben, Wiedergutmachung, Förderung der Vermögensbildung***	144.562	34,2
	darunter:		
1.1	Sozialversicherung einschl. Arbeitslosenversicherung	69.235	16,4
	– Rentenversicherung (RV)		
	der alten Bundesländer	38.706	9,2
	der neuen Bundesländer	9.100	2,2
1.2	Kindergeld	22.650	5,4
1.3	Wohngeld	4.000	0,9
1.4	Kriegsopferversorgung, Wiedergutmachungsleistungen und Kriegsopferfürsorge	14.942	3,5
1.5	Arbeitslosenhilfe	8.586	2,0
1.6	Erziehungsgeld, Mutterschutz	8.680	2,1
1.7	Wohnungsbau-Prämie	750	0,2
2.	***Verteidigung***	54.806	13,0
3.	***Bildungswesen, Wissenschaft, Forschung, kulturelle Angelegenheiten***	21.036	5,0
	darunter:		
3.1	Forschung außerhalb der Hochschulen	12.096	2,9
3.2	Bildungswesen	4.233	1,0
	– BAföG	2.700	0,6
3.3	Gemeinschaftsaufgabe „Aus- und Neubau von Hochschulen"	1.600	0,4
4.	***Verkehrswesen*** (einschl. Bundesbahn)	45.566	10,8
	darunter:		
4.1	Deutsche Bundesbahn	12.276	2,9
	Deutsche Reichsbahn	9.950	2,4
4.2	Straßen	15.196	3,6
4.3	Wasserstraßen, Häfen, Luftfahrt	3.333	0,8
4.4	Öffentlicher Personennahverkehr	2.867	0,7
5.	***Wirtschaftsförderung*** (einschl. Landwirtschaft)	24.575	5,8
	darunter:		
5.1	Inanspruchnahme aus Gewährleistungen	3.600	0,9
5.2	Bergbau und verarbeitendes Gewerbe	5.933	1,4
5.3	Gemeinschaftsaufgaben		
	– „Verbesserung der regionalen Wirtschaftsstruktur"	3.215	0,8
	– Betriebliche Investitionen in den neuen Bundesländern	2.000	0,5
	– „Verbesserung der Agrarstruktur und des Küstenschutzes"	3.196	0,8
5.4	Strukturhilfen an Länder	2.450	0,6
5.5	Gasölverbilligung	1.010	0,2

B. Ausgaben	Mio DM	in % der Ausgaben
6. Allgemeine Finanzwirtschaft	75.404	17,8
darunter:		
6.1 Versorgung (einschl. G 131)	12.066	2,9
6.2 Zinsen u.ä.	46.880	11,1
6.3 Zuschuß zum Berliner Haushaltsplan	13.103	3,1
7. Sonstige Ausgaben	56.611	13,4
darunter:		
7.1 Politische Führung und zentrale Verwaltung	24.259	5,7
– Fonds „Deutsche Einheit"	12.569	3,0
7.2 Wirtschaftliche Zusammenarbeit	8.074	1,9
7.3 Auswärtige Angelegenheiten (ohne wirtschaftliche Zusammenarbeit)	7.465	1,8
– Aufenthalt und Abzug der sowjet. Truppen	4.437	1,1
7.4 Wohnungswesen, Raumordnung und kommunale Gemeinschaftsdienste	4.606	1,1
Ausgaben insgesamt	***422.560***	***100,0***

C. Finanzierungsübersicht	Mio DM	in % der Ausgaben
Nettokreditaufnahme	49.860	11,8
Entnahmen aus Rücklagen	–	–
Münzeinnahmen	1.052	0,2
Finanzierungssaldo	***50.912***	***12,0***

Der Bundeshaushalt 1992 422,56 Mrd DM
Regierungsentwurf

EINNAHMEN (Mrd DM)

Einkommen- und Körperschaftsteuer	**140,41**
(Bundesanteil)	
darunter:	
Lohnsteuer und veranlagte Einkommensteuer	*118,83*
Umsatzsteuer	**106,26**
(Bundesanteil)	
darunter:	
Einfuhrumsatzsteuer	*56,73*
Gewerbesteuer-Umlage	**2,92**
Bundessteuern	**100,99**
darunter:	
Mineralölsteuer	*54,20*
Tabaksteuer	*20,20*
Nettokreditaufnahme	**49,86**
Münzeinnahmen	*1,05*
Sonstige Einnahmen	**33,72**
Ergänzungszuweisungen	**-3,06**
BSPEigenmittel der EG	**-8,10**

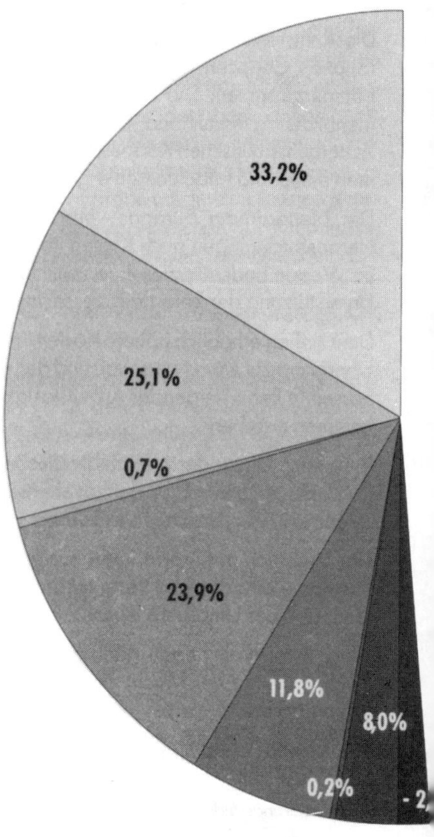

(Differenzen durch Runden der Zahlen)

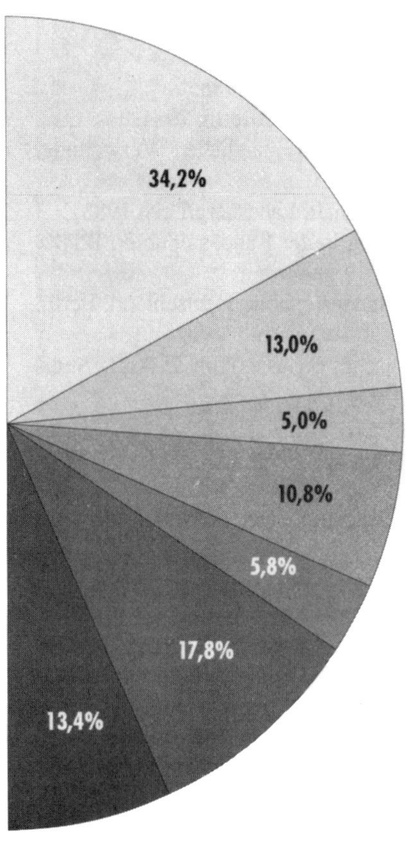

AUSGABEN (Mrd DM)

Soziale Sicherung	**144,56**
darunter:	
Sozialversicherung	*69,24*
Kindergeld	*22,65*
Kriegssopferversorgung u.a.	*14,94*
Erziehungsgeld, Mutterschutz	*8,68*
Wohnungsbauprämie	*0,75*
Verteidigung	**54,81**
Bildung, Wissenschaft, Forschung	**21,04**
Verkehrswesen	**45,57**
darunter:	
Bundesbahn	*12,28*
Reichsbahn	*9,95*
Straßen	*15,20*
Wirtschaftsförderung *(einschließlich Landwirtschaft)*	**24,58**
Allg. Finanzwirtschaft	**75,40**
darunter:	
Versorgung (einschl. G 131)	*12,07*
Zinsen u.ä.	*46,88*
Zuschuß zum Berliner Haushaltsplan	*13,10*
Sonstige Ausgaben	**56,61**
darunter:	
Wirtschaftliche Zusammenarbeit	*8,07*
Wohnungswesen, Raumordnung	*4,61*

XXI. Literaturverzeichnis

Das nachstehend aufgeführte Verzeichnis bedeutet eine Auswahl des bei der Bearbeitung dieses Buches zugrundeliegenden Schrifttums.

Andreae/Mauser, Finanztheorie, Suttgart/Düsseldorf 1969.

Andreae/Schlögl, Finanzpolitik, Suttgart-Düsseldorf 1975.

Arnold/Geske (Hrsg.), Öffentliche Finanzwirtschaft, München 1988.

Blödtner/Friedrich, Lehrbuch der Finanzwissenschaft, Herne/Berlin 1981.

Fuchs, Haushaltsrecht und Haushaltswirtschaft in der staatlichen Verwaltung, Herford 1979.

Geigant/Sobotka/Westphal, Lexikon der Volkswirtschaft, Landsberg/Lech 1983.

Giese/Schunck/Winkler, Verfassungsrechtsprechung in der Bundesrepublik, Bd 30, Frankfurt.

Gläser, Finanzpolitische Willensbildung in der Bundesrepublik Deutschland, Berlin 1964.

Görg, Finanzwirtschaft, öffentliche, in: Evangelisches Staatslexikon, 2. Aufl., Stuttgart/Berlin 1975.

Haller, Finanzpolitik, 5. Aufl., Tübingen 1972.

Hansmeyer, Der öffentliche Kredit I – Der Staat als Schuldner –, 3. Aufl., Frankfurt 1984.

Hansmeyer/Rürup, Staatswirtschaftliche Planungsinstrumente, 2. Aufl., Tübingen 1975.

Hedtkamp, Lehrbuch der Finanzwissenschaft, Neuwied 1977.

Heinig, Das Budget, 1. Bd., Tübingen 1949.

Henle, Finanzpolitik und Finanzverfassung, München/Wien 1980.

Heuer/Dommach, Handbuch der Finanzkontrolle – Komm. zum Bundeshaushaltsrecht –, Frankfurt 1982.

Hirsch, Parlament und Verwaltung, Teil 2, Stuttgart/Berlin/Köln/Mainz 1968

Jürgens/Piduch/Cohrs, Finanzverfassung, Steuern und öffentlicher Haushalt, Regensburg 1981.

Kamp/Langheinrich/Stamm, Die Ordnung der öffentlichen Finanzen, Bonn 1971.

Klein, Öffentliche Finanzwirtschaft, in: Handbuch für die öffentliche Verwaltung (HÖV), Neuwied/Darmstadt 1984.

Kamp/Schönebeck/Smolinski/Weiler, Öffentliche Finanzwirtschaft, Köln 1975.

v. Köckritz/Ermisch/Maatz, Bundeshaushaltsordnung (Komm.), München/Münster 1985.

Koesters, Ökonomen verändern die Welt, 3. Aufl., Hamburg 1983.

Kolms, Finanzwissenschaft, Bd. I, Berlin/New York 1974.

Korff, Haushaltspolitik – Instrument öffentlicher Macht – Stuttgart/Berlin/Köln/Mainz 1975.

Krüger-Spitta/Bronk, Einführung in das Haushaltsrecht und die Haushaltspolitik, Darmstadt 1973.

Kunst/Herzog/Schneemelcher (Hrsg.), Evangelisches Staatslexikon, Suttgart/Berlin 1975.

Leibholz/Rinck, Grundgesetz (Komm. anhand der Rechtsprechung des Bundesverfassungsgerichts), 6. Aufl., Köln 1982.

Mackscheidt/Steinhausen, Finanzpolitik I – Grundfragen fiskalpolitischer Lenkung –, 3. Aufl., Tübingen/Düsseldorf 1978.

Mänding, Haushaltsplanung, Haushaltsvollzug, Haushaltskontrolle, Baden-Baden 1987.

Maunz/Dürig/Herzog, Grundgesetz (Komm.), München 1985, zit. MDH.

Meyers Handbuch über die Wirtschaft, 3. Aufl., Mannheim/Wien/Zürich 1974.

Möller (Hrsg.), Gesetz zur Förderung der Stabilität und des Wachstums der Wirtschaft (Komm.), 2. Aufl., Hannover 1969.

Mons/Fuchs, Gruppierungsplan des Bundeshaushaltsplans, München 1979.

Morell, Der Bundeshaushalt – Recht und Praxis – (Komm.), Wiesbaden 1983.

Musgrave/Musgrave/Kullmer, Die öffentlichen Finanzen in Theorie und Praxis, Bd. 1-4, Tübingen 1979.

Mussgnug, Der Haushaltsplan als Gesetz, Göttingen 1976.

Neumark (Hrsg.), Theorie und Praxis der Budgetgestaltung, in: Handbuch der Finanzwissenschaft, Bd. 1, 2. Aufl., Tübingen 1952.

Nöll von der Nahmer, Lehrbuch der Finanzwissenschaft, Bd. I, Köln/Opladen 1964.

Noll, Finanzwissenschaft, München 1979.

Patzig, Haushaltsrecht des Bundes und der Länder (Komm.), Baden-Baden 1984.

Peffekoven, Einführung in die Grundbegriffe der Finanzwissenschaft, Darmstadt 1976.

Penning, Optische Finanzwissenschaft, Herne/Berlin 1978.

Piduch, Bundeshaushaltsrecht (Komm.), Stuttgart/Berlin/Köln/Mainz 1984.

Reding/Postlep, Finanzwissenschaft I, II, III, München 1978.

Reiberg/Wobser, Handbuch für die Einnahmen und Ausgaben der Behörden der Bundesrepublik, 7. Aufl., Heidelberg/Hamburg 1981.

Rose/Falthauser (Hrsg.), Die Haushälter, Köln 1990.

v. Rosen - v. Hoewel/Weichsel, Öffentliche Finanzwirtschaft, Stuttgart 1971.

Rothkegel, Finanzplanung und Konjunkturpolitik, Stuttgart 1973.

Rürup/Körner, Finanzwirtschaft – Grundlagen der öffentlichen Finanzwirtschaft –, Düsseldorf 1981.

Scheel/Steup, Gemeindehaushaltsrecht Nordrhein-Westfalen (Komm.), 4. Aufl., Düsseldorf 1981.

Schmidt-Bleibtreu/Klein, Grundgesetz (Komm.), 6. Aufl., Neuwied/Darmstadt 1983.

Schmölders, Finanzpolitik, 3. Aufl., Heidelberg/New York 1970.

Siekmann, Staatliches Haushaltsrecht, Köln/Stuttgart/Berlin/Hannover/Kiel/Mainz/München 1982.

Smekal, Finanzen intermediärer Gewalten (Parafisci), in: Handwörterbuch der Wirtschaftswissenschaften, Stuttgart 1981.

Staender, Lexikon der öffentlichen Finanzwirtschaft, 2. Aufl., Heidelberg 1989.

Stern, Das Staatsrecht der Bundesrepublik Deutschland, München 1980.

Stern/Münch/Hansmeyer, Gesetz zur Förderung der Stabilität und des Wachstums der Wirtschaft (Komm.), 2. Aufl., Stuttgart 1972.

Stickrodt, Finanzrecht – Grundriß und System, Berlin 1975.

Theiß, Das Nothaushaltsrecht des Bundes, Berlin 1975.

Ulsenheimer, Untersuchungen zum Begriff "Finanzverfassung", Stuttgart 1969.

Vogt, Staatliches Haushaltsrecht, in: Handbuch für die öffentliche Verwaltung (HÖV), Neuwied/Darmstadt 1984.

Weichsel, Öffentliche Finanzwirtschaft, Stuttgart 1976.

Wiesner, Öffentliche Finanzwirtschaft II – Kassenrecht –, 5. Aufl., Fachbücherei Öffentliche Verwaltung, Heidelberg 1985.

Wiesner, Das staatliche Haushalts-, Kassen- und Rechnungswesen, 4. Aufl., Fachbücherei Verwaltungs- und Büropraxis, Heidelberg 1992.

Wittmann, Einführung in die Finanzwissenschaft, Stuttgart/New York 1976.

Zimmermann/Henke, Finanzwissenschaft, München 1982.

Zunker, Finanzplanung und Bundeshaushalt, Frankfurt/Berlin 1972.

XXII. Sachwortverzeichnis